北京大学经济学教材系列 | 核心课程系列

APPLIED
ECONOMETRICS

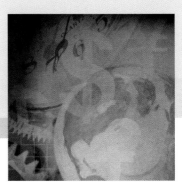

应用计量经济学
EViews与SAS实例

秦雪征 编著

图书在版编目(CIP)数据

应用计量经济学：EViews 与 SAS 实例 / 秦雪征编著. —北京：北京大学出版社，2016.3
（北京大学经济学教材系列）
ISBN 978-7-301-26604-5

Ⅰ. ①应… Ⅱ. ①秦… Ⅲ. ①计量经济学—高等学校—教材 Ⅳ. ①F224.0

中国版本图书馆 CIP 数据核字(2015)第 293196 号

书　　　名	应用计量经济学：EViews 与 SAS 实例 YINGYONG JILIANG JINGJIXUE：EVIEWS YU SAS SHILI
著作责任者	秦雪征　编著
责 任 编 辑	李笑男
标 准 书 号	ISBN 978-7-301-26604-5
出 版 发 行	北京大学出版社
地　　　址	北京市海淀区成府路 205 号　100871
网　　　址	http://www.pup.cn
电 子 信 箱	em@pup.cn　　QQ：552063295
新 浪 微 博	@北京大学出版社　@北京大学出版社经管图书
电　　　话	邮购部 62752015　发行部 62750672　编辑部 62752926
印 刷 者	三河市博文印刷有限公司
经 销 者	新华书店 787 毫米×1092 毫米　16 开本　18.5 印张　421 千字 2016 年 3 月第 1 版　2021 年 5 月第 2 次印刷
印　　　数	3001—4000 册
定　　　价	39.00 元

未经许可，不得以任何方式复制或抄袭本书之部分或全部内容。
版权所有，侵权必究
举报电话：010−62752024　电子信箱：fd@pup.pku.edu.cn
图书如有印装质量问题，请与出版部联系，电话：010−62756370

编委会名单

丛书主编：孙祁祥

编　　委：（按汉语拼音排序）

　　　　　董志勇　何小锋　林双林　平新乔
　　　　　宋　敏　王跃生　叶静怡　章　政
　　　　　郑　伟

总　序

在经济全球化趋势不断强化和技术进步对经济活动的影响不断深化的时代，各种经济活动、相关关系和经济现象不是趋于简单化，而是变得越来越复杂，越来越具有嬗变性和多样性。如何对更纷繁、更复杂、更多彩的经济现象在理论上进行更透彻的理解和把握，科学地解释、有效地解决经济活动过程中已经存在的、即将面对的一系列问题，是现在和未来的各类经济工作者需要高度关注的重要课题。

北京大学经济学院作为国家教育部确定的"国家经济学基础人才培养基地"和"全国人才培养模式创新实验区"，一直致力于不断地全面提升教学和科研水平，不断吸引和培养世界一流的入学学生及毕业生，不断地推出具有重大学术价值的科研成果，以创建世界一流的经济学院。而创建世界一流经济学院，一个必要条件就是培养世界一流的经济学人才。我们的目标让学生能够得到系统的、科学的、严格的专业训练，系统而深入地掌握经济学学习和研究的基本方法、基本原理和最新动态，为他们能够科学地解释和有效地解决他们即将面对的现实经济问题奠定基础。

基于这种认识，北京大学经济学院在近年来深入总结了人才培养各个方面的经验教训，在全面考察和深入研究国内外著名经济院系本科生、硕士研究生、博士研究生的培养方案以及学科建设和课程设置经验的基础上，对本院学生的培养方案和课程设置等进行了全方位改革，并组织编撰了"北京大学经济学教材系列"。

编撰该系列教材的基本宗旨是：

第一，学科发展的国际经验与中国实际的有机结合。在教学的实践中我们深刻地认识到，任何一本国际顶尖的教材，都存在一个与中国经济实践有机结合的问题。某些基本原理和方法可能具有国际普适性，但对原理和方法的把握则必须与本土的经济活动相联系，必须把抽象的原理与本土鲜活的、丰富多彩的经济现象相联系。我们力争在该系列教材中，充分吸收国际范围内同类教材所承载的理论体系和方法论体系，在此基础上，切实运用中国案例进行解读和理解，使其成为能够解释和解决学生遇到的经济现象和经济问题的知识。

第二，"成熟的"理论、方法与最新研究成果的有机结合。教科书的内容必须是"成熟"或"相对成熟"的理论和方法，即具有一定"公认度"的理论和方法，不能是"一家之言"，否则就不是教材，而是"专著"。从一定意义上说，教材是"成熟"或"相对成熟"的理论和方法的"汇编"，所以，相对"滞后"于经济发展实际和理论研究的现状是教材的一个特点。然而，经济活动过程及其相关现象是不断变化着的，经济理论的研究也在时刻发生着变化，我们要告诉学生的不仅仅是那些已经成熟的东西，而且要培养学生把握学术发展最新动态的能力。因此，在系统介绍已有的理论体系和方法论基础的同时，本系列教材还向学生介绍了相关理论及其方法的创新点。

第三，"国际规范"与"中国特点"在写作范式上的有机结合。经济学在中国发展的

"规范化"、"国际化"、"现代化"与"本土化"关系的处理，是多年来学术界讨论学科发展的一个焦点问题。本系列教材不可能对这一问题做出确定性的回答，但是在写作范式上，却争取做好这种结合。基本理论和方法的阐述坚持"规范化"、"国际化"、"现代化"，而语言的表述则坚守"本土化"，以适应本土师生的阅读习惯和文本解读方式。

本系列教材的作者均是我院主讲同门课程的教师，各教材也是他们在多年教案的基础上修订而成的。自 2004 年本系列教材推出以来至本次全面改版之前，共出版教材 18 本，其中有 6 本教材入选国家级规划教材（"九五"至"十二五"），4 本获选北京市精品教材及立项，多部教材成为该领域的经典，形成了良好的教学与学术影响，成为本科教材的品牌系列。

在北京大学经济学院成立 100 周年之际，为了更好地适应新时期的教学需要以及教材发展要求，我们特对本系列教材进行全面改版，并吸收近年来的优秀教材进入系列，以飨读者。当然，我们也深刻地认识到，教材建设是一个长期的动态过程，已出版教材总是会存在不够成熟的地方，总是会存在这样那样的缺陷。本系列教材出版以来，已有三分之一的教材至少改版一次。我们也真诚地期待能继续听到专家和读者的意见，以期使其不断地得到充实和完善。

十分感谢北京大学出版社的真诚合作和相关人员付出的艰辛劳动。感谢经济学院历届的学生们，你们为经济学院的教学工作做出了特有的贡献。

将此系列教材真诚地献给使用它们的老师和学生们！

北京大学经济学院教材编委会
2013 年 3 月

前　言

近年来,随着我国社会经济的蓬勃发展,经济学学科现代化、科学化水平的不断提高,实证经济学研究在学术界和政策分析领域受到了广泛的重视,其作用也日益凸显。越来越多的财经院校学生和经济爱好者希望了解与掌握这些研究背后所使用的实证分析方法,"知其然,并知其所以然",从而提升自身学习思考、分析解决现实经济问题的能力。这就引出了我们对一门独特的学科——应用计量经济学——的关注与研究。

应用计量经济学是一门交叉学科,它的产生和发展体现了人们利用现实数据检验经济学理论的诉求。因此,它以微观经济学、宏观经济学等学科为研究导向和理论支持,以数理计量经济学和统计学为方法依托,同时注重对实证数据分析规律和经验的总结。在近年来,随着应用计量经济学方法的不断突破,它不但被应用于经济学研究,同时在世界很多国家被广泛应用于社会学、历史学等人文社会科学研究以及医学、心理学等自然科学领域的研究。

作为经济学科的核心课程,计量经济学自20世纪70年代末被引入我国后,已经有了较长的教学历史,然而很多学生在学习过计量经济学之后却不知该如何应用,导致学习效果并不理想。总结起来,不外乎两个原因:一是计量经济学中有很多繁杂的公式,学生们往往花费大量时间学习公式的推导而没有理解公式背后的研究思想和分析方法,导致初学者在首次接触计量经济学时望而却步;二是由于教学时间有限,当学生们完成了对理论和公式的研读后,往往无法进行足够的实践操作,导致学到的计量经济学模型没有被及时地应用到实际研究和分析中。以上问题使很多学生在后续的理论学习或数据分析工作中不能学以致用,面对大数据时代的信息资源常常变得手足无措,虽然头脑里存储了各种各样的计量经济学模型和公式,却无法主动地调用出来,或不知该如何对模型进行合理选择与调整。

针对以上问题,本书的一大特点是突出计量经济学的"应用价值",力争提高这门学科的工具性、可操作性和实用性。在各章内容里,本书主要做出了以下努力:第一,尽量减少对数学公式的依赖。本书在介绍计量经济学模型时,一般只列举与该模型有关且必要的数学表达式,而对于非必要的公式推导,我们则将其替换为简明易懂的文字叙述和解读。这样做是为了用更加平实的语言讲出模型背后的原理和思想,从而帮助初学者理解这些模型并学会在实际分析时加以使用。第二,在介绍完相关的计量经济学理论之后,每一章会用较大篇幅详细介绍1—2个计算机应用实例,以EViews和SAS两种常用计量经济分析软件为工具,向读者展示实证研究的具体步骤和计量经济模型的使用方法。希望这种"手把手"的展示方式能够帮助初学者体验实证研究,并尽快掌握在具体数据环境下对相关模型的应用和操作技巧。各章计算机实例的相关数据资料,读者可登陆北京大学出版社网站(http://www.pup.cn)获取,选择"下载专区"→"课件下载"→"经管",搜索或查找本书书名并下载。

本书的结构基本按照专题的形式，由浅入深，逐步展开。我们从最简单的二元线性回归模型和普通最小二乘估计法开始，先后介绍了方程形式的选择技巧，假设检验的操作方法，对异方差、自相关、时间趋势和季节性等常见问题的处理，逐渐过渡到针对特殊数据结构的分析模型，如时间序列模型、混合截面数据模型、面板数据模型、二元选择及有限因变量模型等。最后，我们介绍了几种较为高级的计量经济学模型，如工具变量模型、联立方程模型等。在本书的使用中，由于各章节的内容相对独立，因此教师和学生可以根据教学安排或研究需要选择相关章节阅读使用。同时，本书也可以作为应用计量经济学的工具书，供读者在做研究或数据分析时对相关专题和模型进行查阅参考。

本书适合大专院校财经类本科高年级学生或硕士研究生使用。由于本书在介绍计量经济学模型时重在对模型原理和应用方法的叙述，而尽量简化模型的推导过程，因此学生在阅读本书之前应该具有一定的数理统计学基础，从而对书中涉及的统计学概念具有直观和准确的理解。另外，由于本书介绍的应用计量经济学分析工具同样也适用于很多其他的社会科学研究领域，因此本书也可以作为非财经类专业学生和其他对实证研究感兴趣的爱好者使用。

本书的主要内容来源于笔者在多年讲授计量经济学过程中的讲义和课件，同时参考了国内外出版的若干计量经济学经典教材。同时，在本书写作过程中，有多位在北京大学选修"应用计量经济学"课程的学生在资料搜集、计算机程序整理和书稿校阅等方面提供了帮助，作者在此对他们一并致以诚挚的谢意。他们是刘一鸣、续田增、胡博、招杰、胡子寒、沈芳瑶、胡修修、林智贤、王皓齐、王天宇、庄晨、栾国阳。

当然，对计量经济学的学习不能止于书本，而应该"且行且悟"，在大量研究实践中不断摸索和提高。希望本书作为一本融合理论与应用的参考教材，能够帮助那些对实证经济研究感兴趣的学生尽快开始这一探索过程，在系统了解计量经济学基本理论和模型的基础上，不断提高自身对客观经济现象和规律的定量分析能力。也祝愿以应用计量经济学为主要分析工具的实证经济学研究在我国的学术界和政策研究界能有更加长远和深入的发展。

由于作者水平有限，书中错误与疏漏之处在所难免，敬请广大专家、读者批评指正。

秦雪征
2016 年 3 月于北京大学

目　录

第一章　计量经济学导论 ………………………………………………… (1)
　第一节　引言 ……………………………………………………………… (1)
　第二节　什么是计量经济学 ……………………………………………… (2)
　第三节　计量经济研究的步骤 …………………………………………… (3)
　第四节　计量经济学涉及的主要数据类型 ……………………………… (6)
　第五节　计量经济学的主要研究方法 …………………………………… (11)
　第六节　计量经济分析软件 ……………………………………………… (12)
　本章总结 …………………………………………………………………… (13)
　思考与练习 ………………………………………………………………… (13)

第二章　EViews 与 SAS 软件简介 ……………………………………… (14)
　第一节　EViews 简介 …………………………………………………… (14)
　第二节　SAS 简介 ………………………………………………………… (20)
　本章总结 …………………………………………………………………… (30)
　思考与练习 ………………………………………………………………… (30)

第三章　简单线性回归模型 ……………………………………………… (31)
　第一节　回归的含义 ……………………………………………………… (31)
　第二节　回归的几个基本概念 …………………………………………… (32)
　第三节　一元回归模型的估计 …………………………………………… (35)
　第四节　计算机应用实例 ………………………………………………… (40)
　本章总结 …………………………………………………………………… (45)
　思考与练习 ………………………………………………………………… (45)

第四章　多元线性回归模型 ……………………………………………… (47)
　第一节　多元线性回归模型的含义 ……………………………………… (47)
　第二节　多元线性回归的参数估计——普通最小二乘法 ……………… (50)
　第三节　OLS 的有效性——高斯-马尔可夫定理 ………………………… (55)
　第四节　OLS 估计量的方差 ……………………………………………… (56)

  第五节 计算机应用实例 ……………………………………………………… (57)
  本章总结 …………………………………………………………………………… (60)
  思考与练习 ………………………………………………………………………… (61)
  附录：多元线性回归的矩阵表达 ………………………………………………… (61)

第五章 假设检验 ……………………………………………………………………… (63)
  第一节 假设检验的基本原理 ……………………………………………………… (63)
  第二节 单参数假设检验：t 检验 …………………………………………………… (66)
  第三节 置信区间 …………………………………………………………………… (70)
  第四节 多参数假设检验：F 检验 ………………………………………………… (71)
  第五节 计算机应用实例 ……………………………………………………… (74)
  本章总结 …………………………………………………………………………… (80)
  思考与练习 ………………………………………………………………………… (80)

第六章 方程形式的选择与虚拟变量的使用 ……………………………………………… (81)
  第一节 双对数线性模型 …………………………………………………………… (81)
  第二节 半对数线性模型 …………………………………………………………… (82)
  第三节 多项式回归模型 …………………………………………………………… (84)
  第四节 虚拟变量在多元回归分析中的应用 …………………………………… (85)
  第五节 常见的模型设定错误 ……………………………………………………… (89)
  第六节 数据测度单位 ……………………………………………………………… (91)
  第七节 计算机应用实例 ……………………………………………………… (92)
  本章总结 …………………………………………………………………………… (97)
  思考与练习 ………………………………………………………………………… (97)

第七章 时间趋势与季节性 ………………………………………………………………… (99)
  第一节 时间趋势模型 ……………………………………………………………… (99)
  第二节 消除时间趋势的方法 ……………………………………………………… (102)
  第三节 季节性 ……………………………………………………………………… (103)
  第四节 消除季节性的方法 ………………………………………………………… (104)
  第五节 计算机应用实例 ……………………………………………………… (104)
  本章总结 …………………………………………………………………………… (112)
  思考与练习 ………………………………………………………………………… (112)

第八章 异方差与自相关 …………………………………………………………………… (113)
  第一节 异方差性 …………………………………………………………………… (113)
  第二节 对异方差的检验 …………………………………………………………… (114)
  第三节 对异方差的修正 …………………………………………………………… (115)
  第四节 序列自相关 ………………………………………………………………… (117)

第五节　对序列自相关性的检验 …………………………………………（117）
　　第六节　序列自相关模型的修正 …………………………………………（118）
　　第七节　计算机应用实例 …………………………………………………（119）
　　本章总结 ……………………………………………………………………（129）
　　思考与练习 …………………………………………………………………（129）

第九章　经典时间序列模型 ……………………………………………………（130）
　　第一节　时间序列的结构与平稳性 ………………………………………（130）
　　第二节　ARMA 过程和 ARIMA 过程 ……………………………………（133）
　　第三节　ARIMA 过程的估计方法 …………………………………………（135）
　　第四节　计算机应用实例 …………………………………………………（137）
　　本章总结 ……………………………………………………………………（151）
　　思考与练习 …………………………………………………………………（151）

第十章　时间序列的深入专题 …………………………………………………（152）
　　第一节　VAR 模型 …………………………………………………………（152）
　　第二节　ARCH 模型与 GARCH 模型 ……………………………………（154）
　　第三节　非平稳时间序列与单位根检验 …………………………………（156）
　　第四节　协整 ………………………………………………………………（157）
　　第五节　计算机应用实例 …………………………………………………（158）
　　本章总结 ……………………………………………………………………（167）
　　思考与练习 …………………………………………………………………（168）

第十一章　混合截面数据模型 …………………………………………………（169）
　　第一节　混合截面数据的性质 ……………………………………………（169）
　　第二节　混合截面数据的检验 ……………………………………………（170）
　　第三节　利用独立混合截面进行政策分析 ………………………………（172）
　　第四节　计算机应用实例 …………………………………………………（174）
　　本章总结 ……………………………………………………………………（186）
　　思考与练习 …………………………………………………………………（187）

第十二章　面板数据模型 ………………………………………………………（188）
　　第一节　面板数据的性质 …………………………………………………（188）
　　第二节　一阶差分模型 ……………………………………………………（189）
　　第三节　固定效应模型 ……………………………………………………（190）
　　第四节　随机效应模型 ……………………………………………………（193）
　　第五节　计算机应用实例 …………………………………………………（196）
　　本章总结 ……………………………………………………………………（204）
　　思考与练习 …………………………………………………………………（205）

第十三章 二元选择模型 (206)
第一节 二元选择问题 (206)
第二节 线性概率模型 (207)
第三节 Probit 模型和 Logit 模型 (208)
第四节 二元选择模型的比较 (212)
第五节 计算机应用实例 (213)
本章总结 (221)
思考与练习 (221)

第十四章 截取数据与断尾数据模型 (222)
第一节 截取数据与断尾数据 (222)
第二节 Tobit 模型 (223)
第三节 断尾数据模型 (227)
第四节 计算机应用实例 (228)
本章总结 (236)
思考与练习 (236)

第十五章 内生性与工具变量估计 (237)
第一节 内生性 (237)
第二节 工具变量估计 (239)
第三节 工具变量选取实例 (241)
第四节 两阶段最小二乘法 (242)
第五节 豪斯曼检验 (243)
第六节 识别条件的判定及检验 (244)
第七节 计算机应用实例 (245)
本章总结 (252)
思考与练习 (253)

第十六章 回归方程系统模型 (254)
第一节 回归方程系统 (254)
第二节 似不相关回归模型 (255)
第三节 联立方程模型——简介 (257)
第四节 联立方程模型的识别 (259)
第五节 联立方程模型的估计 (262)
第六节 计算机应用实例 (264)
本章总结 (280)
思考与练习 (280)

参考书目 (281)

第一章　　计量经济学导论

┃本章概要┃

本章对计量经济学涵盖的主要内容进行了概括,包括计量经济学的研究对象、研究内容,计量经济学与其他学科的关系,计量经济学的研究方法、研究步骤和主要数据类型,以及计量经济分析的常用软件等。

┃学习目标┃

1. 理解计量经济学的研究内容
2. 理解计量经济学与其他学科的关系
3. 了解计量经济研究的步骤
4. 了解计量经济学涉及的主要数据类型
5. 了解一些常用的计量经济分析软件

第一节　引　　言

对于很多人来说,计量经济学似乎是一座高不可攀的山峰,繁杂的数学公式让人望而生畏。而对另一些人来说,计量经济学又仿佛是高深莫测的"炼金术",科研数据在模型中"摇身一变"后的拟合结论着实令人眼前一亮。其实,计量经济学并没有那么可怕或神秘,它的根本目的是利用科学的方法(主要是数学和统计学的工具)去解决现实的经济问题,让我们得以更清晰地了解经济现象背后的内在规律。例如,我们可以思考下面这个经济学问题:随着我国人口素质的提高和人力资本的积累,劳动者在工作中得到的预期收入也不断增加。这时,经济学家们开始关注"教育的回报率"(Return to Schooling),希望通过某项全国性的收入调查来探究劳动者所受正规教育程度对其个人收入的量化影响。一个看似合理的测算方案是直接对受教育程度较高和较低的两类人群的不同收入水平进行比较。然而,这种直接比较的方法至少存在两种缺陷:第一,除教育水平以外,诸如工作经验、政治面貌等其他因素同样会对个人的工资收入产生影响,忽略这些因素将导致对教育回报率的估计产生偏差;第二,预期收入高的人群可能会主动选择接受更好的教育,因此两组人群的收入差异可能是由组内个体的性格和能力差异导致的,不能够完全用教育程度来解释。以上两种缺陷都会显著影响我们测算教育回报率的准确度,使看似合理的直接比较无法得到正确的结果。要解决这些问题,我们起初似乎无从下手,然而通过学习计量经济学,我们将会知道如何构建合理的模型来科学、规范地评价教育回报率。类似地,我们还可以通过计量经济学的方法来剖析现实中的其他社会经济问题或对相关的经济学理论做出检验。

第二节 什么是计量经济学

一、计量经济学的定义

计量经济学（Econometrics）是依据经济理论，使用数学和统计推断等工具，用观测数据对现实状况（尤其是经济和商务活动）进行实证研究，测度和检验经济变量之间经验关系的学科。简单来说，计量经济学可以概括为四个字："检验"和"预测"。"检验"指的是通过数据的挖掘分析来寻找当前状态下各变量之间的关系，例如前文中提到的教育程度和收入水平之间的关系；"预测"指的是通过对现有数据归纳模型来估计未来经济状况和指标，最常见的就是对诸如利率、通货膨胀率和国内生产总值等重要宏观经济变量的预测。

二、计量经济学的学科特点

计量经济学的起源可以追溯到 20 世纪 30 年代。1930 年 12 月，首届诺贝尔经济学奖得主弗里希（Frisch）、丁伯根（Tinbergen）以及著名宏观经济学家费雪（Fischer）等在美国克里夫兰成立计量经济学会。并从 1933 年起，定期出版《计量经济学》杂志。弗里希在该杂志发刊词中明确提出计量经济学的范围和方法，指出计量经济学是经济理论、数学和统计学的综合，但它又不等同于这三门学科中的任何一个。

从本质上说，经济学理论所提出的命题和假说，多以定性描述为主，但计量经济学会对定量研究更感兴趣。比如，微观经济学中有一个著名的**需求定律**（Law of Demand）：商品的价格与其需求量呈反向变动关系。但是，该理论本身却无法定量地测度这两个变量之间的相互关系，而计量经济学家的任务就是给出这样的数值估计。计量经济学通过对历史经济数据的分析，测算当商品的价格发生某一变动时，其需求量会增加或减少多少。比如，在研究或试验中发现商品价格每上涨 1%，则引起该商品需求量下降 2%，那么我们不仅验证了需求定律，还得到了价格和需求量这两个变量之间关系的定量估计值，即**需求弹性**（Demand Elasticity）。计量经济学的初衷就是依据观测或试验，对大多数经济理论给出假设检验或经验解释。

数理经济学是将数学与经济学紧密结合在一起的产物。虽然数理经济学同样关注变量之间的定量关系，但数理经济学主要是用数学形式或方程描述经济理论，而不考虑对经济理论的测度和经验验证，而后者正是计量经济学主要关注的对象。

统计学是关于如何收集、整理、分析数据的科学。经济学与统计学结合形成了经济统计学，这门学科主要涉及经济数据的收集、处理、绘图、制表。经济统计学家的工作是收集 GDP、失业、就业、价格等数据，而不是利用这些数据来验证经济理论。但这些数据恰恰是计量经济分析的**原始数据**（Raw Data）。

大多数经济数据的生成并非通过**可控试验**（Controlled Experiment），这是经济数据所具有的独特性质。例如，公共和私人机构收集到的消费、收入、投资、储蓄、价格等数据从本质上说都是非实验性的。在这种情况下，我们往往只能把这些数据看成是给定的，或用计量经济学的术语来讲这些数据是外生的（Exogenous），这就使很多常规的数理统计学模型无法得到正确的结论（例如引言中给出的教育回报率测算问题）。同时，这些原始数据往往有这样那样的问题,比如存在**测量误差**(Measurement Error)或**变量遗漏**(Variable Omission)。对于这样的数据,直接运用数量统计模型往往效果不好,而计量经济学所建立的模型分析方法则可以较为科学合理地解决这些问题。

为了更好地说明计量经济学的学科特点,下面我们以对商品市场需求的研究为例,试图说明计量经济学的研究内容及其与其他学科(尤其是数理经济学)的异同。

在研究某商品市场需求的时候,经济理论假定该商品的需求量取决于它的价格、其他有关商品(如替代品或互补品)的价格、消费者的收入以及消费偏好。基于以上假定,我们可以很明确地写出需求量 Q 与其他变量之间的关系。数理经济学往往用线性需求函数的形式来表示上述四种因素对商品需求量的影响:

$$Q = b_0 + b_1 P_1 + b_2 P_2 + b_3 P_3 + b_4 Y + b_5 T \tag{1.1}$$

其中,Q——某商品的需求量;

P_1——该商品的价格;

P_2,P_3——与该商品有关的其他商品的综合价格;

Y——消费者的收入;

T——消费者的偏好函数。

在上述函数关系中,b_0、b_1、b_2、b_3、b_4、b_5 为需求函数中的待定参数,它们表示在其他变量不变时第 j 个($j=0,\cdots,5$)变量每变化一个单位引起的需求量变化的幅度。

上述模型表明,只有方程右边的四个因素中某些发生变化时,需求量 Q 才随之变化,除此之外,再没有其他因素影响需求量了。然而实际生活中的真实情况绝非如此,人们的社会环境、心理变化、所处地理位置,甚至天气等偶然因素,都可能会对需求量产生影响。虽然不是主要影响,但也必须加以考虑。为此,计量经济学构建如下模型:

$$Q = b_0 + b_1 P_1 + b_2 P_2 + b_3 P_3 + b_4 Y + b_5 T + u \tag{1.2}$$

在模型(1.2)中,u 是一个随机变量,或称为**随机误差项**(Random Error Term),其作用是反映数理经济学模型中未纳入考虑的非主要因素的影响,从而将数理经济学所描述的确定性关系转化为计量经济学中的**随机关系**(Stochastic Relationship)。

第三节 计量经济研究的步骤

一、计量经济模型与实证分析

与理论经济学不同,计量经济学更注重对真实世界内在运行规律的检验,即利用现实数据来检验某个经济理论或定量估计某种经济关系,这就是**实证分析**(Empirical Analysis)。在多数情况下,特别是涉及对经济理论的检验时,我们需要构造一个规范的经济学模型,这些模型一般由描述各种关系的数理方程构成。例如,在微观经济学中,个人在预算约束下的消费决策便可由一些数理模型来描述。这些模型背后的基本假设是个体追求效用最大化,即个人在资源约束条件下做出最大化其福利的选择。这一假定为我们构建一些简便的经济模型以及做出一些明确的预测提供了强有力的框架。在此框架下研究消费决策时,我们通过效用最大化推导出一系列需求方程。在每个需求方程中,每种商品的需求量取决于该商品的价格、其替代品和互补品的价格、消费者的收入和与消费者个人喜恶相关的偏好特征。这些方程便构成了对消费需求进行计量经济分析的基础。

经济学家也会使用诸如效用最大化框架之类的基本分析工具来解释那些初看起来具有非经济性质的行为。例如,加里·贝克尔(Garry Becker)在1988年的论文中提出了著名的理性成瘾模型,用以研究诸如吸烟这样的看似非理性的行为。虽然吸烟本身作为一种消费可以直接带来效用,但除了货币的支出外,吸烟还存在其他成本。吸烟的非货币成本包括对自身和家人健康的影响等;此外,由于吸烟对健康有害,与戒烟者相比,吸烟者还存在更高的死亡风险。因此,从贝克尔的视角来看,决定是否吸烟的决策是资源配置的方式之一,并且这种决策是在当事人充分考虑了各种可选择行为的成本和收益后决定的。在一般的假定之下,我们可以把吸烟者的香烟消费数量描述成一个受各种因素影响的函数。这个方程可以表示为:

$$\text{smo} = f(\text{inc}, \text{cigpri}, \text{othpri}, \text{fresel}, \text{frefam}, \text{age}) \tag{1.3}$$

其中,smo——香烟消费数量;
   inc——吸烟者收入;
   cigpri——香烟价格;
   othpri——其他消费品价格;
   fresel——吸烟者自身患病概率;
   frefam——吸烟者家人患病概率;
   age——吸烟者年龄。

虽然通常还有其他因素会影响个人是否吸烟的决策,但上述因素在规范的经济分析看来很可能具有较强的代表性。如经济理论的惯常做法那样,我们未对式(1.3)中的函数 $f(\cdot)$ 进行任何设定。这个函数隐含了吸烟者的潜在效用偏好,其函数具体形式可能无人知晓。尽管如此,我们还是可以用经济理论来预测每个变量对香烟消费数量可能具有的影响。这正是对个人吸烟行为进行计量经济学分析的基础。

虽然规范的经济建模有时是经验分析的起点,但更普遍的情况是,依据实际数据所进行的经验分析往往并不是那么规范,甚至完全依赖直觉。例如,方程(1.3)中所出现的吸烟行为的决定因素从常识来看也是合情合理的;其函数关系的假定也许并不需要依据效用最大化的理论推导,而是通过直觉而得到。我们承认尽管在某些情况下,直觉建模具有其独特的优点和便利。但是我们同样强调,严格的计量经济分析和模型构建应该始终建立在规范的经济理论推导的基础之上,这不仅仅是因为经济学理论能够为模型的构造提供直觉所看不到的洞见,同时也是因为经济学理论能够为实证分析的结果提供最有力的理论解释。

二、计量模型与经济模型

在设定一个经济模型之后,我们需要把它变为计量模型,所以有必要先了解一下计量模型和经济模型之间的关系。与传统经济分析不同,在进行计量经济分析之前,我们必须明确 $f(\cdot)$ 的形式,并且要对不能合理观测到的变量做相应的处理。比如,在上例中我们考虑一个人吸烟带来的患病概率时,原则上这个概率是清楚界定的,但对一个特定的人来说,这个概率是很难观测到的,甚至是无从知晓的。虽然对某个给定的个人,诸如其吸烟带来的患病概率之类的变量并不能切实得到,但至少我们能去当地医院找到有关呼吸道疾病的统计数据,从而推导出一个近似的替代变量来衡量吸烟的患病概率。

通过在吸烟行为和可能的影响因素之间设定一个特定的计量经济模型,我们就解决了经济模型中其函数形式的模糊性:

$$\text{smo} = \beta_0 + \beta_1 \text{inc} + \beta_2 \text{cigpri} + \beta_3 \text{othpri} + \beta_4 \text{fresel} + \beta_5 \text{frefam} + \beta_6 \text{age} + u \tag{1.4}$$

其中,smo 为香烟消费的数量,inc 为吸烟者的收入,cigpri 为香烟的价格,othpri 为其他消费品的价格,fresel 为吸烟者自身患病的概率(用所有吸烟者在当地医院的呼吸道疾病就诊频率替代),frefam 为吸烟者家人患病的概率(用所有吸烟者家人在当地医院的呼吸道疾病就诊频率替代),age 为吸烟者年龄。对这些变量的选择,既以经济理论为依据,又考虑到了数据的可获得性。u 这一项则包括了不可观测的因素,诸如先天的健康禀赋、家庭环境等,以及在度量吸烟消费数量时的测量误差。虽然我们也可以在模型中加入家庭背景变量,如兄弟姐妹的个数、父母所受教育等,但我们仍不能完全消除所有其他遗漏变量所导致的影响,因此 u 依然存在。常数 $\beta_0, \beta_1, \cdots, \beta_6$ 都是这个计量模型中的待估参数,它们描述了各个吸烟决定因素和吸烟行为之间的关系和相关强度。这样,我们就构建了一个可以较好模拟当事人吸烟行为决策的一个计量模型。

现在我们来考虑一个实际问题:假设某公司为提升员工的电脑应用能力而对其雇员进行了培训。作为一位劳动经济学家,你希望对这项在职培训项目的效果进行评估,即估算参加培训所带来的工资提升幅度。在评估中你注意到所有培训都是在非工作时间进行,并且员工自愿选择是否参加该培训。在此情形下,我们几乎不需要什么规范的经济理论就可以通过常识认识到,所受教育、工作经历和培训等因素会影响工人的生产力。此外,经济学家还清楚地知道,工人的工资与其生产力相称。这种简单的推理使我们得到如下模型:

$$\text{wage} = f(\text{educ}, \text{exper}, \text{training}) \tag{1.5}$$

其中,wage 为小时工资率,eudc 为接受正规教育的年限,exper 为工作年数,training 为花在工作培训上的周数。虽然存在其他因素可能影响工资率,但(1.5)式涵盖了这个问题的所有核心因素。基于(1.5)式,我们可以构建一个完整的计量经济模型:

$$\text{wage} = \beta_0 + \beta_1 \text{educ} + \beta_2 \text{exper} + \beta_3 \text{training} + u \tag{1.6}$$

其中 u 是随机误差项,它包含的因素有天生能力、教育质量、家庭背景等一些不可观测的工资决定因素。如果专门考虑工作培训的影响,那 β_3 就是我们所关注的参数。

一旦设定了一个类似于(1.4)式或(1.6)式的计量模型,我们所关心的各种假设便可用未知参数的估计值来表述。比如,在方程(1.6)中,我们可以重点关注在职培训 training 对工资 wage 是否有显著影响。在该计量模型中,这相当于构建一个待检验的参数假设 $\beta_3 = 0$。

三、计量经济研究的基本步骤

在搜集到各变量的相关数据之后,我们便可以用计量经济方法来估计模型中的参数,并规范、科学地检验所关心的假设。

当然,我们在应用计量经济学的方法进行实证研究时需要遵循一定的范式,也就是以下概括的计量经济研究的基本步骤,在本书中我们会不断演示和强调这些步骤。

(1) 确定要研究的问题。这个问题可能是来自于长时间对于某一现象的关注,也有可能来自于你对某一问题突发奇想的好奇。哈尔·范里安(Hal Varian)教授曾经建议学生从学术期刊之外寻找灵感，可能就在报纸或者杂志上面，甚至在日常生活的琐事中。

(2) 运用经济学的理论对这一问题进行思考。例如，在这一问题中涉及了哪些变量，它们之间可能的关系是什么。在确定问题之后，研究者需要根据自己的研究目的建立经济模型，并罗列出要解决或待验证的问题及假设。

(3) 获取样本数据。根据研究需要及数据的可得性，可以从诸如政府统计部门、学术机构、专业数据搜集机构等获取所需要的数据；当然，如果条件允许，也可以直接根据研究需要自己设计问卷，收集第一手的数据。

(4) 根据经济模型来选择计量模型。基于对研究问题的理论思考，我们需要选择合适的函数形式构建可以用于回归估计的计量模型，并且对误差项的性质进行合理的假设。

(5) 在统计软件的帮助下对参数进行估计，并根据研究需要进行预测或假设检验。

(6) 对计量模型的主要假设或函数形式进行稳健性检验，从而诊断计量分析的合理性，进而判断所得到的结论是否稳健。

(7) 通过参数估计以及假设检验的结果，对所研究问题的内在机理和逻辑进行判断，讲清楚模型背后的故事。例如，解释两个变量因果关系的作用机制，或者利用模型估计值对相关变量的未来走势进行预测。

另外，此处我们需要强调的是，虽然包括本书在内的绝大多数计量经济学教材主要讲授的是进行步骤4—7的方法，但一个实证研究的好坏往往在更大程度上取决于研究主题的选择以及经济与计量模型的确立，即步骤1—3。而研究者对于步骤1—3的掌握（即如何选择有价值的研究题目、如何建立合理的经济及计量模型、如何获取合适的研究数据）却往往不能通过教材或课堂讲授而实现，它需要我们在大量的研究实践中不断摸索。

第四节 计量经济学涉及的主要数据类型

数据是实证分析中必不可少的要素。经济数据的类型多种多样。尽管有些计量方法可以适用于不同的数据类型，但我们仍有必要对一些有代表性的数据及其特殊性质进行阐释，从而更好地加以利用。一般说来，用于实证分析的数据可分为以下四类：

(1) 时间序列数据；
(2) 横截面数据；
(3) 混合截面数据；
(4) 面板数据。

一、时间序列数据

时间序列数据(Time Series Data)是指按时间跨度收集到的数据。比如不同时间点的GDP、失业率、货币供给、政府赤字等，这些数据是按照一定的时间间隔收集得到的。这些数据可能是定量的，例如价格、收入、货币供给、股票每天收盘时的价格等；也可能是定性的，例如男或女、失业或就业、少数民族或非少数民族等。表1-1给出了关于中国GDP及工业增加值的两组时间序列数据。

表 1-1 2001—2013 年中国 GDP 及工业增加值　　　　　单位:亿元

年份	GDP	工业增加值
2001	109 655	43 581
2002	120 333	47 431
2003	135 823	54 946
2004	159 878	65 210
2005	184 937	77 231
2006	216 314	91 311
2007	265 810	110 535
2008	314 045	130 260
2009	335 353	134 625
2010	397 983	186 481
2011	471 564	220 592
2012	519 322	235 319
2013	568 845	249 684

资料来源:国家统计局 2005 年和 2013 年发布的统计公报。

二、横截面数据

横截面数据(Cross-sectional Data)是不同观测样本的一个或多个变量在同一时间点上的数据集合。例如,某一天收盘时所有上市股票的价格数据、国家统计局在 2010 年收集得到的第六次全国人口普查数据等。作为举例,表 1-2 给出了在 2000 年中国部分省市男女人数及性别比的横截面数据。

表 1-2 2000 年中国部分省市男女人数及性别比例

省份	男性	女性	性别比
北京	7 074 518	6 494 676	108.93
天津	5 016 375	4 832 356	103.81
河北	33 936 333	32 748 086	103.63
山西	16 800 758	15 670 484	107.21
内蒙古	12 061 615	11 261 732	107.10
辽宁	21 323 383	20 501 029	104.01
吉林	13 720 747	13 081 444	104.89
黑龙江	18 520 747	17 716 829	104.54
上海	8 430 262	7 977 472	105.68
江苏	36 982 038	36 061 539	102.55
浙江	23 581 512	22 349 139	105.51
安徽	30 437 820	28 562 128	106.57
福建	17 568 535	16 529 412	106.29
江西	20 990 240	19 407 358	108.16
山东	45 542 060	44 429 729	102.50

资料来源:国家统计局第五次人口普查数据(2000)。

三、混合截面数据

混合截面数据(Pooled Cross-sectional Data)既包括了时间序列因素又具有横截面数据的特征,它是在不同时间点进行独立取样所获得的数据。例如,假设对某地的家庭进行了两次横截面数据的调查,一次在2000年,一次在2005年。在2000年,对家庭的一个随机样本调查了工资、储蓄、家庭结构等变量。到了2005年,用同样的调查问题又对该地区一个新的随机家庭抽样样本进行调查,将这两年的数据合并在一起便得到一个混合截面数据。由于两次调查都是独立随机抽样的,因此两次调查的样本不会完全相同(某些家庭可能碰巧在两次调查中都被选中,但这种重复出现的情况纯属偶然),这一点使得混合截面数据区别于后面介绍的面板数据。与普通横截面数据相比,使用混合截面数据的最大好处是扩大了研究的样本容量。同时,如果在两次调查之间发生了某项政策改革,那么使用混合截面数据也可以使我们更好地测度改革所产生的影响。作为例证,表1-3给出了由2000年和2009年两年截面数据所合并生成的混合截面数据。

表1-3 2000年和2009年中国部分省份GDP混合截面数据 单位:亿元

序号	年份	省份	GDP
1	2000	广东	9 662.23
2	2000	辽宁	4 669.06
3	2000	江苏	8 582.73
4	2000	山东	8 542.44
5	2000	云南	1 955.09
6	2009	河南	19 367.00
7	2009	江苏	34 061.00
8	2009	云南	6 168.00
9	2009	湖南	12 930.00
10	2009	浙江	22 832.00

资料来源:国家统计局2005年和2009年发布的统计年报。

四、面板数据

面板数据(Panel Data)是一种特殊类型的合并数据,虽然它反映的也是在不同时点的样本信息,但与混合截面数据相比,面板数据是对同一个观测个体在不同时点追踪得到的信息。以上述对某地的家庭抽样调查为例,面板数据所涵盖的样本必须反映的是同一组家庭在不同年份中的情况。由于面板数据的这种性质,它非常适合于研究不同个体随时间变化或政策变革所产生的行为变化,利用相应的面板数据模型,我们可以通过追踪个体在不同时点的特征来剥离其不可观测的异质性,从而更加准确地测度某一政策所导致的净影响。作为举例,表1-4给出了2005年、2006年以及2007年中国、英国及美国的GDP面板数据。

表 1-4　中国、英国、美国的三年 GDP 比较　　　　　　　　　　单位:美元

国家	年份	GDP
中国	2005	22 359
英国	2005	22 465
美国	2005	123 761
中国	2006	26 579
英国	2006	24 026
美国	2006	131 329
中国	2007	33 823
英国	2007	27 720
美国	2007	137 514

资料来源:国家统计局国际统计数据(2009)。

五、常用数据集

一些计量经济学的初学者在掌握了计量模型后往往迫不及待地希望将模型应用于实际数据,但他们在尝试获取数据时却常常感到困惑,不知道从哪里能得到想要的数据。为了解决这一问题,这里简要介绍一些国内外实证研究中比较常用的数据集。当然,随着现代社会信息技术的发展和大量数据收集工作的开展,我们在实证研究中可以应用的数据远远不止于此,但由于这些数据大多可以免费申请获得,并且其权威性已经得到很多研究的论证,因此对于初学者而言,它们不失为上佳之选。

首先,让我们了解一些常用的针对国内情况的数据:

(1) 中国家庭动态追踪调查(CFPS)。它是由北京大学中国社会科学调查中心(ISSS)实施的一项旨在通过跟踪搜集个体、家庭、社区三个层次的信息,反映中国社会经济、人口、教育和健康的变迁情况的数据。其调查目的主要是为社会科学学术研究和政策决策提供参考。其中 2008 年和 2009 年两年在北京、上海、广东三地进行了试调查,2010 年进行了第一次全国调查。经 2010 年基线调查界定出来的所有基线家庭成员及其今后的血缘/领养子女将作为 CFPS 的基因成员,成为永久追踪对象。CFPS 调查问卷共有社区问卷、家庭问卷、成人问卷和少儿问卷四种主体问卷类型,并在此基础上不断发展出针对不同性质家庭成员的长问卷、短问卷、代答问卷、电话访谈问卷等多种问卷类型。

(2) 中国健康与养老追踪调查(CHARLS)。它是由北京大学国家发展研究院中国经济研究中心主持的数据收集项目,在我国每两年追踪调查一次,目的是采集能够代表年龄在 45 岁以上(包括 45 岁)的中国居民的情况。2008 年秋季已经在我国甘肃、浙江两省进行了预调查,2011 年进行了第一次全国调查。CHARLS 抽样以保证样本的无偏性和代表性为宗旨,通过四个阶段,分别在县(区)－村(居)－家户－个人层面上进行抽样。具体而言,在县(区)－村(居)两级抽样中,CHARLS 均采用按人口规模比例的概率抽样(简称为 PPS 抽样)。在县级抽样阶段,按照 PPS 方法,以每个区县 2009 年人口数量为基础,使用地区、城乡和 GDP 为分层指标,直接从全国 30 个省级行政单位(不包括西藏自治区、台湾省以及香港和澳门特别行政区)范围内随机抽取 150 个区县;在村级抽样阶段,按照 PPS 方法,以每个村或社区 2009 年常住人口为基础,从上述 150 个区县中各随机抽取 3 个村或社区,最后得到 450 个村/社区。CHARLS 问卷内容包括:个人基本信

息、家庭结构、经济收支状况、健康状况(含实际体格测量)、医疗服务利用和医疗保险以及社区基本情况等。

(3) 中国健康与营养调查(CHNS)。它是由中国疾病预防与控制中心、美国北卡罗来纳大学以及中国预防科学研究院合作主持的数据收集项目。该调查始于1989年,以后又分别在1991年、1993年、1997年、2002年、2006年、2009年及2011年进行。该调查在全国随机抽取辽宁、黑龙江、山东、江苏、河南、湖北、湖南、广西、贵州等9个省份中的城乡社区及家庭,调查内容包括家庭和个人的基本特征、收入和支出状况、健康情况、营养摄入、医疗保险及使用等情况,以及社区基础设施、公共服务等环境特征。

(4) 中国家庭收入调查(CHIP)。它是由中国社会科学院与国家统计局合作主持的数据收集项目。该调查始于1988年,目前共有1988年、1995年、2002年和2007年等四个截面数据。调查内容包括城市住户问卷、农村住户问卷和城市农民工问卷。调查信息由三个部分组成:城镇住户调查、农村住户调查和流动人口调查,详细记录了家庭收入与消费信息。

(5) 万得(Wind)数据库。该数据库以宏观经济指标和金融市场信息为主体,从1990年开始,内容涵盖股票、基金、债券、外汇、保险、期货、金融衍生品等领域,收集了所有金融品种完整的数据(包括上市前与上市后)。同时,它涵盖了非常细致的财经新闻以及实时的股票信息。

(6) 中经网数据库。它是由国家信息中心中经网凭借与国家发改委、国家统计局、海关总署及各行业主管部门的合作,提供的一个综合、有序的经济统计数据库群。其内容涵盖宏观经济、行业经济、区域经济以及世界经济等各领域,包括六个子库,分别是宏观月度库、行业月度库、海关月度库、综合年度库、城市年度库以及世界经济统计数据库。

另外,以下是国际上一些常用的数据集:

(1) 当前人口调查(CPS)是由美国人口普查局主持的反映美国家庭基本信息的月度调查数据。它提供了美国劳动力市场就业、失业情况;工作时间;收入支出以及相应的人口统计信息。

(2) 长期追踪调查(NLS)是旨在收集美国劳动人口长期劳动力市场表现及其他重要生活决策信息的一系列调查,到目前为止已经进行了超过40年。对于经济学家、社会学家以及其他研究人员,长期追踪调查具有非常重要的意义。

(3) 医疗支出面板调查(MEPS)是针对美国家庭、个人、医疗服务提供者以及企业雇主的一系列大规模调查。它提供了关于医疗保健支出、医疗服务利用以及医疗保险覆盖等与医疗和健康有关的全面信息。

(4) 资产价格研究数据库(CRSP)是由美国芝加哥大学商学院资产价格研究中心收集维护的,旨在提供与美国证券交易相关的基础与衍生金融产品数据。它主要包括美国股票数据库、美国资产组合配置数据库、美国财政数据库以及美国共同基金数据库,等等。

(5) 宾夕法尼亚大学世界表(The Penn World Table,PWT)由其前身联合国国际比较项目(International Comparison Programme,ICP)发展而来。数据库早期由Irving Kravis、Robert Summers与Alan Heston等知名学者创建与维护。1991年首次用于

Summer 和 Heston 的论文"宾大世界表:一个扩展的国际比较,1950—1988 年"[①]。其公开版本于 1993 年问世,此后不断更新与修正。当前最新的是 PWT 8.0 版本,由宾夕法尼亚大学出版,由收入与物价国际比较中心发布。PWT 8.0 数据库涵盖了 1950—2011 年 167 个国家或地区的 30 个涉及国民经济核算与贸易活动的统计数据。

第五节 计量经济学的主要研究方法

计量经济学的估计方法主要可以分为**参数估计**(Parametric Estimation)、**半参数估计**(Semi-parametric Estimation)以及**非参数估计**(Nonparametric Estimation)三种类型。

参数估计以样本统计量作为未知总体参数的估计量,通过对样本单位的实际观察取得样本数据,并计算样本统计量的取值作为被估计参数的估计值。参数估计中变量之间的关系是以确定的函数形式表示的,同时对随机误差项的分布特征进行了具体的假定,这是参数估计区别于非参数估计及半参数估计的主要特点。例如,一个参数估计的回归方程可能是:

$$y = b_0 + b_1 x_1 + b_2 x_2 + u, \quad u \sim (0, \sigma^2) \tag{1.7}$$

常用的参数估计方法有最小二乘法(OLS)和极大似然估计(MLE)。在接下来的章节中,我们将对这两种估计方法进行具体的讨论。

在参数估计中,研究者需要对模型的数学形式及随机误差项的分布做出假定,这使得参数估计的准确性在很大程度上取决于该假定的正确性。这种强假定的影响往往使很多研究者心存疑虑。含正态分布干扰项的线性回归模型便是一个典型的例子。

非参数估计法基本上放弃了有关函数形式和随机误差项分布的固定假定,因此比参数估计更加灵活并贴近现实。但由于其有限的函数结构(非参数估计受计算维度的影响,一般无法刻画多个变量之间的关系),非参数设定很少能对多变量之间的关系提供十分精确的推断。一个常用的非参数估计的例子是对 x 与 y 变量之间未知函数关系的**核回归**(Kernel Regression)估计,即 $E(y|x) = F(x)$,其中 $F(x)$ 函数形式未知。

在核回归估计中,我们用

$$\hat{F}(x) = \frac{\sum_{i=1}^{N} w_i(x) y_i}{\sum_{i=1}^{N} w_i(x)} \tag{1.8}$$

来估计 $F(x)$。

其中 $\hat{F}(x)$ 代表对 $F(x)$ 函数形式的估计,w_i 为加权权重,其取值受 x 的影响。因此,核回归的本质是将观测点周围的样本取值进行加权平均从而得到估计值,它有很强的样本依赖性,即对于不同样本所做的核回归可能得到对 x 与 y 之间截然不同的关系估计,这是该方法与参数估计方法的重要区别。

半参数估计介于参数估计与非参数估计之间,同时兼具二者的特点。现在许多不同的半参数估计方法正在不断地被研发出来。下面是两个半参数模型的例子。

[①] The Penn World Table (Mark 5): An Expended Set of International Comparisons, 1950—1988. *Quarterly Journal of Economics*, May 1991, pp. 327—368.

部分线性模型(Partial Linear Model):
$$y = b_0 + b_1 x_1 + g(x_2) + u$$
其中 $g(\cdot)$ 是未知函数。

指数模型[①](Index Model):
$$y = g(b_0 + b_1 x_1 + b_2 x_2) + u$$
其中 $g(\cdot)$ 是未知函数。

第六节 计量经济分析软件

在建立计量经济模型过程中需要处理大量的数据信息,所以随着计量经济模型的广泛应用和计算机技术的快速发展,专业软件商开发出了许多优秀的计量经济专用软件和统计分析软件,使得计量经济学的建模和分析过程变得日趋简洁和方便。

(1) EViews 软件是美国 QMS 公司研制的计量经济学专用软件。该软件将计量经济分析的基本元素(如序列、数据、矩阵等)和分析结果(如方程、图形、系统等)都视为"对象",每个对象都有自己的窗口,通过对各个对象的观察(view),来分析对象的属性和特征,解释不同对象之间的关系和变化规律。EViews 软件提供了三种操作方式:菜单驱动(利用系统提供的命令菜单完成有关操作)、输入命令(在命令窗口中直接键入有关命令和相应参数)、运行程序(将一系列命令编制成程序调用执行)。EViews 软件还在各个对象窗口设置了与该对象有关的常用命令按钮。多种操作方式使得 EViews 软件的操作非常方便灵活。另外,由于 EViews 软件是由计量经济学家研制并专门用于计量经济分析的专用软件,因此随着软件的不断升级更新,EViews 可以及时反映计量经济学的最新研究成果和发展情况。

(2) SAS 软件是美国 SAS 软件研究所研制开发的大型集成软件系统。经过几十年的发展,SAS 软件现已成为国际上知名度最高的统计分析软件之一,具有完备的数据访问、数据管理、数据展示、数据分析以及应用开发等功能,被广泛地应用于社会科学和自然科学的各个领域。国际学术界有条不成文的规定:凡是用 SAS 统计分析的结果,在国际学术交流中可以不必说明其算法,由此可见其权威性与信誉度。SAS 软件系统由多个应用模块组成,其中包括时间序列分析等与计量经济研究密切相关的模块。由于 SAS 系统具有强大的统计分析功能,与多种统计软件都有数据接口,并且能够根据用户需要编制程序执行特殊的数据处理过程,因此也得到众多经济学家的喜爱,并广泛应用于计量经济分析。

(3) STATA 软件是一款小巧但功能丰富的统计分析软件,最初由美国计算机资源中心研制,现在是 STATA 公司的产品。整个系统的大小只有 50M 左右(12.0 版),在分析过程中将数据全部读入内存,运算速度很快。软件操作方式主要是程序的编辑和运行,也包括菜单驱动及直接输入命令等方式。由于其命令格式简洁规范、形式灵活、易学易懂,并且用户可以根据统计分析的需要采用各种编程技巧以达到分析目的,因此该软件现在越来越受到统计及计量经济分析人员的重视和欢迎。

---

① 不含常数项的指数模型。

本章总结

本章介绍了计量经济学的定义、学科特点、研究步骤和数据分类。计量经济学是连接经济学理论与实践的桥梁。它建立在经济模型基础之上,结合统计学的研究方法,通过对收集到的数据进行分析处理,得到变量间的统计关系,进而实现经济预测或验证经济结论。要学好计量经济学,同学们需要理解计量经济学的特点,熟练掌握处理不同类型数据的计量模型,并学会使用计量经济常用软件对实际问题进行建模分析。

思考与练习

1. 计量经济学是怎样的一门学科?它与经济学、统计学和数学的关系是什么?
2. 计量经济模型一般由哪些要素组成?
3. 计量经济学中所用的数据是怎样进行分类的?每种数据的应用需要注意哪些问题?
4. 计量经济模型的建立与应用一般需要进行哪些工作步骤?

第二章　EViews 与 SAS 软件简介

▎本章概要▎

本章简要介绍了两个常用的计量经济分析软件——EViews 和 SAS。这两个软件都可以对较为复杂的数据进行管理,并实现计量经济分析、回归及预测等功能。在第一节中,我们将介绍 EViews 软件的界面、导入数据的方法以及数据描述、简单数据转换等操作。在第二节中,我们将介绍 SAS 软件的界面、常用操作以及数据处理的步骤。在此过程中,我们将结合具体案例进行讲解。

▎学习目标▎

1. 掌握 EViews 软件和 SAS 软件的基本界面和操作方法
2. 能够使用 EViews 软件和 SAS 软件进行数据处理和简单的回归分析

第一节　EViews 简介

"EViews"是 Econometrics Views 的缩写,它是一款采用计量经济学方法与技术,对社会经济关系与经济活动的数量规律进行"观察"的计量经济分析软件。EViews 由美国 QMS 公司(Quantitative Micro Software Co.)开发,运行于 Windows 环境下,其前身是 Micro TSP。相比 Micro TSP,EViews 引入了全新的面向对象的操作概念,通过相关操作实现各种计量分析功能,界面的设计也更加友好。

不同于其他的计量分析软件,EViews 有多种工作方式,分别为:① 菜单按钮导向方式;② 简单命令方式;③ 命令参数方式(即方式①与方式②相结合);④ 程序运行方式(采用 EViews 命令编制程序来操作)。其中第一种方式是最受初学者欢迎的方式,也是使用起来最简易便捷的方式。相比其他以程序运行为主的计量分析软件,EViews 是更适合计量经济学初学者进行数据处理的软件。

从功能和应用领域来看,EViews 软件拥有数据处理、作图、统计分析、建模分析(包括线性、非线性单方程模型,联立方程模型,时间序列模型,动态回归模型,面板数据模型,离散选择模型等多种估计方法)、预测和模拟等六大类功能。它的应用领域也很广泛。在科学数据分析与评价、金融分析、宏观经济预测、销售预测和成本分析等方面均得到广泛使用。

自 1981 年起,QMS 公司分别推出了 EViews 软件的 1.0、2.0、4.1、5.0、6.0 等版本,本书选择目前较为常用的 6.0 版本为例进行讲解。

一、EViews 的界面

在安装 EViews 6.0 软件后,打开桌面图标,即进入主窗口,如图 2-1 所示。

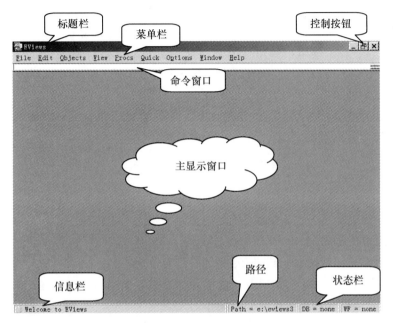

图 2-1 主窗口

(1) 标题栏。界面最上面一栏为标题栏,可进行最大化、最小化等操作。

(2) 菜单栏。界面第二栏为菜单栏,共有九个可用菜单,操作主要在这里进行。下面分别介绍各个菜单。

a. File(文件):与 Word 等软件的 File 菜单类似,主要进行工作文件(Workfile)的基本操作,如新建(New)、打开(Open)、保存/另存为(Save/Save As)、关闭(Close)、读入(Import)、读出(Export)、打印(Print)、运行程序(Run)、退出 EViews(Exit)等。

b. Edit(编辑):对工作文件中的程序文字等进行编辑,包括复制(Copy)、粘贴(Paste)、剪切(Cut)、删除(Delete)、查找(Find)、替换(Replace)等操作。

c. Objects(对象):提供有关对象的基本操作,包括建立新对象(New Objects)、从数据库获取新对象(Fetch/Update from DB)、将工作文件中的对象存储到数据库(Store to DB)、复制对象(Copy Selected)、重命名(Rename)、删除(Delete)等。在 EViews 中,处理的数据及运行结果都被称为"对象",如序列(Series)、方程(Equations)、模型(Models)、系数(Coefficients)等。"对象"这一概念我们将在后面的章节中多次解释。

d. View(查看):其功能随窗口的不同而变化,主要涉及变量的各种查看方式。

e. Procs(过程):它的功能也随窗口的不同而变化,其主要功能为对一般对象进行操作。

f. Quick(快速):提供快速统计分析过程。

g. Options(选项):系统参数设定选项。

h. Window(窗口):在使用 EViews 的过程中将会有多个子窗口。该菜单提供子窗口的切换和关闭功能。

i. Help(帮助)：提供索引方式和目录方式的帮助功能，是我们学习 EViews 的得力助手。

（3）命令窗口。菜单栏下面是命令窗口。窗口最左端的竖线是提示符，允许用户在提示符后通过键盘输入 EViews(TSP 风格)命令。如果熟悉 TSP(DOS)版的命令，即可以直接在此键入，按照 DOS 版的方式使用 EViews。按 F1 键（或移动箭头），键入的历史命令将重新显示出来，供用户选用。但是这种方式并不适合初学者。EViews 的优势就在于通过可视化的针对对象的操作来实现命令的简化，因此我们不推荐以 DOS 命令的方式来操作 EViews。

（4）主显示窗口。命令窗口之下是 EViews 的主显示窗口。以后操作产生的窗口（称为子窗口）均在此范围之内，不能移出主窗口之外。

（5）状态栏。主窗口之下是状态栏。左端显示信息，中部显示当前路径，右下端显示当前状态（例如有无工作文件等）。

二、建立文件

前文提到，EViews 是面向对象(Objects)的计量分析软件。而 EViews 软件对于对象的具体操作是在工作文件(Workfile)中进行的。也就是说，如果想用 EViews 进行具体的操作，必须先新建一个 Workfile 或打开一个已经存在于硬盘上的 Workfile，在此 Workfile 中进行输入数据、建造模型等操作。

要新建一个 Workfile，依次单击"File"→"New"→"Workfile"即可。这时屏幕上会出现一个工作文件定义对话框，要求用户指定序列观测数据的频率和样本大小（见图 2-2）。

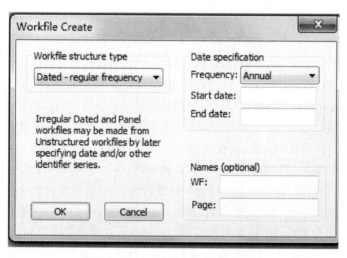

图 2-2 工作文件定义——时间序列

在图 2-2 的对话框中，工作频率项(Frequency)即数据的间隔属性，可根据具体情况选择年度(Annual)、季度(Quarterly)、月度(Monthly)等样式，并在下面的空格输入数据的起止时间。其中年度须用四位数表示年份，如"1950"。在 Start date 后输入开始年份，在 End date 后输入终止年份。季度数据的输入格式为"年份:季度"，如"1960:1"，"年份:"后面的 1、2、3、4 四个数字，代表四个季度。月度数据的输入格式为"年份:月份"，如"1970:03"，"年份:"后面的数字表示第几个月份。周(Weekly)和日(Daily)选项的格式为"月份：日期：年份"，如 1980 年 10 月 31 日应表示为"10:31:1980"，请注意单位之间是用冒号相隔的。

上述格式适用于时间序列的数据，如果数据类型是横截面数据，则在"Workfile structure type"中选择"Unstructured/Undated"，此时只要在右边输入样本数即可（见图 2-3）。

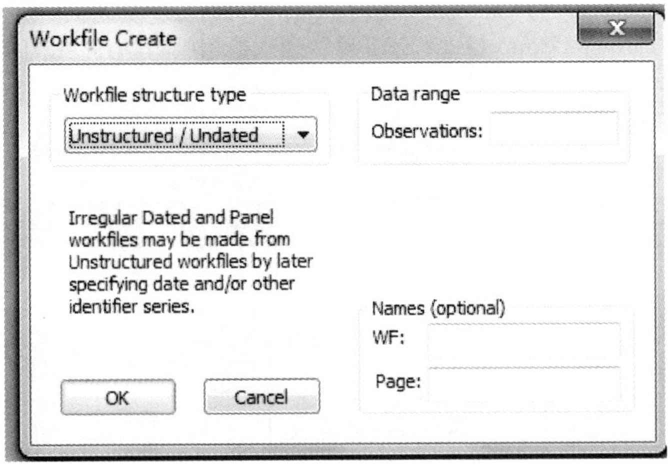

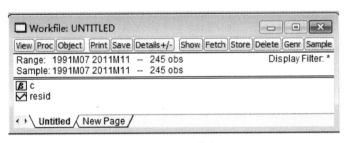

图 2-3　工作文件定义——横截面数据

如果所用数据为面板数据，则在"Workfile structure type"中选择"Balanced Panel"，此时需要输入数据的起止时间以及数据中截面的数量。

输入完毕后，单击"OK"，工作文档即创建完毕，工作文件窗口同时被打开（见图 2-4）。

图 2-4　工作文件窗口

窗口最上方显示的是工作文件名称。图 2-4 中显示的是"未命名"（Untitled），在存储的时候可以给工作文件命名。

窗口上方第一行是常用工具栏，提供各种运算功能，在后面的操作中我们会仔细进行讲解。

工具栏下方的长条空白框显示的是有关当前数据的基本情况，如数据区间（Range）、样本期（Sample）等。

新建立的工作文件窗口内只有两个对象：系数常量（C）和残差（Resid），双击相应对象即可查看针对每一观测量的取值，现在它们的取值分别为 0 和空值（NA）。在它们之前的图标表明了对象的类型，β 表示系数向量，Resid 前的曲线图代表一个变量。

三、数据录入

在打开工作文件后,就可以导入数据进行数据分析了。从整体来看,导入数据的方法大致可分为两种。

1. 手动输入

手动输入,即手动把数据输入工作文件,可分为两种方式。第一种方式为数组方式:单击"Quick"→"Empty Group (Edit Series)",进入数据编辑窗口(见图2-5)。

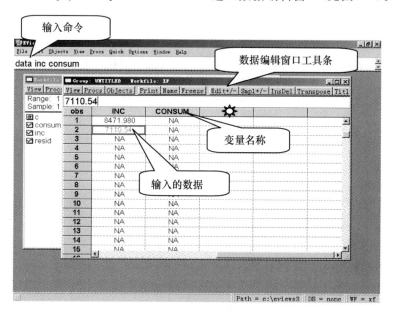

图2-5 编辑窗口

单击"obs"行没有数据的第一列(如图2.5中的太阳标志处),然后输入变量名(可以一次输入多个变量)。输入变量名后,可以填写下方表格依次输入数据。数据输入完毕,可以关闭数据输入窗口,单击工作文件窗口工具条的"Save"或单击菜单栏的"File"→"Save"将数据存入磁盘。

手动输入的第二种方式为序列方式。单击"Objects"→"New object",选择"Series"并输入序列名称,单击"OK"。进入数据编辑窗口后,单击"Edit+/-"打开数据编辑状态(用户可以根据习惯单击"Smpl+/-"改变数据按行或按列的显示形式),然后输入数据,保存方法同前面的第一种数组输入方式。

手工输入方式费时费力,一般情况下较少用到。

2. 导入已有数据文件

EViews 6.0支持三种格式的数据文件:文本格式(ASCII)、Lotus和Excel。导入已有数据时,依次单击"Procs"→"Import"→"Read Text-Lotus-Excel",然后找到并打开目标文件即可。

四、数据描述和简单数据处理

导入数据之后,就可以对数据进行简单的描述统计分析了。

首先,打开要分析的序列,进入序列对象窗口。序列对象窗口中的"View"→"Descriptive Statistics"菜单项包含两个子项:柱形图和统计量(Histogram and Stats)以及分组统计量(Stats by Classification)。

选择柱形图和统计量选项,系统将会给出当前序列的柱形图,以及有关的描述统计量,包括均值(Mean)、中位数(Median)、最大值(Maximum)、最小值(Minimum)、标准差(Std. Dev)、偏度(Skewness)、峰度(Kurtosis)等(见图2-6)。

	Y	X
Mean	573.6154	986.7308
Median	513.0000	859.9700
Maximum	1148.000	2099.500
Minimum	249.0000	393.8000
Std. Dev	281.2100	533.5443
Skewness	0.566370	0.669570
Kurtosis	2.169618	2.296147
Jarque-Bera	1.068512	1.239714
Probability	0.586105	0.538021

图 2-6 描述统计结果

选择分组统计量,系统会给出序列的分组描述统计。序列的分组描述统计分析是将样本分为若干子集后,对各组观测值分别进行描述统计。选择"View"→"Descriptive Statistics"→"Stats by Classification",屏幕出现分组描述统计定义对话框(见图2-7)。

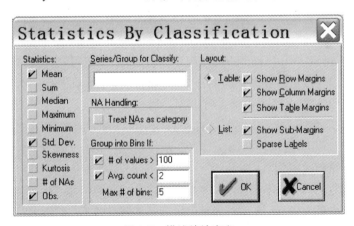

图 2-7 描述统计定义

对话框左边统计量(Statistics)下面有10个选项,用户可以根据需要选择一个或多个输出统计量的种类。在分组序列(Series/Group for Classify)下面输入分组变量的名称,此处分组变量的数目可以多于一个,各分组变量之间用逗号隔开。

在有些情况下,描述性统计可能不够直观,对此EViews还提供了多种图表来描述数据。在"View"→"Graph"中,可以绘制线形图、柱型图、散点图(可连接,配拟合直线)和饼图。双击图形区域中任意处,可以进入图形编辑状态。在编辑状态中,可以选择图形类型、设定图形属性(如是否置入图框内、刻度大小、是否用彩色)、修改柱和线的选项、设定竖轴(如单个还是双个、是否交叉)、设定比例尺度(如优化线性尺度、对数尺度、正态化尺度)、手动设定比例尺度等(见图2-8)。

除此之外,还可以在"View"菜单中选择"Multiple Graphs",即可以在一个窗口中设置多个图,每一个序列设置一个图。

数据的简单编辑与手动输入数据的第二种方法类似,即单击"Objects"→"New object",选"Series",输入序列名称,单击"OK",进入数据编辑窗口。然后单击"Edit+/−"打开数据编辑状态,进行编辑。数据的合并功能将在后面的面板数据部分进行介绍。

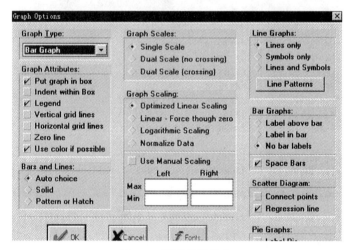

图 2-8　图形编辑状态

第二节　SAS 简介

SAS 是 Statistical Analysis System(统计分析系统)的缩写,它由美国 SAS 软件研究所(SAS Institute Inc.)经多年的研制后于 1976 年推出,并不断更新。本书将以目前应用较为广泛的 SAS 9.1 中文版本为例进行讲解。

SAS 有 SAS/BASE(基础)、SAS/STAT(统计)、SAS/GRAPH(图形)、SAS/ETS(预测)、SAS/IML(矩阵运算)和 SAS/QC(质量控制)等约 20 个模块,本书中我们将主要介绍前三个模块的相关应用。

和前文介绍的 EViews 不同,SAS 的主要工作方式为程序运行,虽然操作难度更大,但统计分析功能也更为强大,且更能满足使用者的多样化需求。

SAS 系统目前已被许多国家和地区的机构所采用,广泛应用于金融、商业管理、医疗卫生、生产、运输、通信、政府、科研和教育等领域。它运用统计分析、时间序列分析、运筹决策等科学方法进行质量管理、财务管理、生产优化、风险控制、市场调查和定量预测等业务,并可将各种数据以灵活多样的报表、图形和三维透视图等形式直观地表现出来。在数据处理和统计分析领域,SAS 系统一直被誉为国际上的权威软件系统。

一、SAS 的界面

图 2-9 为 SAS 初始主界面。因为 SAS 的主窗口各栏和 EViews 类似,不再详述,下面重点介绍主窗口下面的四个子窗口各自的用途。

图 2-9　SAS 初始主界面

（1）程序编辑(Program Editor)窗口。用于编写、编辑和调用程序。在图 2-9 中含有绿色文字的窗口即程序编辑窗口。

（2）日志(Log)窗口。用于 SAS 程序的运行记录和监视，其显示颜色分为黑色（程序运行记录）、蓝色（SAS 系统提示）、绿色（SAS 在做计算时对可能存在的问题进行警告提示）、褐色（程序出错的警告信息提示）。本书强烈建议 SAS 初学者在每次运行 SAS 程序后首先观察 Log 窗口的各种信息提示，以防程序出错。

（3）输出(Output)窗口。给出程序运行结果。

（4）资源管理器(Explorer)和结果(Results)窗口。资源管理器主要为 SAS 文件及硬盘的链接，结果窗口则以列表的形式给出各个程序的运行结果。

二、SAS 语言构成简述

SAS 的编程语言主要由数据步(Data)和过程步(Proc)组成。Data 主要是进行数据集本身的操作管理，包括数据的录入、变量的添加和删除、数据的合并等。Proc 则主要负责对已有数据集进行统计和计量经济学分析。SAS 语言的基本单位是语句，每个 SAS 语句一般由一个关键词（如 input、cards、by 等）开头，中间包含该语句的具体步骤（其中包括 SAS 名字、特殊字符、运算符等），并以分号结束。

SAS 名字用于标识 SAS 程序中各种成分，如变量、数据库、数据集等。SAS 名字中只能包含字母、数字、下划线，且不能以数字开头。SAS 关键字和 SAS 名字均不区分大小写。

SAS 运算符包括算术、比较、逻辑等运算符。下面列举了几个需要说明的运算符：

• "**"代表乘方运算；"∧＝"代表不等于。

• 运算符中"IN"是一个 SAS 特有的比较运算符，用来检查某个变量的取值是否在某一给定的列表中。

• "＜＞"用于取两个运算值中较大的一个；"＞＜"用于取两个运算值中较小的一个。

- SAS 有三种逻辑运算符，分别是："&（或 and）"表示"且"，"|（或 or）"表示"或"，"∧（或 not）"表示非。可用括号进行逻辑的层级区分。例如，NOT((salary>=1000) AND(salary<2000))表示工资收入不在 1000 到 2000 之间，也可以写为"∧"((salary>=1000)&(salary<2000))。

三、SAS 程序的基本规则

SAS 程序由语句构成，每个语句以分号结尾。[①] 需要注意的是，由于可通过分号辨别语句是否结束，故 SAS 可以将一个语句写在多行中，也可在同一行写多个语句。SAS 中凡是允许用空格的地方均可以加入任意多空白（包括空格、制表符、回车）。虽然 SAS 关键字和名字不区分大小写，但字符型数值要区分大小写。

在 SAS 程序中可以加入注释，用"/*"和"*/"在两端界定注释。这种注释可以出现在任何允许加入空格的地方，也可以占用多行。另外也可以以"*"开头做当行注释，并用分号结尾。一般而言，我们不把程序代码和注释放到同一行。注释的另一个作用是把某些代码暂时屏蔽使其不被运行，从而满足程序调试的需要。

此外，需要强调的是，SAS 数据步以"data"开头，以"run 语句"结尾，即以"run;"结尾。

四、数据录入

在录入数据之前首先要建立一个数据库（Data Library），来存储数据集（Database）。SAS 数据集的命名方式为两部分命名方式，即"A.B"的形式。其中，A 为数据库名称，B 为数据集名称。如果省略 A 而直接用 B，那么 SAS 默认为该数据存储在临时数据库"work"中。该"work"数据库是 SAS 初始设定用于暂时储存某些数据集的，而 SAS 程序一旦被终止，则该数据库中所有储存的数据都将丢失。数据库可以在最左边的资源管理器窗口查看。

如果要将数据集存储在永久性的数据库中，那么就需要事先给数据库命名。为数据库和文件命名的程序如下：

```
libname 数据库名´路径´;
filename 文件名´路径´;
```

命名后，就可以利用数据库名和文件名直接指代计算机硬盘上用于存储数据的文件夹或一个外部文件（例如，存储数据的 txt 文件）。

接下来就要正式录入数据了，SAS 数据的录入方法一般可分为三种：

1. 手动输入

有两个指令可以用来执行手动输入程序，它们为 DATALINES 和 CARDS，它们是等价的。不过在键入数据之前，还是要先输入变量名和变量属性，其中字符变量（Character Variable）之后要加一个美元符号 $。

这种方法操作简便，但在数据量较大时费时费力，所以不推荐经常使用。

[①] 最常见的 SAS 编程错误之一就是丢失分号。

2. 导入外部数据

data 数据集名；
  infile 待打开文件名；
  input 变量名；
run；

数据导入就完成了，SAS 9.1 可以打开很多格式的数据文件，包括 txt、xls、csv 等。另外，还可以通过菜单按钮导向方式来完成这一操作。

3. 调用其他 SAS 数据集中的数据

有时候一些变量在一个数据集中已定义了，需要增加一些变量，或者进行简单的数据复制和删除，就可以将已有的 SAS 数据集导入到新创立的数据集中。实现这一目的的命令为"set"（如果需要将两个或两个以上的 SAS 数据集合并，那么则需要使用"merge"）。程序如下：

data 新建数据名；
  set 已存在的 SAS 数据集名；
run；

五、数据描述

在得到了数据集后，就可以对数据进行描述性统计分析了。下面简要介绍几个描述性统计分析指令：

（1）PROC PRINT 列出了数据集中所有观测值的变量取值，可以通过 VAR 选项限制变量名，通过 WHERE 选项限定变量的取值范围。

（2）PROC MEANS 给出了变量的均值、标准差、最小值、最大值等描述性统计信息，而 CLASS 选项则允许使用者根据某个变量分组，并分别给出各组的描述性统计信息。

（3）PROC FREQ 主要针对离散型的变量，提供该变量的频率分布，并通过 TABLE 选项给出了频率分布表（包括每一个取值的频率和累计频率等）。

（4）PROC UNIVARIATE 给出了针对单个变量的最为全面的描述性统计信息，并给出该变量在各个样本分位数的取值分布以及极值等。

（5）PROC CORR 用于提供不同变量之间相关性的信息，使用者可以使用 VAR 选项来选择跟研究兴趣有关的变量组合，如果不使用 VAR，则自动给出所有变量之间的相关系数矩阵。

六、数据集的合并

接下来，我们来介绍一个相对复杂的操作——数据集的合并。在实际经济研究工作中，数据集的合并是经常需要完成的工作。在后面的面板数据学习中，同学们会发现合并数据技术的重要性，因此有必要在这里先给大家做一个介绍。

一般而言，合并数据需要根据某一个变量的对应情况来进行，例如根据每个人的 ID 号码合并不同数据中同一个人的信息。为了实现这种对应合并（Match-and-Merge）过程，我们需要首先将待合并的数据分别根据该变量来排序（用"sort"语句），然后再利用"merge"语句按照排序后的变量实现合并。此外，对于观察值无法匹配（Non-matching

的情况,我们还可以利用"in"选项来决定是否保留相应的观测值。

以上操作的具体应用可以参考本节第八部分所提供的应用实例。

七、简单变量处理

SAS 中对变量的操作一般在 Data 过程中进行。

定义一个新变量可以有多种方法。例如在前面讲到的,可以在打开外部文件时,用 INPUT 命令同时创造一个新变量。也可以利用现有变量计算构造新变量。例如,Total = sum(Midterm, Final, Project) 所实现的功能就是把 Midterm、Final 和 Project 三个变量求和后赋值给新创建的变量 Total。这其中还涉及 SAS 函数"sum",关于 SAS 函数我们在以后的章节中会详细介绍。最后,还可以用"replace"这一命令来替换变量。

除了使用特定函数来创造变量外,还可以使用 IF-THEN/ELSE 循环语句来创造、编辑变量。IF-THEN 语句表示如果一个条件被满足,则执行相应的命令,即:

if 条件 then 命令;

IF-ELSE 则稍复杂一点,使用这一命令可以对几种不同情况执行不同的命令,即:

if 条件 1 then 命令 1;
　　else if 条件 2 then 命令 2;
　　else 命令 3;

另外,IF 语句还可以实现依据某些观测值的取值来对数据集进行缩减(Subsetting)的功能。例如,如果想在原始数据基础上只保留男性样本,可以使用以下两种等价的命令:

if sex='Male';

if sex='Female' then delete;

下面我们介绍两个循环语句中常用的命令 RETAIN 和累加号"+"。

RETAIN 命令可以使 SAS 保留循环语句先前循环的结果(根据 SAS 的初始设定,在每次循环开始前都会删掉先前循环的变量取值)。使用时,在"RETAIN"后面输入变量名列表即可。同时,我们可以在变量列表后面输入起始值,则所有循环语句从这一值开始;如果不输入初始值,则这些变量的初始值为缺失值,即"."。程序如下:

retain 变量列表 初始值;

累加号命令"+"是 RETAIN 命令的特殊形式,其表达式为"变量+表达式",即表示在循环的每一轮,变量在保持其值的基础上加上表达式。这一命令比较特殊,不需要任何关键词(Keyword),这一点我们将在后面的实例中进行具体说明。

接下来再介绍 FORMAT 这一命令。顾名思义,这一命令的作用是编辑数据的格式,SAS 本身可以储存多种格式(Format)的变量,例如 DDMMYY.(日期格式),而使用者也可以利用"proc format"自己定义格式。例如:

proc format;
　　value Sex 1='男性'　2='女性';
run;

以上命令将数值变量赋予了文字格式,即如果 sex 变量的取值为 1,则格式显示为"男性",若取值为 2 则显示为"女性"。当然转换并不限于此,数值、数值范围、文字之间也可以通过"proc format"实现相互转化(但不改变原始取值性质)。在定义格式后,我们就可以把变量转换成我们想要的格式,即:

format 变量 格式.;

特别需要注意的是,所定义的格式后面必须加上".",这样 SAS 才能够识别相应的格式名称,即使所定义的格式和变量同名也是这样,如:

format Sex Sex.;

最后介绍标签(Label)的概念。有时为了便于使用者了解变量的含义,变量不仅仅有变量名,还被加上一个标签,这就像一个人有一个较短的名字同时还可以有一个较长的外号。给一个变量加标签很简单,只要使用 LABEL 命令即可,如:

label alcohol=´liters alcohol from wine, per capita´;

如果不想看到某些变量的冗长标签,有系统选项可以帮助解决,当然需要时也可以恢复这些标签,系统选项如下:

options nolabel;

options label;

八、一个应用实例

某大学为学生开设了一门计量经济学课程。这门课程的评分体系包括期中考试、期末考试和一个学期报告。现在,同学们的分数分别如下表所列(见表 2-1):

表 2-1 分数分布表

Name	Midterm	Final	Project	Sex
Mike	25	35	30	1
Jane	30	40	25	2
Tom	28	37	26	1
Jill	24	40	30	2
Kate	26	38	29	2
Justin	29	36	30	1
Larry	22	28	25	1
Mark	20	31	18	1
Henry	.	25	28	1
Cindy	28	37	28	2
Kevin	22	23	23	1
Peggy	26	33	27	2
Jeana	.	30	24	2
Don	22	34	29	1

首先,我们将这些学生的相关信息用手动方式输入 SAS。

```
data training.exam1;
    input Name $ Midterm Final Project Sex;
datalines;
    Mike 25 35 30 1
    Jane 30 40 25 2 /*数据点之间要有空格,一个数据点内部不能空格*/
    Tom 28 37 26 1
    Jill 24 40 30 2
    Kate 26 38 29 2
    Justin 29 36 30 1
    Larry 22 28 25 1
    Mark 20 31 18 1
    Henry . 25 28 1 /*遗漏数据用"."表示,否则该行数据会被自行删除*/
    Cindy 28 37 28 2
    Kevin 22 23 23 1
    Peggy 26 33 27 2
    Jeana . 30 24 2
    Don 22 34 29 1
;
```

将上述程序提交运行后,就可得到我们需要的数据表格,如图 2-10 所示。

	Name	Midterm	Final	Project	Sex
1	Mike	25	35	30	1
2	Jane	30	40	25	2
3	Tom	28	37	26	1
4	Jill	24	40	30	2
5	Kate	26	38	29	2
6	Justin	29	36	30	1
7	Larry	22	28	25	1
8	Mark	20	31	18	1
9	Henry	.	25	28	1
10	Cindy	28	37	28	2
11	Kevin	22	23	23	1
12	Peggy	26	33	27	2
13	Jeana	.	30	24	2
14	Don	22	34	29	1

图 2-10 学生信息数据集

下面,我们再导入一个记录有学生身高的文件 height.txt。我们可以通过以下程序实现文件的导入。

```
data training.height;
    infile 'C:\SAS Training\Data for SAS Lab\height.txt';
    input Name $ Height;
run;
```

结果如图 2-11 所示:

	Name	Height	Weight
1	Tom	180	170
2	Jane	162	.
3	Mike	174	140
4	Greg	178	145
5	Jill	167	.
6	Mary	.	.

图 2-11　学生身高数据集

接下来我们对两个数据集进行合并。首先将 training.exam1 和 training.height 中的数据按姓名这一变量来分别排序：

proc sort data = training.exam1 out = one;
　　by name;
run;
proc sort data = training.height out = two;
　　by name;
run;

排序后结果分别如图 2-12 和图 2-13 所示：

training.exam1 排序后输出的 one 数据集：

	Name	Midterm	Final	Project	Sex
1	Cindy	28	37	28	2
2	Don	22	34	29	1
3	Henry	.	25	28	1
4	Jane	30	40	25	2
5	Jeana	.	30	24	2
6	Jill	24	40	30	2
7	Justin	29	36	30	1
8	Kate	26	38	29	2
9	Kevin	22	23	23	1
10	Larry	22	28	25	1
11	Mark	20	31	18	1
12	Mike	25	35	30	1
13	Peggy	26	33	27	2
14	Tom	28	37	26	1

图 2-12　training.exam1 排序后数据集

training.height 排序后输出的 two 数据集：

	Name	Height	Weight
1	Greg	178	145
2	Jane	162	.
3	Jill	167	.
4	Mary	.	.
5	Mike	174	140
6	Tom	180	170

图 2-13　training.height 排序后数据集

下面按合并时是否保留全部观察点,可分为两种操作。

第一,如果保留全部观察点,无论是否成功匹配,则用以下语句:

```
data merge_1;
    merge one two;
    by Name;
run;
```

合并结果如图 2-14 所示:

	Name	Midterm	Final	Project	Sex	Height	Weight
1	Cindy	28	37	28	2	.	.
2	Don	22	34	29	1	.	.
3	Greg	.	.	.	.	178	145
4	Henry	.	25	28	1	.	.
5	Jane	30	40	25	2	162	.
6	Jeana	.	30	24	2	.	.
7	Jill	24	40	30	2	167	.
8	Justin	29	36	30	1	.	.
9	Kate	26	38	29	2	.	.
10	Kevin	22	23	23	1	.	.
11	Larry	22	28	25	1	.	.
12	Mark	20	31	18	1	.	.
13	Mary	.	.	.	.	.	.
14	Mike	25	35	30	1	174	140
15	Peggy	26	33	27	2	.	.
16	Tom	28	37	26	1	180	170

图 2-14 合并后数据集(保留全部观察点)

如果删除不匹配的观察点,则需要用"in"选项:

```
data merge_2;
    merge one (in = A)
        two (in = B);
    by Name;
    if A and B;
run;
```

合并结果如图 2-15 所示:

	Name	Midterm	Final	Project	Sex	Height	Weight
1	Jane	30	40	25	2	162	.
2	Jill	24	40	30	2	167	.
3	Mike	25	35	30	1	174	140
4	Tom	28	37	26	1	180	170

图 2-15 合并后数据集(删除不匹配的观察点)

下面,我们利用条件循环语句和 RETAIN 命令,计算该班学生男生和女生的人数。为此,我们需要设立 n_male 和 n_female 两个变量作为计算男女生人数的变量(计数器),并在 RETAIN 命令中将其初始值设为 0。具体程序如下:

```
retain n_male n_female 0;
    if Sex = 1 then do;
        n_male = n_male + 1;
    end;
    elsedo;
        n_female = n_female + 1;
    end;
run;
```

男女生人数计算结果如图 2-16 所示：

	Name	Midterm	Final	Project	Sex	n_male	n_female
1	Mike	25	35	30	Male	1	0
2	Jane	30	40	25	Female	1	1
3	Tom	28	37	26	Male	2	1
4	Jill	24	40	30	Female	2	2
5	Kate	26	38	29	Female	2	3
6	Justin	29	36	30	Male	3	3
7	Larry	22	28	25	Male	4	3
8	Mark	20	31	18	Male	5	3
9	Henry	28	25	28	Male	6	3
10	Cindy	28	37	28	Female	6	4
11	Kevin	22	23	23	Male	7	4
12	Peggy	26	33	27	Female	7	5
13	Jeana	24	30	24	Female	7	6
14	Don	22	34	29	Male	8	6

图 2-16 男女生人数计算结果

最后，我们利用累加号"+"来计算班级的总人数和班级的总成绩。

```
Total = sum(Midterm, Final, Project); /*生成每个学生的总成绩变量*/
n + 1; /*生成观测值计数变量(即班级的总人数)，最后一行 n 的值为观测值总数*/
C_Total + Total; /*生成成绩总和变量，最后一行 C_Total 的值为所有观测值成绩总和*/
C_Avg = C_Total / n; /*计算班级平均分*/
Format C_Avg 6.2; /*将平均分赋予固定格式，即 6 位数字，小数点保留 2 位*/
```

总成绩的计算结果如图 2-17 所示：

	Name	Midterm	Final	Project	Sex	n_male	n_female	Total	n	C_Total	C_Avg
1	Mike	25	35	30	Male	1	0	90	1	90	90.00
2	Jane	30	40	25	Female	1	1	95	2	185	92.50
3	Tom	28	37	26	Male	2	1	91	3	276	92.00
4	Jill	24	40	30	Female	2	2	94	4	370	92.50
5	Kate	26	38	29	Female	2	3	93	5	463	92.60
6	Justin	29	36	30	Male	3	3	95	6	558	93.00
7	Larry	22	28	25	Male	4	3	75	7	633	90.43
8	Mark	20	31	18	Male	5	3	69	8	702	87.75
9	Henry	28	25	28	Male	6	3	81	9	783	87.00
10	Cindy	28	37	28	Female	6	4	93	10	876	87.60
11	Kevin	22	23	23	Male	7	4	68	11	944	85.82
12	Peggy	26	33	27	Female	7	5	86	12	1030	85.83
13	Jeana	24	30	24	Female	7	6	78	13	1108	85.23
14	Don	22	34	29	Male	8	6	85	14	1193	85.21

图 2-17 总成绩的计算结果

本章总结

本章介绍了两款常用的经济计量及统计软件 EViews 和 SAS 的基本操作、数据录入、数据描述和基本数据处理。这两款软件都具有强大的统计功能，能够帮助我们进行计量数据的分析与处理。希望同学们在课后多上机进行实践操作，熟悉软件的基本功能，并在之后的学习中结合实际数据和计量经济学模型加以练习和应用。

思考与练习

1. 以本章最后一个小节中的 SAS 例子为背景，列出期中分数高于 24 的名单，请写出所需程序。

2. 以本章最后一个小节中的 SAS 例子为背景，列出期中和期末考试的相关系数矩阵，请写出所需程序。

3. 以本章最后一个小节中的 SAS 例子为背景，请思考在合并数据时如何只保留数据集 One 中不匹配的观察点，并请写出所需程序。

4. EViews 的主要工作方式是什么？它和 SAS 的优势各在哪些方面？

第三章 简单线性回归模型

┃本章概要┃

在了解计量经济学的研究内容及重要的统计分析软件之后,从这一章起我们将开始学习回归分析模型。回归分析是对变量间的统计关系进行定量分析的计量经济学方法,掌握好各种回归分析模型是研究经济现象及变量关系的重要基础。针对不同的经济现象,我们可以采用不同的回归模型。本章将介绍其中最基本的模型——简单线性回归模型,包括该模型的含义、双变量模型的估计方法及其估计量的基本性质,并用 EViews 和 SAS 分别对双变量模型的回归分析进行演示。

┃学习目标┃

1. 了解回归的含义以及相关概念
2. 掌握一元线性回归的估计方法——最小二乘法
3. 知道最小二乘估计量的基本性质

第一节 回归的含义

回归分析(Regression Analysis)用于研究一个变量(称为被解释变量或因变量)与另一个或多个变量(称为解释变量或自变量)之间的关系。为了统一符号,在下面的介绍中我们用 y 代表因变量,x 代表自变量或解释变量。如果回归中有多个解释变量,则用适当的下标表示各个不同的 x,例如 x_1、x_2、x_3 等。

与回归分析有密切关系但概念迥异的一种统计分析是**相关分析**(Correlation Analysis)。相关分析是用来测度变量之间相关性的一种分析方法。回归分析与相关分析的区别主要表现在以下几个方面:

(1) 在回归分析中,我们并不仅仅对变量之间的相关关系感兴趣,还希望通过对回归模型的恰当设定来揭示自变量与因变量之间的因果关系,或对因变量的期望值进行预测;而在相关分析中,我们的主要目的就是测度变量之间的相关性。

(2) 在回归分析中,因变量和解释变量具有不同的性质。在这里因变量在统计意义上被看作是随机的,即它存在一个概率分布,而解释变量则被看作是固定和非随机的。在相关分析中,两个变量具有对称性,即不区分因变量和解释变量,而是将两个变量都看作是随机变量。

此处需要特别强调的是,回归分析研究的是一个因变量与另一个或多个自变量之间的关系。存在回归关系并不一定表明存在因果关系,即不能武断地认为自变量是"因",导致了因变量的"果"。回归方程中出现显著的回归系数可能是由多种原因造成的,它反映的可能是自变量对因变量的显著影响,但也可能是因变量对自变量的影响(即逆向因果关系)。同时,如果存在未被回归方程所包含的遗漏变量,那么其对因变量的影响也可能体现在回归系数中。总之,因果关系的判定是运用计量经济学模型进行研究的重点和难点,它往往需要在统计分析之外辅助以经济学理论等外部知识加以确定。关于因果关系的确定,我们在本书第十五章"内生性与工具变量估计"中将做更为详细的讨论。

第二节 回归的几个基本概念

在上一节我们概括性地讨论了回归的含义,下面我们将向大家介绍最简单的双变量回归分析。从实践经验来看,双变量线性回归模型作为实证分析的一般工具存在诸多局限性,因此应用范围并不广泛。但是,由于该模型的设定简单,易于理解,且能够借助二维图形形象地说明其原理,因此对它的介绍有助于初学者清楚理解回归分析的基本概念。同时,由于更具一般性的多变量回归分析在许多方面都是对双变量回归模型的逻辑推广,因此掌握这一最简单的回归分析工具将是至关重要的。

一、回归函数

首先,我们以农民工的工资和年龄之间的关系为例引出双变量回归的基本概念。图3-1是根据某次农民工调查数据画出的工资与年龄关系的散点图。

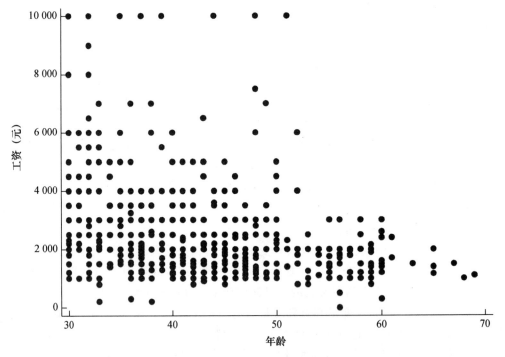

图 3-1 工资与年龄散点图

图3-1中,横轴代表农民工的年龄,纵轴代表工资,不同的点代表不同的年龄与工资的组合。仅从图3-1中,我们能够观察到年龄较低的工人中,获得较高工资水平的人数较多,但我们很难看出年龄与工资之间在整体趋势上存在明确的关系。如果我们计算出每一个年龄组内的工资均值,并且用工资均值和年龄重新画散点图,则会看到较为清晰的

变化趋势(见图 3-2)。

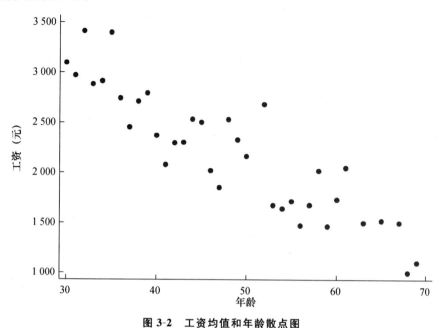

图 3-2 工资均值和年龄散点图

图 3-2 中,横轴代表农民工的年龄,纵轴代表该年龄上农民工的工资均值。我们可以清楚地看到,随着年龄的增加,农民工收入有明显的下降趋势,两者的变化趋势几乎呈线性。因此,我们可以尝试用一条直线来拟合图中所示的关系,拟合所得直线如图 3-3 所示:

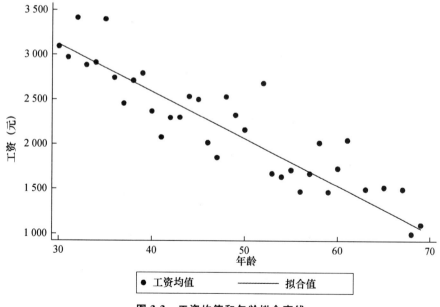

图 3-3 工资均值和年龄拟合直线

可以发现,图 3-3 中各点较为均匀地散落在拟合直线的两侧,说明该直线较好地显示出工资均值与年龄之间的关系。我们称这条直线为总体回归直线。通过总体回归直线,我们可以求出与自变量的每个取值相对应的因变量预测值。例如在图3-3中,我们可以通过总体回归直线求出每个年龄所对应的预期平均工资水平。

如果用 y 表示工资,x 表示年龄,那么图3-3所拟合的工资均值与年龄的关系相当于对于某个给定的 x,求出该关系下 y 的期望值。由统计知识可知,该**条件期望**(Conditional Expectation)可以写成如下形式:

$$E(y \mid x) = \beta_0 + \beta_1 x \tag{3.1}$$

公式(3.1)就是**回归函数**(Regression Function)的数学形式。这个等式假设在给定 x 的条件下,y 的期望值(即总体均值)与 x 具有线性关系。我们一般将这种数学关系称为 y 对 x 的**线性回归**(Linear Regression)。

公式(3.1)中,β_0 和 β_1 为待估的参数,也称为回归系数。其中,β_0 称为截距项,即 x 取零时 y 的期望值大小;β_1 称为斜率,度量 x 每变动一个单位时 y 的期望值的变化。有关斜率和截距的更多解释及其求解方法将在下面的讨论中详细介绍。

此处需要补充说明的是,回归函数可以分为**总体回归函数**(Population Regression Function,PRF)和**样本回归函数**(Sample Regression Function,SRF),两者的区别在于用于回归的数据是总体数据还是抽样后的样本数据。其中,总体回归函数是我们希望获得的回归关系,而样本回归函数是对总体回归函数的近似。但在现实研究中,由于数据的可得性、成本约束、隐私考虑等种种限制,我们几乎不可能获得全面准确的总体数据,因此常常用抽样后的样本数据进行回归,从而得到用于估计的样本回归函数。

二、随机误差项

回归函数给出了每一个自变量取值所对应的因变量期望值。对于样本回归函数而言,在给定 x_i 时,由公式(3.1)所得到的结果与实际观测的 y_i 往往存在一定的差异。如果用 u_i 表示这一差异,则每个观测样本的 y 值可以表示为:

$$y_i = E(y \mid x_i) + u_i = \beta_0 + \beta_1 x_i + u_i \tag{3.2}$$

(3.2)式中的 u_i 被称为**随机误差项**(Random Error Term),或简称为误差项。(3.2)式称为随机回归方程,它表示在考虑误差项的情况下,实际观测到的 y 值与自变量 x 的数量关系。与之相对,(3.1)式也被称为确定的或非随机的回归方程,它表示对应于各个给定的 x 取值,由总体回归直线估计的 y 的期望值。

对于公式(3.2),我们可以这样理解:y 的取值并不完全取决于 x,还受到其他因素的影响。例如在农民工年龄与工资关系的例子中,我们只考虑了年龄对工资水平的影响,但实际上农民工的教育水平、工作经验等因素都可能会影响工资水平;同时,数据的整理、记录过程中出现的测量误差也会对得到的回归关系产生影响。由于我们没有将这些变量包含在模型中,因此 y 中存在不能由 x 解释的部分,这些因素对 y 的影响则被归入误差项 u_i。

总结起来,我们可以从以下几个方面来认识随机误差项所起的作用:

(1) 随机误差项可以包含因变量中的一些内在随机性。这意味着,即使模型包括了所有决定 y 的有关变量,y 的取值也具有一定的随机性,导致观测值偏离其期望值。

(2) 随机误差项可以包含测量误差。例如,在收集、处理统计数据的过程中,总要产生某些主观或客观上的登记误差、测量偏误等,致使有些变量的观测值并不精确等于其真实值。这些误差的影响可以包含在 u_i 的范围中。

（3）随机误差项可能代表了模型中并未包括的遗漏变量的影响。如前面的讨论可知，由于相应数据的缺失、相关因素无法测度、经济理论不完善等原因，回归等式中常常无法囊括所有对 y 产生影响的变量。这些遗漏变量的存在导致因变量中没有被 x 解释的部分也被包含在 u_i 中。

由于误差项 u_i 包含的成分较为复杂，我们在研究中一般将其作为随机变量看待，并赋予其一定的概率分布假定。在今后的学习中我们将看到，随机误差项是回归模型的重要组成部分，回归模型常常要围绕误差项的统计特征进行调整。

第三节 一元回归模型的估计

一、最小二乘法及参数估计

1. 古典线性回归模型的相关假定

在对回归模型进行估计之前，我们首先要对该模型的性质做出假定。一般而言，以一元（双变量）线性回归模型为代表的古典线性回归模型 $y_i=\beta_0+\beta_1 x_i+u_i$ 具有如下假定：

假定 3.1 在给定 x_i 的条件下，u_i 的条件期望值为零，即 $E(u_i|x_i)=0$。

假定 3.2 在给定任意 x_i、x_j 的条件下，u_i 和 u_j 不相关，即 $\text{Cov}(u_i,u_j|x_i,x_j)=0$。

假定 3.3 对于每一个 x_i，u_i 的条件方差是一个等于 σ^2 的常数，即 $\text{Var}(u_i|x_i)=\sigma^2$。

假定 3.4 在给定 x_i 的条件下，x_i 和 u_i 不相关，即 $\text{Cov}(u_i,x_i|x_i)=0$。

满足以上四个假定的线性回归模型被称为**古典线性回归**（Classical Linear Regression）模型，该模型是目前大部分计量经济学分析的基础，而后面章节所介绍的多元回归理论也同样建立在上述假定的基础之上。

假定 3.5 每一个 u_i 都服从于期望值为 0、方差为 σ^2 的正态分布，即 $u_i \sim N(0,\sigma^2)$。

满足第五条假定的古典线性回归模型被称为古典正态线性回归模型。

2. 模型参数的估计方法及原理

在对一元线性回归模型的估计中，我们的目标是利用已有的样本获得对 β_0 和 β_1 的最优估计值。而最常用的方法可以分为两种，即令回归残差平方和最小的**普通最小二乘法**（Ordinary Least Square，OLS）和令 Y_i 观测值出现的概率最大的**极大似然估计法**（Maximum Likelihood Estimation，MLE）。通常来说，这两种方法的回归结果差别不大，而普通最小二乘法具有应用广泛、计算简洁等特点，因此在这里我们重点介绍普通最小二乘法的原理和操作。

下面继续以农民工工资与年龄的回归为例来说明该回归方法的原理。由（3.2）式我们可以得到回归残差 $\hat{u}_i$ 的表达式：

$$\hat{u}_i = y_i - \hat{\beta}_0 - \hat{\beta}_1 x_i \tag{3.3}$$

为了使因变量的估计值 $\hat{y}_i$ 与其实际观测值 y_i 尽量接近，我们希望残差 $\hat{u}_i$ 越小越好。一个直观的想法是令样本的残差和 $\sum_{i=1}^{n}\hat{u}_i$ 最小。然而这一方法有两个难以解决的弊端。首先，由于实际观测的 y_i 值既可能大于估计值 $\hat{y}_i$，也可能小于 $\hat{y}_i$，因此残差 $\hat{u}_i$ 有正有负，故在对残差求和的过程中,正负项可能相互抵消,导致最后的结果无法反映估计值与实际观测值的真实偏离情况。其次,对残差进行简单求和没有区分不同偏离程度的影响,但实际上估计值 $\hat{y}_i$ 与实际观测值 y_i 偏离得越远,对模型的精确度影响越大。因此,考虑到上述两个弊端,我们采用令残差平方和最小的方法进行估计。由(3.2)式得到的残差平方和表达式如下:

$$\sum_{i=1}^{n} \hat{u}_i^2 = \sum_{i=1}^{n}(y_i - \hat{y}_i)^2 = \sum_{i=1}^{n}(y_i - \hat{\beta}_0 - \hat{\beta}_1 x_i)^2 \tag{3.4}$$

通过对以上残差平方和进行最小化所得到的参数 β_0 和 β_1 的估计值便被称为普通最小二乘估计量,它既解决了残差项简单相加时正负相抵消的问题,同时又通过平方项对较大的残差赋予较高的权重,因此是符合实证研究需要的常用估计量。可以证明,在古典线性回归假定成立的情况下,OLS 也是最优线性无偏估计量。

3. 普通最小二乘估计量

下面我们用普通最小二乘法对(3.4)式进行求解。求解的基本思路是:要使所估计的 $\hat{\beta}_0$ 和 $\hat{\beta}_1$ 令 $\sum_{i=1}^{n} \hat{u}_i^2$ 最小,这可以借助微积分中求极值的方法实现,即以 $\sum_{i=1}^{n} \hat{u}_i^2$ 为目标函数,分别对 $\hat{\beta}_0$ 和 $\hat{\beta}_1$ 求偏导数,并令偏导数为零,从而得出 $\hat{\beta}_0$ 和 $\hat{\beta}_1$ 的 OLS 估计值。具体步骤如下:

首先,$\sum_{i=1}^{n} \hat{u}_i^2$ 对 $\hat{\beta}_0$ 和 $\hat{\beta}_1$ 分别求偏导数得到:

$$\begin{cases} \dfrac{\partial \sum_{i=1}^{n} \hat{u}_i^2}{\partial \hat{\beta}_0} = -2\sum_{i=1}^{n}(y_i - \hat{\beta}_0 - \hat{\beta}_1 x_i) = 0 \\ \dfrac{\partial \sum_{i=1}^{n} \hat{u}_i^2}{\partial \hat{\beta}_1} = -2\sum_{i=1}^{n}(y_i - \hat{\beta}_0 - \hat{\beta}_1 x_i)x_i = 0 \end{cases} \tag{3.5}$$

整理后得到:

$$\begin{cases} \sum_{i=1}^{n} y_i = n\hat{\beta}_0 + \hat{\beta}_1 \sum_{i=1}^{n} x_i \\ \sum_{i=1}^{n} x_i y_i = \hat{\beta}_0 \sum_{i=1}^{n} x_i + \hat{\beta}_1 \sum_{i=1}^{n} x_i^2 \end{cases} \tag{3.6}$$

求解得:

$$\hat{\beta}_1 = \frac{n\sum_{i=1}^{n} x_i y_i - \sum_{i=1}^{n} x_i \sum_{i=1}^{n} y_i}{n\sum_{i=1}^{n} x_i^2 - \left(\sum_{i=1}^{n} x_i\right)^2} \tag{3.7}$$

$$\hat{\beta}_0 = \frac{\sum_{i=1}^{n} y_i}{n} - \hat{\beta}_1 \frac{\sum_{i=1}^{n} x_i}{n} \tag{3.8}$$

令

$$\bar{x} = \frac{\sum_{i=1}^{n} x_i}{n}, \quad \bar{y} = \frac{\sum_{i=1}^{n} y_i}{n}$$

则有：

$$\hat{\beta}_1 = \frac{\sum_{i=1}^{n}(x_i - \bar{x})(y_i - \bar{y})}{\sum_{i=1}^{n}(x_i - \bar{x})^2} \tag{3.9}$$

令 $\dot{x}_i = x_i - \bar{x}$，$\dot{y}_i = y_i - \bar{y}$（即真实值与样本均值的离差），则有：

$$\hat{\beta}_1 = \frac{\sum_{i=1}^{n} \dot{x}_i \dot{y}_i}{\sum_{i=1}^{n} \dot{x}_i^2} \tag{3.10}$$

$$\hat{\beta}_0 = \bar{y} - \hat{\beta}_1 \bar{x} \tag{3.11}$$

以上 $\hat{\beta}_0$ 和 $\hat{\beta}_1$ 即为普通最小二乘估计量。

4. 普通最小二乘估计中样本回归线的性质

通过以上步骤求出回归模型的参数 $\hat{\beta}_0$ 和 $\hat{\beta}_1$ 后，我们可以画出一条如图 3-3 所示的回归直线。这条样本回归直线具有以下性质：

性质 3.1 回归直线通过样本均值。证明：由于(3.11)式可写作 $\bar{y} = \hat{\beta}_0 + \hat{\beta}_1 \bar{x}$，因此该直线一定通过 x_i 的均值 $\bar{x}$ 和 y_i 的均值 $\bar{y}$。

性质 3.2 估计值 $\hat{y}_i$ 的均值等于观测值 y_i 的均值，即 $\bar{\hat{y}}_i = \bar{y}$。证明：将 $\hat{\beta}_0$ 和 $\hat{\beta}_1$ 代回原模型可得：

$$\hat{y}_i = \hat{\beta}_0 + \hat{\beta}_1 x_i = \bar{y} + \hat{\beta}_1 (x_i - \bar{x}) \tag{3.12}$$

对(3.12)式两边同时求均值即可得到性质 3.2。

性质 3.3 残差 $\hat{u}_i$ 的均值为零。证明：由(3.5)式中的第一个方程可以得到

$$-2 \sum_{i=1}^{n}(y_i - \hat{\beta}_0 - \hat{\beta}_1 x_i) = -2 \sum_{i=1}^{n} \hat{u}_i = 0 \tag{3.13}$$

因此，

$$\bar{\hat{u}}_i = \frac{1}{n} \sum_{i=1}^{n} \hat{u}_i = 0$$

性质 3.4 残差 $\hat{u}_i$ 与估计量 $\hat{y}_i$ 不相关。证明：利用离差形式 $\dot{y}_i = y_i - \bar{y}$，有：

$$\sum_{i=1}^{n} \dot{y}_i \hat{u}_i = \hat{\beta}_1 \sum_{i=1}^{n} \dot{x}_i \hat{u}_i = \hat{\beta}_1 \sum_{i=1}^{n} \dot{x}_i (\dot{y}_i - \hat{\beta}_1 \dot{x}_i) = \hat{\beta}_1 \sum_{i=1}^{n} \dot{x}_i \dot{y}_i - \hat{\beta}_1^2 \sum_{i=1}^{n} \dot{x}_i^2$$

$$= \hat{\beta}_1^2 \sum_{i=1}^{n} \dot{x}_i^2 - \hat{\beta}_1^2 \sum_{i=1}^{n} \dot{x}_i^2 = 0 \tag{3.14}$$

因此，$\hat{u}_i$ 与估计量 $\hat{y}_i$ 不相关。

性质 3.5 残差 $\hat{u}_i$ 与解释变量 x_i 不相关。证明：由(3.5)式中第二个方程可以得到：

$$-2\sum_{i=1}^{n}(y_i - \hat{\beta}_0 - \hat{\beta}_1 x_i)x_i = -2\sum_{i=1}^{n}\hat{u}_i x_i = 0 \tag{3.15}$$

二、最小二乘估计量的性质

在古典线性回归假定条件成立的情况下，最小二乘法求出的参数估计量具有一些理想的统计性质。这些统计性质由一个著名的定理阐明。在介绍该定理之前，我们首先了解一个概念——**最优线性无偏估计量**(Best Linear Unbiased Estimator, BLUE)。

对于一个估计量，若它同时满足下面几个条件，则称该估计量为 BLUE：

(1) **线性性**(Linearity)，即估计量是随机因变量的线性函数。

(2) **无偏性**(Unbiasedness)，即该估计量的期望值与真实值相等。

(3) **有效性**(Effectiveness)，也称为最小方差性，即在满足线性和无偏性的所有估计量中，该估计量具有最小的方差。

该定义中，无偏性和有效性从两个角度衡量了参数估计值对真实参数值的拟合效果，BLUE 中包含的性质也是之后参数模型选择的重要依据。

对于最小二乘法估计参数的性质，高斯-马尔可夫定理(Gauss-Markov Theorem)给出了扼要的阐述：在古典线性回归假定下，最小二乘估计量是最优线性无偏估计量(BLUE)，也就是说在所有线性无偏估计量中，最小二乘估计量具有最小的方差。下面我们对这一定理进行证明。

1. 线性性

基本思路：根据线性性质的定义，要证明最小二乘估计量的线性性，就是要证明估计量是随机变量 y_i 的线性函数。具体步骤如下：

(1) $\hat{\beta}_1$ 的线性性。由(3.10)式可得：

$$\hat{\beta}_1 = \frac{\sum_{i=1}^{n}\dot{x}_i \dot{y}_i}{\sum_{i=1}^{n}\dot{x}_i^2} = \frac{\sum_{i=1}^{n}\dot{x}_i(y_i - \bar{y})}{\sum_{i=1}^{n}\dot{x}_i^2} = \frac{\sum_{i=1}^{n}\dot{x}_i y_i}{\sum_{i=1}^{n}\dot{x}_i^2} - \frac{\bar{y}\sum_{i=1}^{n}\dot{x}_i}{\sum_{i=1}^{n}\dot{x}_i^2}$$

$$= \frac{\sum_{i=1}^{n}\dot{x}_i y_i}{\sum_{i=1}^{n}\dot{x}_i^2} \quad \left(\text{由于}\sum_{i=1}^{n}\dot{x}_i = 0\right) \tag{3.16}$$

令 $k_i = \dfrac{\dot{x}_i}{\sum_{i=1}^{n}\dot{x}_i^2}$，代入(3.16)式则有：

$$\hat{\beta}_1 = \sum_{i=1}^{n}k_i y_i \tag{3.17}$$

因此，$\hat{\beta}_1$ 是 y_i 的线性函数。

(2) $\hat{\beta}_0$ 的线性性。由(3.11)式得：

$$\hat{\beta}_0 = \bar{y} - \hat{\beta}_1 \bar{x} = \frac{1}{n}\sum_{i=1}^{n}y_i - \sum_{i=1}^{n}k_i y_i \bar{x} = \sum_{i=1}^{n}\left(\frac{1}{n} - k_i \bar{x}\right)y_i \tag{3.18}$$

令 $h_i = \dfrac{1}{n} - k_i \bar{x}$，则有：

$$\hat{\beta}_0 = \sum_{i=1}^{n} h_i y_i \quad (3.19)$$

因此，$\hat{\beta}_0$ 是 y_i 的线性函数。

2. 无偏性

基本思路：根据无偏性的定义，要证明最小二乘估计量的无偏性，即证明估计量 $\hat{\beta}$ 的期望值等于总体参数 β 的真实值，即 $E(\hat{\beta}) = \beta$。

(1) $\hat{\beta}_1$ 的无偏性。由(3.17)式得：

$$\hat{\beta}_1 = \sum_{i=1}^{n} k_i y_i = \sum_{i=1}^{n} k_i (\beta_0 + \beta_1 x_i + u_i) = \beta_0 \sum_{i=1}^{n} k_i + \beta_1 \sum_{i=1}^{n} k_i x_i + \sum_{i=1}^{n} k_i u_i \quad (3.20)$$

因为 $\sum_{i=1}^{n} k_i = 0$，$\sum_{i=1}^{n} k_i x_i = 1$，所以有：

$$\hat{\beta}_1 = \beta_1 + \sum_{i=1}^{n} k_i u_i \quad (3.21)$$

左右两边同时取期望可得：

$$E(\hat{\beta}_1) = E\left(\beta_1 + \sum_{i=1}^{n} k_i u_i\right) = E(\beta_1) + E\left(\sum_{i=1}^{n} k_i u_i\right)$$

$$= \beta_1 + \sum_{i=1}^{n} k_i E(u_i) = \beta_1 \quad (3.22)$$

故 $\hat{\beta}_1$ 是无偏的。

(2) $\hat{\beta}_0$ 的无偏性。由(3.19)式可得：

$$\hat{\beta}_0 = \sum_{i=1}^{n} h_i (\beta_0 + \beta_1 x_i + u_i) = \sum_{i=1}^{n} h_i \beta_0 + \sum_{i=1}^{n} h_i \beta_1 x_i + \sum_{i=1}^{n} h_i u_i$$

$$= \beta_0 + \sum_{i=1}^{n} h_i u_i \quad (3.23)$$

左右两边同时取期望可得：

$$E(\hat{\beta}_0) = \beta_0$$

故 $\hat{\beta}_0$ 是无偏的。

3. 有效性

基本思路：根据有效性的定义，要证明最小二乘估计量的有效性，即要证明在所有关于总体参数真实值 β 的无偏估计量中，估计量 $\hat{\beta}$ 具有最小的方差。

(1) $\hat{\beta}_1$ 的有效性。由(3.20)式可得：

$$\mathrm{Var}(\hat{\beta}_1) = \mathrm{Var}\left(\beta_1 + \sum_{i=1}^{n} k_i u_i\right) = \mathrm{Var}(\beta_1) + \mathrm{Var}\left(\sum_{i=1}^{n} k_i u_i\right) = \sum_{i=1}^{n} \mathrm{Var}(k_i u_i)$$

$$= \sum_{i=1}^{n} k_i^2 \mathrm{Var}(u_i) = \sigma^2 \sum_{i=1}^{n} k_i^2 = \sigma^2 \sum_{i=1}^{n} \dfrac{\dot{x}_i^2}{\left(\sum_{i=1}^{n} \dot{x}_i^2\right)^2} = \dfrac{\sigma^2}{\sum_{i=1}^{n} \dot{x}_i^2} \quad (3.24)$$

设 $\hat{\beta}_1^*$ 是用其他估计方法得到的关于 β_1 的线性无偏估计量。由其线性性质可知 $\hat{\beta}_1^* = \sum_{i=1}^{n} \omega_i y_i$，对其求方差可得：

$$\text{Var}(\hat{\beta}_1^*) = \text{Var}\sum_{i=1}^{n}((\omega_i - k_i) + k_i)y_i = \sigma^2 \sum_{i=1}^{n}(\omega_i - k_i)^2 + \frac{\sigma^2}{\sum_{i=1}^{n}\dot{x}_i^2} \quad (3.25)$$

其中，$\sigma^2 \sum_{i=1}^{n}(\omega_i - k_i)^2 \geqslant 0$，所以有 $\text{Var}(\hat{\beta}_1^*) \geqslant \text{Var}(\hat{\beta}_1)$，当且仅当 $\omega_i = k_i$ 时，$\text{Var}(\hat{\beta}_1^*) = \text{Var}(\hat{\beta}_1)$。因此，$\hat{\beta}_1$ 具有最小方差，即 $\hat{\beta}_1$ 是有效的。

(2) $\hat{\beta}$ 的有效性。同理，由(3.23)式可得：

$$\text{Var}(\hat{\beta}_0) = \frac{\sum_{i=1}^{n} x_i^2}{n \sum_{i=1}^{n} \dot{x}_i^2} \sigma^2 \quad (3.26)$$

与对 $\hat{\beta}_1$ 的有效性分析相同，设 $\hat{\beta}_0^*$ 是用其他估计方法得到的关于 β_0 的线性无偏估计量，则通过类似的方法可以得到 $\text{Var}(\hat{\beta}_0^*) \geqslant \text{Var}(\hat{\beta}_0)$。因此，$\hat{\beta}$ 具有最小方差，即 $\hat{\beta}$ 是有效的。

第四节　计算机应用实例

本章介绍的双变量回归模型和最小二乘估计法在实践中被广泛应用，下面通过一个经济应用实例进行说明。

假设我们正在进行一项关于公司绩效和高级管理人员（简称"高管"）薪酬的研究。通过调查，我们收集了某年度355位中国创业板公司高管的数据信息，包括公司员工数、当年薪酬、公司当年利润、销售额、市值等，存放在数据集文件 salary.txt 中。现在我们希望利用这些数据来检验公司绩效对高管薪酬的影响。我们分别通过第二章介绍过的 EViews 和 SAS 两种软件为大家示范如何在研究中使用双变量回归模型和最小二乘估计法。

一、EViews

1. 创建工作文件

在主菜单中选择"File"→"New"→"Workfile"，弹出 Workfile Range 对话框，在"Workfile frequency"中选择"Undated or irregular"，并在"End Observation"中输入355，单击"OK"按钮。

2. 从文本文件读取数据

单击"File"→"Import"→"Read Text"，选择 salary.txt 文件，单击"确定"按钮，弹出如图3-4所示的对话框：

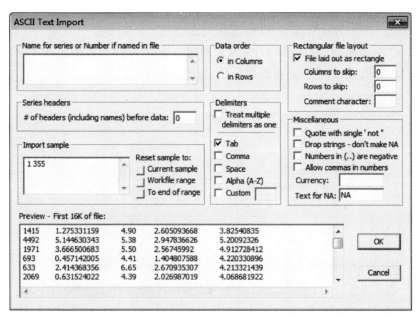

图 3-4　文本文件读取数据

在"Name for series or Number if named in file"中输入各序列的名称 employee、profit、logsal、logsale 及 logvalue。EViews 默认的分隔符包括制表符(Tab)、逗号(Comma)、空格(Space)、大写字母(Alpha A-Z),也可以由用户自行定义(Custom)。在 salary.txt 文件中各变量用空格进行分隔,故在图 3-4 中间部分选择"Space"作为分隔符。点击"OK",则文本文件中的五个变量就全部导入新建的工作文件中了。此时工作文件的状态如图 3-5 所示:

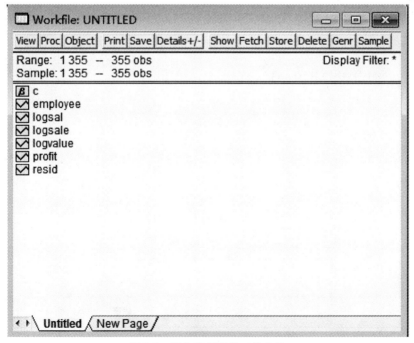

图 3-5　导入变量后的工作文件

3. 查看数据的描述统计量

双击序列"employee",在序列对象窗口的工具条中选择"View"→"Descriptive Statistics"→"Histogram and Stats",则弹出描述 employee 序列数据的直方图,以及包含均值、中位数、峰值、谷值等的描述性统计量,如图 3-6 所示:

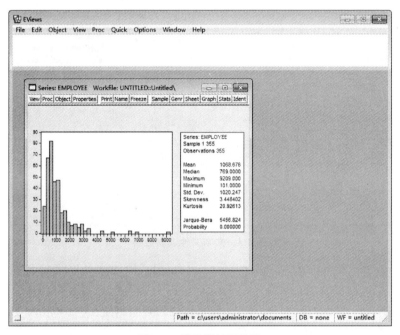

图 3-6　描述性统计结果

依照类似方法,我们也可以得到其他变量的描述统计。

4. 简单回归分析

在主程序窗口上依次选择"Quick"→"Estimate Equation",弹出如图 3-7 所示的窗口:

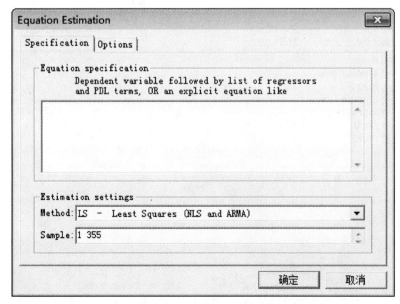

图 3-7　回归方程设定

在"Equation specification"框中输入需要使用的回归变量。EViews 默认第一个输入的是因变量,后面输入的是自变量,不同变量之间用空格进行分隔。在这里我们需要做高管薪酬对公司股市价值的回归,因此输入"logsal c logvalue"。在下面的"Estimate settings"中我们可以选择回归采用的方法,这里我们就选择最小二乘法,即"LS"。点击"OK",即弹出如表 3-1 所示的回归结果:

表 3-1　回归结果

Dependent Variable:LOGSAL
Method:Least Squares
Date:05/23/15　Time:01:11
Sample:1 355
Included observations:355

Variable	Coefficient	Std. Error	t-Statistic	Prob.
C	3.737844	0.133644	27.96868	0.0000
LOGVALUE	0.291145	0.037945	7.672770	0.0000
R-squared	0.142936	Mean dependent var		4.742845
Adjusted R-squared	0.140508	S.D. dependent var		0.539319
S.E. of regression	0.499996	Akaike info criterion		1.457183
Sum squared resid	88.24844	Schwarz criterion		1.478998
Log likelihood	−256.6500	Hannan-Quinn criter.		1.465861
F-statistic	58.87139	Durbin-Watson stat		1.999242
Prob(F-statistic)	0.000000			

在后续的学习中,我们将对上述回归结果进行逐项解释。这里需要我们了解的是,该回归结果对参数的估计为 $\beta_0=3.737844, \beta_1=0.291145$,因此回归模型为:

$$y_i = 3.737844 + 0.291145 x_i$$

二、SAS

1. 建立临时数据集

我们需要将数据读取至 SAS 并建立一个文件名为 ceosal 的 SAS 临时数据集。为此,我们使用 infile 语句,并用 input 语句分别给五个变量命名:

```
data salary;
    infile salary;
    input employee profit logsal logsale logvalue;
run;
```

2. 查看数据的描述性统计量

我们可以通过获得这些数据的描述性统计来对样本情况、变量间关系有一个大致的了解。要获得描述性统计,可以使用 proc means 语句:

```
proc means data = salary;
run;
```

通过 proc means 语句我们可以得到数据集中所有变量的样本均值、标准差、最大值和最小值等信息：

```
The MEANS Procedure

Variable      N        Mean      Std Dev      Minimum        Maximum
employee    355    1 068.68    1 020.25    101.0000000    9 209.00
profit      355     0.7600986   1.0609271   -2.4426640      9.3988000
logsal      355     4.7428451   0.5393185    3.0200000      6.6500000
logsale     355     1.5896929   0.7692318   -0.8047830      4.0866090
logvalue    355     3.4518952   0.7003383    2.0243250      5.9010050
```

另外，我们也可以使用 proc corr 语句来得到各个变量之间的相关系数：

proc corr data=salary;
run;

输出结果包含变量信息、简单统计量和 Pearson 相关系数等内容：

```
The CORR Procedure

                        Simple Statistics
Variable      N      Mean    Std Dev         Sum      Minimum     Maximum
employee    355      1 069      1 020      379 380    101.00000       9 209
profit      355    0.76010    1.06093     269.83500   -2.44266     9.39880
logsal      355    4.74285    0.53932        1 684    3.02000     6.65000
logsale     355    1.58969    0.76923     564.34098   -0.80478    4.08661
logvalue    355    3.45190    0.70034         1225    2.02433     5.90101
```

```
       Pearson Correlation Coefficients, N=355
             Prob>|r| under H0:Rho=0
           employee   profit    logsal   logsale  logvalue
employee   1.00000   0.26627   0.22335   0.58994   0.30983
            ——      <.0001    <.0001    <.0001    <.0001
profit     0.26627   1.00000   0.28974   0.50703   0.74286
           <.0001     ——      <.0001    <.0001    <.0001
logsal     0.22335   0.28974   1.00000   0.23690   0.37807
           <.0001   <.0001      ——      <.0001    <.0001
logsale    0.58994   0.50703   0.23690   1.00000   0.49623
           <.0001   <.0001    <.0001      ——      <.0001
logvalue   0.30983   0.74286   0.37807   0.49623   1.00000
           <.0001   <.0001    <.0001    <.0001      ——
```

3. 简单回归分析

下面我们进行高管薪酬(logsal)对公司价值(logvalue)的线性回归。在 SAS 中，对变量模型进行简单回归使用 proc reg 命令，该命令由两个语句组成，其中 data 语句定义数据集，model 语句定义回归方程形式，在命令的最后要加上"quit"表示终止。需要用到的回归命令如下：

proc reg data = salary;
    model logsal = logvalue;
quit;

SAS 对简单回归的估计，默认采用 OLS 方法。

```
The REG Procedure
Model: MODEL1
Dependent Variable: logsal
```

Analysis of Variance

Source	DF	Sum of Squares	Mean Square	F Value	$Pr>F$
Model	1	14.71759	14.71759	58.87	<.0001
Error	353	88.24844	0.25000		
Corrected Total	354	102.96603			

Root MSE	0.50000	R-Square	0.1429	
Dependent Mean	4.74285	Adj R-Sq	0.1405	
Coeff Var	10.54210			

Parameter Estimates

Variable	DF	Parameter Estimate	Standard Error	t Value	$Pr>\vert t\vert$
Intercept	1	3.73784	0.13364	27.97	<.0001
logvalue	1	0.29114	0.03795	7.67	<.0001

同样,目前我们只需要理解该回归结果中对参数的估计值,即 $\beta_0 = 3.73784$, $\beta_1 = 0.29114$,因此,回归模型为:

$$y_i = 3.73784 + 0.29114 x_i$$

可以发现,应用 SAS 程序与 EViews 程序回归得到的结果是完全一样的。该回归结果说明,公司的资本市场价值(logvalue)对公司高管的薪酬有显著影响,在不考虑其他影响因素的情况下,公司市场价值提升 1% 将使高管薪酬增加约 0.29%。

本章总结 》》

　　本章介绍了计量经济学中回归分析的含义,同学们需要理解回归分析与相关分析、因果分析的区别。在计量经济研究中,最基本的回归模型是包含一个因变量和一个自变量的简单(一元)线性回归模型。因此,本章重点介绍了简单线性回归模型的参数估计方法和估计量的性质。同时,特别需要注意的是对于随机误差项的理解,今后我们将要学习的许多较为复杂的计量经济模型,都是围绕随机误差项展开的。在本章最后,我们基于一个经济应用实例来讲解了利用普通最小二乘法进行简单回归的计算机操作过程。在第四章中,我们将在此基础上继续介绍多元回归模型,其估计方法和估计量的性质在很大程度上都是对本章内容的扩展。

思考与练习 》》

　　1. 回归分析、相关分析与因果分析之间的区别与联系是什么?
　　2. 最小二乘法估计的原理是什么?如何证明最小二乘法估计量是 BLUE 的?
　　3. 假设你希望估计花在 GRE 备考中的小时数(hours)对 GRE 总分(score)的影响,总体是某一年中所有参加 GRE 考试的考生。

（1）假设你得以进行一项控制实验，请说明为了估计 hours 对 score 的引致效应，你将如何构建实验。

（2）考虑一个更加现实的情形，即由学生自主选择在备考上所花的时间，而你只能随机地从总体中抽出 score 和 hours 的样本。则有总体模型如下：
$$\text{score} = \beta_0 + \beta_1 \text{hours} + u$$
其中，与通常带截距的一元回归模型一样，我们假设 $E(u)=0$。请尝试列举两个 u 中可能包含的因素，这些因素与 hours 可能呈正相关还是负相关？

（3）在(2)的方程中，如果备考被证明是有效的，那么 β_1 的符号应该是什么？

（4）在(2)的方程中，β_0 该如何解释？

第四章 多元线性回归模型

▌本章概要▐

在第三章介绍的一元线性回归模型中,我们仅仅考虑了一个解释变量(自变量)对被解释变量(因变量)的影响。在对社会经济问题的实际研究中,因变量往往受多个因素的共同影响。因此,我们有必要将一元线性回归模型进行扩展,使其容纳更多的解释变量。这种包含多个解释变量的回归模型即称为多元回归模型。本章将介绍多元回归模型中较为基本的多元线性回归模型,主要内容包括:使用多元模型的意义,多元回归模型参数的估计方法及性质,以及计量经济软件中有关多元回归模型的操作。

▌学习目标▐

1. 了解使用多元线性回归的意义
2. 理解如何用普通最小二乘法估计多元线性回归模型
3. 理解多元线性回归中普通最小二乘估计量的统计性质和高斯-马尔可夫定理的含义
4. 学习应用 EViews 以及 SAS 等软件进行多元线性回归分析

第一节 多元线性回归模型的含义

前面介绍的一元线性回归在实际经济研究中有较大的局限性,因为经济理论中很少会出现某变量只受单个因素影响这种简单情况。例如,要研究居民消费水平的决定因素,除了考虑消费者收入的影响之外,还应考虑消费者财富、产品价格、消费税等多种因素的影响。此时,我们需要将简单的一元回归模型推广到包含多个解释变量的多元回归模型,以满足研究的需要,并更为合理地解释经济现实。

一、多元回归模型与偏回归系数

含有一个因变量和两个以上(含两个)解释变量的线性回归模型,我们称为**多元线性回归模型**(Multiple Linear Regression Model,MLRM),它可以写成如下形式:

$$y = \beta_0 + \beta_1 x_1 + \beta_2 x_2 + \beta_3 x_3 + \cdots + \beta_k x_k + u \tag{4.1}$$

这里的"线性"是针对(4.1)式中各回归参数而言的,即因变量 y 是 β_0 和 β_1 等参数的线性函数。其中,β_0 为截距,β_1 为自变量 x_1 的系数,β_2 为 x_2 的系数,以此类推。为了表达上的简便,我们把 $\beta_1, \beta_2, \cdots, \beta_k$ 称为**偏回归系数**(Partial Regression Coefficient),指在模型中其他自变量保持不变的情况下,与该系数相联系的自变量变化一单位时对因变量产生的影响大小。为了帮助同学们理解偏回归系数的含义,并与一元回归模型中的斜率系数进行区别,我们举以下两个例子进行说明。

首先,假设我们要研究工人受教育年数(educ)对其小时工资(wage)的影响。按照一元回归模型,我们可以写出如下回归等式:

$$\text{wage} = \beta_0 + \beta_1 \text{educ} + u \tag{4.2}$$

由于小时工资还可能受到工人工作年数(exper)的影响,故我们使用多元回归模型重新估计如下:

$$\text{wage} = \beta_0 + \beta_1' \text{educ} + \beta_2 \text{exper} + u \tag{4.3}$$

(4.2)式中的斜率系数 β_1 表示受教育年数对小时工资的影响,而(4.3)式中的斜率系数 β_1' 则表示在保持工人已工作年数不变的情况下,工人受教育年数对小时工资的影响。由于工人已工作年数越久,积累的工作经验就越多,一般来说技术会越熟练,为公司创造的利润越高,故其小时工资也会越高。因此,工人已工作年数会对小时工资产生影响,即 $\beta_2 > 0$。那么在考虑工人受教育年数对小时工资的影响时,就需要考虑不同工作经验的工人的情况。此时,为了便于分析,我们假定工人的工作经验保持不变,由此得到偏相关系数 β_1'。

再看一个研究高中阶段每个学生的平均开支(expend)对高考成绩(avgscore)影响的例子。按照一元线性回归模型,我们可以写出回归等式:

$$\text{avgscore} = \alpha_0 + \alpha_1 \text{expend} + \nu \tag{4.4}$$

由于高考成绩还可能受到平均家庭收入(avginc)的影响,故我们将一元回归模型扩展为多元回归模型,进行如下估计:

$$\text{avgscore} = \alpha_0 + \alpha_1' \text{expend} + \alpha_2 \text{avginc} + \nu \tag{4.5}$$

(4.4)式中的斜率系数 α_1 表示学生平均开支对高考成绩的影响,而(4.5)式中的斜率系数 α_1' 则表示在保持学生平均家庭收入不变的情况下,学生平均开支对高考成绩的影响。由于学生的家庭收入对学生的营养条件、学习条件会产生一定的影响,因此可能会进而影响学生的高考成绩。而在当前的研究中,我们重点关注的是平均开支对高考成绩的影响,因此家庭收入可以被看作是回归中的控制变量(即非重点关注变量),那么偏相关系数 α_1' 则表示在控制 avginc 保持不变的情况下,expend 对 avgscore 的影响,它相较于一元回归系数 α_1 具有更加明确和贴近实际的政策含义。

由以上两个例子可以看出,偏相关系数与一元线性回归中的斜率系数不同:前者是在保持其他因素(控制变量)不变的情况下,相应自变量对因变量的影响大小;而后者则没有考虑其他影响因素的变化。关于偏相关系数的估计和具体解释方法,我们会在下面的内容中做进一步讨论。

二、多元回归模型的优势

从前面的介绍中我们可以看到,相较于一元回归模型,多元回归模型能够容纳更多的解释变量,同时模型中的偏相关系数可以比一元回归模型中的斜率系数更准确地衡量自变量对因变量的影响。除此之外,多元回归模型的广泛应用还得益于以下两个方面的特点:

1. 外生性假定

外生性假定指"在给定 x_i 的条件下,x_i 和 u_i 不相关,$\text{Cov}(u_i,x_i)=0$"(参见第三章),也就是说,残差项的影响因素应是模型的外生因素。当这个假定没有满足时,模型存在设定偏误。在一元回归模型中,我们将除自变量之外的因素都包含在残差项中,若其中有的因素与自变量有关,则不再满足外生性假定,这时就需要我们使用多元回归模型进行估计。下面我们利用之前提到的两个例子进行说明。

在工人小时工资的例子中,(4.2)式表明小时工资 wage 受到工人受教育年数 educ 和包含在残差项 u 中的其他因素的影响。(4.3)式表明小时工资 wage 受到工人受教育年数 educ、工人已工作年数 exper 和包含在残差项 u 中其他因素的影响。比较(4.2)式和(4.3)式可以发现,(4.3)式把工作年数 exper 从误差项中提出,并作为自变量放到了回归模型中。如果按照一元回归模型进行估计,将工作年数放到误差项中,就需要假定工作年数与受教育水平无关,而这个假定显然是与现实不符的。从常识来看,工人的受教育水平越高,其在学校学习的时间就越长,对同样年龄的人来说其能够花在工作上的年数就越短。因此,工人工作年数与受教育水平可能存在负相关关系。因此,采用一元回归模型无法满足"残差项与自变量不相关"的设定,存在模型设定偏误,得到的估计结果也很可能是有偏的。

同样,在高考成绩的例子中,学生平均家庭收入 avginc 越高,学生的平均开支 expend 有可能也越多,因此这两个变量之间很可能存在正相关关系。若采用一元回归模型,则包含平均家庭收入的残差项将与自变量 expend 相关,这违反了古典线性回归模型的外生性假定,从而导致对系数 β_1 的估计产生偏误。而多元模型(4.5)将学生平均家庭收入从残差项中提出,并变为模型中的自变量,从而解决了以上问题。

根据以上两个例子我们可以发现,当因变量受到多个关键因素影响,且这些关键因素之间存在相关关系时,采用一元回归模型会违反古典线性回归的外生性假定,造成估计值存在偏误。此时应采用多元回归模型,通过将与自变量存在相关关系的变量从误差项中提到回归方程中来解决这一问题。

古典线性回归的外生性假定同时也要求我们在设定多元回归模型时,应注意残差项与各自变量之间的关系,用条件期望的形式可以表示为:

$$E(u\mid x_1,x_2,\cdots,x_k)=0 \qquad (4.6)$$

方程(4.6)要求不可观测的误差项中所有的因素都与解释变量无关,这意味着我们已经对因变量与各解释变量之间的函数关系进行了正确的假定,因为任何被遗漏的自变量都可能导致 u 与某自变量产生相关关系,从而导致(4.6)式不成立。接下来,我们将证明在(4.6)式的假定下,最小二乘估计量是无偏的。

2. 非线性函数关系

多元回归分析还可以帮助我们处理变量之间存在的非线性函数关系。例如,为了描述政府税收与税率之间的关系,我们可以采用如下一元线性回归:

$$s=\beta_0+\beta_1 r+u \qquad (4.7)$$

其中,s 为税收额,r 为税率。以上回归认为税率对税收具有线性影响,税率每增加 1 个单位,将导致税收额增加 β_1 个单位。然而,经济学理论中的拉弗曲线告诉我们,政府税收与税率之间存在非线性关系,税收额不仅受到税率的影响,还与税率的平方项直接相关。据此,我们可以将(4.7)式扩展为包含非线性函数关系的多元回归模型:

$$s = \beta_0 + \beta_1 r + \beta_2 r^2 + u \tag{4.8}$$

此时,税率对税收额的边际影响将可以通过对(4.8)式求偏微分得到:

$$\frac{\partial s}{\partial r} = \beta_1 + 2\beta_2 r \tag{4.9}$$

由(4.9)式可知,r 对 s 存在非线性影响,其大小取决于两个偏相关系数 β_1 和 β_2 的共同作用。这样,我们就通过引入自变量的二次项(或高次项)刻画了因变量与解释变量之间存在的非线性函数关系,进而采用OLS方法进行估计。在此意义上,多元回归比简单一元回归更加灵活,具有更为广泛的适用性。

第二节 多元线性回归的参数估计——普通最小二乘法

下面我们来学习多元线性回归模型中的参数估计。回忆第三章关于简单线性回归中的普通最小二乘法估计,其原理是选择估计值使回归残差的平方和最小。实际上,该原理不受模型中解释变量个数的影响,可以推广到多元回归的参数估计之中。

一、回归系数的估计

我们首先考虑含有两个自变量的模型。在此情况下,需要估计的多元回归方程(即OLS回归线)在形式上与简单回归方程相似:

$$y = \beta_0 + \beta_1 x_1 + \beta_2 x_2 + u \tag{4.10}$$

我们用 $\hat{\beta}_0$、$\hat{\beta}_1$、$\hat{\beta}_2$ 分别表示对 β_0、β_1、β_2 的估计值。为了得到 $\hat{\beta}_0$、$\hat{\beta}_1$ 和 $\hat{\beta}_2$,按照普通最小二乘法的原理,在给定 y、x_1 和 x_2 的 n 组观测值的情况下,求解以下最小化问题以使回归残差平方和最小:

$$\min \sum \hat{u}^2 = \sum_{i=1}^{n}(y_i - \hat{\beta}_0 - \hat{\beta}_1 x_{i1} - \hat{\beta}_2 x_{i2})^2 \tag{4.11}$$

这里对(4.11)式中自变量的下标进行一下解释。式中每个自变量有两个下标,第一个下标 i 表示观测值序号,第二个下标1(或2)表示第1(或2)个自变量。因此,(4.11)式表示对 n 组观测值所对应的回归残差平方和进行的最小化。

举例来说,在对工人工资影响因素的回归中,可以令 x_{i1} 代表 $educ_i$(即样本中第 i 个人的受教育水平),令 x_{i2} 代表 $exper_i$(即第 i 个人的工作经验)。因此,该例中回归方程的残差平方和可以表示为

$$\sum_{i=1}^{n}(wage_i - \hat{\beta}_0 - \hat{\beta}_1\ educ_i - \hat{\beta}_2\ exper_i)^2$$

在写出(4.11)式目标方程后,我们参照简单回归模型中的做法,对最小化问题进行求解,分别对各未知参数求偏微分,并且令所得的表达式为零,得到如下联立方程组:

$$\begin{cases} \dfrac{\partial \sum\limits_{i=1}^{n}\hat{u}_i}{\partial \hat{\beta}_0} = -2\sum\limits_{i=1}^{n}(y_i - \hat{\beta}_0 - \hat{\beta}_2 x_{i1} - \hat{\beta}_3 x_{i2}) = 0 \\ \dfrac{\partial \sum\limits_{i=1}^{n}\hat{u}_i}{\partial \hat{\beta}_1} = -2\sum\limits_{i=1}^{n}(y_i - \hat{\beta}_0 - \hat{\beta}_2 x_{i1} - \hat{\beta}_3 x_{i2})x_{i1} = 0 \\ \dfrac{\partial \sum\limits_{i=1}^{n}\hat{u}_i}{\partial \hat{\beta}_2} = -2\sum\limits_{i=1}^{n}(y_i - \hat{\beta}_0 - \hat{\beta}_2 x_{i1} - \hat{\beta}_3 x_{i2})x_{i2} = 0 \end{cases} \tag{4.12}$$

解上述联立方程组,可以得到各参数的估计值(离差形式)。

$$\begin{cases} \hat{\beta}_1 = \dfrac{\left(\sum\limits_{i=1}^{n}\dot{y}_i \dot{x}_{i1} \sum\limits_{i=1}^{n}\dot{x}_{i2}^2\right) - \left(\sum\limits_{i=1}^{n}\dot{y}_i \dot{x}_{i2} \sum\limits_{i=1}^{n}\dot{x}_{i1}\dot{x}_{i2}\right)}{\left(\sum\limits_{i=1}^{n}\dot{x}_{i1}^2\right)\left(\sum\limits_{i=1}^{n}\dot{x}_{i2}^2\right) - \left(\sum\limits_{i=1}^{n}\dot{x}_{i1}\dot{x}_{i2}\right)^2} \\ \hat{\beta}_2 = \dfrac{\sum\limits_{i=1}^{n}\dot{y}_i \dot{x}_{i2} \sum\limits_{i=1}^{n}\dot{x}_{i1}^2 - \left(\sum\limits_{i=1}^{n}\dot{y}_i \dot{x}_{i1} \sum\limits_{i=1}^{n}\dot{x}_{i1}\dot{x}_{i2}\right)}{\left(\sum\limits_{i=1}^{n}\dot{x}_{i1}^2\right)\left(\sum\limits_{i=1}^{n}\dot{x}_{i2}^2\right) - \left(\sum\limits_{i=1}^{n}\dot{x}_{i1}\dot{x}_{i2}\right)^2} \\ \hat{\beta}_0 = \bar{y} - \hat{\beta}_1 \bar{x}_{i1} - \hat{\beta}_2 \bar{x}_{i2} \end{cases} \tag{4.13}$$

同理,对于含有 k 个自变量的多元回归模型

$$y = \beta_0 + \beta_1 x_1 + \beta_2 x_2 + \cdots + \beta_k x_k + u$$

为了找到使回归残差平方和最小的参数估计值 $\hat{\beta}_0, \hat{\beta}_1, \cdots, \hat{\beta}_k$,我们需要求解以下问题:

$$\min \sum \hat{u}^2 = \sum_{i=1}^{n}(\hat{y}_i - \hat{\beta}_0 - \hat{\beta}_1 x_{i1} - \hat{\beta}_2 x_{i2} - \cdots - \hat{\beta}_k x_{ik})^2 \tag{4.14}$$

与两个自变量的情况类似,求解(4.14)式这一最小化问题,我们需要对各未知参数求偏微分,从而得到关于 $\hat{\beta}_0, \hat{\beta}_1, \cdots, \hat{\beta}_k$ 这 $k+1$ 个未知变量的联立线性方程组:

$$\begin{cases} \sum\limits_{i=1}^{n}(\hat{y}_i - \hat{\beta}_0 - \hat{\beta}_1 x_{i1} - \hat{\beta}_2 x_{i2} - \cdots - \hat{\beta}_k x_{ik}) = 0 \\ \sum\limits_{i=1}^{n}x_{i1}(\hat{y}_i - \hat{\beta}_0 - \hat{\beta}_1 x_{i1} - \hat{\beta}_2 x_{i2} - \cdots - \hat{\beta}_k x_{ik}) = 0 \\ \sum\limits_{i=1}^{n}x_{i2}(\hat{y}_i - \hat{\beta}_0 - \hat{\beta}_1 x_{i1} - \hat{\beta}_2 x_{i2} - \cdots - \hat{\beta}_k x_{ik}) = 0 \\ \vdots \\ \sum\limits_{i=1}^{n}x_{ik}(\hat{y}_i - \hat{\beta}_0 - \hat{\beta}_1 x_{i1} - \hat{\beta}_2 x_{i2} - \cdots - \hat{\beta}_k x_{ik}) = 0 \end{cases} \tag{4.15}$$

(4.15)式所代表的方程组通常被称为多元线性回归最小二乘估计的一阶条件。该方程组可借助矩阵代数的方法进行求解,解得的估计值也可以用矩阵形式表达。由于这涉及高级计量经济学的相关知识,我们在这里不做详述,而是放在本章的附录中,供有兴趣的读者选学或参考。

二、多元回归系数的解释

多元回归模型的参数估计方法就是简单回归模型中普通最小二乘法的推广,只是计算更加复杂。但是,相比对参数 $\hat{\beta}_j$ 的计算求解,我们在多元回归模型中更为重点强调的是对估计方程的解释。在本章第一节中,我们以举例的形式阐释了多元回归模型中偏相关系数的含义,这里我们再以数学形式对其含义进行更直接的解释。

首先,从含有两个自变量的情况开始,对于如(4.10)式所示的含有两个自变量的多元回归模型,我们可以将其写为变化量的形式:

$$\Delta \hat{y} = \hat{\beta}_1 \Delta x_1 + \hat{\beta}_2 \Delta x_2 \tag{4.16}$$

其中,变化量 $\Delta \hat{y}_i = \hat{y}_{i+1} - \hat{y}_i$,$\Delta x_1 = x_{i+1,1} - x_{i1}$,$\Delta x_2 = x_{i+1,2} - x_{i2}$。

(4.16)式表明,我们能在给定 x_1 和 x_2 的变化的情况下,预测 y 的变化量。特别地,当 x_2 固定,即 $\Delta x_2 = 0$ 时,有 $\Delta \hat{y} = \hat{\beta}_1 \Delta x_1$。这样,通过把 x_2 包含在模型中,我们所得到的 x_1 的系数可被解释为在 x_2 保持不变时 x_1 对 y 的边际影响。该影响与经济学理论中"边际分析"的思路一致,而这正是多元回归分析被实证经济研究所广泛应用的重要原因。

相应地,对于含有 k 个自变量的多元回归模型,我们也可以写成如下的变化量形式:

$$\Delta \hat{y} = \hat{\beta}_1 \Delta x_1 + \hat{\beta}_2 \Delta x_2 + \cdots + \hat{\beta}_k \Delta x_k \tag{4.17}$$

(4.17)式中,在保持 $x_2, x_3, \cdots, x_k$ 不变的情况下,有 $\Delta \hat{y} = \hat{\beta}_1 \Delta x_1$。即 x_1 的系数 β_1 度量的是在其他自变量不变的情况下,因提高一个单位的 x_1 而导致的 y 的变化量。这表示,多元回归模型在估计 x_1 对 y 的边际影响时,实际上已经控制了变量 $x_2, x_3, \cdots, x_k$ 的影响。

我们可以从另一个角度来理解偏回归系数的含义。再次考虑两个自变量的情形(如(4.16)式)。为明确起见,我们只考虑 $\hat{\beta}_1$。除了前面用微分法求解得到 $\hat{\beta}_1$ 之外,我们还可以用另一种方法求得 $\hat{\beta}_1$。首先考虑下式:

$$\hat{\beta}_1 = \frac{\sum_{i=1}^{n} \widetilde{x}_{1i} \widetilde{y}_i}{\sum_{i=1}^{n} \widetilde{x}_{1i}^2} \tag{4.18}$$

其中,$\widetilde{x}_1$ 为利用观测样本做 x_1 对 x_2(含截距项)的回归得到的 OLS 残差,$\widetilde{y}$ 为利用观测样本做 y 对 x_2(含截距项)的回归得到的 OLS 残差。回忆第三章第三节一元线性回归模型的参数估计表达式,可以发现(4.18)式就是将 $\widetilde{y}$ 对 $\widetilde{x}_1$ 进行简单回归得到的斜率系数 $\hat{\beta}_1$。

(4.18)式说明了什么?它实际上代表了对 $\hat{\beta}_1$ 含义的另一种解释方式。在 x_1 对 x_2 的回归中,残差项 $\widetilde{x}_1$ 代表的是 x_1 中与 x_2 不相关的部分。也就是说,$\widetilde{x}_1$ 是 x_1 中排除了受 x_2 影响之后的部分。同理,$\widetilde{y}$ 表示因变量 y 中排除了受 x_2 影响之后的部分。将 $\widetilde{y}$ 对 $\widetilde{x}_1$ 进行回归,得到的 $\hat{\beta}_1$ 代表在排除 x_2 的影响之后 y 和 x_1 之间的相关关系,或者说是 x_1 对 y 的"净影响"。

在含有 k 个解释变量的多元回归模型中,$\hat{\beta}_1$ 仍可写成类似于(4.18)式的形式,只是这里的残差 $\widetilde{x}_1$ 来自 x_1 对 $x_2, x_3, \cdots, x_k$(含截距项)的回归。同理,$\hat{\beta}_1$ 度量的是在排除 $x_2, x_3, \cdots, x_k$ 等变量的影响之后,x_1 对 y 的净影响。

从这个角度解释偏相关系数也可以帮助我们理解简单回归与多元回归的关系。事实上,如果多元回归中某个自变量不受其他自变量影响,则该自变量对因变量的影响就可以用简单回归进行准确估计。因此,从这个意义上说,简单回归模型实际上是特定条件下的多元回归模型。

下面我们通过一个实例来看多元回归模型中的系数解释。利用对526个工人的观测数据,我们希望分析工人工资 log(wage) 的决定因素。这里的解释变量包括 educ(受教育年限)、exper(在劳动市场上的工作经历)和 tenure(现任职务的任期)。估计出来的方程是:

$$\log(\text{wage}) = 0.284 + 0.092\text{educ} + 0.004\text{exper} + 0.022\text{tenure} \quad (4.19)$$

系数 0.092 意味着在保持 exper 和 tenure 固定不变的情况下,多受一年正规教育将导致因变量 log(wage) 提高 0.092,即一年教育对工资的边际贡献为 9.2%。同理,0.004 意味着在保持 educ 和 tenure 不变的情况下,工人每在劳动市场上多工作一年预计会使 log(wage) 增加 0.004,即工资提高 0.4%。

有些读者可能会对偏回归系数这种"保持其他自变量不变"的局部边际效应的合理性产生质疑,如上例中我们观察到 educ 的系数所度量的是在保持 exper 和 tenure 不变的情况下,预期工资的变化,这是否说明我们对偏回归系数的估计需要在具有相同工作经验和职务任期的人群中进行呢?情况并非如此。在获得数据的过程中,多元回归模型对 exper、tenure 和 educ 等自变量的样本观测值都不会在事先施加任何限制。实际上,**简单随机抽样法**(Simple Random Sampling)是统计回归分析在取样时的黄金准则。而多元回归分析的优势在于,尽管在不施加取值条件下进行数据搜集,回归模型依然可以有效地模拟局部边际效应,从而为回归系数提供"保持其他自变量不变"的条件解释。

三、多元回归系数的性质

多元回归模型的 OLS 参数估计值和回归残差具有某些能够直接从单变量情形推广而得的重要性质:

性质 4.1 残差的样本平均值为零,即 $\frac{1}{n}\sum_{i=1}^{n}\hat{u}_i = 0$。

性质 4.2 自变量 x_j 与 OLS 回归残差 $\hat{u}_i$ 之间的样本协方差为零,$\sum_{i=1}^{n}x_{ij}\hat{u}_i = 0$,即自变量与回归残差不相关。于是,可以推得 OLS 拟合值 $\hat{y}_i$ 和回归残差 $\hat{u}_i$ 之间的样本协方差也为零,即两者不相关。

性质 4.3 样本均值点 $(\bar{x}_1, \bar{x}_2, \cdots, \bar{x}_k, \bar{y})$ 总是位于 OLS 的回归线上。这是因为:

$$\bar{y} = \hat{\beta}_0 + \hat{\beta}_1 \bar{x}_1 + \hat{\beta}_2 \bar{x}_2 + \cdots + \hat{\beta}_k \bar{x}_k$$

性质 4.1 和性质 4.2 可以通过 OLS 参数估计值的决定方程组(4.15)直接证明。对于性质 4.1,方程组(4.15)中的第一个方程表明,回归残差之和等于零。对于性质 4.2,方程组(4.15)中除第一个方程外的其他各方程形式均为 $\sum_{i=1}^{n}x_{ij}\hat{u}_i = 0$,这意味着每个自变量 x_j 与 $\hat{u}_i$ 之间的协方差都是零,即自变量与 OLS 回归残差之间不相关。而性质 4.3 则可从性质 4.1 直接推出。

四、拟合优度

在得到 OLS 回归线后,每个观测对象都将得到一个拟合值或预测值。对于观测个体 i,其拟合值可以表达为:

$$\hat{y}_i = \hat{\beta}_0 + \hat{\beta}_1 x_{i1} + \hat{\beta}_2 x_{i2} + \cdots + \hat{\beta}_k x_{ik} \tag{4.20}$$

(4.20)式表示,对第 i 个个体因变量的预测值(或称拟合值)可以通过将各自变量的第 i 个观测值代入回归方程(4.14)式得到。事实上,对任一观测个体 i,其实际观测值 y_i 往往并不等于其预测值 $\hat{y}_i$。这是因为 OLS 的系数估计方法是通过最小化所有样本的残差平方和得到的,但它对任何一个观测个体的预测误差并未做具体要求。同简单回归一样,第 i 个观测个体的残差(或称预测误差)被定义为:

$$\hat{u}_i = y_i - \hat{y}_i \tag{4.21}$$

如果 $\hat{u}_i > 0$,则 $\hat{y}_i < y_i$,这意味着对这个个体来说,y_i 被低估;如果 $\hat{u}_i < 0$,则 $\hat{y}_i > y_i$,这意味着 y_i 对这个个体来说被高估。在此基础上,要检验所做回归是否较好地实现了对所有观测数据的拟合,我们进而在多元回归模型中引入**拟合优度**(Goodness of Fit)的概念。

我们首先定义**总平方和**(Total Sum of Squares,TSS)、**解释平方和**(Explained Sum of Squares,ESS)和**残差平方和**(Residual Sum of Squares,RSS)分别为:

$$TSS = \sum_{i=1}^{n} (y_i - \bar{y})^2 \tag{4.22}$$

$$ESS = \sum_{i=1}^{n} (\hat{y}_i - \bar{y})^2 \tag{4.23}$$

$$RSS = \sum_{i=1}^{n} \hat{u}_1^2 \tag{4.24}$$

利用与简单回归情形中同样的论证方法,我们可以证明:

$$TSS = ESS + RSS \tag{4.25}$$

即 y_i 观测值的总变异(定义为均值离差平方和)等于 $\hat{y}_i$ 和 $\hat{u}_i$ 的总变异之和。假定 y_i 的总变异不为零(除了样本中的 y_i 是常数的情况,观测值的总变异不为零),我们可以将(4.25)式两边同时除以 TSS,得到:

$$\frac{ESS}{TSS} + \frac{RSS}{TSS} = 1 \tag{4.26}$$

进而,拟合优度可以被定义为:

$$R^2 = \frac{ESS}{TSS} = 1 - \frac{RSS}{TSS} \tag{4.27}$$

拟合优度表示的是因变量观测值的总变异中能够由模型解释的部分所占的比例,也就是样本方差中能够被 OLS 回归线所解释的部分。根据定义可知,R^2 是一个介于 0 和 1 之间的小数。

R^2 为我们提供了一种方便的衡量模型解释力的方法,因此在回归分析中被广泛使用。但它自身也存在着重要的缺陷。R^2 的一个重要性质是,它是自变量个数的非减函数,即在回归中多增加一个自变量后,R^2 不会减小,而且通常会增大。这个代数命题之所以成立,是因为在模型中多增加一个自变量时,残差平方和绝对不会增加。因此,单纯使用 R^2 作为模型拟合优度的评判标准往往会导致模型自变量个数过多,因此是不恰当的。

为了解决这个问题,大多数回归软件都在报告 R^2 的同时,也报告一个被称为**调整 R^2**(Adjusted R-squared)的统计量。其计算公式如下:

$$\bar{R}^2 = 1 - \frac{\text{RSS}/(n-k-1)}{\text{TSS}/(n-1)} \tag{4.28}$$

其中,$(n-k-1)$ 和 $(n-1)$ 分别代表了 RSS 和 TSS 的**自由度**(Degree of Freedom)[①]。也就是说,调整 R^2 是依据自由度对 R^2 计算公式的调整。调整 R^2 有如下的性质:

(1) 由于 $k>1$,故 $\bar{R}^2 \leqslant R^2$。即随着模型中解释变量的增加,调整 R^2 越来越小于 R^2。

(2) 拟合优度 R^2 总是为正,但是调整 R^2 的取值可能为负。例如,若回归模型中,$k=3$,$n=30$,$R^2=0.06$,则 $\bar{R}^2$ 为 -0.0096。

调整 R^2 可以改进 R^2 随变量个数增加而增大的问题,因此是更为公正和客观的拟合优度衡量指标。

需要强调的是,虽然 R^2 和调整 R^2 是回归分析中常用的模型选择评判标准,但它们的重要性不可过分夸大。在决定是否要向模型中添加新的变量时,首要的考虑因素还应该是模型的经济含义,而非 R^2 值的高低。不可以为了机械地提高 R^2,而向模型中添加大量不具有经济学意义的解释变量。这一点在实际研究操作中尤其需要注意。

第三节 OLS 的有效性——高斯-马尔可夫定理

我们在第三章中介绍了简单线性回归 OLS 估计量的最优线性无偏(BLUE)性质,这一性质可以推广到多元回归模型的 OLS 估计量。这一统计性质的成立直接基于以下五个古典线性回归假定:

假定 4.1 总体模型对参数而言为线性,总体模型可写成(4.1)式的形式:

$$y = \beta_0 + \beta_1 x_1 + \beta_2 x_2 + \cdots + \beta_k x_k + u$$

上式中,$\beta_0, \beta_1, \cdots, \beta_k$ 为我们所关心的未知参数(系数);u 为观测不到的随机误差。此处需要注意的是,"线性"是指因变量与系数之间呈线性关系,而非因变量与自变量之间呈线性关系。多元回归模型中的自变量完全可以是对数或平方等非线性函数形式。

假定 4.2 随机抽样性。我们有一个含有 n 个观测值的随机样本,每个样本观测个体包括其各自的因变量和自变量的观测信息,该样本可以表示为

$$\{(x_{i1}, x_{i2}, \cdots, x_{ik}, y_i): i = 1, 2, \cdots, n\}$$

假定 4.3 随机误差项的条件均值为零,即给定自变量的取值,误差 u 的期望值为零。用数学形式可表示为

$$E(u \mid x_1, x_2, \cdots, x_k) = 0$$

假定 4.4 自变量之间不存在完全共线性,即要求在样本中没有一个自变量是常数,自变量之间也不存在严格的线性关系。[②]

可以证明,在上述四个假定的情况下,多元回归模型的普通最小二乘估计量是无偏的,即:

$$E(\hat{\beta}_j) = \beta_j, \quad j = 0, 1, \cdots, k \tag{4.29}$$

[①] 自由度(Degree of Freedom, df)是统计学中的概念,指可以自由取值的变量个数。

[②] 若自变量之间存在非线性关系,则不认为存在完全共线性,如第四章第一节举的拉弗曲线的例子中,两个自变量分别为税率和税率的平方,这时不认为违反非完全共线性假定。

需要注意的是，以上四个假定能够保证 OLS 估计量的无偏性，但是并不能保证 OLS 估计量是有效的（即方差最小）。若想满足估计量的有效性，还需要下面第五个假定。

假定 4.5 在多元线性回归的框架中，随机误差具有同方差性，即各观测个体对应的误差方差为常数：

$$\text{Var}(u \mid x_1, x_2, \cdots, x_k) = \sigma^2 \tag{4.30}$$

以上五个假定又被称为**高斯-马尔可夫假定**（Gauss-Markov Assumptions），它们是多元线性回归的经典假设。可以证明，在以上五个假定成立的情况下，$\hat{\beta}_0, \hat{\beta}_1, \cdots, \hat{\beta}_k$ 分别是 $\beta_0, \beta_1, \cdots, \beta_k$ 的最优线性无偏估计量，即 OLS 估计量不仅具有线性性和无偏性，还具有有效性，即在所有线性无偏估计量中 OLS 具有最小的方差。该结论又被称为高斯-马尔可夫定理。

第四节 OLS 估计量的方差

在进行回归分析时，我们不仅希望了解系数的估计值，还希望了解其波动范围。如果所估计的系数波动范围过大，则预测的准确性会受到影响。事实上，在计量经济学理论中，我们常常用估计系数的波动大小（方差）来衡量该估计值的有效性。因此，关注回归系数估计量的方差是重要的。可以证明，在多元线性回归中，OLS 估计系数的条件方差可以表示为：

$$\text{Var}(\hat{\beta}_j \mid x_1, \cdots, x_k) = \frac{\sigma^2}{\text{TSS}_j(1 - R_j^2)} \tag{4.31}$$

其中，σ^2 为随机误差项的方差（满足同方差假定）。$\text{TSS}_j = \sum_{i=1}^{n}(x_{ij} - \bar{x}_j)^2$ 为 x_j 的总样本变异；R_j^2 为将 x_j 对所有其他自变量（包括截距项）进行回归所得到的拟合优度 R^2。(4.31)式表明，$\hat{\beta}_j$ 的方差取决于三个因素：σ^2、TSS_j 和 R_j^2。下面我们依次讨论每个因素的影响。

(1) 误差方差 σ^2。从(4.31)式来看，σ^2 越大意味着 OLS 估计量的方差就越大。对于一个给定的因变量 y，要减小误差方差只有一个办法，那就是在方程中增加更多的解释变量（即将某些因素从残差项中提取出来）。然而，这样做不一定总是可行的，而且其所带来的方差的减小幅度也不一定总能令人满意，有时单纯地增加自变量甚至导致方差的增大（这是由(4.31)式中 R_j^2 的作用所导致的，我们将在下面进行介绍）。

(2) x_j 的总样本变异 TSS_j。从(4.31)式来看，TSS_j 越大，$\text{Var}(\hat{\beta}_j)$ 越小。因此，若其他条件不变，就 β_j 的估计值而言，我们希望 x_j 的样本方差越大越好。尽管我们受到给定数据的限制而往往不能选择自变量的样本取值，但我们可以通过扩大样本容量来达到提高自变量样本变化度的目的。实际上，我们可以证明，当从总体中随机抽样时，随着样本容量越来越大，TSS_j 将无限递增。

(3) 自变量之间的线性关系 R_j^2。(4.31)式中的 R_j^2 一项是三个因素中最难理解的部分。在简单回归中，由于只有一个自变量，因此不会出现 R_j^2 这一项。[①]需要注意的是，这

---

① 这是因为，当 $k = 1$ 时，(4.31)式可以简化为 $\text{Var}[\hat{\beta} \mid x] = \dfrac{\sigma^2}{\sum_{i=1}^{n}(x_i - \bar{x})^2}$。

里的 R_j^2 不同于 y 对 $x_1,x_2,\cdots,x_k$ 回归所得到的拟合优度 R^2。R_j^2 只涉及多元回归模型中的自变量，其中 x_j 作为因变量，对除 x_j 之外的其他自变量进行回归。对此，我们可以做如下理解：

首先考虑 $k=2$ 的情形，可以得到 $y=\beta_0+\beta_1 x_1+\beta_2 x_2+u$。此时，$R_1^2$ 是 x_1 对 x_2 和截距项进行简单回归所得到的 R^2。由拟合优度的定义可知，R_1^2 值越接近于 1，样本中 x_2 对 x_1 的解释力就越强，意味着 x_1 和 x_2 的相关性越高。由于

$$\operatorname{Var}(\hat{\beta}_1)=\frac{\sigma^2}{\operatorname{TSS}_1(1-R_1^2)}$$

故随着 R_1^2 逐渐增加，$\operatorname{Var}(\hat{\beta}_1)$ 的值逐渐增大。这说明，x_1 和 x_2 之间线性相关的程度越高，OLS 系数估计值的方差就越大。一般情况下，R_j^2 是 x_j 总变异中可由方程中其他自变量解释的部分。对于给定的 σ^2 和 TSS_j，最小的 $\operatorname{Var}(\hat{\beta}_1)$ 在 $R_j^2=0$ 时得到。这种极端情况当且仅当 x_j 与其他每个自变量的样本相关系数均为零（或模型只包含 x_j 一个自变量）时才会发生。另一个极端情形是 $R_j^2=1$，它意味着自变量 x_j 恰好是回归中其他自变量的线性组合（即自变量之间存在完全共线性），这种情况已经被高斯-马尔可夫假定四（假定 4.4）所排除。然而在现实中，我们经常会遇到 R_j^2 接近于 1 的情况，即 x_j 与其他自变量高度相关，这会导致 $\operatorname{Var}(\hat{\beta}_j)$ 变得很大，进而降低 $\hat{\beta}_j$ 的统计显著性和模型预测的准确度。以上结论用数学形式可以表示为：当 $R_j^2 \to 1$ 时，$\operatorname{Var}(\hat{\beta}_j) \to \infty$。在计量经济学中，自变量之间的这种高度但不完全相关的关系被称为**多重共线性**（Multicollinearity）。多重共线性问题是影响多元回归模型估计的一个重要问题，在之后的学习中我们会进一步阐述。

第五节　计算机应用实例

下面我们演示如何使用 EViews 和 SAS 软件进行多元回归模型的估计。

一、EViews

在 EViews 中，多元回归模型的估计使用单方程回归分析。单方程回归分析是应用范围最广的经济计量方法之一，EViews 中采用方程（Equation）对象进行单方程的估计、检验和预测等。所以，如果我们通过 EViews 软件进行操作，在导入所需的数据文件之后，首先需要创建方程对象。用对象菜单方式创建方程对象的基本步骤为：选择"Objects"→"New Object"，之后系统会显示 New Object 对话框，在"Type of Object"选项中选择"Equation"，在"Name for Object"中键入方程对象名（如果不输入方程对象名，使用默认名 Untitled），单击"OK"按钮，显示如图 4-1 所示的方程设定对话框。

沿用第三章创业板公司高管薪酬的例子，假设我们想要研究高管年薪（logsal）与公司营业额（logsale）、公司市值（logvalue）的关系：

$$\operatorname{logsal}=\beta_0+\beta_1\operatorname{logsale}+\beta_2\operatorname{logvalue}+u \tag{4.32}$$

则在 Equation Specification 对话框中，我们进行如下设置：

（1）在"Estimate Settings"中的"Method"下拉列表中，选择"LS-Least Squares"，即采用最小二乘法进行估计。

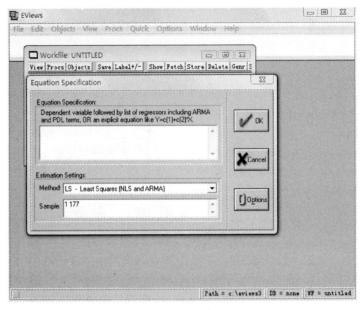

图 4-1　回归方程设定

（2）在 Equation Specification 下面的文本框中输入因变量和自变量。根据我们要估计的模型，在文本框中输入 logsal、c、logsale、logvalue 四个变量。其中，c 是 EViews 的内置序列对象，用于指定方程的常数项。各变量之间用空格隔开。

（3）Sample 文本框中显示作为默认方程估计区间的工作文件样本区间，这里也可以输入新的样本区间进行估计。

（4）最后，单击主对话框中的"OK"按钮，将创建方程对象，并显示估计结果，如表 4-1 所示：

表 4-1　回归结果

Dependent Variable: LOGSAL
Method: Least Squares
Date: 04/23/15　Time: 02:26
Sample: 1355
Included observations: 355

Variable	Coefficient	Std. Error	t-Statistic	Prob.
C	3.751220	0.134085	27.97646	0.0000
LOGSALE	0.045845	0.039773	1.152653	0.2498
LOGVALUE	0.266157	0.043686	6.092530	0.0000
R-squared	0.146159	Mean dependent var		4.742845
Adjusted R-squared	0.141308	S.D. dependent var		0.539319
S.E. of regression	0.499763	Akaike info criterion		1.459049
Sum squared resid	87.91660	Schwarz criterion		1.491771
Log likelihood	−255.9813	Hannan-Quinn criter.		1.472067
F-statistic	30.12740	Durbin-Watson stat		2.006557
Prob(F-statistic)	0.000000			

于是我们得到了原模型的估计结果：
$$\text{logsal} = 3.75 + 0.05 \text{logsale} + 0.27 \text{logvalue} + u \tag{4.33}$$

考虑到因变量和两个自变量均对观测值取了对数值，因此上述结果可以解释为，当保持公司市值不变时，公司销售额每增加 1%，高管薪水将相应提高 0.05%；当保持公司销售额不变时，公司市值每增加 1%，高管薪水将相应提高 0.27%。

同时，观察 EViews 系数估计结果下面的信息，可以看到拟合优度 R^2 与调整 R^2 的值分别是 0.146159 和 0.141308，调整 R^2 低于 R^2 值。不到 20% 的拟合优度可能说明，该回归模型中各个自变量对因变量的解释能力有限，残差项中可能存在对因变量有较大影响的因素没有被提取出来。因此，我们可以重新考虑回归模型的设定，尝试增加更多的解释变量。

二、SAS

此处我们用 SAS 对同样的问题进行回归分析，即研究公司营业额以及公司市值对其公司高管年薪的影响。我们可以输入以下命令进行多元回归：

proc reg data = salary;
model logsal = logsale logvalue;
quit;

回归结果如下所示：

The REG Procedure

Model：MODEL1

Dependent Variable：logsal

Number of Observations Read	355
Number of Observations Used	355

Analysis of Variance

Source	DF	Sum of Squares	Mean Square	F Value	Pr>F
Model	2	15.04942	7.52471	30.13	<.0001
Error	352	87.91660	0.24976		
Corrected Total	354	102.96603			

Root MSE	0.49976	R-Square	0.1462
Dependent Mean	4.74285	Adj R-Sq	0.1413
Coeff Var	10.53720		

Parameter Estimates

Variable	DF	Parameter Estimate	Standard Error	t Value	Pr>|t|
Intercept	1	3.75122	0.13408	27.98	<.0001
logsale	1	0.04584	0.03977	1.15	0.2498
logvalue	1	0.26616	0.04369	6.09	<.0001

根据该结果,我们可以得到如下方程:
$$\text{logsal} = 3.75 + 0.05\text{logsale} + 0.27\text{logvalue} + u \tag{4.34}$$
比较可知,SAS 给出的回归结果与前面 EViews 中的回归结果完全相同。

需要注意的是,在 SAS 中进行回归默认是带有截距项的。如果我们想要在回归模型中去掉截距项,可以在 model 语句中添加"noint"选项:

proc reg data = ceosal;
No_Constant: model logsal = logsale logvalue / noint;
quit;

得到的结果如下:

The REG Procedure
Model:No_Constant
Dependent Variable:logsal

Number of Observations Read	355
Number of Observations Used	355

NOTE: No intercept in model. R-Square is redefined.

Analysis of Variance

Source	DF	Sum of Squares	Mean Square	F Value	$Pr > F$
Model	2	7 805.13995	3 902.56997	4 860.97	<.0001
Error	353	283.40175	0.80284		
Uncorrected Total	355	8 088.54170			

Root MSE	0.89601	R-Square	0.9650
Dependent Mean	4.74285	Adj R-Sq	0.9648
Coeff Var	18.89187		

Parameter Estimates

Variable	DF	Parameter Estimate	Standard Error	t Value	$Pr > \lvert t \rvert$
logsale	1	−0.05045	0.07104	−0.71	0.4780
logvalue	1	1.35469	0.03561	38.04	<.0001

此时得到不含截距项的回归方程为:
$$\text{logsal} = -0.05045\text{logsale} + 1.35469\text{logvalue} + u \tag{4.35}$$
可以发现,不含截距项的回归与含截距项的回归相比,系数变化较大。因此在设定模型时,应根据经济理论决定是否加入截距项。

本章总结 》

本章详细介绍了多元线性回归模型的含义及估计方法。由于在实际经济运行中,因变量的影响因素常常是复杂的,不能仅仅考虑一个自变量,因此多元回归模型的引入对我们进行实证经济研究具有重要意义。相比简单回归模型,多元回归模型的参数估计同样可以采用普通最小二乘法(OLS),但需要注意的是对多元回归模型中偏相关系数"净影响"含义的理解。另外,当满足高斯-马尔可夫假定时,多元回归模型的OLS估计量是最佳线性无偏估计量,具有良好的统计性质。希望同学们结合本章案例,学会使用计量经济学软件进行多元回归分析,为今后从事实际研究打下良好基础。

思考与练习

1. 为什么要使用多元线性回归模型?该模型相比简单线性回归模型有哪些优势?

2. 多元回归模型的偏相关系数应该如何理解?它和简单回归中的斜率系数有什么关系?

3. 考虑以下模型:

模型 A:$y = \alpha_1 + \alpha_2 x_2 + \alpha_3 x_3 + u_1$

模型 B:$y - x_2 = \beta_1 + \beta_2 x_2 + \beta_3 x_3 + u_2$

(1) α_1 和 β_1 的 OLS 估计值会不会是一样的?为什么?

(2) α_3 和 β_3 的 OLS 估计值会不会是一样的?为什么?

(3) α_2 和 β_2 有什么关系?

(4) 你能比较两个模型的 R^2 项吗?为什么?

附录:多元线性回归的矩阵表达

考虑多元线性回归模型:

$$y = \beta_0 + \beta_1 x_1 + \beta_2 x_2 + \cdots + \beta_k x_k + u$$

以上模型可以比较简洁地用矩阵的形式表示如下:

$$y = X\beta + u$$

其中,$y = \begin{bmatrix} y_1 \\ y_2 \\ \vdots \\ y_n \end{bmatrix}$ 为 $n \times 1$ 的向量,由因变量的 n 个观测值构成;

$$X = \begin{bmatrix} 1 & x_{11} & \cdots & x_{1k} \\ 1 & x_{21} & \cdots & x_{2k} \\ \vdots & \vdots & \ddots & \vdots \\ 1 & x_{n1} & \cdots & x_{nk} \end{bmatrix}$$

为 $n \times (k+1)$ 的矩阵,由自变量的 n 个观测值构成;$\beta = \begin{bmatrix} \beta_0 \\ \beta_1 \\ \vdots \\ \beta_k \end{bmatrix}$ 为 $(k+1) \times 1$ 的向量,

由各自变量对应的系数参数构成；$u = \begin{bmatrix} u_1 \\ u_2 \\ \vdots \\ u_n \end{bmatrix}$ 为 $n \times 1$ 的向量，表示与因变量相对应的 n 个随机误差项。

进而，我们可以依照最小二乘估计的思路，最小化残差平方和：
$$\min \hat{u}'\hat{u} = (y - X\hat{\beta})'(y - X\hat{\beta})$$
对以上残差平方和进行等价变换，并使偏微分等于零，可得：
$$\frac{\partial (y - X\hat{\beta})'(y - X\hat{\beta})}{\partial \hat{\beta}} = \frac{\partial (y' - \hat{\beta}'X')(y - X\hat{\beta})}{\partial \hat{\beta}}$$
$$= \frac{\partial (y'y - y'X\hat{\beta} - \hat{\beta}'X'y + \hat{\beta}'X'X\hat{\beta})}{\partial \hat{\beta}}$$
$$= -2X'y + 2X'X\hat{\beta} \equiv 0$$
由上式可求得参数 β 的最小二乘估计值为
$$\hat{\beta} = (X'X)^{-1}X'y$$

第五章 假设检验

┃本章概要┃

在计量经济学研究中,我们不仅希望通过回归模型建立因变量和自变量的关系,更重要的是判断这一关系是否与理论预期相符。通过简单的描述性统计和单一的系数值,我们无法得出具有统计意义的结论,这就需要我们掌握假设检验的方法。通过假设检验,我们可以基于统计推断为我们所关心的研究问题找到答案。本章第一节介绍假设检验的基本原理、几个重要概念以及假设检验的基本步骤,第二至四节介绍单变量显著性检验(t 检验)、置信区间、多变量显著性检验(F 检验)的原理和计算方法,以及各检验之间的关系。最后,我们在第五节演示了应用 EViews 和 SAS 程序进行假设检验的操作。

┃学习目标┃

1. 了解假设检验的基本原理和基本步骤
2. 掌握假设检验中涉及的重要概念
3. 掌握 t 检验和 F 检验的计算及判定方法
4. 使用 SAS 和 EViews 软件完成简单的假设检验。

第一节 假设检验的基本原理

一、假设检验的定义和基本原理

在进行实际经济学研究时,我们关注的一个基本问题是某一自变量对因变量是否有显著的影响,或者说在因变量对自变量的回归模型中,自变量的系数是否为 0。然而,当用样本数据求出一个估计值不为 0 的系数时,我们无法直接判断这一结论是否具有统计意义。这是因为抽样误差的存在可能使有限样本回归中的系数无法反映自变量对因变量的本质影响。为了排除抽样误差的影响,进而获得具有统计意义的结论,我们需要采用假设检验的方法。

假设检验(Hypothesis Testing)是数理统计学中的概念,指通过统计学手段检验一个或多个参数是否满足某假设的方法。具体来说,根据研究目的,我们对样本所属总体特征提出一个假设,然后根据样本数据所提供的信息,对这个假设做出拒绝或不拒绝的判断,这一过程就是假设检验。

假设检验主要应用统计学中的小概率事件原理和反证法原理。**小概率事件**(Small Probability Event)是指概率很小但不等于 0 的事件,如买一张福利彩票即中得 500 万大奖就是一个小概率事件。**小概率事件原理**(Principle of Small Probability Event)是指小概率事件在一次试验中几乎是不可能发生的。对于这一原理,可以通过**伯努利大数定律**(Bernoulli Law of Large Numbers)加以理解。伯努利大数定律指出,在 n 次独立重复试验中,记事件 A 发生的次数为 n_A,事件 A 发生的概率为 p,则对于任意正数 $\varepsilon>0$,有

$$\lim_{n\to\infty} P\left(\left|\frac{n_A}{n}-p\right|<\varepsilon\right)=1$$

也就是说,在 n 次试验中,事件 A 发生的次数收敛于其发生的概率。那么对于小概率事件来说,在一次试验中发生 A 事件是几乎不可能的了。

统计学的反证法思想是指先提出假设,然后在这个假设的基础上推出相应的统计推断,再用适当的统计方法确定统计推断成立的可能性。如果该可能性非常小(需事先对"非常小"进行定义),则认为原始假设不成立;若可能性不够小,则无法否定原假设。

归纳起来,假设检验的基本思想是:首先提出原假设,然后基于现有数据计算原假设成立的概率,如这一概率足够小,则根据小概率事件原理,认为可以拒绝原假设。

因而,一个假设检验需要包括以下要素:

(1) 原假设和与之相对的假设(称为备择假设),分别记作 H_0 和 H_1。

(2) 定义拒绝原假设的条件,这通常是根据样本值所计算的统计量来决定的。我们把被拒绝的统计量取值的集合称作拒绝域或判别域,而判别域以外的区域被称作接受域。

假设检验方法对计量经济学研究有重要意义。如前所述,假设检验可以帮助我们推断样本与样本、样本与总体的差异是由抽样误差引起的还是由本质差别造成的。正确地掌握假设检验和相关的统计推断方法是我们进行计量经济研究的重要前提。

二、假设检验的重要概念

假设检验中有一系列重要概念需要我们首先理解,包括单尾检验与双尾检验、第 I 类错误与第 II 类错误、显著性水平、p 值和置信区间。

1. 单尾检验与双尾检验

在进行假设检验之前,我们首先需要确定这一检验是单尾检验还是双尾检验。如果我们画出统计量的分布曲线图,表示每个取值所对应的概率,那么单尾检验是指拒绝域仅分布于曲线一侧的检验(如图 5-1(a) 左侧图所示),而双尾检验是指拒绝域对称分布于曲线两侧的检验(如图 5-1(b) 右侧图所示)。

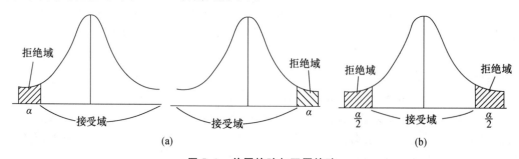

图 5-1 单尾检验与双尾检验

单尾检验和双尾检验所处理的假设类型是不同的。如果原假设为 $H_0:\beta=C$,那么单尾检验所对应的备择假设为 $H_1:\beta>C$ 或 $H_1:\beta<C$,而双尾检验所对应的备择假设为

$H_1: \beta \neq C$。该区别是由于两种检验的拒绝域分布区域不同而造成的。

2. 第Ⅰ类错误和第Ⅱ类错误

假设检验的结论是一种概率性推断:不拒绝 H_0,并不代表 H_0 一定成立;同理,拒绝 H_0,也不能认为 H_0 一定不成立。针对 H_0 的检验会出现四种情况,分别是拒绝了正确的原假设、拒绝了错误的原假设、没有拒绝正确的原假设和没有拒绝错误的原假设。其中,第二种和第三种情况说明我们的检验是成功的,而第一种和第四种情况则说明我们的检验犯了错误。假设检验中,我们称第一种情况为**第Ⅰ类错误**(Type Ⅰ Error),即原假设为真,而我们却做出了否定这一假设的错误判断;称第四种情况为**第Ⅱ类错误**(Type Ⅱ Error),即原假设为伪,而我们却做出了接受这一假设的错误判断。

上述四种情况用表格形式可以表示如下(见表5-1):

表 5-1 对原假设进行检验的四种可能结果

	拒绝	不拒绝
原假设正确	第Ⅰ类错误	成功
原假设错误	成功	第Ⅱ类错误

在实际研究中,同时控制第Ⅰ类和第Ⅱ类错误是很难做到的。假设犯这两类错误的概率分别为 α 和 β。其中,α 值的大小一般可以由研究者根据研究目的来确定,如规定 $\alpha = 0.05$(即犯第一类错误的概率为 0.05),那么当拒绝 H_0 时,则理论上 100 次抽样检验中最多有 5 次发生这样的错误。然而,β 值的大小一般很难确切估计,只有与特定的 H_1 结合起来才有意义。通常把 $1-\beta$ 称为**检验效能**(Power of Test),它的意义是:当两个总体确有差别时,按规定的检验水准 α 能够发现该差别的能力,也就是将犯第Ⅰ类错误的概率控制在 α 以内的同时,不犯第Ⅱ类错误的概率。有一些统计检验,其问题就在于检验效能较低,即很可能过多地接受原假设。事实上,在样本大小不变的情况下,α 愈小,β 就愈大;相反,α 愈大,β 则愈小。如果想同时减小犯第Ⅰ类错误和第Ⅱ类错误的概率,那么唯一的方法就是增加样本量 n。

3. 显著性水平

显著性水平(Significance Level)是一个临界概率值,一般用 α 来表示。根据前面介绍的假设检验基本原理,α 即为判断小概率事件的标准,是判断应当拒绝或不应拒绝 H_0 的标准。显著性水平 α 由研究者根据需要主观确定,不同的显著性水平也代表了我们犯第Ⅰ类错误的不同概率。一般将显著性水平设为 1%、5%、10%等。例如,在 1% 的显著性水平下,检验结果是拒绝原假设,这意味着拒绝正确原假设(犯第Ⅰ类错误)的概率为 1%。

4. p 值

p 值(Probability Value,p-value)即概率值,描述的是犯第Ⅰ类错误的精确概率(α 为犯第Ⅰ类错误的最大概率)。p 值告诉我们原假设可被拒绝的最低显著性水平。例如,p 值为 0.03,说明错误拒绝原假设的概率为 3%。如果研究者认为该概率在可接受范围内(例如事前确定的显著性水平为 5%),则可以拒绝原假设;如果研究者认为 p 值比较高(例如事前确定的显著性水平为 1%),则不拒绝原假设。因此,假设检验的结论(是否拒绝原假设 H_0)一般可以通过直接比较 p 值和显著性水平(α)得到。

5. 置信区间

置信区间(Confidence Interval)是在一定概率水平之下,对样本某个参数的区间估计。其中的概率水平被称为置信水平,指该区间的可信程度。举例来说,如果某统计学家给出的天气预报为:"置信水平0.95上,明日下雨概率的置信区间是(50%,60%)",那么他的意思是明日下雨的概率有95%的机率落在50%和60%之间,也就是说明日下雨的概率低于50%或高于60%的可能性小于5%。关于置信区间的数理定义,我们将在本章第三节中详细介绍。

以上几个重要概念希望读者能结合后面各章的学习以及实际应用进行透彻理解,因为只有弄懂了这些概念,才能顺利地掌握假设检验并对检验结果进行正确的解读。

三、假设检验的基本步骤

一般来说,假设检验可以按照以下三个步骤进行。

第一步:建立假设,确定显著性水平 α。根据经济理论和研究目的,建立原假设 H_0(例如认为差异仅由抽样误差引起)和备择假设 H_1(与原假设相对,例如差异由总体的本质差异引起)。同时根据研究者对检验置信度的要求,确定显著性水平 α。

第二步:选定检验方法,计算统计量。假设检验一般是用分布理论来推导差异发生的概率,从而比较两个平均数的差异是否显著。根据检验目的的不同,我们可以选择不同的检验方法。检验统计量是一个关于随机样本的函数,不同检验方法对应不同的检验统计量。例如我们接下来会详细介绍的 t 检验、F 检验、χ^2 检验的统计量分别为 t、F、χ^2。我们需要根据选定的检验方法和确定的显著性水平,使用样本数据计算检验统计量的取值。

第三步:根据选定的显著性水平得出检验推断结论。这里可以使用显著性水平直接判断,这需要根据统计量分布表判断计算得到的统计量是否落在拒绝域内。也可以使用 p 值,结合小概率原理,若 $p \leqslant \alpha$,则拒绝 H_0,接受 H_1;若 $p > \alpha$,则不拒绝 H_0。

下面在不同的检验方法中,我们将应用上述基本步骤实施假设检验。

第二节 单参数假设检验:t 检验

t 检验是应用 t 分布理论检验样本平均数与总体平均差异的常用检验方法,主要用于样本含量较小、总体标准差 σ 未知的正态分布。在线性回归模型中,我们常用 t 检验来判定回归参数估计值 β_j 是否等于某一特定值(例如,在显著性检验中,我们检验 β_j 是否为0)。

一、正态样本分布原理

在第三章中我们已经验证过,在高斯-马尔可夫假设下,最小二乘估计量 $\hat{b}_j$ 是因变量 y 的线性组合,而 y 又由确定项 β 和 x 以及随机项 u 共同决定。那么,如果假定 u 服从正态分布,那么 $\hat{b}_j$ 必然服从正态分布。换言之,在原假设 $H_0:\hat{b}_j = b_j$ 成立的情况下,有 $\hat{b}_j \sim N(b_j, \text{Var}(\hat{b}_j))$,则根据正态分布的性质有 $\dfrac{\hat{b}_j - b_j}{\text{sd}(\hat{b}_j)} \sim N(0,1)$。其中,$\text{sd}(\hat{b}_j)$ 为 $\hat{b}_j$ 的

标准差(Standard Deviation)。

通过扩展上述定理我们可以得到 $\hat{\beta}_1, \hat{\beta}_2, \hat{\beta}_3, \cdots, \hat{\beta}_k$ 的任意线性组合服从正态分布;$\hat{\beta}_1$, $\hat{\beta}_2, \hat{\beta}_3, \cdots, \hat{\beta}_k$ 的任意子集服从联合正态分布。我们将利用这一定理进行 t 检验。

二、t 检验的原理

考虑多元线性回归模型 $y=b_0+b_1x_1+\cdots+b_kx_k+u$,我们需要对其中一个回归参数 β_j 进行假设检验,看其是否等于某一特定值。

在高斯-马尔可夫假设下,我们有 $\dfrac{\hat{b}_j-b_j}{\text{se}(\hat{b}_j)} \sim t_{n-k-1}$,其中 $\text{se}(\hat{b}_j)$ 表示 $\hat{b}_j$ 的标准误差(Standard Error),$k+1$ 是总体模型中未知参数的个数(k 个斜率参数和截距参数 β_0)。需要注意的是,不同于上一节中所示的正态分布,此处的统计量 $\dfrac{\hat{b}_j-b_j}{\text{se}(\hat{b}_j)}$ 服从 t 分布,这是因为 $\text{sd}(\hat{b}_j)$ 中的常数 s^2(随机误差 u 的方差)已经被其估计值 S^2 所取代(由于 u 为随机扰动项,我们事先无从知晓其方差的真实值,因此只能用其估计值来构建假设检验的统计量)。相应地,$\text{sd}(\hat{b}_j)$ 被 $\text{se}(\hat{b}_j)$ 取代,从而构建了服从 t 分布的统计量。

在知道了统计量的样本分布后,我们便可以进行假设检验了。例如,为了检验自变量 x_i 是否对因变量 y 产生显著影响,我们建立原假设 $H_0:b_j=0$。为了检验这一原假设,我们首先需要构造 $\hat{b}_j$ 的 t 统计量 $t_{\beta_j}=\dfrac{\hat{b}_j-b_j}{\text{se}(\hat{b}_j)}$,然后利用 t 统计量和显著性水平来决定是否接受原假设。给定 $\hat{b}_j$ 及其标准误差,这一统计量很容易计算。当然,在目前大部分情况下,这并不需要研究者们自己计算,计算机软件将轻松地为我们解决这一问题。

在这里,我们首先需要指出为什么 t 统计量能够检验 $b_j=0$ 的假设。首先,由于 $\text{se}(\hat{b}_j)$ 为正,t 统计量和 $\hat{b}_j$ 符号相同,在给定 $\text{se}(\hat{b}_j)$ 的情况下,$\hat{b}_j$ 越大(或越小),则 t 统计量也相应地越大(或越小)。其次,在应用中,$\hat{b}_j$ 几乎不可能正好为 0,因此关键在于 $\hat{b}_j$ 和 0 的差别有多大。如果这一差别足够大,我们就可以拒绝原假设;如果不够大,我们则不能拒绝原假设。为了检验这一差别的大小,我们需要控制抽样误差,而 $\text{se}(\hat{b}_j)$ 正好是 $\hat{b}_j$ 标准差的估计值,因而 $t_{\beta_j}=\dfrac{\hat{b}_j-b_j}{\text{se}(\hat{b}_j)}$ 是一个合理的统计量。

同时,这里需要特别强调的是,我们检验的是未知总体值 β_j 是否为 0,而不是某个样本的参数估计值 $\hat{b}_j$ 是否为 0。事实上,我们通常并不关心在某个样本中变量 x_k 前的系数是否为 0(这一点从回归结果中便可以直接看出),我们往往关注的是在总体中 x_k 是不是一个系数显著异于零的变量,即它是否为因变量的显著影响因素。

三、单尾 t 检验和双尾 t 检验

依据备择假设的设定不同,t 检验可以是单尾检验,也可以是双尾检验。例如,对于原假设 $H_0:b_j=0$,单尾检验的备择假设为 $H_1:b_j>0$ 或 $H_1:b_j<0$;双尾检验的备择假设为 $H_1:b_j\neq 0$。首先我们来看单尾检验 $H_1:b_j>0$($H_1:b_j<0$ 的分析与此类似)。

确定备择假设之后,我们要设定一个显著性水平 α。例如,这里我们设定显著性水平为 5%,即我们愿意以不高于 5% 的概率错误地拒绝实际上为真的原假设,也就是说,在 95% 的情况下我们没有犯第 I 类错误。在 H_0 下(即当 H_0 为真时),由于 OLS 估计的无偏性以及 $t_{\hat{\beta}_j} = \dfrac{\hat{b}_j - b_j}{\mathrm{se}(\hat{b}_j)}$,可知 $t_{\hat{\beta}_j}$ 的期望值为 0,而在备择假设 $H_1: b_j > 0$ 下,$t_{\hat{\beta}_j}$ 的期望值为正。因而要拒绝原假设我们需要一个"足够大"的正值作为 t 统计量的取值,从而保证在 H_0 正确的情况下,H_0 只有 5% 的概率被错误地拒绝。在计算 $t_{\hat{\beta}_j}$ 的值后,我们依据显著性水平 5%,找到自由度为 $(n-k-1)$ 的 t 分布所对应的 95% 分位数 c,即可判定 t 检验的结论:拒绝原假设需要 $t_{\hat{\beta}_j} > c$;而当 $t_{\hat{\beta}_j} \leqslant c$ 时,则不能拒绝原假设。该检验的拒绝域如图 5-2 所示:

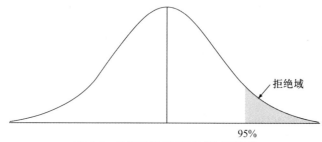

图 5-2 单尾检验的接受域和拒绝域

由上图可以看出,随着显著性水平的下降(即图 5-2 中阴影区域向两侧端点靠近),临界值 c 也会随之增长。这时,要拒绝原假设也就需要更大的 t 值。值得一提的是,随着 t 分布的自由度逐渐变大(即样本量增加),t 分布在分布形态上会逐渐接近标准正态分布。

接下来我们讨论双尾检验,如 $H_1: b_j \neq 0$。在此备择假设下,我们并未规定 x_j 对 y 影响的符号。这种设定是为了满足某些实际研究的需要,因为在现实中我们可能无法事先知道 b_j,因为自变量 x_j 对因变量 y 的影响可能是正向或是负向的,那么影响的方向可能恰好是我们的研究关注的问题。即使知道 b_j 的符号,我们有时依然采用双尾检验,这是因为经典统计推断要求我们把备择假设表述为原假设的对立假设。因此,为了保险起见,我们一般推荐采用双尾检验。

对于双尾检验,由于拒绝域对称地落在图形的两侧,我们需要根据 $\dfrac{\alpha}{2}$ 计算临界值 c(区别于单尾检验)。当 t 统计量的绝对值大于临界值 c 时,拒绝原假设。例如,当 $\alpha = 0.05$ 时,c 是 $(n-k-1)$ 自由度的 t 分布对应的 97.5% 分位数,则该检验的拒绝域如图 5-3 所示:

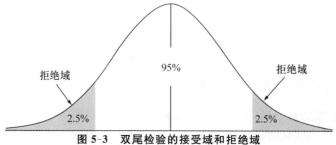

图 5-3 双尾检验的接受域和拒绝域

在本书的后续章节中，如果没有明确指出是单侧备择假设，则默认为双尾假设。若没有给出显著性水平，则默认显著性水平为 5%。当然，在实际经济研究中，为了表述明确，我们还是需要给出具体的对立假设和显著性水平。如果能在给定的显著性水平上拒绝原假设，我们通常说"β_j 是具有统计显著性的"或"在 5% 的显著性水平上，x_j 的系数显著异于零"。如果原假设未被拒绝，我们可以说"β_j 在显著性水平为 5% 时不具有统计显著性"。

当然，t 检验不仅能够判定回归系数是否具有统计显著性，同时它还可以检验回归系数是否等于某一特定的值。在这种更为一般化的情况下，我们的原假设变为 $H_0: b_j = b_j$。相应地，t 统计量就变为 $t_{\hat{\beta}_j} = \dfrac{\hat{b}_j - b_j}{\mathrm{se}(\hat{b}_j)}$。和前面的显著性检验一致，此时 t 度量的是 $\hat{b}_j$ 与 b_j 的差距达到了 $\hat{b}_j$ 标准误差的多少倍。依据预先确定的显著性水平，我们可以依据同样的原理来对原假设进行单尾检验或双尾检验。

四、t 检验的 p 值

上述 t 检验的过程虽然很直观，但是操作起来也有一定的弊端。假设自由度为 40，算得的 t 值为 2.423，查 t 分布表得显著性水平 5% 和 1% 的临界值分别为 2.021 和 2.704，则我们是否应当拒绝原假设？如果确定显著性水平为 5%，由于 2.021<2.423，可知我们应该拒绝原假设；如果确定显著性水平为 1%，由于 2.704>2.423，则不能拒绝原假设。这说明我们的检验结果在很大程度上取决于我们选择怎样的显著性水平。因此，采用显著性水平直接判断统计量的方法可能导致结果具有一定的任意性。

相应的解决办法有两种。一种是在报告回归结果时在系数的上标中标注星号：不标注表示在 10% 水平上不显著；标注一个星号"*"表示在 10% 水平上显著，但在 5% 水平上不显著；标注两个星号"**"意味在 5% 水平上显著，但在 1% 水平上不显著；标注三个星号"***"表示在 1% 水平上显著。

但是这种方法仍然存在弊端。提前确定显著性水平可能会隐藏关于假设检验的一些有用信息。例如上例中，无论 t 值为 2.1 或 3.1，在 5% 的显著性水平上都将拒绝原假设，但其显著性依然存在一定差别。最理想的方法是获得 t 统计量从显著变为不显著的临界值。因此解决显著性水平主观性问题的第二种方法为使用 p 值，即汇报使原假设被拒绝的最小显著性水平。对于双边检验，p 值的表达式为 $p\text{-value} = P(|T| > |t|)$。例如，在上面的例子中，$p\text{-value} = P(|T| > 2.423) = 2P(T > 2.423) = 0.02$。这表明，令系数估计值不具有统计显著性的最小置信水平为 2%。

由于 p 值是一个概率，取值范围为 $[0,1]$，很小的 p 值提供了拒绝原假设的强有力的证据。因此，我们可以直接报告 t 检验的 p 值。与第一种方法对应，当 p 值大于 0.1 时，可以判定在 10% 的显著性水平下无法拒绝原假设，即估计值不标注星号；当 p 值处于 0.05—0.1 时，则系数估计值在 10% 水平上显著，但在 5% 水平上不显著，对应标注一个星号；当 p 值处于 0.01—0.05 以及小于 0.01 时，分别表示在 5% 水平和 1% 水平上显著，即分别对应标注两个星号和三个星号的情形。

在实证经济分析中，以上两种报告方法（依据 t 值和显著性水平判断以及直接报告 p 值）均有较为广泛的应用。其中，报告 p 值的方法虽然在进行检验结论的判定上不像另一种方法那样直观，但它却含有更多的信息量，因此是我们更加推荐的方法。

第三节 置信区间

一、置信区间的概念

我们首先介绍置信区间的数理定义：设 q 为总体分布的未知参数，$X_1, X_2, \cdots, X_n$ 是取自总体 X 的一个样本。对于给定的概率值 $\alpha(0<\alpha<1)$，若存在统计量 $\underline{q}=\underline{q}(X_1, X_2, \cdots, X_n)$ 和 $\bar{q}=\bar{q}(X_1, X_2, \cdots, X_n)$，使得 $P\{\underline{q}<q<\bar{q}\}=1-\alpha$，则称随机区间 $(\underline{q}, \bar{q})$ 为 q 的 $1-\alpha$ 双侧置信区间，称 $1-\alpha$ 为置信度，同时分别称 $\underline{q}$ 与 $\bar{q}$ 为 q 的双侧置信下限与置信上限。

在上述定义中，需要强调的是置信度 $1-\alpha$ 的含义：在随机抽样中，若重复抽样多次，得到样本 $X_1, X_2, \cdots, X_n$ 的多个样本值 $(x_1, x_2, \cdots, x_n)$，对应每个样本值都可以确定一个置信区间 $(\underline{q}, \bar{q})$，每个这样的区间要么包含了 q 的真实值，要么不包含 q 的真实值。根据伯努利大数定律，当抽样次数充分多的时候，这些区间中包含 q 的真实值的频率接近于置信度（即概率 $1-\alpha$），即在这些区间中包含 q 的真实值的区间大约有 $100\times(1-\alpha)\%$，不包含 q 的真实值的区间大约有 $100\times\alpha\%$。例如，若令 $1-\alpha=0.95$，重复抽样 100 次，并算得对应的置信区间，则其中大约有 95 个区间包含 q 的真实值，大约有 5 个区间不包含 q 的真实值。

置信区间 $(\underline{q}, \bar{q})$ 也是对未知参数 q 的一种区间估计（区别于点估计）。区间的长度意味着估计的误差范围：区间长度越小，估计精度越高。故区间估计与我们之前学习的点估计是互补的两种参数估计。

置信度与区间估计的精度往往是矛盾的。置信度 $1-\alpha$ 越大，置信区间 $(\underline{q}, \bar{q})$ 包含 q 的真实值的概率就越大，但区间 $(\underline{q}, \bar{q})$ 的长度就越大，对未知参数 q 的估计精度就越差。反之，对参数 q 的估计精度越高，则置信区间 $(\underline{q}, \bar{q})$ 长度就越小，$(\underline{q}, \bar{q})$ 包含 q 的真实值的概率就越低，置信度 $1-\alpha$ 就越小。在实际应用中，我们需要根据研究需要对二者进行取舍。

二、置信区间的计算方法

寻找置信区间的基本思想是，在点估计的基础上，构造合适的函数，并针对给定的置信水平推导出置信区间。其一般步骤可表示为：

(1) 选取未知参数 q 的某个估计量 $\hat{q}$；

(2) 围绕 q 构造一个依赖于样本与参数 q 的函数 $u=u(X_1, X_2, \cdots, X_n, q)$；

(3) 对给定的置信水平 $1-\alpha$，确定 λ_1 与 λ_2，使 $P\{\lambda_1 \leqslant u \leqslant \lambda_2\}=1-\alpha$。通常情况下，可选取满足 $P\{u \leqslant \lambda_1\}=P\{u \geqslant \lambda_2\}=\dfrac{\alpha}{2}$ 的 λ_1 与 λ_2，在常用分布情况下，可由分位数表查得；

(4) 对不等式做恒等变形后，$P\{\underline{q} \leqslant q \leqslant \bar{q}\}=1-\alpha$，则 $(\underline{q}, \bar{q})$ 就是 q 的置信度为 $1-\alpha$ 的

双侧置信区间。

三、t 检验的置信区间

此处,我们以 t 检验为例,具体讲解置信区间的计算。如果给定置信水平 $1-\alpha$,从 t 分布表中查得自由度为 $(n-k-1)$ 的临界值 $t_{1-\alpha/2}$,那么 t 值处在 $(-t_{1-\alpha/2}, t_{1-\alpha/2})$ 的概率是 $1-\alpha$,这可以表示为

$$P(-t_{1-\alpha/2} < t < t_{1-\alpha/2}) = 1-\alpha \tag{5.1}$$

即

$$P\left(-t_{1-\alpha/2} < \frac{\hat{b}_j - b_j}{\text{se}(\hat{b}_j)} < t_{1-\alpha/2}\right) = 1-\alpha \tag{5.2}$$

$$P(\hat{b}_j - \text{se}(\hat{b}_j)t_{1-\alpha/2} < b_j < \hat{b}_j + \text{se}(\hat{b}_j)t_{1-\alpha/2}) = 1-\alpha \tag{5.3}$$

于是得到:在 $1-\alpha$ 的置信水平下 $\hat{b}_j$ 的置信区间是 $(\hat{b}_j - \text{se}(\hat{b}_j)t_{1-\alpha/2}, \hat{b}_j + \text{se}(\hat{b}_j)t_{1-\alpha/2})$。

在实际应用中,我们当然希望置信水平越高越好,置信区间越小越好。如何才能缩小置信区间?从上面的式子不难看出:

(1) 增大样本容量 n。在同样的置信水平下,n 越大,从 t 分布表中查得自由度为 $(n-k-1)$ 的临界值 $t_{1-\alpha/2}$ 越小;同时,在一般情况下,增大样本容量也可使估计值的标准误差 $\text{se}(\hat{b}_j)$ 减小,从而进一步缩小置信区间。

(2) 提高模型的拟合度,即减小残差平方和 $\sum_{i=1}^{n} \hat{u}_i^2$。残差平方和同样可以让估计值的标准误差 $\text{se}(\hat{b}_j)$ 减小,从而进一步缩小置信区间。在极端情况下,如果模型完全拟合样本观测值,即残差平方和为 0,则此时置信区间的宽度也为 0。

(3) 提高样本观测值的分散度。在一般情况下,样本观测值越分散,变量 x 和 y 的变化率越高,那么估计值的标准误差越小。

第四节 多参数假设检验:F 检验

一、F 检验的原理

目前为止,我们讨论了对单个参数的假设检验。有时,我们也需要对多个参数组合起来的性质进行联合检验。一个典型的例子是检验"排除约束"(或称"联合显著")——我们想知道是不是一组参数都等于 0,即一组自变量是否对因变量存在局部效应。例如 $H_0: \beta_1 = \beta_2 = 0$,这个原假设表明两个解释变量对因变量 Y 无联合影响。

涉及多个限制的检验叫作"多重假设检验"或"联合假设检验"。当经济理论同时为多个系数提供取值建议时,使用这种"联合的"或"混合的"虚拟假设则变得必要。如果拒绝 H_0,我们就说 $x_{k-q-1}, \cdots, x_k$ 在适当的显著性水平上是联合显著的;如果原假设未被拒绝,那么这些变量就是联合不显著的。此处需要注意的是,所谓"联合显著"是指这组变量作为一个整体对因变量有显著的影响,而非其中每个因变量都有显著的影响。

那么多重假设检验能不能使用 t 检验呢?答案是:不能。因为可能存在这样的情况,即任何一个变量在个体上都是不显著的,但是作为一个整体它们是显著的。因为各个变

量之间可能高度相关,导致其标准误差过大,因而每一个变量的影响都是不显著的,但是它们依然可能联合显著影响因变量 Y。既然 t 检验不能满足我们的需求,我们便需要引入一个新的检验——F 检验。

从直觉上讲,F 检验的原理是这样的:因为 OLS 估计值是通过最小化残差平方和(RSS)得到的,当有自变量从模型中被舍弃时,RSS 必定上升。如果相对于包括所有解释变量的原始模型,新的 RSS 的上升足够大的话,那么我们就能拒绝原假设,认为被舍弃的解释变量具有联合显著性。

依据以上原理,我们分别考虑两个回归的 RSS,其中一个是包括所有的 X 变量的原始回归,或称**无约束回归**(Unrestricted Regression),其对应的 RSS 写为 RSS_{ur},另一个回归是排除待检验变量 $x_{k-q-1}, \cdots, x_k$ 后进行的**约束回归**(Restricted Regression),其对应的 RSS 写为 RSS_r。据此,我们就可以构造 F 统计量:

$$F = \frac{(\text{RSS}_r - \text{RSS}_{ur})/q}{\text{RSS}_{ur}/(n-k-1)} \tag{5.4}$$

(5.4)式中,下角标 r 代表约束模型,下角标 ur 代表无约束模型,q 是待检验的变量个数。容易看出,F 统计量总是正的,因为约束模型的 RSS 不会小于无约束模型的 RSS。从本质上而言,F 统计量度量的是从无约束模型变为约束模型导致的 RSS 的相对增量。以上检验方法最初由数学家乔治·斯内德克(George Snedecor)提出(字母"F"是为了纪念提出 F 统计量的统计学家 Ronald Fisher)。由于华裔经济学家邹至庄率先用该方法检验不同样本回归模型的"结构突变"(具体含义见第十一章),因此基于(5.4)式的 F 检验又被称为**"邹氏检验"**(Chow Test)。

那么,使用约束模型导致的 RSS 增加量是否足以让我们拒绝原假设呢?为了确定这一点,我们需要知道 F 统计量的分布性质。统计学理论告诉我们,上述 F 统计量服从于以 q 和 $(n-k-1)$ 为自由度的 F 分布,即 $F \sim F_{q,n-k-1}$,其中 q 代表分子的自由度,$(n-k-1)$ 代表分母的自由度。一般而言,q 要比 $(n-k-1)$ 小得多,而 F 分布对分子自由度的增加通常不太敏感。但是对于较小的 $(n-k-1)$,相应的 F 检验的效果则一般比较差,这需要我们尽量增加样本容量,当分母自由度达到 120 后,F 分布就对分母自由度的增大不再敏感了。

在确定了显著性水平后,我们可以从 F 分布中找到相应的临界值,此时如果 $F > c$,则拒绝原假设,称这些待检验的解释变量在统计意义上联合显著,否则便不能拒绝原假设。

基于以上分析,我们可以将 F 统计量的计算总结为 4 步。

第一步:估计无约束模型,得到此模型的 RSS 和自由度;
第二步:计算约束模型排除的变量个数 q;
第三步:估计约束模型,得到约束模型的 RSS;
第四步:利用 F 统计量公式进行计算。

由于 RSS 可能很大而不易处理,我们有另外一个公式可以得到同样的 F 值:

$$F = \frac{(R_{ur}^2 - R_r^2)/q}{(1-R_{ur}^2)/(n-k-1)} \tag{5.5}$$

(5.5)式中,下角标 r 依然代表约束模型,下角标 ur 代表无约束模型。这里我们利用恒等式 $\text{RSS} = \text{TSS}(1-R^2)$,将 RSS_{ur} 和 RSS_r 分别替换为关于 R^2 的表达式。

由于 F 分布由分子和分母的自由度同时决定,如果我们只看 F 统计值和一两个临界值,我们对拒绝原假设的证据强弱便很难有一个清晰的概念。此时,报告 F 检验的 p 值就显得尤其有用。在 F 检验中,p 值定义为 $p\text{-value}=P(\rho>F)$,其中 ρ 是自由度为 $(q,n-k-1)$ 的 F 分布的临界值,F 为依据(5.4)式或(5.5)式计算得到的 F 统计量数值。对于 F 统计量而言,p 值的含义与 t 检验一致,它表示使原假设被拒绝的最小显著性水平。较小的 p 值是拒绝原假设的强有力的证据。例如,如果我们算得的 p 值为 0.005,那么可以判定,令待检验自变量联合显著的最小置信水平为 0.5%,而由于该概率非常低,根据小概率事件原理,我们可以较为可靠地拒绝原假设。

二、F 统计量和 t 统计量的关系

前文曾提到,用 t 检验来检验联合显著性是不合理的,但是用 F 检验来验证单个变量的显著性是否可以呢?答案是肯定的。如果回顾 F 检验的定义,我们可以看到 F 检验并没有排除单变量的情形,只要令 $q=1$,同样的原理既可以应用于多变量的情形也可以用于单变量的情形。那么,在检验单变量时,F 统计量和 t 统计量是否等价呢?答案依然是肯定的。可以证明,对于检验单个变量显著性的 F 统计量,其值等于对应 t 统计量的平方,这是因为 t_{n-k-1}^2 具有 $F_{1,n-k-1}$ 分布,所以在双尾检验的情况下,这两种方法得到的检验结论是完全一样的。

需要注意的是,两者的等价性只有在双尾检验的情况下才成立。这是因为 t 统计量可以得到单侧对立检验(单尾检验)的结果,而 F 检验却不能。另外,考虑到 t 检验相对 F 检验更容易计算,所以综合来看,t 检验是在检验单个变量时更好的选择。

三、回归整体显著性的 F 检验

在回归分析中,我们常常会对一组特定的变量进行排除性约束检验,即检验所有解释变量的联合显著性。在含有 k 个自变量的模型中,我们可以把该假设写作:

$$H_0: x_1, x_2, \cdots, x_k \text{ 整体无助于解释 } y$$

也就是说,这一假设认为解释变量中没有一个能显著影响 y。这个虚拟假设用参数表示就是所有的斜率参数都为零,即:

$$H_0: \beta_1 = \beta_2 = \cdots = \beta_k = 0$$

其备择假设则是:

$$H_1: \text{至少有一个 } \beta_j \text{ 异于 } 0$$

在原假设成立的情况下,约束回归方程为 $Y=\beta_0+u$(由于没有一个解释变量能够影响 Y,因此该方程中没有解释变量,只有截距项和残差项)。此时,所对应的约束回归 R_r^2 值为 0。因此,F 统计量变为:

$$F = \frac{R_{ur}^2/q}{(1-R_{ur}^2)/(n-k-1)} \tag{5.6}$$

四、一般线性约束

事实上,F 检验不仅仅适用于排除性约束,还可以应用于一般线性约束。其基本步骤和检验排除性约束相同,不过设置约束需要一定的技巧,有时需要重新定义变量。

举例来说,对于回归方程

$$y = \beta_0 + \beta_1 x_1 + \beta_2 x_2 + \beta_3 x_3 + u$$

假定原假设为

$$H_0 : \beta_1 = \beta_2 = 0, \beta_3 = 1$$

与之对应的备择假设为 $H_1 : b_1 \neq 0$ 或 $b_2 \neq 0$ 或 $b_3 \neq 1$。

之后的操作与检验排除性约束相同。我们首先估计不受约束的方程,得到 RSS_{ur}。然后把约束条件代入,得到 $y = \beta_0 + x_3 + u$,为了检验 $\beta_3 = 1$ 的约束,我们可以将 x_3 移到等式左边得到 $y - x_3 = \beta_0 + u$,回归得到 RSS_r。其余的步骤又与排除性约束相同。这里特别需要注意的是,β_3 被限制为 1,从而使新的回归因变量为 $y - x_3$,则(5.5)式中 R^2 构造的 F 统计量不再适用(因为 R_r^2 和 R_{ur}^2 不具有可比性),只有(5.4)式基于 RSS 的公式适用。

第五节 计算机应用实例

在本节中,我们通过一个实际经济问题来演示如何在 EViews 和 SAS 程序中实现简单的假设检验。

我们考虑一个政治经济学中的选票竞争问题。为简单起见,假设在某个竞选活动中只有两个社会团体参加竞争(称为 D 团体和 R 团体),该竞选活动每年举行一次。我们搜集了某项选举以往 173 次竞选所对应的信息。其中每次竞选的信息为一个数据观测值,包含的变量有:voteD——D 团体在本次竞选中获得的选票;expendD——D 团体用于竞选的费用支出(元);expendR——R 团体用于竞选的费用支出(元);prevoteD——D 团体在上一次选举中所得到的选票占总选票的百分比(代表 D 团体的相对实力)。

我们希望研究的问题是:在该竞选活动中,选票的数量是否由两个团体在竞选中的相对费用投入所决定?也就是说,D 在选举中增加 1% 的支出对选票增加所产生的作用是否能够被 R 增加 1% 的选举支出所产生的负面作用所抵消?下面,我们用多元线性回归模型和假设检验的方法,对这一问题进行解答。

一、EViews

(1)第一步:导入数据。首先建立一个 workfile,数据类型为 unstructured/undated,观察个数为 173。然后从文本文件 vote.txt 导入数据(选择"import"→"read text"),设定变量名称分别为 voteD、expendD、expendR 和 prevoteD,导入完成后 workfile 如图 5-4 所示。

(2)第二步:对 expendD 和 expendR 变量取对数,观察相关系数。对数形式的回归可得到具有弹性意义的参数估计值,因此在实际经济学研究中经常对以钱数衡量的变量取对数。在 workfile 中单击"new object",新建变量 logexpendD 和 logexpendR,分别为 expendD 和 expendR 的对数。然后同时选定 logexpendD、logexpendR、prevoteD 和 voteD 变量,右键选择"open as group",在新弹出界面上单击"view"→"coVariance analysis",选择"correlation"(相关系数),结果如图 5-5 所示。

观察相关系数矩阵可以发现,D 的选票与 D 的竞选支出有正相关关系,而与 R 的竞选支出具有负相关关系,这与我们的假设一致。然而,两团体竞选支出对选票相对作用的大小还需要利用多元回归模型来分析。

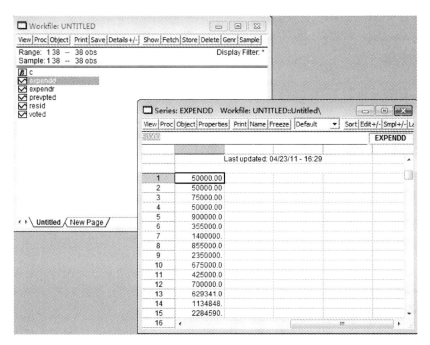

图 5-4 导入数据集

Correlation

	VOTED	PREVPTED	LOGEXPENDR	LOGEXPENDD
VOTED	1.000000	0.377249	-0.008064	0.307929
PREVPTED	0.377249	1.000000	-0.047916	0.055437
LOGEXPENDR	-0.008064	-0.047916	1.000000	0.872005
LOGEXPENDD	0.307929	0.055437	0.872005	1.000000

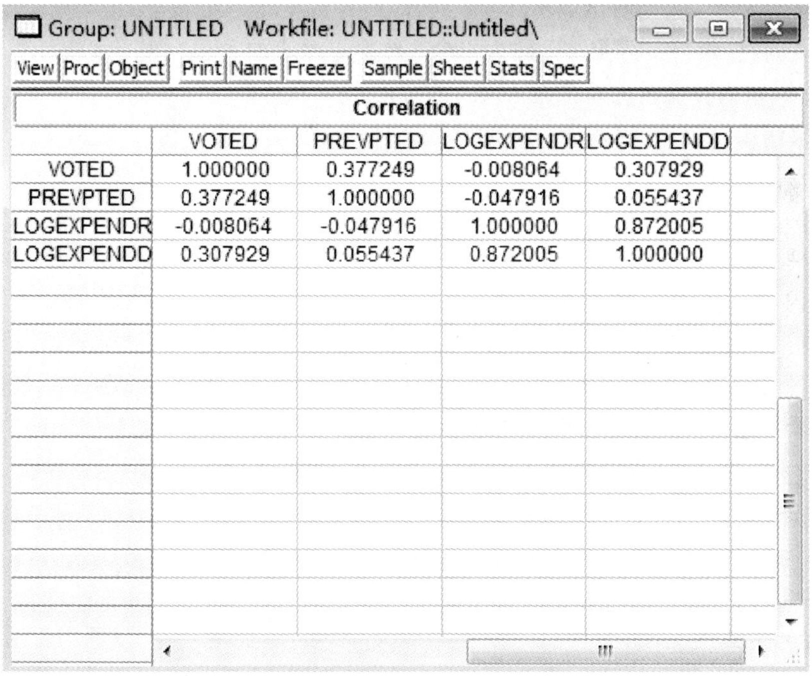

图 5-5 变量相关系数矩阵

(3) 第三步:建立回归方程。我们希望构建如下回归模型:

$$\text{voteD} = \beta_0 + \beta_1 \text{logexpendD} + \beta_2 \text{logexpendR} + \beta_3 \text{logprtystrD} + u \tag{5.7}$$

单击"quick"→"estimate equation",再输入"voteD c logexpendD logexpendR prevoteD",选择 OLS 方法进行回归,得到结果如表 5-2 所示:

表 5-2 OLS 回归结果

Dependent Variable:VOTED
Method:Least Squares
Date:04/23/11   Time:16:43
Sample:138
Included observations:38

Variable	Coefficient	Std. Error	t-Statistic	Prob.
PREVPTED	140.6104	68.42252	2.055032	0.0476
LOGEXPENDR	−227.5938	55.92591	−4.069560	0.0003
LOGEXPENDD	194.0498	41.42304	4.684587	0.0000
C	436.9761	198.6245	2.200011	0.0347
R-squared	0.478816	Mean dependent var		220.7895
Adjusted R-squared	0.432829	S.D. dependent var		146.9803
S.E. of regression	110.6919	Akaike info criterion		12.35068
Sum squared resid	416591.8	Schwarz criterion		12.52306
Log likelihood	−230.6629	Hannan-Quinn criter.		12.41201
F-statistic	10.41203	Durbin-Watson stat		1.490849
Prob(F-statistic)	0.000052			

在回归结果中,我们看到 t-Statistic 列,即为对各变量系数显著性所做的单变量 t 检验的 t 值。同时,最后一列 Prob. 即为每个 t 检验所对应的 p 值。基于 t 统计量和 p 值可以发现,该回归中各变量的系数均在 5% 的置信水平下具有统计显著性。

(4) 第四步:对研究问题所对应的参数条件进行假设检验。由于我们希望了解 D 的竞选支出对 D 选票数的正影响是否会被 R 的竞选支出对 D 选票数的负影响所抵消,因此我们有两种假设检验的方法可以选择。

第一种方法是普通的 F 检验,其原假设为 $H_0: \beta_1 + \beta_2 = 0$,备择假设为 $H_1: \beta_1 + \beta_2 \neq 0$。根据本章内容,我们可以构造相应的 F 统计量,并依据一定的显著性水平对原假设进行判定。

另一种更为简洁的方法是将回归等式进行等价变换,从而将多变量参数条件的 F 检验变为单变量的 t 检验。具体做法如下:

令 $\theta = \beta_1 + \beta_2$,则原假设变为 $H_0: \theta = 0$,备择假设为 $H_1: \theta \neq 0$。

此时,方程(5.7)将相应变换为以下等式:

$$\text{voteD} = \beta_0 + \theta \text{logexpendD} + \beta_2 (\text{logexpendR} - \text{logexpendD}) + \beta_3 \text{logprtystrD} + u \tag{5.8}$$

因此,只需对上式进行 OLS 回归,检验 logexpendD 的系数是否显著(利用普通 t 检验),即可检验原假设。回归结果如表 5-3 所示(logminus 表示 logexpendR 与 logexpendD 之差):

表 5-3　OLS 回归结果

Dependent Variable：VOTED
Method：Least Squares
Date：04/23/11　Time：16：45
Sample：1 38
Included observations：38

Variable	Coefficient	Std. Error	t-Statistic	Prob.
PREVPTED	140.6104	68.42252	2.055032	0.0476
LOGMINUS	−227.5938	55.92591	−4.069560	0.0003
LOGEXPENDD	−33.54405	27.93113	−1.200956	0.2381
C	436.9761	198.6245	2.200011	0.0347
R-squared	0.478816	Mean dependent var		220.7895
Adjusted R-squared	0.432829	S. D. dependent var		146.9803
S. E. of regression	110.6919	Akaike info criterion		12.35068
Sum squared resid	416591.8	Schwarz criterion		12.52306
Log likelihood	−230.6629	Hannan-Quinn criter.		12.41201
F-statistic	10.41203	Durbin-Watson stat		1.490849
Prob(F-statistic)	0.000052			

回归结果中，logexpendD 的系数 θ 所对应的 t 统计量为 −1.2，相应的 p 值高达 0.24，说明即使在 20% 的显著性水平上都无法拒绝原假设。因此，结果表明，该竞选活动确实类似于一种"零和博弈"，选票数量由两个团体在选举中的相对费用投入所决定。也就是说，在控制两团体相对优势（prevoteD）的条件下，D 在选举中增加 1% 的支出对其选票增加所产生的作用将被 R 增加 1% 选举支出所产生的负面作用所抵消。

二、SAS

（1）第一步：生成描述性统计。

```
data vote;/*导入数据*/
    infile vote;
    input voted expendd expendr prevoted;/*导入4个变量*/
run;
proc means data = vote;
    Var expendd expendr;/*生成变量 expendd 和 expendr 的描述性统计*/
run;
```

运行结果如下：

变量	N	均值	标准差	最小值	最大值
expendr	38	18 487 147.55	30 202 036.25	550 000.00	120 400 000
expendd	38	14 731 167.24	23 273 174.40	50 000.00	74 620 000.00

可见，D 团体和 R 团体在选举支出的均值和标准差上都差异不大。

（2）第二步：生成变量 expendd 和 expendr 的自然对数形式以及各变量的相关系数。

```
data vote;
    set vote;
    lexd = log(expendd); lexr = log(expendr); /* 生成变量 expendd 和 expendr 的自然对数形
    式 */
run;
proc corr data = vote;;
    Var lexd lexr voted prevoted; /* 生成全部 4 个变量的相关系数 */
run;
```

这一步程序算出的结果如下:

变量	N	均值	标准差	总和	最小值	最大值
lexd	38	6.48354	0.91576	246.37437	4.69897	7.87286
lexr	38	6.75553	0.67802	256.71000	5.74000	8.08000
voted	38	220.78947	146.98026	8390	11.00000	523.00000
prevoted	38	0.44947	0.27169	17.08000	0.02000	0.98000

Pearson 相关系数, $N = 38$

当 $H_0 : \text{Rho} = 0$ 时, $\text{Prob} > |r|$

	lexd	lexr	voted	prevoted
lexd	1.00000	0.87201	0.30793	0.05544
		<.0001	0.0600	0.7410
lexr	0.87201	1.00000	-0.00806	-0.04792
	<.0001		0.9617	0.7751
voted	0.30793	-0.00806	1.00000	0.37725
	0.0600	0.9617		0.0196
prevoted	0.05544	-0.04792	0.37725	1.00000
	0.7410	0.7751	0.0196	

结果显示,D 团体的竞选投入和其获得的选票成正比,而 R 团体的投入和 D 团体获得的选票成反比,这些都与直觉相符。在此基础之上,要验证主要假设,我们需要进行回归分析。

(3) 第三步:构建 OLS 回归模型,并利用 F 检验来验证前面提出的假设。

```
proc reg data = vote; /* 进行 OLS 回归 */
    model voted = lexd lexr prevoted /covb;
    /* COVB 选项要求 SAS 为参数估计值报告方差—协方差矩阵 */
    test lexd = - lexr; /* 检验前面提出的假设,默认为 f 检验 */
quit;
```

test 步骤的主要运行结果如下:

The REG Procedure

Model:MODEL1

Test 1 Results for Dependent Variable votea

Source	DF	Mean Square	F Value	Pr>F
Numerator	1	17672	1.44	0.2381
Denominator	34	12253		

可以看出,根据(5.4)式计算得出的 F 统计量为 1.00,所对应的 p 值为 0.24。因此,我们无法拒绝原假设 $H_0: \beta_1 + \beta_2 = 0$,即 lexd 的系数和 laxr 的系数之和为零。

(4) 第四步:通过适当的等式变换,用简单的 t 检验实现同样的假设检验目的。

与 EViews 的做法类似,我们经过将数据转化后转而对等式(5.7)进行回归,即以 voteA 为因变量,以 logexpendD、logprtystrR,以及(logexpendR − logexpendD)为自变量进行 OLS 回归。此时,原假设变为检验 logexpendD 的系数是否显著为 0。相关程序如下:

```
data vote;
  set vote;
  diff = lexr - lexd; /* 生成(lexr - lexd)变量 */
run;
proc reg data = vote;
  model voted = lexd diff prevoted;
quit;
```

运行结果如下:

The REG Procedure

Model:MODEL1

Dependent Variable:voted

Number of Observations Read	38
Number of Observations Used	38

Analysis of Variance

Source	DF	Sum of Squares	Mean Square	F Value	Pr>F
Model	3	382 726	127 575	10.41	<.0001
Error	34	416 592	12 253		
Corrected Total	37	799 318			

Root MSE	110.69192	R-Square	0.4788
Dependent Mean	220.78947	Adj R-Sq	0.4328
Coeff Var	50.13460		

		Parameter Estimates			
Variable	DF	Parameter Estimate	Standard Error	t Value	Pr>|t|
Intercept	1	436.97614	198.62450	2.20	0.0347
lexd	1	−33.54405	27.93113	−1.20	0.2381
diff	1	227.59385	55.92591	4.07	0.0003
prevoted	1	140.61045	68.42252	2.06	0.0476

比较可知，t 检验所对应的 p 值和第三步 F 检验所对应的 p 值完全相同，均为 0.24，这说明无法拒绝原假设。因此，SAS 程序给出了与 EViews 相同的假设检验结果，即在控制两个团体的相对优势（prevoted）的条件下，A 在选举中增加 1% 的支出对其选票增加所产生的作用将被 B 增加 1% 选举支出所产生的负面作用所抵消。

本章总结

本章从假设检验的基本原理出发，介绍了假设检验所涉及的重要概念和基本步骤，然后集中讨论单变量显著性检验（t 检验）、置信区间、多变量显著性检验（F 检验）以及两种检验之间的关系。学习本章要求重点掌握 t 检验和 F 检验的原理及应用，并会用 EViews 和 SAS 等软件进行简单的假设检验。

思考与练习

1. 双侧对立假设（双尾检验）是否总是优于单侧对立假设（单尾检验）？
2. 简述置信水平和 p 值的含义。
3. t 值为什么是一个检验系数显著性的合理变量？
4. 简述 F 检验和 t 检验的关系。

第六章 方程形式的选择与虚拟变量的使用

▍**本章概要**▍

本章建立在第三章和第四章的基础上,对线性回归模型的方程形式进行更为深入的探讨。我们首先讨论解释变量为非线性形式的模型,例如双对数线性模型、半对数模型、多项式回归模型等,进而介绍实际研究中常常会遇到的定性变量、序数变量等情况及相关的处理方法。我们在本章还将探讨包含虚拟变量的回归模型、常见的模型设定错误以及变量度量单位等问题。最后,我们通过计算机应用实例展示虚拟变量及交互项在回归分析中的应用。

▍**学习目标**▍

1. 了解对数线性模型
2. 了解多项式回归模型
3. 理解虚拟变量的含义并学会使用虚拟变量进行回归分析
4. 熟悉常见的模型设定偏误问题及其产生的原因和解决方法

第一节 双对数线性模型

一、双对数线性模型的定义

考虑如下形式的函数

$$y = ax^{\beta_1}$$

该模型中的因变量 y 是自变量 x 和参数 β_1 的非线性函数,因此不能用于线性回归。然而,对其做恒等变换后可以转化为另一种形式:

$$\ln y = \ln a + \beta_1 \ln x \tag{6.1}$$

令 $\beta_0 = \ln a$,将其代入(6.1)式中,可得:

$$\ln y = \beta_0 + \beta_1 \ln x \tag{6.2}$$

为了得到回归方程式,将模型(6.2)引入随机误差项,可得:

$$\ln y = \beta_0 + \beta_1 \ln x + u \tag{6.3}$$

(6.3)式对于参数 β_0 和 β_1 是线性的,而且对于变量 x 的对数形式也是线性的。因此我们将形如(6.3)式的模型称为双对数模型或对数线性模型。

进一步地,我们可以通过对数变换而将对数线性模型(非线性回归模型)转化为普通线性回归模型。具体变换方法如下:

令 $y^* = \ln y$, $x^* = \ln x$,代入模型(6.3)得到:

$$y^* = \beta_0 + \beta_1 x^* + u \tag{6.4}$$

可以发现模型(6.4)与我们前面讨论的线性回归模型在形式上是一样的。对于变形后的模型(6.4),如果它满足古典线性回归模型的基本假定,则很容易用普通最小二乘法来估计。并且根据高斯-马尔可夫定理可知,得到的OLS估计量是最优线性无偏估计量。

二、双对数线性模型的应用

在实际的经济分析中,双对数模型的应用是非常广泛的。其原因在于它具有一个很好的特点:斜率 β_1 度量了 y 对 x 的弹性,即 x 变动1%所引起的 y 变动的百分比。

对于一个普通线性模型,根据弹性(用 e 来表示)的定义我们可以得到:

$$e = \frac{\Delta y/y}{\Delta x/x} = \frac{\Delta y}{\Delta x} \cdot \frac{x}{y} = 斜率 \cdot \frac{x}{y}$$

可见,在线性模型中,y 对 x 的弹性随 y、x 取值不同而不同。

然而,对于一个双对数模型:

$$e = \frac{\Delta y/y}{\Delta x/x} = \frac{\mathrm{d}y/y}{\mathrm{d}x/x} = \frac{\mathrm{d}\ln y}{\mathrm{d}\ln x} = \frac{\Delta \ln y}{\Delta \ln x} = 斜率$$

可见,在双对数模型中,回归方程的斜率就是 y 对 x 的弹性,而且这个弹性是常数。

两个变量的对数线性回归模型很容易推广到多个解释变量的情形。例如,我们可以将三个变量的对数线性模型表示如下:

$$\ln y = \beta_0 + \beta_1 \ln x_1 + \beta_2 \ln x_2 + u \tag{6.5}$$

在这个模型中,偏斜率系数 β_1 和 β_2 又称为偏弹性系数。因此,β_1 是 y 对 x_1 的弹性(x_2 保持不变),即在 x_2 为常量时,x_1 每变动1%,y 变化的百分比。由于此时 x_2 为常量,因此我们称此弹性为偏弹性。类似地,β_2 是 y 对 x_2 的偏弹性(x_1 保持不变)。概括来讲,在多元对数线性模型中,每一个偏概率系数度量了在其他变量保持不变的条件下,因变量对某一解释变量的偏弹性。

第二节 半对数线性模型

一、因变量是对数形式的半对数模型

在对经济现象进行分析时,有时人们对某一经济变量的增长率感兴趣。比如说,国内生产总值的增长率、未偿付消费者信贷的增长率,等等。在回归分析中,我们可以用半对数线性模型来测度这些增长率的影响因素。我们用下面的例子引出半对数线性模型。

表6-1给出了1981—1998年我国未偿付消费者信贷(国内债务)的数据。

表6-1 1981—1998年我国未偿付消费者信贷情况(国内债务) 单位:亿元

年份	y	年份	y
1981	48.66	1990	93.46
1982	43.83	1991	199.3
1983	41.58	1992	395.64
1984	42.53	1993	314.78
1985	60.61	1994	1 028.57
1986	60.51	1995	1 510.86
1987	63.07	1996	1 847.77
1988	92.17	1997	2 412.03
1989	56.07	1998	3 228.77

现在我们就来计算在此期间的未偿付消费者信贷的增长率。首先回忆一下在货币、银行以及金融等课程中介绍过的复利计算公式：

$$y = y_0(1+r)^t \tag{6.6}$$

(6.6)式中，y_0表示y的初始值(消费者在银行的初期存款额)，y表示第t年的y值，r表示y的增长率。

将(6.6)式两边取对数，得：

$$\ln y = \ln y_0 + t\ln(1+r) \tag{6.7}$$

令$\beta_0 = \ln y_0$，$\beta_1 = \ln(1+r)$，则(6.7)式又可表示为

$$\ln y = \beta_0 + \beta_1 t$$

引入随机误差项后，我们进而得到线性回归模型如下：

$$\ln y = \beta_0 + \beta_1 t + u \tag{6.8}$$

我们把形如(6.8)式的回归模型称为半对数模型，因为在这个模型中，仅有一个变量以对数的形式出现(在(6.8)式中，因变量以对数形式出现)。如果(6.8)式满足古典线性回归的基本假定，那么我们就可以运用最小二乘法来估计该模型。根据表中提供的数据，可以得到如下回归结果：

$$\ln \hat{y} = 2.6582 + 0.277435 t \tag{6.9}$$

那么该如何解释这类模型的回归系数呢？应该注意，在如(6.8)式的半对数模型中，斜率参数实际上度量了给定解释变量的绝对变化所引起的y的比例变动或相对变动。因此，对(6.9)式的回归结果解释如下：y(未偿付消费者信贷)相对于时间t(以年为单位)的变化率为0.2774，即t增加1年将导致y增加0.2774倍，即年增长率为27.74%。

正因如此，有时也将半对数模型称为增长模型，通常我们用这类模型来测度许多变量的增长率，包括经济变量和其他一些非经济变量。

二、自变量是对数形式的半对数模型

在前面，我们讨论了因变量是对数形式而解释变量是线性形式的增长模型，为了描述方便，我们称之为对数—线性模型或增长模型。下面，我们将介绍因变量是线性形式而解释变量是对数形式的模型。相应地，我们称之为线性—对数模型。

我们首先看一个具体的例子。表6-2给出了中国1985—1998年的国内生产总值(GDP)与国家银行现金支出的具体数据。通过本例我们想了解货币支出对国内生产总值的影响。

表 6-2　中国 1985—1998 年国内生产总值与银行现金支出　　　　单位：亿元

年份	GDP(Y)	银行现金支出(X)	年份	GDP(Y)	银行现金支出(X)
1985	8 964.400	5 694.800	1992	26 638.100	32 406.200
1986	10 202.200	6 843.900	1993	34 634.400	50 412.500
1987	11 962.500	9 015.700	1994	46 759.400	72 671.000
1988	14 928.300	13 490.000	1995	58 478.100	97 322.300
1989	16 909.200	15 267.600	1996	67 884.600	121 179.900
1990	18 547.900	17 471.400	1997	74 462.600	142 988.300
1991	21 617.800	21 998.500	1998	79 395.700	204 993.100

现在考虑下面的模型：
$$y = \beta_0 + \beta_1 \ln x + u \tag{6.10}$$
其中，y 表示国内生产总值，x 表示现金支出。

根据表 6-2 中的数据得出回归结果如下：
$$\hat{y} = -179\,108.8 + 20\,654.32 \ln x \tag{6.11}$$

对于回归结果通常的解释是：斜率系数 20 654.32 表示银行现金支出每增加一倍，GDP 的绝对变化量为 20 654.32 亿元；或者说，银行现金支出每增加一个百分点，GDP 的绝对变化量为 20 654.32/100＝206.54 亿元。那么，这一解释是如何得到的呢？

我们首先来回顾一下对数形式的变化，对数形式的变化又称为相对变化，则模型(6.10)中的斜率系数的度量方法为：

如果 $y = \beta_0 + \beta_1 \ln x + u$，进一步微分可以证明 $\dfrac{dy}{dx} = \beta_1 \left(\dfrac{1}{x}\right)$，因此，
$$\beta_1 = x \cdot \frac{dy}{dx} = \frac{dy}{dx/x} = \frac{\Delta y}{\Delta x/x} \tag{6.12}$$

(6.12)式表示斜率系数 β_1 等于 y 的绝对变化量除以 x 的相对变化量。对(6.12)式可以变形为：
$$\Delta y = \beta_1 \left(\frac{\Delta x}{x}\right) \tag{6.13}$$

(6.13)式表明，y 的绝对变化量等于 x 的相对变化量乘以系数 β_1。则(6.13)式说明 x 每变动一个百分点，y 的绝对变化量为 $0.01\beta_1$。

第三节 多项式回归模型

多项式回归模型可以表示为
$$y = \beta_0 + \beta_1 x + \beta_2 x^2 + \cdots + \beta_k x^k + u \tag{6.14}$$

这一函数形式在对生产与成本函数的研究中被广泛地使用。其中，y 指总成本，x 指产出。

在这类多项式函数中，等式的右边只有一个解释变量，但却以不同次幂出现，因此被称为多项式回归模型。虽然在模型(6.14)中，因变量与自变量之间的关系是非线性的，但因变量与参数的关系却是线性的，因此我们仍然认为模型(6.14)属于线性回归模型，在满足古典线性回归的基本条件下，依然可以运用 OLS 法进行参数估计以及假设检验等。通常情况下，使用多项式回归模型的目的是刻画解释变量对被解释变量的非线性影响。

其中，一个典型的例子是劳动经济学家经常关心的工作经验对劳动者工资的影响，常用的模型为：
$$\text{wage} = \beta_0 + \beta_1 \text{expe} + \beta_2 \text{expe}^2 + u$$

其中，expe 为劳动者的工作经验，β_1 与 β_2 的符号决定了工作经验对工资的非线性影响。假设 $\beta_1 > 0$ 且 $\beta_2 < 0$，则说明在特定工作经验值之前，工作经验的增加对工资有显著正作用。而过了特定年限后，工作经验对工资的作用转为负向。对多项式回归模型参数的解读还可以通过求导来获得。例如，将工资对工作经验求一阶导数，则有：

$$\frac{\mathrm{dwage}}{\mathrm{dexpe}} = \beta_1 + 2\beta_2 \mathrm{expe}$$

其大小与方向取决于 β_1、β_2 以及 expe 的取值;可见,工作经验对工资的边际影响可以表示为直接影响 β_1 和间接影响 $\beta_2$expe 的加总,而间接影响所起的作用与该劳动者的实际工作经验 expe 相关。

第四节 虚拟变量在多元回归分析中的应用

一、虚拟变量的定义

在之前的讨论中,多元回归模型中的因变量和自变量均是连续变量,例如小时工资率、受教育年数、大学平均成绩等。在这种情况下,变量的取值大小都传递了有用的定量信息。在经验研究中,我们有时还必须在回归模型中考虑定性因素(用非连续变量表示)。例如,一个人的性别或种族、一个企业所属的产业(制造业、零售业等)、一个城市的地理位置(东部、南部、西部、北部)等都可以被认为是定性因素。

定性信息通常以"是否"、"有无"等二值信息的形式出现,因此有关信息可通过定义一个**二值变量**(Dichotomous Variable)或一个 0-1 变量来刻画。在计量经济学中,对二值变量最常见的称呼是**虚拟变量**(Dummy Variable)。

在定义一个虚拟变量时,我们必须决定 1 与 0 的赋值含义。比如,在一项对个人工资决定的研究中,我们可能定义一个"性别"变量,令女性取值为 1,而男性取值为 0。在这种情况下,该变量的命名就需要注意一定的技巧。显然,将该虚拟变量定义为 female(女性)就要比将其定义为 gender(性别)更好,因为 female 可以更加直观地体现虚拟变量中被赋予 1 值的观测点所代表的含义,而 gender 这个名称则没有明确表示出虚拟变量的取值含义。虽然怎样称呼变量对得到回归结果而言并不重要,但它能让我们的研究结果有更为清晰的表述,从而有利于读者对回归结果的理解。

二、虚拟变量的引入及解释

我们如何在回归模型中引入二值信息呢?在只有一个虚拟解释变量的最简单情形中,我们只需要在方程中增加一个解释变量作为自变量。比如,考虑如下决定小时工资的简单模型:

$$\mathrm{wage} = \beta_0 + \delta_0 \mathrm{female} + \beta_1 \mathrm{educ} + u \tag{6.15}$$

这里用 δ_0 表示 female 的参数,以强调虚拟变量参数的含义。在模型(6.15)中,只有两个被观测因素对工资产生影响:性别和教育水平。由于 female=1 表示女性,因此参数 δ_0 具有如下含义:给定同等教育程度,δ_0 是女性与男性之间在小时工资上的平均差异。如果 $\delta_0 < 0$,那么在其他因素相同的水平下,女性的平均工资低于男性。

以上结论的正式表述为:当零条件均值假定($E(u|\mathrm{female}, \mathrm{educ})=0$)和外生性假定($\mathrm{Cov}(u,\mathrm{female})=0$,$\mathrm{Cov}(u,\mathrm{educ})=0$)满足时,虚拟变量 female 的系数代表了男性与女性的工资差异,即 $\delta_0 = E(\mathrm{wage}|\mathrm{female},\mathrm{educ}) - E(\mathrm{wage}|\mathrm{male},\mathrm{educ})$。这里的关键在于,在两个预期中,受教育水平是相同的;差值 δ_0 只是由于性别所致。

这种情况在回归直线图上则体现为男性与女性之间的截距迁移。对于男性

(female=0)，截距为 β_0；而对于女性(female=1)，截距为 $\beta_0+\delta_0$。当 $\delta_0<0$ 时，画出如图 6-1 所示的图形，其中横轴代表受教育水平，纵轴代表小时工资水平。此时男性比女性每小时都多挣一个固定的工资数量。而这个差距与受教育水平无关，仅与性别有关，因此男性与女性的回归线斜率相同，图中的两条回归线是平行的。

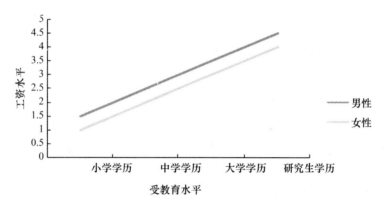

图 6-1 男性与女性受教育水平与工资水平的回归直线

三、虚拟变量陷阱

细心的读者可以发现，我们没有在式(6.15)中同时包含一个虚拟变量 male(它对男性取值 1 和对女性取值 0)。原因在于，这样做不仅是多余的，还会产生多重共线性问题。

(6.15)式中，男性工资线的截距是 β_0，女性的截距是 $\beta_0+\delta_0$。由于只有男女两组数据，因此我们只需要两个不同的截距。这意味着，除了 β_0 之外，我们只需要一个虚拟变量，因此当我们已经选择了针对女性取值的虚拟变量后，就不需要再设置针对男性取值的虚拟变量了。如果我们这样做(同时引入 male 和 female)，那么由于 female+male=1，这意味着 male 和 female 具有完全共线关系，从而导致多重共线问题(违反了古典线性模型的基本假定)。这种错误的做法就被称作"虚拟变量陷阱"。为了避免虚拟变量陷阱，当我们使用两个或多个虚拟变量来描述一个定性变量的取值时，就一定要注意基准组的选择。

在(6.15)式中，我们实际选择了男性为基准组，女性组则与男性组作比较，因此 δ_0 为女性组与基准组(男性)的工资在截距上的差异。相反，我们也可以选择女性为基准组，则此时回归模型将被表示为：

$$wage = \alpha_0 + \gamma_0 male + \beta_1 educ + u \quad (6.16)$$

其中，女性的截距是 α_0，而男性的截距是 $\alpha_0+\gamma_0$；与(6.15)式比较，这意味着 $\alpha_0=\beta_0+\delta_0$。在任何一个实际应用中，我们如何选择基准组都不重要，重要的是要保持基准组不变。

一般来说，设置虚拟变量的规则是，如果需要估计的定性变量有 m 个类别，则我们只需引入 $m-1$ 个虚拟变量，同时选定一个基准组。

事实上，如果一定要对 m 个类别的定性变量设置 m 个虚拟变量，我们也可以将截距项去掉，以避免虚拟变量陷阱。在上例中，我们也可以构建如下回归模型

$$wage = \alpha_0 female + \beta_0 male + \beta_1 educ + u \quad (6.17)$$

其中，代表男性工资的截距是 β_0，代表女性工资的截距是 α_0。在这种情形下，因为没有"基准截距"，要表示出两种状态，就必须设置两个虚拟变量。此时不会出现虚拟变量陷

阱。在实际应用中,由于检验截距项的差值比较困难,而且对不含截距项的回归怎样计算 R^2 没有一个统一的方法,因此模型(6.17)很少有人使用。接下来的学习中,当遇到 m 个类别的定性变量时,我们将总是引进 $m-1$ 个虚拟变量,并保留基准截距。

四、多个虚拟变量的使用

下面我们重点介绍含有多个虚拟变量的回归模型,并探讨其中涉及的虚拟变量陷阱问题。假设我们要估计教育程度对工资率(wage)的影响。为简便起见,假设"教育水平"变量为序数变量,其取值为 0(文盲)、1(小学)、2(初中)、3(高中)、4(大学及以上),并称这个变量为 edu。那么,为了研究 edu 对 wage 的影响,我们应该如何将这个序数变量引入到回归模型中呢?

一种简单的想法是,我们将 edu 作为一个连续变量,就像引入其他因变量一样,将这个解释变量引入到回归等式的右边:

$$\text{wage} = \beta_0 + \beta_1 \text{edu} + 其他因素 + u \qquad (6.18)$$

在模型(6.18)中,斜率参数 β_1 表示在保持其他因素不变的情况下,当 edu 增加一个单位时 wage 的变化。这一解释看似寻常无奇,然而由于 β_1 是一个常数,模型(6.18)所隐含的假设是 edu 每增减一个单位对 wage 的影响是固定的。然而,我们知道 edu 是一个序数变量,对于这类变量,我们只知道 edu 分数的高低反映了教育水平的高低,然而 edu 每增长一个级别(例如从二级到三级,或从三级到四级)所反映的教育水平差距却不一定相同,因此它的增长量对 wage 的影响也可能不是固定的。类似的问题在其他序数解释变量中也常常存在。例如,在研究国家信用等级对其主权债券利率的影响时,国家信用等级可能是序数变量,若假设等级的范围是从零到四,零为最低的信用等级,四为最高的信用等级,在这种情况下,如果将国家信用等级直接放入回归模型,那么其隐含的假设是国家信用等级每提高一级,其对主权债券利率的影响都是固定的,这显然也是一个不合理的假设。基于以上分析,我们知道模型(6.18)的设定显然存在问题。

一个更好的解决方法是对 edu 的每个值都定义一个虚拟变量。因此,如果 edu=1,则 $\text{edu}_1=1$,否则 $\text{edu}_1=0$;如果 edu=2,则 $\text{edu}_2=1$,否则 $\text{edu}_2=0$;以此类推。实质上,我们就把教育水平分为五个类别,以最低级别的 edu_0 为基准组,将其余级别分别作为虚拟变量放入回归,组成以下估计模型:

$$\text{wage} = \beta_0 + \delta_1 \text{edu}_1 + \delta_2 \text{edu}_2 + \delta_3 \text{edu}_3 + \delta_4 \text{edu}_4 + 其他因素 + u \qquad (6.19)$$

模型(6.19)中几个虚拟变量的系数都有很直观的解释:δ_1 是受教育程度为一级的个体和未受过学校教育的个体之间在 wage 上的差异;δ_2 是受教育程度为二级的个体和未受过学校教育的个体之间在 wage 上的差异;以此类推。通过这种处理,每两个教育层级之间的变动都有了独立的定量意义,进而可以探讨其可能具有的差异化影响。所以使用(6.19)式比简单地将 edu 作为一个单独变量代入方程更为灵活,也更加符合实际。

这里我们需要注意的是避免虚拟变量陷阱。由于 edu 有五个类别(0 到 4),一些初学者可能会将它们分别设为五个虚拟变量并全部放入回归。根据上文的分析,我们知道这种做法会引发虚拟变量之间的完全共线问题。因此,在将序数变量转化为虚拟变量进行回归分析时,我们需要注意保留一个基准组,以避免虚拟变量陷阱所带来的问题。

五、含虚拟变量的交互项在回归中的使用

使用虚拟变量时,另一个需要考虑的问题是虚拟变量之间的交互作用。让我们考虑下面这个例子。

我们希望研究劳动者工资与其性别、民族、教育水平的关系。其中,教育水平用受教育年数衡量,因此是连续型变量;性别和民族是定性的非连续变量,分别用虚拟变量 D_1 和 D_2 表示。构建回归模型如下:

$$y_i = \beta_0 + \beta_1 D_{1i} + \beta_2 D_{2i} + \beta_3 x_i + u \quad (6.20)$$

其中,y 表示以人民币计的小时工资,$D_{1i}=1$ 表示受调查者为女性,$D_{2i}=1$ 表示受调查者为少数民族,x 表示受教育年数。

当上述模型中两个虚拟变量取不同值时,我们可以得到的截距及意义如表 6-3 所示:

表 6-3　虚拟变量取不同值时截距及意义

民族／性别	$D_{2i}=1$	$D_{2i}=0$
$D_{1i}=1$	$\beta_0+\beta_1+\beta_2$(少数民族女性)	$\beta_0+\beta_1$(汉族女性)
$D_{1i}=0$	$\beta_0+\beta_2$(少数民族男性)	β_0(汉族男性)

表 6-3 告诉我们,在模型(6.20)的设定之下,女性与男性之间由民族差异引起的工资差异是相同的,即少数民族女性与汉族女性工资截距之差为 β_2,少数民族男性与汉族男性工资截距之差也为 β_2。换言之,这里假定两个虚拟变量之间不存在交互影响。然而,这一假定在现实中不一定成立,因此这种模型设定可能会产生回归偏误。

此时,我们可以在模型中引入两个虚拟变量的交互项 $D_1 D_2$,得到的新模型为:

$$y_i = \beta_0 + \beta_1 D_{1i} + \beta_2 D_{2i} + \beta_3 D_{1i} D_{2i} + \beta_4 x_i + u \quad (6.21)$$

在模型(6.21)中,性别对工资的影响不仅取决于 D_{1i} 的斜率系数,同时还取决于交互项 $D_{1i} D_{2i}$ 的斜率系数,即性别影响还和民族有关。类似地,民族对工资的影响也同样受到性别变量取值的影响。参照表 6-3 的分析,我们可以将模型(6.21)中两个虚拟变量的边际影响总结于表 6-4:

表 6-4　虚拟变量的边际影响

民族／性别	$D_{2i}=1$	$D_{2i}=0$
$D_{1i}=1$	$\beta_0+\beta_1+\beta_2+\beta_3$(少数民族女性)	$\beta_0+\beta_1$(汉族女性)
$D_{1i}=0$	$\beta_0+\beta_2$(少数民族男性)	β_0(汉族男性)

表 6-4 表明,女性与男性之间由民族差异引起的工资差异是不同的,即少数民族女性与汉族女性工资截距之差为 $\beta_2+\beta_3$,少数民族男性与汉族男性工资截距之差为 β_2。换言之,这里的 β_3 衡量了虚拟变量之间的交互影响。

值得一提的是,在回归中引入交互项这一做法不仅限于虚拟变量。两个连续变量之间、连续变量与虚拟变量之间都可以通过交互项来反映变量间的交互影响。这在实际研

究中有广泛的应用,为我们研究变量之间的复杂影响渠道提供了有用的分析工具。

第五节　常见的模型设定错误

一、遗漏变量

我们在本节将集中讨论几种常见的**模型设定错误**(Model Misspecification)。其中最常见的一类错误是**遗漏变量错误**(Error of Omission),它指的是由于种种原因,研究者在回归中遗漏了一个或多个本应包括在模型中的解释变量的情况。这种错误会对 OLS 的估计结果产生什么影响呢?下面我们以三变量回归模型为例来说明。

现在假定"真实"的回归等式如下:
$$y = \beta_0 + \beta_1 x_1 + \beta_2 x_2 + u \tag{6.22}$$
其中,x_1 和 x_2 均对 y 具有实质影响。然而,出于某种原因,我们在回归方程(6.22)中遗漏了 x_2 变量(例如关于 x_2 的数据缺失),那么实际使用的回归等式变为:
$$y = \alpha_0 + \alpha_1 x_1 + u \tag{6.23}$$
(6.23)式与(6.22)式类似,只是去掉了自变量 x_2。如果(6.22)式是正确的模型,那么(6.23)式就犯了遗漏变量错误,它将对 OLS 回归产生如下影响:

(1) 如果遗漏的变量 x_2 与变量 x_1 相关,则 $\hat{\alpha}_0$ 和 $\hat{\alpha}_1$ 是有偏的,即参数估计值的期望与真实值不一致。此时 $\hat{\alpha}_1$ 实际上反映了 x_1 对 y 的影响加上 x_2 通过 x_1 对 y 的影响,即 x_1 和 x_2 的综合影响。这是遗漏变量错误所造成的最为严重的后果。

(2) 如果 x_2 与 x_1 不相关,则 $\hat{\alpha}_0$ 和 $\hat{\alpha}_1$ 依然分别是 β_0 和 β_1 的无偏估计量。

(3) 根据错误模型(6.23)得到的误差方差是真实方差 σ^2 的有偏估计量。换言之,从真实模型(6.22)估计得到的误差方差与错误模型(6.23)中估计得到的误差方差不同,前者是真实 σ^2 的一个无偏估计量,而后者却不是。

(4) 基于错误模型(6.23)所估计的 $\hat{\alpha}_1$ 的方差是真实估计量 β_1 的方差的有偏估计量(即使 x_1 与 x_2 不相关)。可以证明,这一偏误的大小为:
$$E[\text{Var}(\hat{\alpha}_1)] - \text{Var}(\beta_1) = \frac{\sigma^2}{\sum_{i=1}^{n} x_{1i}^2 (1-r_{12}^2)} - \frac{\sigma^2}{\sum_{i=1}^{n} x_{1i}^2} \tag{6.24}$$
其中,r_{12} 表示 x_1 与 x_2 之间的相关系数,σ^2 表示扰动项 u 的方差。可见,$\hat{\alpha}_1$ 的方差期望值并不等于 β_1 的方差,一般而言,使用 $\text{Var}(\hat{\alpha}_1)$ 将会高估 $\text{Var}(\beta_1)$。

由以上结论可知,遗漏变量错误是回归分析中一个常见的并且比较严重的模型设定错误,它一般会导致对斜率系数、截距项以及它们的方差的估计偏误,使回归结果不再可信。因此,我们在实际研究中,一定要尽量在回归中包含对因变量能够产生实质影响的解释变量(变量的确定一般通过经济学理论或研究文献的支持),从而避免遗漏变量错误。

二、过度拟合

与遗漏变量错误相对的另一种模型设定错位被称为**过度拟合错误**(Error of Commission)。有时,缺乏理论指导的实证经济研究者会采取"大杂烩"的方式将很多解释变量都包括到模型中,不管它们在理论上是否能够对因变量产生实质影响。由此产生的解释变量过多的问题就被称为过度拟合错误。

在过度拟合的情况下,回归的 R^2 值会较高,因此从表面上看,模型的预测能力似乎较强,这也是人们经常犯过度拟合错误的主要原因。但是抛开这种表面现象,我们应该认识到,在模型中引入非相关变量会产生其他后果。虽然这些后果一般而言不如"遗漏变量"带来的后果严重,但是也值得引起我们的注意。我们在这里用简单的双变量和三变量模型加以说明。

假设正确的回归模型设定应该是

$$y = \beta_0 + \beta_1 x_1 + u \tag{6.25}$$

现在研究者加入了一个多余变量 x_2,继而回归模型变为:

$$y = \alpha_0 + \alpha_1 x_1 + \alpha_2 x_2 + u \tag{6.26}$$

如果我们事先已知 x_2 对 y 没有任何影响,则(6.26)式是一个过度拟合模型。模型(6.26)的估计结果有如下特点:

(1) 过度拟合模型(6.26)的 OLS 估计量是无偏的。

(2) 从回归方程(6.26)中所得的 σ^2 的估计是无偏的。

(3) 从过度拟合模型(6.26)估计的 $\hat{\alpha}_i$ 是非有效的,即 $\hat{\alpha}_i$ 的方差通常大于从真实模型(6.25)中估计的 $\hat{\beta}_i$ 的方差。简言之,在过度拟合模型中,OLS 估计量依然是线性无偏估计量,但它不再是最优线性无偏估计量,过度拟合使 OLS 估计量的方差增大。

三、度量误差

另外一种在回归模型中常见的问题是**度量误差**(Measurement Error)。所谓度量误差,是指某个变量虽然具有良好的定义和数量含义,但是在现实中我们无法直接或准确观测到其真实值,此时我们所观测的值可能与其真实值之间存在一个系统性的偏差。下文将分别从因变量和自变量的角度介绍度量误差及其可能导致的估计问题。

我们首先考察一种情况:因变量是唯一具有度量误差的变量。设 y^* 是因变量的真实值,则通常的线性回归模型为:

$$y^* = \beta_0 + \beta_1 x_1 + \cdots + \beta_k x_k + v$$

同时我们假设其满足高斯-马尔可夫假设。但是现实中,我们无法观测到 y^*,而是观测到 y,且存在误差项:

$$e_0 = y - y^* \tag{6.27}$$

为了与回归等式对比,我们将(6.27)式改写为 $y^* = y - e_0$,并将其代入原方程,则有:

$$y = \beta_0 + \beta_1 x_1 + \cdots + \beta_k x_k + v + e_0 \tag{6.28}$$

由于上述模型中各变量都是可以实际观测的,我们可以通过 OLS 估计这一模型。但是,我们是否能得到关于 β_j 的无偏估计量,则取决于 e_0 与 x_j 的相关性。若 e_0 与解释变量之间不相关,则 x_j 与模型残差不相关,那么 OLS 估计量是无偏的。同时,如果我们假设 e_0 和 v 不相关,那么

$$\text{Var}(v + e_0) = \sigma_v^2 + \sigma_0^2 > \sigma_v^2$$

因此,因变量的测量误差将导致更大的误差方差。这一结果也符合直觉:如果我们能观测到真实的因变量,就能更准确地进行参数估计。

从传统意义上看,自变量的度量误差是一个比因变量度量误差更重要的问题。我们考虑一个自变量含度量误差的模型:

$$y = \beta_0 + \beta_1 x_1 + \cdots + \beta_k x_k^* + v \tag{6.29}$$

其中我们假设残差与各变量不相关,但是 x_k^* 存在度量误差,我们所观测到的 x_k 有:

$$e_k = x_k - x_k^* \tag{6.30}$$

且我们假设 $E(e_k)=0$,即误差的期望为 0。同时,我们假设原模型中的残差 v 与 x_k 或 x_k^* 都不相关。在此,我们需要对 e_k 与 x_k 的关系做出假设。一种假设是 e_k 与可观测的 x_k 不相关,则我们真正估计的模型可以写成:

$$y = \beta_0 + \beta_1 x_1 + \cdots + \beta_k x_k + (v - \beta_k e_k) \tag{6.31}$$

在模型(6.31)中,使用 OLS 仍然能得到 β_k 的无偏估计,但

$$\text{Var}(v - \beta_k e_k) = \sigma_v^2 + \beta_k^2 \sigma_{e_k}^2$$

即测量误差增大了估计值的方差。另一种假设为 $\text{Cov}(x_k^*, e_k)=0$,则有:

$$\text{Cov}(x_k, e_k) = E(x_k e_k) = E(x_k^* e_k) + E(e_k^2) = \sigma_{e_k}^2 \tag{6.32}$$

在这种情况下,由于度量误差项 e_k 与 x_k 相关,因此 OLS 无法获得无偏的估计量。经过推导,我们可以求得 $\hat{\beta}_k$ 的期望为:

$$E(\hat{\beta}_k) = \beta_k \left(\frac{\sigma_{r_k^*}^2}{\sigma_{r_k^*}^2 + \sigma_{e_k}^2} \right) \tag{6.33}$$

其中,r_k^* 为 $x_k^* = \delta_0 + \delta_1 x_1 + \cdots + \delta_{k-1} x_{k-1} + r_k^*$ 中的线性投影误差。从(6.33)式可以发现,$|E(\hat{\beta}_k)| < |\hat{\beta}_k|$,因此,OLS 的估计值与真实值相比总是向 0 偏误,该偏误也被称为**衰减偏误**(Attenuation Bias)。

第六节 数据测度单位

我们在本节讨论**数据测度单位**(Unit of Measurement)的问题,并考察改变因变量或自变量的测度单位对 OLS 估计值及统计检验的影响。

一、数据测度单位对回归系数的影响

假设我们希望研究个人的身高与其家庭收入的关系,构建如下模型:

$$\hat{\text{height}} = \hat{\beta}_0 + \hat{\beta}_1 \text{inc} + \hat{\beta}_2 \text{others} \tag{6.34}$$

其中,height 是以米为单位的个体身高,inc 是以千元为单位的家庭收入,others 表示其他影响因素。可以预期,个体所在家庭的收入越高,意味着其经济条件越好,因此能够提供更好的生活条件和卫生条件,从而具有更高的健康水平(以身高标志)。因此,回归系数的结果应显著为正。大量文献已经证明了这一点,例如,假设估计出的系数 $\hat{\beta}_1$ 为 0.00243,且在 1% 的水平上显著,则意味着家庭收入每增加 1 000 元,个体的身高将增加 0.00243 米,即 0.243 厘米。

现在,假设我们以英尺而不是以米为单位来度量个体身高。由于 1 米=3.28 英尺,因此,令 1heifoot=3.28height 为个体身高的英尺数。如果我们在估计方程中以这个变量为因变量,那么 OLS 估计值会发生怎样的变化?其实我们不需要重新运行回归就可

以知道答案。通过对方程(6.34)的简单计算,将整个方程(6.34)的两边同时乘以 3.28,得到:

$$3.28\ \text{height} = 3.28\hat{\beta}_0 + 3.28\hat{\beta}_1\ \text{inc} + 3.28\hat{\beta}_2\ \text{others} \qquad (6.35)$$

由于方程的左边就是个体身高的英尺数,于是每一个新的回归系数都相应变为原回归系数的 3.28 倍。可以验证,经回归后,变量 inc 的估计值为 0.00797,恰好是原估计值 0.00243 的 3.28 倍,且同样在 1‰ 水平上显著。这意味着,家庭收入每增加 1 000 元,个体的身高将增加 0.00797 英尺。总之,在回归中改变因变量或自变量的度量单位只会改变系数估计值的大小,但不会改变其符号和统计显著性。

二、数据测度单位对统计检验和拟合优度的影响

恰如所料,将因变量的单位从米改为英尺后,对自变量在统计上的显著性没有任何影响。简单计算即可表明,原回归中的 t 统计量实际上等于新回归中的 t 统计量,因为 t 统计量的分子(系数估计值)与分母(系数估计值的标准误差)以同样的倍数(3.28)变化。

对于拟合优度而言,由于更换度量单位后,ESS 与 RSS 同比例变化,因此从两个回归中所得到的 R^2 理所当然也是一样的。从 R^2 的现实意义这一角度,我们可以更好地理解这一结论:测度单位的变化显然不会影响解释变量对因变量的解释效度(拟合优度)。

第七节 计算机应用实例

我们在本节重点演示如何使用 EViews 和 SAS 软件处理带有虚拟变量和交互项的回归。

在此案例中,我们所关注的是劳动经济学中经常研究的"劳动力市场户籍歧视"问题。数据集 hukou.txt 中包含了 6 141 个城市劳动者的记录,变量依次为 lnwage、mig、migratio、age、agesq、edu。我们关注的因变量 lnwage 为该劳动者的对数工资。变量 mig 是虚拟变量,表示劳动者没有本地户口,基准组为有本地户口的劳动者。变量 migratio 是该劳动者所在的区县里面没有本地户口的劳动者占总劳动人口的百分比(连续型变量)。其他变量则度量能够影响工资水平的其他因素,在回归中作为控制变量被放在回归等式的右边,其中 age 和 agesq 分别表示年龄和年龄的平方,edu 表示劳动者的正规教育年限。我们感兴趣的研究议题是:劳动者的工资会不会受到户籍状态的影响?如果有户籍歧视的话,它会不会因为所在城市外地户籍劳动者的相对数量而改变?

一、EViews

在 EViews 中我们可以像前几章那样通过选择"Objects"→"New Object"生成新变量。这里需要强调的是,在生成交互项时,我们需要通过"Objects"→"Generate Series"对话框。具体操作如图 6-2 所示:

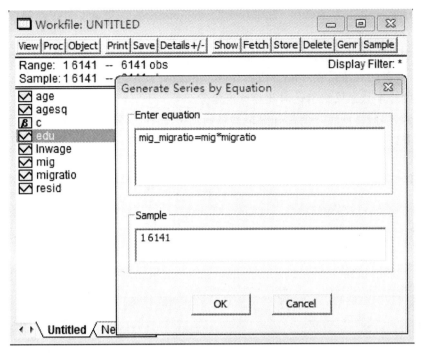

图 6-2　生成交互项

然后,我们按照前面章节所介绍的方法进行多元线性回归。首先,我们不引入交互项,而仅仅是将对数工资对户籍变量及其他控制变量进行回归,结果如表 6-5 所示:

表 6-5　无交互项回归结果

Dependent Variable:LNWAGE

Method:Least Squares

Date:04/29/15　Time:15:37

Sample:1 6141

Included observations:6138

Variable	Coefficient	Std. Error	t-Statistic	Prob.
C	7.621844	0.131750	57.85077	0.0000
MIG	−0.384482	0.044254	−8.688153	0.0000
AGE	0.073774	0.005341	13.81388	0.0000
AGESQ	−0.000856	5.47E-05	−15.63624	0.0000
EDU	0.086234	0.003308	26.06454	0.0000
R-squared	0.192014	Mean dependent var		9.426468
Adjusted R-squared	0.191487	S.D. dependent var		1.239468
S.E. of regression	1.114497	Akaike info criterion		3.055497
Sum squared resid	7617.816	Schwarz criterion		3.060973
Log likelihood	−9372.320	Hannan-Quinn criter.		3.057396
F-statistic	364.3687	Durbin-Watson stat		1.840228

由以上结果可知,所估计的没有交互项的方程是:

$$\ln wage = 7.6218 - 0.3845 mig + 0.0738 age$$
$$- 0.0008 agesq + 0.0862 edu \tag{6.36}$$

从回归结果可以看出，mig 系数为负，并且在 1% 的水平上显著。根据本章所介绍的知识，虚拟变量的斜率系数反映了该群体与基准组群体在工资上的绝对差异。因此，以上结果说明样本数据反映出针对非本地户籍劳动者的工资歧视是存在的。

接下来，我们将创建一个含有虚拟变量的交互项——mig 与 migratio 的交互项。该交互项代表劳动者的户籍状态与所处城市外来人口比例的交互影响。加入交互项后，我们得到回归结果如表 6-6 所示：

表 6-6 含交互项回归结果

Dependent Variable：LNWAGE
Method：Least Squares
Date：04/29/15   Time：16：10
Sample：1 6141
Included observations：6138

Variable	Coefficient	Std. Error	t-Statistic	Prob.
C	7.705801	0.131200	58.73335	0.0000
MIG	0.878647	0.145320	6.046313	0.0000
MIG_MIGRATIO	−1.404583	0.154022	−9.119350	0.0000
AGE	0.074427	0.005306	14.02781	0.0000
AGESQ	−0.000873	5.44E-05	−16.05179	0.0000
EDU	0.078145	0.003404	22.95558	0.0000
R-squared	0.202825	Mean dependent var		9.426468
Adjusted R-squared	0.202175	S.D. dependent var		1.239468
S.E. of regression	1.107105	Akaike info criterion		3.042352
Sum squared resid	7515.885	Schwarz criterion		3.048923
Log likelihood	−9330.978	Hannan-Quinn criter.		3.044631
F-statistic	312.0325	Durbin-Watson stat		1.861750
Prob(F-statistic)	0.000000			

由此可知，所估计的回归方程可以表示为：

$$\ln wage = 7.7058 + 0.8787 mig - 1.4046 mig\_migratio + 0.0744 age$$
$$- 0.0009 agesq + 0.0781 edu \tag{6.37}$$

该方程不仅反映了劳动者个人的户籍状态对工资的直接影响，还反映了外来人口比例在该影响中所起到的间接作用。由于 EViews 所得回归结果与后面所展示的 SAS 运行结果一致，我们将把对以上回归方程的解释放在后面集中论述。

二、SAS

在 SAS 中，我们首先将数据集读入，并建立一个名为 hukou 的临时 SAS 数据集，同时对各变量进行命名。程序如下：

```
filename hukou 'C:\SAS Training\Data for SAS Lab\hukou.txt';
data hukou;
    infile hukou;
    input lnwage mig migratio age agesq edu;
run;
```

然后,我们要生成一个新的变量,代表 mig 与 migratio 的交互项。

```
data hukou;
    set hukou;
    mig_migratio = mig * migratio;
run;
```

接下来,我们将对两个不同的方程进行回归,在第一个方程中不包括交互项,它仅仅反映户口对工资的直接影响。

```
proc reg data = hukou;
    no_interact: model lnwage = mig age agesq edu;
    quit;
```

回归结果如下:

Number of Observations Read	6 141
Number of Observations Used	6 138
Number of Observations with Missing Values	3

Analysis of Variance

Source	DF	Sum of Squares	Mean Square	F Value	Pr>F
Model	4	1 810.33329	452.58332	364.37	<.0001
Error	6 133	7 617.81593	1.24210		
Corrected Total	6 137	9 428.14922			

Root MSE	1.11450	R-Square	0.1920	
Dependent Mean	9.42647	Adj R-Sq	0.1915	
Coeff Var	11.82306			

Parameter Estimates

Variable	DF	Parameter Estimate	Standard Error	t Value	Pr>|t|
Intercept	1	7.62184	0.13175	57.85	<.0001
mig	1	-0.38448	0.04425	-8.69	<.0001
age	1	0.07377	0.00534	13.81	<.0001
agesq	1	-0.00085569	0.00005473	-15.64	<.0001
edu	1	0.08623	0.00331	26.06	<.0001

因此,所得到的估计结果是

$$\ln wage = 7.6218 - 0.3845 mig + 0.0738 age$$
$$- 0.0008 agesq + 0.0862 edu \tag{6.38}$$

这个方程中 mig 变量的系数显著为负。根据本章所介绍的知识，虚拟变量的斜率系数反映了该群体与基准组群体在工资上的绝对差异。因此，以上结果说明样本数据反映出针对外地户籍工作者的工资歧视是存在的。

在第二个回归方程中，我们加入含有虚拟变量的交互项。

```
proc reg data = hukou;
    with_interact: model lnwage = mig mig_migratio age agesq edu;
quit;
```

回归结果如下：

The REG Procedure

Model: with_interact

Dependent Variable: lnwage

Number of Observations Read	6 141
Number of Observations Used	6 138
Number of Observations with Missing Values	3

Analysis of Variance

Source	DF	Sum of Squares	Mean Square	F Value	Pr>F
Model	5	1 912.26417	382.45283	312.03	<.0001
Error	6 132	7 515.88505	1.22568		
Corrected Total	6 137	9 428.14922			

Root MSE	1.10711	R-Square	0.2028	
Dependent Mean	9.42647	Adj R-Sq	0.2022	
Coeff Var	11.74465			

Parameter Estimates

Variable	DF	Parameter Estimate	Standard Error	t Value	Pr>|t|
Intercept	1	7.70580	0.13120	58.73	<.0001
mig	1	0.87865	0.14532	6.05	<.0001
mig_migratio	1	-1.40458	0.15402	-9.12	<.0001
age	1	0.07443	0.00531	14.03	<.0001
agesq	1	-0.00087315	0.00005440	-16.05	<.0001
edu	1	0.07814	0.00340	22.96	<.0001

则该结果的表达式为：

$$\ln wage = 7.7058 + 0.8787 mig - 1.4046 mig\_migratio + 0.0744 age$$
$$- 0.0009 agesq + 0.0781 edu \tag{6.39}$$

我们应该如何解释以上回归结果呢？在以下讨论中，我们假定所有的非户籍因素的控制变量都保持不变。首先,我们看到 mig 变量系数估计值依然是显著的,但符号却由负变正。除此之外,我们看到,交互项显著为负。在这种情况下,我们可以通过求(6.39)式中 lnwage 对 mig 的偏导数得到户籍状态对工资的边际影响,即

$$0.8787 - 1.4046 \text{migratio}$$

从该表达式可以看出,户籍对工资的边际影响正负取决于 migratio 的大小。因为数据中 migraio 的均值在 0.88 左右,中位数在 0.93 左右,所以总的来讲外地户籍对于工资的影响是负的,即户籍歧视是存在的。同时,由 migratio 的系数估计值可知,外来人口比例每增加 1%,外地户籍劳动者与基准组人口的工资差异减少 1.40%(注意 migratio 的取值在 0 和 1 之间)。

总结以上回归结果,我们可以得到如下结论:

(1) 从样本数据反映的情况来看,我们发现对非本地户籍劳动者的工资歧视总体上是存在的,即在控制年龄、教育等因素的情况下,户籍对工资水平存在显著的直接影响。

(2) 外地户籍劳动者与本地户籍劳动者之间的工资差异在很大程度上还取决于当地的外来人口比例。在外来人口相对较多的城市里,户籍对劳动者工资的影响有所减少,这或许反映了劳动力市场流动性的增加对劳动力资源配置效率的正向影响。

本章总结 》

　　本章重点讨论了回归方程形式的选择及虚拟变量的使用。其中一些重要的方程形式包括对数线性模型、线性对数模型、双对数模型、多项式回归模型等。在双对数模型中,自变量和因变量都用对数形式表达,对数自变量的回归系数被解释为因变量对自变量的弹性;在半对数模型中,自变量或者因变量是以对数形式出现的,其系数可以被解释为半弹性。虚拟变量是在回归模型中引入定性(非连续)自变量的一种手段。虚拟变量实际上是一种基于性质或属性而将一个样本分为不同子集的数据分类方法。在使用虚拟变量时,要特别小心虚拟变量陷阱。在线性回归分析中,常见的模型设定错误包括遗漏变量、过度拟合、度量误差等,它们对 OLS 回归结果所造成的影响各有不同,需要在实际应用中特别注意。此外,自变量或因变量的测度单位在本质上并不影响回归系数的符号及显著性,也并不影响模型的拟合优度;然而,测度单位是我们在解释回归系数时必须注意的问题,所以用什么单位来表达因变量和自变量具有重要的实践价值。在经验研究中,研究者不仅要注明数据的来源,还要声明变量是怎样度量的。

思考与练习 》

　　1. 考虑如下模型:

$$y = \alpha_1 + \alpha_2 D + \alpha_3 x + u$$

其中 y——一位大学教授的年薪

　　　x——从教年限

　　　D——性别虚拟变量

　　现在考察定义虚拟变量的三种形式:

　　a. D 对男性取值 1,对女性取值 0

　　b. D 对女性取值 1,对男性取值 0

c. D 对女性取值 1，对男性取值 -1

依据每种虚拟变量的定义解释上述回归模型中的系数。是否有某个方法比另外一个方法更好？说明你的理由。

2. 考虑如下模型：

$$y = \beta_1 + \beta_2 \text{eduyears} + \beta_3 \text{workyears} + u$$

其中，eduyears 表示教育水平，workyears 表示工作经验。假设你在回归中遗漏了工作经验变量，那么这将导致什么类型的错误？你预计它将对回归结果产生怎样的影响？

第七章 时间趋势与季节性

║本章概要║

在实证经济研究中,许多基于月度或季度的经济数据都表现出一定的时间趋势和季节性特征,呈现规则性的周期变化。本章从经济学的基本例子出发,介绍了如何处理这种具有时间趋势或季节性的变量,从而使我们可以透过这种随时间而变化的波动规律来揭示变量之间的本质关系。本章着重介绍了线性、指数和二次型等类型的时间趋势回归方程和具有月度、季度等季节性波动规律的回归方程。在此基础上,本章还介绍了如何在回归中排除时间趋势和季节性的基本方法,并在最后通过一个实际应用案例展示如何用 EViews 和 SAS 软件实现以上相关的操作。

║学习目标║

1. 掌握时间趋势和季节性的发生原因及其引发的后果,了解常见的含有时间趋势和季节性趋势的回归模型

2. 能够正确使用不同回归方程表达不同的时间趋势和季节性,以使模型设定符合经济数据的基本特征

3. 掌握排除时间趋势和季节性的基本方法,以及在 EViews 和 SAS 软件中的具体应用

第一节 时间趋势模型

在第一章中我们介绍过,常见的经济数据有四种类型,分别是时间序列数据、横截面数据、混合数据和面板数据。其中,时间序列数据指按时间顺序收集的数据。在时间序列数据中,许多经济序列都会出现随时间产生变化的趋势。例如,一国的名义 GDP 一般呈现出随时间递增的趋势,也就是说,如果我们将某国每年的 GDP 值作为一个时间序列,会发现这个序列随时间的推移而正向变化。再例如,股市指数在一段时间内可能会出现随时间上升或下降的趋势,技术分析流派根据这种趋势进行买入和卖出的操作。

下面我们不妨看一下根据中国国家统计局网站的信息绘制的 1978 年至 2010 年中国国内生产总值(GDP)变化的图形(见图 7-1)。从图 7-1 中,我们不难发现,1978 年至 2010 年之间,虽然存在着数据的波动变化,但是总体上中国国内生产总值是随时间而增加的。由于存在这样明显的规律,我们应该注意这其中是否存在时间趋势。

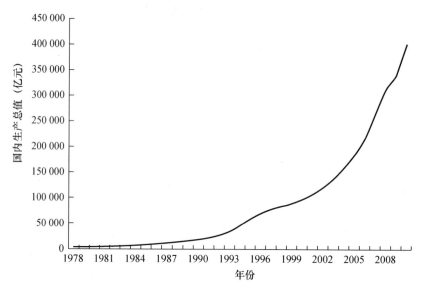

图 7-1 1978—2010 年中国国内生产总值

时间趋势往往内生于时间序列变量中,这意味着我们在运用时间序列变量的同时,经常难以避免地碰到时间趋势带来的问题。比如,如果我们研究的两个序列变量之间,存在着相同或相反的时间趋势,但我们并没有发现,就可能会得到错误的结论,认为"一个变量的变化由另外一个变量引起"。具体来说,假如我们要研究图 7-1 中 1978—2010 年中国国内生产总值与中国出口贸易的关系,就需要考虑到在同一时间段内,中国国内生产总值和出口贸易可能都存在随时间上升的趋势,我们需要区别国内生产总值的变化中哪部分是由出口贸易的变化引起的,即需要排除时间趋势的影响。实际上,在我们经常遇到的经济数据中,两个或多个时间序列变量表面上看起来是相关的,但本质上并没有相关性,只是被我们没有观察到的时间趋势掩盖了真相。

下面,我们分别以线性回归模型、指数型回归模型和多项式回归模型为例,介绍时间趋势在不同计量经济学回归方程中的表达。

一、线性回归模型中的时间趋势

线性回归模型中,令"时间"为一个自变量,与因变量之间呈线性关系。表达成数学公式如下:

$$y_t = \beta_0 + \beta_1 x_{t1} + \beta_2 x_{t2} + \beta_3 t + u_t \tag{7.1}$$

其中,t 为时间趋势项,$t=1$ 表示序列的第 1 期,$t=2$ 表示序列的第 2 期,以此类推。误差项 u_t 服从古典线性回归假设。在以上线性回归中,β_0、β_1、β_2 的理解方式与我们之前遇到的回归方程是一致的。对于时间项 t 的系数 β_3 可以做如下理解:当我们保持所有其他变量不变(即 x_{t1} 和 x_{t2} 数值不变)时,β_3 代表 y_t 从前一期到下一期由于时间导致的变化。可以发现,加进来的时间变量 t 实际与一般的自变量没有区别。

基于以上回归等式,我们也可以借助期望的表达式来反映变量 y_t 随时间出现的线性变化:

$$E(y_t \mid x_{t1}, x_{t2}, t) = \beta_0 + \beta_1 x_{t1} + \beta_2 x_{t2} + \beta_3 t \tag{7.2}$$

(7.2)式中,如果 $\beta_3 > 0$,则表示 y_t 的期望值随着时间的推移而增加,即该变量具有上升的趋势;如果 $\beta_3<0$,则表示 y_t 的期望值随着时间的增长而减少,即该变量具有下降的趋势。

另外,一般而言我们假定 u_t 是独立对称分布的随机变量,但是实际上 u_t 也有可能在时间上具有相互关联性。比如 $u_t=\alpha_0+\alpha_1 u_{t-1}+e_t$,即本期的误差项与上一期的误差项不是完全独立的。这样的情况比较复杂,却在很多时候更加符合现实。这种趋势我们称为自相关或序列相关性,将在后面的章节中具体介绍。

二、对数回归模型中的时间趋势

接下来,我们来看对数回归模型中的时间趋势。正像我们在第六章中提到的,很多与"增长率"有关的经济数据能够被对数回归模型很好地拟合。例如,某一变量的增长率可能会随着时间的推移而逐步增大。在这种状况下,我们观察到的趋势是初始期与下一期之间变化的绝对量并不明显,但随着时间推移,该变化量越来越大,这时我们可以考虑在对数回归模型中引入时间趋势项。该模型有下列两种表达方式:

$$\log y_t = \beta_0 + \beta_1 x_{t1} + \beta_2 x_{t2} + \beta_3 t + u_t \tag{7.3}$$

$$y_t = \exp(\beta_0 + \beta_1 x_{t1} + \beta_2 x_{t2} + \beta_3 t + u_t) \tag{7.4}$$

在对数回归模型中,我们应该如何来表述系数的含义呢?以(7.3)式为例,我们知道:

$$\Delta \log y_t = \log y_t - \log y_{t-1}$$

它近似等于因变量每一期与下一期的相对变化,也就是说:

$$\Delta \log y_t \approx (y_t - y_{t-1})/y_{t-1}①$$

上式的右边也被称作是从 $t-1$ 期到 t 期的增长率。如果令:

$$\Delta x_{t1} = 0; \quad \Delta x_{t2} = 0 \tag{7.5}$$

即保持其他变量的影响不变,仅考虑变量 y 随时间 t 的变化效应,我们可以得到:

$$\Delta \log y_t = \beta_3, \quad \forall t \tag{7.6}$$

其中,β_3 是变量 y 的增长率受时间 t 的影响。如果根据数据测算出 $\beta_3=0.01$,我们就可以说在保持其他变量不变的情况下,因变量 y 的增长率以每年1%的速度随时间增长。

三、多项式形式的时间趋势

在回归分析中,有时仅仅引入时间趋势项还不足以刻画时间对因变量的影响,因为该影响可能是非线性的。这时,我们可以考虑在线性回归模型中加入关于时间趋势的多项式。例如,我们在模型(7.1)中插入时间变量 t 的一次项和二次项,即可得到以下回归模型:

$$y_t = \beta_0 + \beta_1 x_{t1} + \beta_2 x_{t2} + \beta_3 t + \beta_4 t^2 + u_t \tag{7.7}$$

根据(7.7)式,我们发现:

$$\frac{\Delta y_t}{\Delta t} \approx \beta_3 + 2\beta_4 t \tag{7.8}$$

也就是说,时间趋势对因变量的影响不仅取决于直接影响 β_3,同时还取决于间接影响 $\beta_4 t$。如果 β_3 为正,β_4 为负,则代表变量 y_t 随着时间推移而出现先增长、后下降的趋

---

① $\Delta \log y_t = \log \frac{y_t}{y_{t-1}} = \log\left(1+\frac{y_t}{y_{t-1}}-1\right) \approx \frac{y_t}{y_{t-1}}-1$

势,亦即时间 t 对变量 y_t 的边际影响随着时间的推移而逐渐降低。相应地,在计算时间趋势的影响大小时,我们就需要考虑具体的时间点,将相应的 t 值代入(7.8)式。

回到我们在本节前面所举的中国国内生产总值的例子,观察 1978—2010 年 GDP 的变化图,我们不难发现这一变化与时间项 t 的二次或高次项有关,因此我们就可以尝试将多项式形式的时间趋势项引入回归,以揭示时间对 GDP 的非线性影响。

对比三种表达时间趋势的方式,我们不难发现它们各自的优缺点。线性时间趋势的表述方式最为简单,但是可能不符合现实经济数据中的变化趋势。指数形式的时间趋势可以直观简洁地表达随时间推移因变量增长率的变化,但它更多的时候适用于增长速度较为均匀的经济数据。多项式形式的时间趋势表述方式则更加灵活,可以表达时间项对因变量的非线性影响,但在模型处理和解释方面要复杂一些。

第二节 消除时间趋势的方法

在本章第一节中我们已经看到,研究时间序列变量之间的关系时,需要特别注意时间趋势的影响。一般的做法是,将时间项作为自变量引入回归模型中进行估计。同时,我们还可以通过**去时间趋势**(De-trending)技术,在回归中分离出不受时间变量影响的部分,从而得到因变量和自变量之间的本质关系。下面我们来学习两种不同的消除时间趋势的方法。

第一种方法非常直观,为了在回归中消除时间趋势的影响,我们只需要将时间项 t 作为自变量加入模型。例如,对于线性回归模型:

$$y_t = \beta_0 + \beta_1 x_{t1} + \beta_2 x_{t2} + u_t$$

如果我们将 t 加入回归,可以得到包含时间趋势的新模型:

$$\hat{y}_t = \hat{\beta}_0 + \hat{\beta}_1 x_{t1} + \hat{\beta}_2 x_{t2} + \hat{\beta}_3 t \tag{7.9}$$

在模型(7.9)中,由于时间趋势对 y_t 的影响已经由 $\hat{\beta}_3$ 体现,因此主要因变量的系数估计值 $\hat{\beta}_1$ 和 $\hat{\beta}_2$ 就可以被认为是排除时间趋势(即去时间趋势)后 x_{t1} 和 x_{t2} 对 y_t 的影响。

第二种消除时间趋势的方法要相对复杂一些,但是其原理则很直观。该方法利用多元线性回归模型中偏相关系数的概念(见本书第四章第二节的内容),用分步回归来消除时间趋势的影响。首先,我们注意到在没有包含时间项的回归中,隐含的时间趋势影响是被包含在随机误差项之中的。因此,我们只需要将模型的自变量和因变量分别对时间项进行简单线性回归,就可以分别去除这些变量中的时间趋势。进而,我们通过新的回归对"去时间趋势"后的自变量及因变量进行分析,则可以揭示这些变量之间的本质关系,从而达到去时间趋势的目的。为此,我们需要进行两步回归。

第一步,将因变量和自变量分别对时间趋势变量进行回归,然后保留残差项。在我们的例子中,第一步应将 y_t、x_{t1}、x_{t2} 分别对时间 t 和截距项进行回归,将回归得到的残差项分别命名为 $\ddot{y}_t$、$\ddot{x}_{t1}$、$\ddot{x}_{t2}$。例如,将 y_t 对变量 t 回归,得到:

$$\hat{y}_t = \hat{\alpha}_0 + \hat{\alpha}_1 t$$

保留该回归的残差项,并命名为

$$\ddot{y}_t = y_t - \hat{\alpha}_0 - \hat{\alpha}_1 t \tag{7.10}$$

进行这一步骤之后,新变量 $\ddot{y}_t$ 可以认为是 y_t 去除时间趋势影响后的部分。x_{t1} 和 x_{t2} 根据相同的做法可以得到 $\ddot{x}_{t1}$ 和 $\ddot{x}_{t2}$。

第二步，以 $\ddot{y}_t$ 为因变量，以 $\ddot{x}_{t1}$ 和 $\ddot{x}_{t2}$ 为自变量，进行不带截距项的回归。得到去除时间趋势后自变量对因变量的"净"影响。需要注意的是，由于我们在第一步的回归中已经引入了截距项，因此截距项对因变量 y_t 和自变量 x_{t1}、x_{t2} 的影响已经被排除在 $\ddot{y}_t$、$\ddot{x}_{t1}$ 和 $\ddot{x}_{t2}$ 之外。这样一来，在第二步回归中，我们就不需要（也不能够）再放入截距项了。

观察去时间趋势的两种方法，我们会观察到两种方法所得到的主回归斜率系数是相同的。换句话说，方法的区别并不会影响回归结果，两种方法都能够达到相同的去时间趋势目的。同时，以上方法不仅在线性回归中适用，在对数回归及多项式回归等特殊形式的模型中也同样适用。

第三节 季 节 性

季节性指的是经济数据中的周期性波动趋势，在以时间序列数据为观测对象的研究中非常常见。季节性表现为在固定的时间间隔内重复出现的现象。比如，经济学家们发现，基金市场上每逢12月底1月初的时候基金的收益率显著地提高（所谓的"一月现象"）。而这种提高在一定程度上是由于基金经理在每年年初基金评级时为了提升本基金的评分而进行大量交易造成的。另外一个例子是节假日对商品销售额的影响：在中国，我们会发现春节时期食品和礼品的销售会上升；在西方国家，圣诞节期间一般也是家庭购物的旺季，商品的销售额会呈现明显的上升；而在淡季时，相应商品的销售额则会呈现周期性下降的特征。

出现季节性的原因有很多，其中节日现象、气候因素、经济周期都是可能的因素。季节性因素的存在同样会为我们的研究带来干扰。虽然我们可以在公布月度数据和季度数据时预先对季节性进行调整，但是有些时候我们的数据并不呈现明显的季节性特征；同时，由于主观和客观原因，有时这种调整也不现实，这间接导致了我们在回归中处理季节性的必要性。

为了解决季节性带来的问题，我们可以在回归中依据相应的时间间隔加入季节虚拟变量。例如，如果我们面对的是月度数据，那么我们可以做以下的回归：
$$y_t = \beta_0 + \theta_1 \text{Feb} + \theta_2 \text{Mar} + \cdots + \theta_{11} \text{Dec} + \beta_{t1} x_1 + \beta_{t2} x_2 + \cdots + \beta_{tk} x_k + u \quad (7.11)$$
其中，Feb，Mar，…，Dec 等虚拟变量为月度虚拟变量，即 Feb=1 表示数据反映了二月份的信息；Mar=1 表示数据反映了三月份的信息……Dec=1 表示数据反映了十二月份的信息。需要注意的是，我们这里没有放入 Jan（一月）虚拟变量，其原因如第六章所示，是为了避免虚拟变量陷阱，因此需要将一月份作为基准组，否则回归模型将出现"完全共线"问题。

在模型(7.11)中，斜率参数 β_{t1}，β_{t2}，…，β_{tk} 表示在排除了月度季节性影响后，各个解释变量 x_1，x_2，…，x_k 对因变量 y 的影响。因此，模型(7.11)揭示了在**去季节性**（De-seasonality）后变量之间的本质关系。

类似地，如果数据为季度数据，那么我们为了控制季节性的影响可以做以下回归：
$$y_t = \beta_0 + \theta_1 \text{qrt}(2) + \theta_2 \text{qrt}(3) + \theta_3 \text{qrt}(4) + \beta_{t1} x_1 + \beta_{t2} x_2 + \cdots + \beta_{tk} x_k + u \quad (7.12)$$
其中，qrt(2)表示数据反映第二季度的信息，qrt(3)表示数据反映第三季度的信息，qrt(4)表示数据反映第四季度的信息。和月度季节性数据类似，我们没有设置第一季度的虚拟变量，因为其他季度的虚拟变量均取0时，回归中的截距项表达的就是第一季度的状况。

在模型(7.12)中,斜率参数 $\beta_{t1}, \beta_{t2}, \cdots, \beta_{tk}$ 表示在排除了季度性影响后,各个解释变量 $x_1, x_2, \cdots, x_k$ 对因变量 y 的影响,从而达到了去季节性的目的。

由上述例子可知,当我们面临一组具有季节性的时间序列数据时,我们可以通过加入月度(或季度)虚拟变量来反映出不同月份(或季度)对因变量产生的影响。如果某个月份或季度中存在显著的季节效应,则该虚拟变量的系数将会有较大的 t 统计量(反映了统计显著性);如果数据中有明显的周期性波动特征,那么各个月度(或季度)虚拟变量将在整体上体现出统计显著性。

第四节　消除季节性的方法

实际上,我们在上一节中已经接触了一种最直观也是最常用的消除季节性的方法,即在回归中引入月度(或季度)虚拟变量。以月度数据为例,相应的回归等式为:

$$y_t = \hat{\beta}_0 + \hat{\theta}_1 \text{Feb} + \hat{\theta}_2 \text{Mar} + \cdots + \hat{\theta}_{11} \text{Dec} + \hat{\beta}_{t1} x_1 + \hat{\beta}_{t2} x_2 + \cdots + \hat{\beta}_{tk} x_k \quad (7.13)$$

与消除时间趋势类似,我们也可以用另一种方法达到消除季节性影响的目的。这种方法的基本思想依然是分别提取因变量和自变量中的季节性因素,然后用"去季节性"以后的因变量和自变量进行回归,从而得到变量之间的"净影响"。相应的回归步骤分为两步:

第一步,将因变量对常数项和季节性虚拟变量(以月度虚拟变量为例)进行回归,然后保留残差项,命名为 $\ddot{y}_t$。因此有:

$$\ddot{y}_t = y_t - \hat{\beta}_0 - \hat{\theta}_1 \text{Feb} - \hat{\theta}_2 \text{Mar} - \cdots - \hat{\theta}_{11} \text{Dec} \quad (7.14)$$

然后我们将自变量也对常数项和季节性虚拟变量进行回归,同样保留残差项 $\ddot{x}_{t1}, \cdots, \ddot{x}_{tk}$。这样,残差项 $\ddot{y}_t, \ddot{x}_{t1}, \cdots, \ddot{x}_{tk}$ 分别代表了因变量 y_t 和各个自变量 $\text{Feb}, \text{Mar}, \cdots, \text{Dec}, x_1, x_2, \cdots, x_k$ 在去除季节性影响后的部分。

第二步,以 $\ddot{y}_t$ 为因变量,以 $\ddot{x}_{t1}, \cdots, \ddot{x}_{tk}$ 为自变量,进行不含截距项的回归(不含截距项的原因与去时间趋势时的原因一致)。得到的斜率系数 $\hat{\beta}_{t1}, \hat{\beta}_{t2}, \cdots, \hat{\beta}_{tk}$ 则反映了在去除季节性影响后各个自变量对因变量的净影响。可以证明,由这种方法回归得到的系数 $\hat{\beta}_{t1}, \hat{\beta}_{t2}, \cdots, \hat{\beta}_{tk}$ 将与第一种方法中基于(7.13)式的回归结果一致。当然,以上所述的去季节性的两种方法也同样适用于其他的季节周期数据。

第五节　计算机应用实例

下面我们通过一个例子来说明时间趋势对经济数据的影响以及去时间趋势方法的应用。我们的例子来自于国际经济中的宏观数据,来源文件为 empmin.txt。其中,变量 emp 代表某国(以下简称 A 国)的国内就业率;变量 mincov 表示 A 国最低工资的相对保障水平,其计算公式为 mincov=(avgmin/avgwage)×avgcov,其中 avgmin 是平均最低工资水平,avgwage 是平均总工资水平,avgcov 是最低工资的覆盖率(这一比率代表劳动者中被最低工资法覆盖的比例)。为了控制外部因素对本国经济的影响,我们在模型中还控制了变量 gdp,代表外国(以下简称 B 国)的实际国内生产总值水平。为了控制时间趋势的影响,我们设定时间变量 t,它从 1 开始计数,逐年递增(样本的起始年份为 1976,因此 $t=1$ 表示 1976 年,$t=2$ 表示 1977 年,以此类推)。我们关注的研究议题是:A 国的就业率是否受到本国最低工资保障水平的影响。

一、EViews

下面我们介绍在 EViews 中对时间趋势模型进行处理的相关步骤。我们首先以 emp（经对数转换）为因变量，记作 Lemp，以 mincov 和 gdp 为解释变量（经对数转换）对数据进行基本回归（不引入时间趋势项）；然后，我们将时间趋势项 t 加入回归，以观测时间趋势对回归结果产生的影响。

首先我们将数据导入 EViews，然后在主菜单中选择"Quick"→"Estimate Equation"，在对话框的"Method"一栏中选择"LS-Least Squares(NLS and ARMA)"一项，如图 7-2 所示：

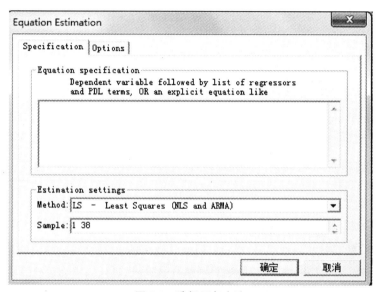

图 7-2 选择回归方法

选定以后，对话框变为图 7-3。我们在"Specification"一栏中填入"lemp lmincov lgdp c"，表明我们将 lemp 作为因变量进行有截距项的回归。

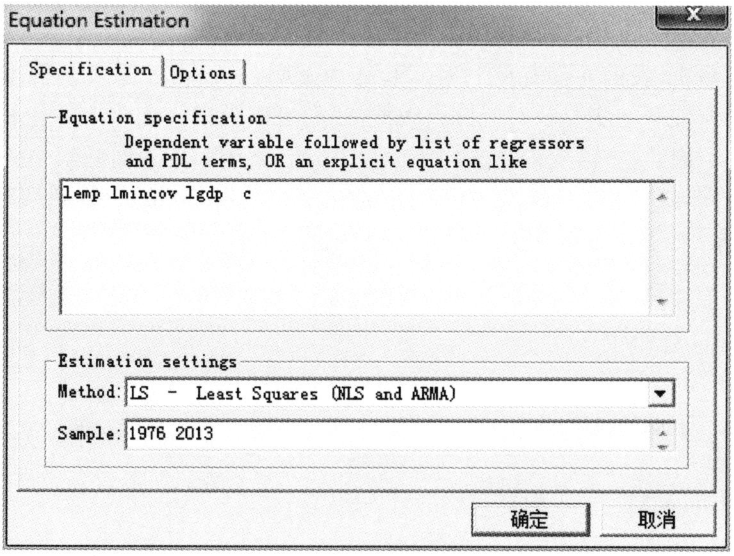

图 7-3 设定回归方程

单击"确定"按钮,我们得到的上述数据的估计结果如表 7-1 所示:

表 7-1　无时间趋势的回归结果

Dependent Variable:LEMP
Method:Least Squares
Date:05/31/15　Time:20:09
Sample:1976 2013
Included observations:38

Variable	Coefficient	Std. Error	t-Statistic	Prob.
LMINCOV	−0.127873	0.053102	−2.408037	0.0214
LGDP	−0.004634	0.072560	−0.063867	0.9494
C	−0.275328	0.259775	−1.059873	0.2965
R-squared	0.648912	Mean dependent var		−0.231053
Adjusted R-squared	0.628850	S.D. dependent var		0.032862
S.E. of regression	0.020021	Akaike info criterion		−4.908462
Sum squared resid	0.014029	Schwarzcriterion		−4.779179
Log likelihood	96.26077	Hannan-Quinn criter.		−4.862464
F-statistic	32.34505	Durbin-Watson stat		0.337765
Prob(F-statistic)	0.000000			

基于估计结果反映的信息。我们可知估计出的回归方程为:

$$\text{lemp} = -0.28 - 0.128\text{lmincov} - 0.0046\text{gdp} \tag{7.15}$$

其中,变量 lgdp 的系数估计值为−0.005,但是其较大的 p 值(0.9494)说明这一估计值不具有统计显著性。因此,B 国的实际 GDP 对 A 国就业率并没有显著影响。另外,变量 lmincov 的系数估计值为−0.128,同时在 5% 的水平下显著。这说明本国最低工资法案的保障力度将对总体就业率产生负向影响,保障水平每增加 1%,会导致实际就业率下降 0.13%。其可能的原因是最低工资限制了劳动力市场依据工资率调节劳动力供给与需求的自然机制,当最低工资高于市场均衡工资水平时,就会出现一部分劳动力由于政策原因被"挤出"劳动力市场,从而导致失业率的上升。

在以上模型中,我们并没有控制时间趋势的影响,然而由于这里的因变量和自变量均为体现一国宏观经济状况的时间序列数据,我们可以预期它们将含有比较明显的随时间变化的趋势。因此,下面我们将在回归中加入时间变量 t,来看回归结果的变化。

依据上述同样的回归步骤,我们在"Specification"一栏中填入"lemp c lmincov lgdp t",表明我们将 t 作为因变量加入回归。其结果如表 7-2 所示:

表 7-2　加入时间趋势 t 的回归结果

Dependent Variable:LEMP
Method:Least Squares
Date:05/31/15　Time:20:11
Sample:1976 2013
Included observations:38

(续表)

Variable	Coefficient	Std. Error	t-Statistic	Prob.
LMINCOV	−0.130259	0.038551	−3.378870	0.0018
LGDP	0.771628	0.146161	5.279296	0.0000
T	−0.010353	0.001818	−5.693580	0.0000
C	−2.601278	0.449946	−5.781309	0.0000
R-squared	0.820272	Mean dependent var		−0.231053
Adjusted R-squared	0.804413	S.D. dependent var		0.032862
S.E. of regression	0.014533	Akaike info criterion		−5.525420
Sum squared resid	0.007182	Schwarz criterion		−5.353043
Log likelihood	108.9830	Hannan-Quinn criter.		−5.464090
F-statistic	51.72479	Durbin-Watson stat		0.865704
Prob(F-statistic)	0.000000			

基于以上信息,我们可以写出新的估计方程如下:

$$\text{lemp} = -2.60 - 0.130\text{lmincov} + 0.77\text{lgdp} - 0.01t \tag{7.16}$$

其中,我们首先注意到的是自变量 t 的系数为 -0.01,并在1%水平显著。这说明数据存在非常明显的时间趋势特征:随着时间的推移,A国的就业率在逐年下降。当我们控制了这一时间趋势影响后,其他解释变量的回归结果也相应发生了变化。例如变量 lgdp 的系数变为 0.77,并且在1%水平下显著,说明当时间趋势被控制后,B国经济的增长将会促进A国就业率的上升,这是因为以国际贸易为主的外部需求旺盛导致对本国劳动力的需求增加,因此符合经济学理论的预期。另外,变量 lmincov 的系数依然为负,但是在控制时间趋势后,该系数的绝对值和统计显著性均明显增大,说明最低工资保障水平对本国就业率的负向作用变得更为明显(保障水平每增加1%,会导致实际就业率下降0.13%)。因此,以上结果揭示出时间趋势在回归中不可忽视的作用。

接下来,我们尝试将时间趋势项 t 变成反映实际年份的变量,并将其命名为 trend,即 trend $= 1975 + n$,其中 $n = 1, 2, 3, \cdots, 38$ 表示观测点的排列序数。我们再来看看 EViews 给出的统计结果,如表7-3所示:

表7-3 加入年份变量 trend 的回归结果

Dependent Variable: LEMP
Method: Least Squares
Date: 05/31/15   Time: 20:15
Sample: 1976 2013
Included observations: 38

Variable	Coefficient	Std. Error	t-Statistic	Prob.
LMINCOV	−0.130259	0.038551	−3.378870	0.0018
LGDP	0.771628	0.146161	5.279296	0.0000
TREND	−0.010353	0.001818	−5.693580	0.0000
C	17.84675	3.188478	5.597263	0.0000

(续表)

R-squared	0.820272	Mean dependent var	−0.231053
Adjusted R-squared	0.804413	S.D. dependent var	0.032862
S.E. of regression	0.014533	Akaike info criterion	−5.525420
Sum squared resid	0.007182	Schwarz criterion	−5.353043
Log likelihood	108.9830	Hannan-Quinn criter.	−5.464090
F-statistic	51.72479	Durbin-Watson stat	0.865704
Prob(F-statistic)	0.000000		

基于以上信息，我们可以写出如下回归方程：

$$\text{lemp} = 17.8 - 0.130\text{lmincov} + 0.77\text{lusgnp} - 0.01\text{trend} \tag{7.17}$$

与(7.16)式相比，我们发现除了截距项变化之外，其他自变量之前的系数都没有发生变化。这是因为时间趋势项的变化仅仅改变了对该变量的度量方式，相当于调整了数据的测度单位。那么由第六章的内容可知，这一变化仅仅会改变该变量系数估计值的大小，而不会改变其统计显著性，也不会改变其他自变量的估计结果或模型的整体拟合优度。

二、SAS

下面我们来探讨如何在 SAS 中实现上述估计过程。首先，我们将数据读入 SAS 临时数据集 empmin，同时定义各个变量的名称，并对变量 emp、mincov、gdp 分别取对数得到 lemp、lmincov、lgdp 变量。另外，为了方便后面的分析，我们同时定义了变量 trend。具体程序如下：

```
data empmin;
    infile empmin;
    input emp gdp mincov t;
    lemp = log(emp);
    lmincov = log(mincov);
    lgdp = log(gdp);
    trend = 1975 + _n_;
run;
```

接下来，为了揭示数据中的时间趋势，我们利用 gplot 过程依次做 log(emp)、log(mincov)和 log(gdp)对于时间趋势的散点图。在此过程中，我们用"overlay"这一选项来将三条曲线放入同一幅图中。具体的编程语句如下：

```
proc gplot data = prminwage;
    plot lprepop * trend = ´*´
        lmincov * trend = ´+´
        lusgnp * trend = ´-´ / overlay;
run;
```

其结果如图 7-4 所示。从图中可以比较直观地看到 A 国的就业率、最低工资保障比例以及 B 国实际 GDP 随着时间变化所表现的趋势性。

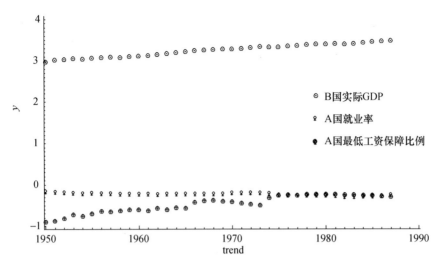

图 7-4　A 国就业率、最低工资保障比例及 B 国实际 GDP 时间趋势散点图

下面我们分别来进行三种形式的回归。第一种回归是不加入时间趋势的模型，直接用就业率对最低工资覆盖率和 B 国 GDP 进行回归；第二种回归在此基础上加入时间趋势项 t；第三种回归将 t 变为反映年份的趋势变量 trend。具体的程序和结果如下：

```
proc reg data = empmin;
    no_trend: model lemp = lmincov lgdp;
    trend_1: model lemp = lmincov lgdp t;
    trend_2: model lemp = lmincov lgdp trend;
quit;
```

没有时间趋势变量的回归模型：

Analysis of Variance

Source	DF	Sum of Squares	Mean Square	F Value	Pr>F
Model	2	0.02511	0.01255	34.53	<.0001
Error	35	0.01273	0.00036358		
Corrected Total	37	0.03783			

Root MSE	0.01907	R-Square	0.6637	
Dependent Mean	−0.23117	Adj R-Sq	0.6444	
Coeff Var	−8.24819			

Parameter Estimates

Variable	Label	DF	Parameter Estimate	Standard Error	t Value
Intercept	Intercept	1	−0.26386	0.24935	−1.06
lmincov	lmincov	1	−0.12315	0.05070	−2.43
lgdp	lgdp	1	−0.00752	0.06969	−0.11

加入时间趋势变量 t 的回归模型：

Analysis of Variance

Source	DF	Sum of Squares	Mean Square	F Value	Pr>F
Model	3	0.03205	0.01068	62.83	<.0001
Error	34	0.00578	0.00017004		
Corrected Total	37	0.03783			

Root MSE	0.01304	R-Square	0.8472
Dependent Mean	-0.23117	Adj R-Sq	0.8337
Coeff Var	-5.64080		

Parameter Estimates

Variable	Label	DF	Parameter Estimate	Standard Error	t Value	Pr>|t|
Intercept	Intercept	1	-2.78937	0.43044	-6.48	<.0001
lmincov	lmincov	1	-0.13458	0.03472	-3.88	0.0005
lgdp	lgdp	1	0.83294	0.13989	5.95	<.0001
t	t	1	-0.01104	0.00173	-6.39	<.0001

加入年份趋势变量 trend 的回归模型：

Analysis of Variance

Source	DF	Sum of Squares	Mean Square	F Value	Pr>F
Model	3	0.03205	0.01068	62.83	<.0001
Error	34	0.00578	0.00017004		
Corrected Total	37	0.03783			

Root MSE	0.01304	R-Square	0.8472
Dependent Mean	-0.23117	Adj R-Sq	0.8337
Coeff Var	-5.64080		

Parameter Estimates

Variable	Label	DF	Parameter Estimate	Standard Error	t Value	Pr>|t|
Intercept	Intercept	1	18.71971	2.97562	6.29	
lmincov	lmincov	1	-0.13458	0.03472	-3.88	
lgdp	lgdp	1	0.83294	0.13989	5.95	
trend	trend	1	-0.01104	0.00173	-6.39	

由以上信息可以看出，SAS 给出的回归结果与 EViews 完全相同。时间趋势对模型的回归具有明显的影响；在控制了该影响后，B 国实际 GDP 增长对 A 国就业率具有显著的促进作用，A 国的最低工资保障水平对本国就业率具有负向作用。与不引入时间趋势的回归模型相比，这些结果体现出在处理时间序列数据时控制时间趋势影响的重要性和

必要性。

根据本章前面的内容可知,去除时间趋势的另一种方法为分步回归法,下面我们用 SAS 展示这种方法的操作过程,并与第一种方法进行比较。

首先,我们利用 reg 过程将 lemp、lmincov 和 lgdp 分别对常数项和时间趋势项 t 进行简单线性回归(可以用一个 model 语句实现),并将得到的残差项存储于 SAS 临时数据集 temp 中(用 output 语句实现)。由于我们不需要在此过程中看到回归的具体结果,因此可以用 noprint 选项关闭 SAS 结果的输出。

然后,利用 data 步骤打开 temp 数据集,将三个残差项分别命名为 y、x_1 和 x_2。

最后,再次利用 reg 过程将 y 对 x_1 和 x_2 进行回归,并使用 noint 选项表示在回归中不加入截距项。

相关程序如下:

```
proc reg data = empmin noprint;
    model lemp lmincov lgdp = t;
    output out = temp r = y x1 x2;
quit;
data temp;
    set temp;
    keep y x1 x2;
run;
proc reg data = temp;
    de_trend: model y = x1 x2 / noint;
quit;
```

上述语句运行结果如下:

The REG Procedure

Model: de_trend

Dependent Variable: y Residual

	Number of Observations Read	38
	Number of Observations Used	38

NOTE: No intercept in model. R-Square is redefined.

Analysis of Variance

Source	DF	Sum of Squares	Mean Square	F Value	Pr>F
Model	2	0.00657	0.00329	20.46	<.0001
Error	36	0.00578	0.00016060		
Uncorrected Total	38	0.01235			

Root MSE	0.01267	R-Square	0.5320
Dependent Mean	−6.3637E−17	Adj R-Sq	0.5060
Coeff Var	−1.99141E16		

Parameter Estimates

Variable	Label	DF	Parameter Estimate	Standard Error	t Value	Pr>|t|
x1	Residual	1	−0.13458	0.03374	−3.99	0.0003
x2	Residual	1	0.83294	0.13595	6.13	<.0001

观察以上模型中 x1 和 x2 的系数,并与前面第一种去时间趋势的方法所得到的 lmincov 和 lgdp 的系数进行对比,我们发现两种方法得到的结果完全一致。

本章总结

  本章主要介绍了时间趋势和季节性在计量回归中的影响,以及如何通过不同的方法去除时间趋势和季节性的影响。时间趋势在计量回归中一般有线性形式、指数形式、多项式等形式的表达方法。季节性在回归模型中主要表达为季节性虚拟变量,如月度虚拟变量、季度虚拟变量等。为了去除时间趋势和季节性对回归结果的影响,我们可以直接将趋势变量或季节性虚拟变量引入回归解释变量之中。或者也可以采用"分步回归"的方法,首先将因变量和自变量对时间趋势或季节性进行简单线性回归,再用各自的回归残差进行无截距项的回归。两种方法将得到一致的结果。

  需要注意的是,无论是去时间趋势还是去季节性,都需要建立在对实际数据的具体分析基础上。如果因变量存在时间趋势或季节性规律,那么我们就应该通过以上方法去除时间趋势或季节性的影响,以提高回归模型的拟合效果。相反,如果数据中不存在显著的时间趋势和季节性,那么盲目加入这些变量可能会导致"过度拟合"等问题,在研究中应多加注意。

思考与练习

  1. 什么是时间趋势?什么是季节性?你能举出实际生活中两者的具体例子吗?
  2. 包含时间趋势的回归模型有哪几种基本形式?它们各自有什么优势和劣势?
  3. 包含季节性因素的回归模型有哪几种基本形式?它们各自有什么优势和劣势?
  4. 简述两种去时间趋势的方法,为什么两种方法所得到的自变量系数估计结果一致?
  5. 简述两种去季节性的方法,为什么两种方法所得到的自变量系数估计结果一致?

第八章　　异方差与自相关

┃本章概要┃

　　本章主要介绍了在线性回归模型中出现异方差和自相关时的后果及处理办法。我们首先介绍了异方差的定义和性质,并且讨论了检验异方差的两种常见方法:布罗施-帕甘检验和怀特检验。为了修正异方差,我们介绍了加权最小二乘法和可行广义最小二乘法。接下来,本章着重介绍了误差序列自相关的性质,并且讨论了用以检验自相关性的杜宾-瓦森检验,并给出了修正此类问题的科克伦-奥克特(C-O)方法及可行广义最小二乘法。本章的最后分别用 EViews 和 SAS 软件演示了在回归中处理异方差和序列自相关的办法。

┃学习目标┃

1. 掌握异方差的概念,知道异方差对最小二乘估计结果所造成的影响
2. 掌握检验异方差的两种常见方法:布罗施-帕甘检验和怀特检验,包括其基本原理和检验步骤
3. 掌握加权最小二乘法和可行广义最小二乘法来修正异方差
4. 掌握序列自相关的概念和类型,知道序列自相关对最小二乘估计的影响
5. 掌握杜宾-瓦森检验的基本原理和检验步骤
6. 掌握修正序列自相关的科克伦-奥克特(C-O)方法和可行广义最小二乘法

第一节　异方差性

　　在之前几章中,我们介绍了多元线性回归模型的五个高斯-马尔可夫假定(详见第四章第三节内容)。在该假定下,普通最小二乘估计量是所有线性无偏估计量中方差最小者(即最佳线性无偏估计量)。在高斯-马尔可夫假定中,很重要的一个是同方差假定(假定五),它的含义是:给定任意解释变量值,误差 u 都具有相同的方差,可表示为:

$$\mathrm{Var}(u_i \mid x_1, x_2, \cdots, x_k) = \sigma^2 \tag{8.1}$$

　　当这一假定被违反,即随机误差项的方差随总体不同部分的变化而变化时,就会出现**异方差性**(Heteroskedasticity)。例如,在一个消费方程中,如果某些不可观测的消费影响因素(即包含在误差项 u 中的部分因素)的方差随个人收入变化而变化,则会出现异方差性。异方差在数学上可以表示为:

$$\mathrm{Var}(u_i \mid x_1, x_2, \cdots, x_k) = \sigma_i^2 \tag{8.2}$$

　　(8.2)式与(8.1)式的差别为,等号右边是一个随着 x 的取值变化而变化的值,而不是常数。尽管异方差并不会导致普通最小二乘估计量出现偏误(我们在前四个高斯-马尔可夫假定下可证得最小二乘估计量的无偏性),但是它会造成对最小二乘估计量方差

的估计偏误。

由于最小二乘估计的标准误差(Standard Errors)是以误差方差 $\mathrm{Var}(u_i|x_1,x_2,\cdots,x_k)$ 为基础的,因此在出现异方差时,用它们来构造的 t 统计量不再具有 t 分布。同样,在高斯-马尔可夫假定下用来做假设检验的其他统计量(如 F 统计量)也都不再具有同方差假定下的分布性质。此外,误差方差不是常数,所以最小二乘估计量也不再是最佳线性无偏估计量了。

这些由异方差所带来的问题,使得异方差的检验与修正就具有重要的意义。下面,我们将分别介绍异方差的检验与修正方法。

第二节　对异方差的检验

一、异方差检验的基本思想

在对异方差进行检验时,我们关注的是误差方差是否依赖于解释变量。所以我们取原假设为:假定同方差性(即高斯-马尔可夫假定五)成立,即

$$H_0: \mathrm{Var}(u_i \mid x_1, x_2, \cdots, x_k) = \sigma^2$$

如果我们不能在一定的显著性水平上拒绝假设 H_0,那么我们一般不认为存在异方差的问题。由于我们假定

$$E(u \mid x_1, x_2, \cdots, x_k) = 0$$

因此

$$\mathrm{Var}(u_i \mid x_1, x_2, \cdots, x_k) = E(u^2 \mid x_1, x_2, \cdots, x_k)$$

从而,同方差性的虚拟假设(原假设)等价于:

$$H_0: E(u^2 \mid x_1, x_2 \cdots, x_k) = E(u^2) = \sigma^2$$

由假设 H_0 可知,我们可以通过检验 u^2 和一个或多个解释变量的相关关系,来检验误差项是否违背了同方差假定。如果 H_0 被拒绝,那么在给定解释变量 $x_1, x_2, \cdots, x_k$ 的条件下,u^2 的期望值可能是 $x_1, x_2, \cdots, x_k$ 的某个函数。根据以上原理,我们介绍两种常见的异方差检验方法。

二、布罗施-帕甘检验

第一种检验方法叫做**布罗施-帕甘异方差检验**(Breusch-Pagan,BP Test),这是检验异方差的一种简易方法。它假定 u^2 的期望值是 $x_1, x_2, \cdots, x_k$ 的线性函数:

$$u^2 = \delta_0 + \delta_1 x_1 + \delta_2 x_2 + \cdots + \delta_k x_k + \nu \tag{8.3}$$

基于(8.3)式,同方差假设可以被简单地简化为:

$$H_0: \delta_1 = \delta_2 = \cdots = \delta_k = 0 \tag{8.4}$$

由于我们无法直接得到总体模型的实际误差,因此我们可以使用普通最小二乘估计残差 $\hat{u}_i$ 来估计方程:

$$\hat{u}^2 = \delta_0 + \delta_1 x_1 + \delta_2 x_2 + \cdots + \delta_k x_k + \nu \tag{8.5}$$

具体而言,布罗施-帕甘检验的步骤如下:

(1) 用普通最小二乘法估计原始模型,得到普通最小二乘残差的平方;

(2) 用普通最小二乘法估计(8.5),得到该回归的 R^2,即 R_u^2;

(3) 利用步骤(2)中得到的 R_u^2 计算 F 统计量或 LM(Lagrange Multiplier)统计量来检验(8.5)式中 $x_1,x_2,\cdots,x_k$ 的联合显著性:

$$F = \frac{R_u^2/k}{(1-R_u^2)/(n-k-1)} \sim F_{k,n-k-1} \tag{8.6}$$

$$LM = n \cdot R_u^2 \sim \chi_k^2 \tag{8.7}$$

如果 F 统计量或 LM 统计量足够小,那么我们就不能拒绝同方差的虚拟假设。

三、怀特检验

第二种方法叫作**怀特异方差检验**(White Test)。与布罗施-帕甘检验相比,它用另一个假定更加近似地替代了高斯-马尔可夫同方差假定,即 u^2 与 $x_j,x_j^2,x_jx_h(j\neq h)$ 不相关。为了验证这一假定,我们可以以误差平方为因变量,以全部自变量、每个自变量的平方及任意两个自变量的交互项作为解释变量,进行普通最小二乘回归,进而检验所有解释变量系数的联合显著性。当然,我们无从知晓误差平方 u^2,因此可以用原方程回归残差 $\hat{u}^2$ 来代替。因此,我们需要估计以下方程:

$$\hat{u}^2 = \delta_0 + \delta_1 x_1 + \cdots + \delta_k x_k + \delta_{k+1} x_1^2 + \cdots$$
$$+ \delta_l x_k^2 + \delta_{l+1} x_1 x_2 + \cdots + \delta_m x_{k-1} x_k + \text{error} \tag{8.8}$$

但是,这一估计方程中自变量很多,会严重影响回归的自由度,导致假设检验统计量的自由度过低、回归系数的显著性下降等问题。为解决这一问题,我们可以采用另一种更为简洁的方法来完成怀特检验。这一方法的基本思想是使用原方程 OLS 的拟合(预测)值 $\hat{y}$ 及其平方 $\hat{y}^2$ 来代替(8.8)式中繁多的因变量。由于值 $\hat{y}$ 和 $\hat{y}^2$ 中实际上包含了全部自变量、每个自变量的平方及任意两个自变量的交互项,因此这种检验方法同样达到了原怀特检验的目的,但是由于回归中只有两个解释变量,因此大大节约了自由度,使检验变得更为简洁有效和易于操作。

综上可知,怀特异方差检验的具体步骤如下:

(1) 用普通最小二乘法估计原始模型,如(8.9)式得到估计残差和因变量的预测值:

$$\hat{y}_i = \hat{\beta}_0 + \hat{\beta}_1 x_{i1} + \hat{\beta}_2 x_{i2} + \cdots + \hat{\beta}_k x_{ik} \tag{8.9}$$

(2) 用普通最小二乘法估计(8.10)式,得到该回归的 R^2,即 $R_u^{\,2}$;

$$\hat{u}^2 = \delta_0 + \delta_1 \hat{y} + \delta_2 \hat{y}^2 + \text{error} \tag{8.10}$$

(3) 此时的原假设就等价于 $H_0:\delta_1=0,\delta_2=0$。利用步骤 2 中得到的 R_u^2 计算 F 统计量或 LM 统计量来检验(8.10)式中 $\hat{y}$ 和 $\hat{y}^2$ 的联合显著性:

$$F = \frac{R_u^2/2}{(1-R_u^2)/(n-3)} \sim F_{2,n-3} \tag{8.11}$$

$$LM = n \cdot R_u^2 \sim \chi^2 \tag{8.12}$$

同样,如果 F 统计量或 LM 统计量足够小,则不能拒绝同方差的虚拟假设。

第三节 对异方差的修正

上一节中,我们介绍了对异方差的检验方法。在这一部分我们将介绍修正异方差的方法。假设多元回归线性方程存在异方差:

$$y = \beta_0 + \beta_1 x_1 + \beta_2 x_2 + \cdots + \beta_k x_k + u \tag{8.13}$$

$$\text{Var}(u_i) = \sigma^2 h_i(x) \tag{8.14}$$

若异方差的形式 $h_i(x)$ 为已知时,我们可以利用 $h_i(x)$ 对方程(8.14)的等式两边进行变形,从而修正原回归方程的异方差性。我们把这种方法叫作**加权最小二乘法**(Weighted Least Square,WLS)。对方程(8.14)调整后的式子如下:

$$y_i/\sqrt{h_i} = \beta_0/\sqrt{h_i} + \beta_1 x_{i1}/\sqrt{h_i} + \beta_2 x_{i2}/\sqrt{h_i} + \cdots + \beta_k x_{ik}/\sqrt{h_i} + \nu_i \tag{8.15}$$

根据(8.14)式、(8.15)式易知:

$$\text{Var}(\nu_i) = \sigma^2 \tag{8.16}$$

这说明变形后的回归方程符合高斯-马尔可夫同方差假定。

我们以家庭储蓄方程为例:

$$\text{sav}_i = \beta_0 + \beta_1 \text{ inc}_i + u_i \tag{8.17}$$

$$\text{Var}(u_i) = \sigma^2 \text{ inc}_i \tag{8.18}$$

由上式可知,家庭储蓄的误差方差和家庭收入成正比,即收入越高的家庭其储蓄金额的波动越大。这一假设符合我们的常识:收入高的家庭必要性支出占的比例较低,对储蓄或消费有更大的选择空间,所以储蓄行为的差异性很大。为了修正家庭储蓄方程的异方差性,我们利用 $\sqrt{\text{inc}_i}$ 构造一个加权最小二乘方程:

$$\text{sav}_i/\sqrt{\text{inc}_i} = \beta_0/\sqrt{\text{inc}_i} + \beta_1\sqrt{\text{inc}_i} + \nu_i \tag{8.19}$$

此时,方程(8.19)的方差 $\text{Var}(\nu_i)$ 是常数 σ^2,符合同方差假定。因此可以直接用普通最小二乘法对转化后的方程(8.19)进行估计,根据高斯-马尔可夫定理可知,相应的 OLS 估计结果满足最优线性无偏性。

如果我们并不知道回归方程异方差的具体形式,我们仍然可以利用**可行广义最小二乘法**(Feasible Generalized Least Squares,FGLS)来估计异方差形式,然后对异方差进行近似的修正。操作步骤如下:

(1) 为了令 $\text{Var}(u)$ 为正值,我们假设

$$\text{Var}(u) = \sigma^2 \exp(\delta_0 + \delta_1 x_1 + \delta_2 x_2 + \cdots + \delta_k x_k)$$

利用普通最小二乘的回归残差来估计方程:

$$\log(\hat{u}^2) = \alpha_0 + \delta_1 x_1 + \delta_2 x_2 + \cdots + \delta_k x_k + e \tag{8.20}$$

(2) 将回归(8.20)得到的参数估计值代回方程(8.20),得到异方差形式的估计式:

$$\hat{h}_i = \exp(\hat{g}_i)$$

其中,

$$\hat{g}_i = \hat{\alpha}_0 + \hat{\delta}_1 x_1 + \hat{\delta}_2 x_2 + \cdots + \hat{\delta}_k x_k \tag{8.21}$$

最后,我们就可以按照之前介绍的异方差形式 $h_i(x)$ 已知时的做法,运用加权最小二乘回归对原回归方程进行异方差的修正。值得注意的是,利用可行广义最小二乘法实际上是用近似的方法对异方差具体形式 $h_i(x)$ 进行的估计,由于这一近似方法会存在对 $h_i(x)$ 的误差,因此根据(8.21)式进行的加权最小二乘回归显然不能得到最佳的估计量。根据 FGLS 的一般原理,为了得到更加准确的估计值,我们一般要用循环方法继续对 $h_i(x)$ 进行估计。其原理是,将以上(8.21)式估计所得的残差平方项 $\hat{u}^2$ 再次代入(8.20)式,得到新一轮对 $\hat{g}_i$ 的估计值,然后再将其代入(8.21)式,得到新一轮对 $h_i(x)$ 的估计值

和新的加权最小二乘估计值。以此类推，每一轮新的估计值都将比上一轮的估计更加趋近于参数的真实值。最后，研究者可以根据对估计精度的要求设定相应的循环截止条件，从而得到满意的回归结果。

第四节　序列自相关

在这一节，我们来考虑序列自相关的问题。对于多元线性回归模型，有基本假设：$\text{Cov}(u_i, u_j) = 0$，$\forall i \neq j$。如果随机误差项之间不是互相独立的，即存在 $i \neq j$，使得 $\text{Cov}(u_i, u_j)$ 不为 0，则认为模型出现了**序列相关性**(Serial Correlation)。

第七章中我们介绍了时间趋势和季节性问题，具有时间趋势的总体回归扰动项往往依赖于时间变化，即不同时期的误差项之间彼此相关：$\text{Cov}(u_t, u_{t-1}) \neq 0$。可见自相关性在时间序列中非常典型。此外，时间序列中还有两种常见的、更为一般的序列自相关形式：**自回归模型**(Autoregressive Model，AR)和**移动平均模型**(Moving Average Model，MA)，它们各自的表达式如下(以一阶自回归和一阶移动平均模型为例)：

$$\text{AR}(1): u_t = \rho u_{t-1} + e_t, \quad |\rho| < 1 \tag{8.22}$$

$$\text{MA}(1): u_t = e_t + \theta_1 e_{t-1} \tag{8.23}$$

与异方差性类似，自相关性不会导致普通最小二乘估计量出现偏误，但是自相关性仍然会造成最小二乘估计量的方差估计有偏。因而，最小二乘的参数估计量不再是最优的。此外，当存在序列自相关性时，参数的最小二乘估计量的方差增大，标准误差也增大，所以用来进行显著性检验的 t 统计量和 F 统计量变小，从而接受原假设的可能性增大，检验失去意义。

第五节　对序列自相关性的检验

对于序列自相关问题，一种较为常用的检验方法是**杜宾-瓦森检验法**(Durbin-Watson Test，DW Test)，它是杜宾(J. Durbin)和瓦森(G. S. Watson)在 1951 年提出的一种检验序列自相关性的方法。

DW 检验法的假定条件是：

(1) 解释变量 $x_1, x_2, \cdots, x_k$ 不是随机变量；
(2) 随机误差项为一阶自回归形式，即 DW 检验不能用于更高阶的自回归模式；
(3) 回归模型中不含有滞后因变量作为解释变量，即不应出现如下形式：

$$y_t = \beta_0 + \beta_1 x_{t1} + \beta_2 x_{t2} + \cdots + \beta_k x_{tk} + \alpha y_{t-1} + u_t \tag{8.24}$$

(4) 回归方程含有截距项；
(5) 误差项被假定为正态分布。

当符合以上条件的自相关性存在时，有 $u_t = \rho u_{t-1} + e_t$，且 e_t 不存在自相关。则我们可以计算出 u_t 与 u_{t-1} 的相关系数为：

$$\rho = \frac{\text{Cov}(u_t, u_{t-1})}{\text{Cov}(u_{t-1}, u_{t-1})} \tag{8.25}$$

根据前几章中介绍的简单线性回归模型的参数估计公式，ρ 的估计值为：

$$\hat{\rho} = \frac{\sum_{t=2}^{n} \hat{u}_t \hat{u}_{t-1}}{\sum_{t=1}^{n} \hat{u}_t^2} \tag{8.26}$$

基于(8.26)式，DW 统计量被设定为：

$$\mathrm{DW} = \sum_{t=2}^{n} (\hat{u}_t - \hat{u}_{t-1})^2 \bigg/ \sum_{t=1}^{n} \hat{u}_t^2 \tag{8.27}$$

由(8.26)式和(8.27)式易知：$\mathrm{DW} \approx 2(1-\hat{\rho})$；又因为 $-1 \leqslant \rho \leqslant 1$，所以 $0 \leqslant \mathrm{DW} \leqslant 4$。

在判断模型的自相关性时，我们可以根据 n、k 和显著性水平，设定 DW 检验的判断标准 Dl（判定下限值）和 Du（判定上限值）。如果 DW<Dl，那么我们可以拒绝原假设 $H_0: \rho=0$，认为模型存在序列自相关性；如果 DW>Du，我们无法拒绝原假设，即认为模型不存在序列自相关性；但是，当 Dl<DW<Du 时，我们将无法判断模型是否存在自相关性。

DW 检验法的优势在于其计算简便，但是它也存在缺陷。从判断标准来看，存在一个不能确定的 DW 值区域，使我们无法判断自相关性。此外，DW 检验只能检验一阶自相关，而不能应用于更高阶的自相关检验。当然，在实际经济研究中，一阶自相关是时间序列数据中出现最多的一类序列自相关。并且经验表明，如果不存在一阶自相关，一般也不存在高阶自相关。所以，尽管 DW 检验存在上述缺陷，它在实际研究中仍然得到了广泛的应用。

第六节 序列自相关模型的修正

如果我们通过检验发现模型存在序列自相关性，那么我们可以通过几种方法对其进行修正。下面我们介绍两种修正模型，分别针对一阶自回归形式 AR(1)中的相关系数 ρ 已知和 ρ 未知这两种情况。

一、ρ 已知情况下的修正方法

当我们已知相关系数 ρ 时，我们可以采用科克伦-奥克特（Cochrane-Orcutt，C-O）方法来修正自相关模型。步骤如下：

（1）建立一阶自回归方程：

$$y_t = \beta_0 + \beta_1 x_t + u_t, \quad u_t = \rho u_{t-1} + e_t$$
$$y_{t-1} = \beta_0 + \beta_1 x_{t-1} + u_{t-1} \tag{8.28}$$

（2）对(8.28)进行变形，消除存在自相关性的随机误差项 u_t：

$$y_t - \rho y_{t-1} = \beta_0(1-\rho) + \beta_1(x_t - \rho x_{t-1}) + e_t \tag{8.29}$$

对方程(8.29)进行重新表述，可得：

$$y^* = \beta_0(1-\rho) + \beta_1 x^* + e_t \tag{8.30}$$

最终得到的方程(8.30)满足高斯-马尔可夫假定，不存在序列自相关。换言之，在已知相关系数 ρ 时，我们可以通过预先对数据的转化（将前一期数据乘以 ρ 后与本期数据进行一阶差分），将含有序列自相关的回归变为无自相关性的回归。这一思

想类似于前面讲述的利用加权最小二乘法消除数据中的异方差性的做法,实际上都是**广义最小二乘法**(Generalized Least Squares,GLS)在模型存在异方差和序列自相关情况下的应用。

二、ρ 未知情况下的修正方法

当相关系数 ρ 未知时,我们需要首先估计出 ρ,然后再使用 C-O 法得到参数估计量。这一思想与第三节中异方差形式未知情况下的思路相类似,都是可行广义最小二乘法(FGLS)的应用。其具体步骤如下:

(1) 用普通最小二乘法估计原始线性模型,得到普通最小二乘回归残差 $\hat{u}_t$;

(2) 用普通最小二乘法估计模型 $\hat{u}_t = \rho \hat{u}_{t-1} + e_t$,得到相关系数的估计值 $\hat{\rho}$;

(3) 应用 ρ 已知时的 C-O 法进行参数估计。

与异方差的修正类似,我们在使用可行广义最小二乘法对自相关性进行修正时,实际上是用近似的方法对相关系数 ρ 进行估计,由于这一近似方法会存在误差,因此为了得到最佳的估计量,我们需要用循环方法重复以上估计步骤。具体做法是,将步骤(3)回归得到的残差 $\hat{u}_t$ 再次放入步骤(2),通过普通最小二乘法估计模型 $\hat{u}_t = \rho \hat{u}_{t-1} + e_t$,得到新一轮的相关系数估计值 $\hat{\rho}$,进而由步骤(3)得到新一轮的原始模型参数估计值,以此类推,直到得到满意的估计结果为止。

第七节　计算机应用实例

在本节中,我们用两个例子来分别说明使用 EViews 和 SAS 软件处理异方差性和序列自相关性的操作方法。

第一个例子是卫生经济学中关于饮酒行为的研究。具体而言,我们希望研究有哪些因素会影响男性每周的白酒摄入数量。我们的数据(见文件 drink.txt)来自"中国健康营养调查"(China Health and Rutrition Survey,CHNS)2000 年的调查数据,其中包括 1165 个观测值和 5 个变量:drink 表示受访者最近一周的白酒饮用数量(单位:两);lninc 表示其年收入(单位:元)的对数;age 表示受访者年龄;agesq 表示年龄的平方;educ 表示其受正规教育的年限;虚拟变量 state 反映了受访者的职业状态,state=1 表示受访者在国有部门任职(包括国家机关、事业单位和国有企业)。据此,我们把模型设定为:

$$\text{drink} = \beta_0 + \beta_1 \ln \text{inc} + \beta_2 \text{educ} \beta_3 \text{age} + \beta_4 \text{age}^2 + \beta_5 \text{state} + u \tag{8.31}$$

稍微考虑一下数据中的变量,我们不难想到影响饮酒数量的因素中存在一些不可观测的部分,其方差可能随不同的解释变量而变化。例如,年收入较高的个体,他们可以选择不饮酒或每周少量饮酒,也有能力购买更多的酒,所以他们彼此之间的饮酒数量可能差异较大,即方差较大。

根据上面的分析,我们认为模型(8.31)可能存在异方差性。在这种情况下,我们就需要考虑对异方差进行检验并使用相应方法来对异方差进行修正。

一、EViews 和 SAS 中对异方差的诊断

首先,我们使用 OLS 对方程(8.31)进行回归(回归操作方法同前面章节,这里不再赘述),得到的结果如表 8-1 所示:

表 8-1　OLS 回归结果

Dependent Variable: DRINK
Method: Least Squares
Date: 04/29/15   Time: 20:40
Sample: 1 1165
Included observations: 1165

Variable	Coefficient	Std. Error	t-Statistic	Prob.
C	−6.644050	5.106671	−1.301053	0.1935
LNINC	−0.691766	0.349995	−1.976503	0.0483
AGE	0.810848	0.196037	4.136199	0.0000
AGESQ	−0.006135	0.002078	−2.952017	0.0032
EDUC	0.289971	0.132007	2.196630	0.0282
STATE	−0.139872	1.464931	−0.095480	0.9239
R-squared	0.042900	Mean dependent var		12.90129
Adjusted R-squared	0.038771	S.D. dependent var		15.25329
S.E. of regression	14.95467	Akaike info criterion		8.253062
Sum squared resid	259201.4	Schwarz criterion		8.279124
Log likelihood	−4801.408	Hannan-Quinn criter.		8.262894
F-statistic	10.39004	Durbin-Watson stat		1.697159
Prob(F-statistic)	0.000000			

我们现在来看布罗施-帕甘检验和怀特检验。在 EViews 中的操作方法是，在"Equation"窗口选择"View"→"Residual Tests"→"Heteroskedasticity Tests"，在弹出的对话框的"Test type"一栏中选择"Breusch-Pagan-Godfrey"（布罗施-帕甘检验）或"White"（怀特检验），表明我们想选择一种异方差的检验方法，如图 8-1 所示：

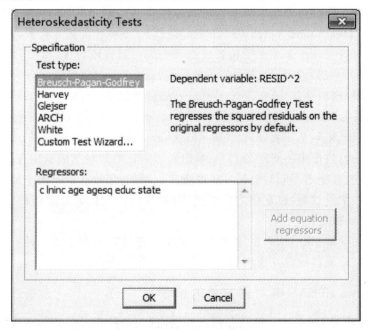

图 8-1　选择异方差的检验方法

单击"OK",就得到对异方差的检验结果。

布罗施-帕甘检验结果如表 8-2 所示:

表 8-2 布罗施-帕甘检验结果

Heteroskedasticity Test:Breusch-Pagan-Godfrey

F-statistic	6.409263	Prob. F(5,1159)	0.0000
Obs*R-squared	31.34551	Prob. Chi-Square(5)	0.0000
Scaled explained SS	109.3224	Prob. Chi-Square(5)	0.0000

Test Equation:

Dependent Variable:RESID^2

Method:Least Squares

Date:04/29/15   Time:20:27

Sample:1 1165

Included observations:1165

Variable	Coefficient	Std. Error	t-Statistic	Prob.
C	−263.1629	199.4781	−1.319257	0.1873
LNINC	−29.39171	13.67160	−2.149837	0.0318
AGE	20.19132	7.657646	2.636753	0.0085
AGESQ	−0.136172	0.081184	−1.677337	0.0937
EDUC	10.20995	5.156506	1.980012	0.0479
STATE	38.37512	57.22352	0.670618	0.5026

R-squared	0.026906	Mean dependent var	222.4905
Adjusted R-squared	0.022708	S.D. dependent var	590.9112
S.E. of regression	584.1635	Akaike info criterion	15.58338
Sum squared resid	3.96E+08	Schwarz criterion	15.60944
Log likelihood	−9 071.316	Hannan-Quinn criter.	15.59321
F-statistic	6.409263	Durbin-Watson stat	1.922929
Prob(F-statistic)	0.000007		

以上 BP 检验所得 p 值很小,说明我们可以拒绝原假设,即原回归数据存在异方差性。

怀特检验结果如表 8-3 所示:

表 8-3 怀特检验结果

Heteroskedasticity Test:White

F-statistic	3.287431	Prob. F(18,1146)	0.0000
Obs*R-squared	57.20123	Prob. Chi-Square(18)	0.0000
Scaled explained SS	199.4983	Prob. Chi-Square(18)	0.0000

Test Equation:

Dependent Variable:RESID^2

Method:Least Squares

Date:04/29/15   Time:20:34

Sample:1 1165

Included observations:1165

Collinear test regressors dropped from specification

（续表）

Variable	Coefficient	Std. Error	t-Statistic	Prob.
C	−1164.897	1779.428	−0.654647	0.5128
LNINC	60.09123	164.0554	0.366286	0.7142
LNINC^2	−0.179852	4.135485	−0.043490	0.9653
LNINC * AGE	−3.507134	6.563872	−0.534309	0.5932
LNINC * AGESQ	0.013857	0.069492	0.199398	0.8420
LNINC * EDUC	1.294011	4.518707	0.286368	0.7746
LNINC * STATE	42.13717	47.65932	0.884133	0.3768
AGE	24.36206	120.8888	0.201525	0.8403
AGE^2	2.052625	3.679240	0.557894	0.5770
AGE * AGESQ	−0.048363	0.052126	−0.927802	0.3537
AGE * EDUC	−4.244236	2.878929	−1.474241	0.1407
AGE * STATE	−37.07572	24.37670	−1.520949	0.1285
AGESQ^2	0.000289	0.000265	1.091831	0.2751
AGESQ * EDUC	0.058481	0.029169	2.004878	0.0452
AGESQ * STATE	0.396163	0.240483	1.647366	0.0998
EDUC	63.76390	78.09801	0.816460	0.4144
EDUC^2	−0.307559	1.258092	−0.244465	0.8069
EDUC * STATE	−0.887476	15.89032	−0.055850	0.9555
STATE	487.5731	680.6066	0.716380	0.4739
R-squared	0.049100	Mean dependent var		222.4905
Adjusted R-squared	0.034164	S.D. dependent var		590.9112
S.E. of regression	580.7295	Akaike info criterion		15.58262
Sum squared resid	3.86E+08	Schwarz criterion		15.66515
Log likelihood	−9057.877	Hannan-Quinn criter.		15.61376
F-statistic	3.287431	Durbin-Watson stat		1.928789
Prob(F-statistic)	0.000004			

上述怀特检验结果同样说明，可以拒绝原假设，即原回归数据存在异方差性，这与BP检验的结果一致。

在SAS中，我们使用model语句里的"spec"选项来实现怀特检验。同时，我们可以利用"acov"选项让SAS输出经过异方差稳健调整的所有系数估计值的稳健方差矩阵。同时，基于相应的稳健标准误差，我们可以利用调整后的t检验来分别验证各回归系数的统计显著性。由于此时的t统计量已经经过稳健标准误差的调整，因此其结果是可信的。相关程序如下：

```
proc reg data=drink;
    model drink=lninc age agesq educ state/acov spec;
    lninc:test lninc;
    age:test age;
```

```
agesq:test agesq;
educ:test educ;
state:test state;
output out = BP1 residual = uhat;
quit;
```

其中,"avoc"选项的目的是在下面所有的 test 语句中调用异方差稳健的方差矩阵,"spec"选项代表了"specification",其目的是对该模型进行怀特检验。test 语句用于进行假设检验;在 SAS 中,语句"test 变量名"表示检验该变量是否显著异于零(即统计显著性检验)。程序运行后,怀特检验的结果如下:

Test of First and Second
　　Moment Specification

DF	Chi-Square	Pr>ChiSq
19	58.78	<.0001

由上述结果可知,怀特检验的 LM 统计量较大,p 值很小,我们在 1% 的显著性上可以拒绝原假设(即同方差假设),这说明原回归很可能存在异方差性。和怀特检验不同,SAS 中没有直接实现布罗施-帕甘检验的命令,所以我们需要分步骤对异方差性进行布罗施-帕甘检验。

首先,我们使用"output"命令将原回归得到的 OLS 残差 uhat 保存到命名为 BP1 的数据库中。接着,我们通过计算得到残差的平方 uhat_2 及残差平方的对数值 log(uhat_2),也保存到 BP1 中。然后,我们对 uhat_2 运行 OLS 回归,得到 uhat_2 的预测值 puhat_2,保存到 BP2 中。相关程序如下:

```
data bp1;
    set bp1;
    uhat_2 = uhat**2;
    luhat_2 = log(uhat_2);
run;
proc reg data = BP1 noprint;
    model uhat_2 = lninc age agesq educ state;
    output out = BP2 predicted = puhat_2;
quit;
```

接下来,我们根据 uhat_2 和 puhat_2 算得上述回归的拟合优度 R^2,并且构造出 LM 统计量,从而对原回归模型的异方差性进行检验。在计算 R^2 时,我们使用了 SAS 函数 css(corrected sum of squares 的缩写,即均值调整的平方和)计算 TSS 和 RSS。另外,在计算 p 值时,我们使用了 SAS 函数 probchi,它表示卡方分布的累积分布函数。相关程序如下:

```
proc means data = BP2 noprint;
    output out = BPTest
        css(uhat_2) = TSS
```

```
        css(puhat_2) = RegSS
        n = nobs;
run;
data bptest;
    set bptest;
    LM = nobs * RegSS /TSS;
    pvalue = 1 - probchi(LM, 5);
run;
```

SAS 运行结果显示,该回归的 LM 统计量为 31.3455,p 值为 0.000008。因此,我们可以拒绝原假设,认为数据中存在异方差性,其检验结论和怀特检验基本一致。

二、对异方差的修正

在我们确认原回归模型存在异方差性以后,我们可以利用可行广义最小二乘法(FGLS)对其进行修正,从而得到修正后的回归结果。这里我们介绍如何在 SAS 中实现此目的。

之前我们已经得到了原回归方程的 OLS 残差平方的对数值 log(uhat_2),接下来我们参照(8.20)式,用 log(uhat_2)作为因变量,用原回归方程的解释变量作为自变量,运行 OLS 回归,并将回归预测值命名为 ghat,存入临时数据集 WLS 中。具体程序内容如下:

```
proc reg data = BP1 noprint;
    model luhat_2 = lninc age agesq educ state;
    output out = WLS predicted = ghat;
quit;
```

之后,我们根据(8.21)式得到对异方差具体形式的估计值 hhat,并用"weight"语句对原方程进行加权,得到加权最小二乘(Weighted Least Square,WLS)的回归结果。同时,为了检验对异方差的修正效果,我们再一次用"spec"选项进行怀特检验,看修正后的回归残差是否满足同方差假定。程序如下:

```
proc reg data = WLS;
    WLS:model cigs = lincome lcigpric educ age agesq restaurn /spec;
    weight hhat;
quit;
```

回归结果如下:

```
The REG Procedure
Model:WLS
Dependent Variable:drink
Weight:hhat
```

Analysis of Variance

Source	DF	Sum of Squares	Mean Square	F Value	Pr>F
Model	5	394.58463	78.91693	18.32	<.0001
Error	1 159	4 993.12588	4.30813		
Corrected Total	1 164	5 387.71052			

Root MSE	2.07560	R-Square	0.0732
Dependent Mean	10.13141	Adj R-Sq	0.0692
Coeff Var	20.48682		

Parameter Estimates

Variable	DF	Parameter Estimate	Standard Error	t Value	Pr>|t|
Intercept	1	-8.54436	3.77894	-2.26	0.0239
lninc	1	0.02158	0.34948	0.06	0.9508
age	1	0.71765	0.13580	5.28	<.0001
agesq	1	-0.00565	0.00160	-3.52	0.0004
educ	1	0.10618	0.11822	0.90	0.3693
state	1	0.37209	1.32435	0.28	0.7788

Test of First and Second Moment Specification

DF	Chi-Square	Pr>ChiSq
20	28.13	0.1064

根据以上结果可知,怀特检验的 LM 统计量为 28.13,p 值为 0.1064,说明修正后的模型不存在显著的异方差性。这一结果证实了 FGLS 修正模型对解决异方差问题是有效的。纠正后的 WLS 估计结果显示,对饮酒量影响最大的是年龄及其平方项,除此之外,其他变量的影响并不显著。

三、EViews 和 SAS 中对自相关性的诊断与修正

在第二个计算机应用实例中,我们借助宏观经济学中关于菲利普斯曲线的研究来展示自相关性的诊断与修正方法。菲利普斯曲线(Phillips Curve)由新西兰经济学家菲利普斯(A. W. Phillips)于 1958 年在《1861—1957 年英国失业和货币工资变动率之间的关系》一文中最先提出。它是一条表明失业率与通货膨胀之间关系的曲线。一般来说,通货膨胀率高时,失业率低;通货膨胀率低时,失业率高。我们试图通过实证数据来验证菲利普斯曲线,即看失业率与通货膨胀之间是否存在这样一种反向变动的关系。我们的数据 phicur 中包括了某国 1971—2014 年的 44 个观测点(年度数据),两个主要变量为 une(失业率)和 inf(通货膨胀率)。我们把回归模型设定为:

$$\text{inf} = \beta_0 + \beta_1 \text{une} + u \tag{8.32}$$

由于宏观经济指标的连续性,我们猜测(8.32)式中的随机误差项 u(其中包含某些能够影响通货膨胀率的不可观测因素)容易存在时间上的相关关系,即序列自相关性。因

此,我们需要先对这一猜测进行检验,然后对模型做出修正。我们这里重点介绍如何在 EViews 和 SAS 中用杜宾-瓦森检验和一阶自回归形式的 t 检验来验证序列自相关假设,以及如何用 SAS 实现科克伦-奥克特(C-O)方法以对模型进行修正。

在 EViews 中,首先我们使用 OLS 对方程(8.32)进行回归,得到的结果如表 8-4 所示:

表 8-4 OLS 回归结果

Dependent Variable: INF
Method: Least Squares
Date: 04/23/11 Time: 09:48
Sample: 1971 2014
Included observations: 44

Variable	Coefficient	Std. Error	t-Statistic	Prob.
UNE	-2.544779	0.428526	-5.938453	0.0000
C	10.75740	1.455955	7.388548	0.0000
R-squared	0.456418	Mean dependent var		2.671939
Adjusted R-squared	0.443475	S.D. dependent var		4.585971
S.E. of regression	3.421160	Akaike info criterion		5.342226
Sum squared resid	491.5822	Schwarz criterion		5.423325
Log likelihood	-115.5290	Hannan-Quinn criter.		5.372301
F-statistic	35.26523	Durbin-Watson stat		0.756143
Prob(F-statistic)	0.000000			

在 EViews 中不需要进行额外操作就可以直接从 OLS 回归结果中得到杜宾-瓦森检验的结果(参见"Durbin-Watson stat"一项)。由上表可得,计算所得 DW 统计量为 0.7561。由于 DW 较小,因此我们猜测随机误差项可能会存在正向的序列自相关关系。

在 SAS 中,我们用 model 语句中的"dw"选项来实现对回归方程的杜宾-瓦森检验,并且可以将回归所得 OLS 残差保存至数据库 CO 中,以便用 t 检验进行自相关性的验证:

```
proc reg data = phicur;
    DW_test: model inf = une / dw;
    output out = CO residual = e;
quit;
```

杜宾-瓦森检验结果如下:

Model: DW_test
Dependent Variable: inf
Durbin-Watson D: 0.756

由 Durbin-Watson D 可知,SAS 和 EViews 的杜宾-瓦森检验结果相同。

接下来,我们尝试使用 t 检验来验证自相关性的存在。为了达到这一目的,我们首先使用"lag"命令得到原回归方程残差 e_t 的滞后项 e_{t-1}:

```
data CO;
    set CO;
    le = lag(e);
run;
```

然后,我们按照公式(8.28)对原回归方程的残差 e_t 和其滞后项 e_{t-1} 进行 OLS 回归,得到残差的相关系数 ρ:$e_t = \rho e_{t-1} + v_t$

```
proc reg data = CO outest = AR (keep = le rename = (le = rho));
    t_test: model e = le;
quit;
```

回归结果如下:

Parameter Estimates

Variable	DF	Parameter Estimate	Standard Error	t Value	Pr>|t|
Intercept	1	0.06082	0.41183	0.15	0.8833
le	1	0.61589	0.12181	5.06	<.0001

由变量 le 的参数估计结果可知,原回归方程残差项 e_t 与其滞后项 e_{t-1} 之间的相关系数 ρ 约为 0.616,并且具有很高的统计显著性。因此,可以判定原回归方程存在正的序列相关性。

接着,我们将利用 C-O 方法对回归方程进行序列自相关性的修正。由于我们已经得到相关系数 ρ 的估计值,我们可以按照公式(8.29)对原回归方程进行变形。这里,我们用到了 SAS 函数 lag(自动取该变量上一期的观测值)。具体操作如下:

```
data CO;
    set CO;
    if _n_ = 1 then set AR;
run;
data CO;
    set CO;
    dinf = inf - rho * lag(inf);
    dune = une - rho * lag(une);
    cons = 1 - rho;
    drop e le;
run;
```

最后,我们用转化后的数据对 (8.32)式进行 OLS 回归:

```
proc reg data = CO;
    model dinf = cons dune / noint;
quit;
```

回归结果如下:

Analysis of Variance

Source	DF	Sum of Squares	Mean Square	F Value	Pr > F
Model	2	141.24952	70.62476	9.74	0.0003
Error	41	297.16833	7.24801		
Uncorrected Total	43	438.41785			

Root MSE	2.69221	R-Square	0.3222
Dependent Mean	0.97384	Adj R-Sq	0.2891
Coeff Var	276.45291		

Parameter Estimates

Variable	DF	Parameter Estimate	Standard Error	t Value	Pr > |t|
cons	1	12.23103	2.81500	4.34	<.0001
dune	1	-2.94418	0.79078	-3.72	0.0006

由以上结果可知，经过 C-O 转化后的回归模型消除了序列自相关性。此时失业率对通货膨胀率显示出负向影响，但其系数估计值不具有统计显著性。因此，我们并没有从本数据中找到对菲利普斯曲线的实证证据支持。

当然，以上回归可以被看作可行广义最小二乘法的第一轮回归结果。在实际研究中，我们一般需要基于此结果进行多次循环，以求得具有较好准确性的估计值。依据本章第二节的内容可知，在此类循环中，我们需要将上式回归的 OLS 残差保留，得到其滞后项，按照公式(8.33)回归得到新的相关系数 ρ，并依据公式(8.29)进行第二轮 C-O 数据转化，以此类推。此循环如果手动操作将需要比较复杂和冗长的编程过程。幸运的是，SAS 为我们提供了一个更为简洁的方法，可以实现相同目的。这就是自回归过程（autoreg）。利用此过程，我们只需要告诉 SAS 自回归的阶数（例如 nlag=1）以及模型的估计方法（例如 method=ML，表示极大似然估计）即可，SAS 将给出模型修正前和修正后的估计结果。相关程序如下：

```
proc autoreg data = phicur covb;
    model inf = une / nlag = 1 method = ML;
run;
```

运行结果如下：

Estimates of Autoregressive Parameters

Lag	Coefficient	Standard Error	t Value
1	-0.615763	0.123054	-5.00

Maximum Likelihood Estimates

Variable	DF	Estimate	Standard Error	t Value	Approx Pr > |t|
Intercept	1	11.0966	2.5039	4.43	<.0001
une	1	-2.6766	0.7317	-3.66	0.0007

由以上结果可知,经多次循环后,autoreg 过程对残差自相关系数的估计值为 0.62;同时,该国失业率对通货膨胀率的影响变为显著负向影响(在 1% 的水平上显著),因此菲利普斯曲线的假设得以证实。

本章总结 》

  本章首先介绍了异方差的概念和它对最小二乘回归的影响。异方差并不会导致普通最小二乘估计量出现偏误,但是异方差会造成最小二乘估计量的方差有偏,进而导致 t 统计量和 F 统计量无效。为了解决这一问题,我们首先讨论了检验异方差的两种常见方法:布罗施-帕甘检验和怀特检验。为了修正异方差性,我们介绍了加权最小二乘法(WLS)和可行广义最小二乘法(FGLS)。接下来,本章重点介绍了残差序列自相关性。同样,当残差存在自相关性时,普通最小二乘的参数估计值依旧是无偏的;但是,参数估计值的方差将出现偏误,导致用于假设检验的 t 统计量和 F 统计量无效,所以普通最小二乘估计也不再是最优的。在此基础上,我们讨论了检验自相关性的一种常见方法——杜宾-瓦森检验,并且给出了根据 DW 值判断序列自相关性的方法。最后,我们还介绍了修正自相关性的科克伦-奥克特(C-O)方法和可行广义最小二乘法。

思考与练习 》

  1. 什么是异方差?异方差对普通最小二乘法会产生什么影响?
  2. 布罗施-帕甘检验和怀特检验的步骤分别是什么?
  3. 加权最小二乘法和可行广义最小二乘法在修正异方差时有什么异同?
  4. 什么是序列自相关?其检验方法是什么?
  5. 综合本章和上一章的内容,比较处理时间趋势和序列自相关的基本思路、基本模型、估计方法和不同模型的基本性质。

第九章 经典时间序列模型

┃本章概要┃

本章主要介绍时间序列数据的性质及若干经典时间序列模型。我们首先介绍了静态模型和有限期滞后模型,接着讨论了构成经典时间序列模型的基本要素:自回归(AR)过程和移动平均(MA)过程,并且介绍了平稳时间序列的概念。基于以上内容,我们展示了 ARMA 模型和 ARIMA 模型的构成、性质及一般估计步骤——博克斯-詹金斯估计方法。

┃学习目标┃

1. 掌握时间序列和平稳序列的概念,知道时间序列的基本结构,并且能够使用差分及取对数方法将非平稳序列转化为平稳序列

2. 掌握滞后算子的概念,并知道如何利用其简化平稳的 ARMA 过程,掌握对非平稳 ARIMA 过程进行平稳化的方法

3. 掌握 ARIMA 过程的博克斯-詹金斯估计方法,并且知道如何基于 ARIMA 模型对时间序列数据进行分析和预测

第一节 时间序列的结构与平稳性

一、时间序列的基本概念

时间序列(Time Series)是指按照时间次序排列的关于某一变量的观测值,是随时间变化的具有随机性的动态数据。时间序列一般表现出三方面特征:趋势性、季节性和平稳性。其中,趋势性和季节性我们已经在第七章中做了详细的介绍,趋势性主要是指时间序列所具有的随着时间变化而存在的总体向上或是向下的趋势,而季节性是指时间序列在一定的时期内呈现出的周期性波动特征。平稳性是时间序列的另一个重要性质,是我们对时间序列数据进行模型拟合和预测的前提,我们在下一小节中会做专门介绍。

通常情况下,在时间序列中相邻观测值之间的时间间隔是一样的,比如年度数据、季度数据、月度数据、周数据、日数据,甚至是按照小时或分钟观测得到的高频数据等。只要观测值的出现依照一定的先后次序,都可称为时间序列。比如,一个国家的 GDP 通常为年度时间序列,一个公司的股票交易价格通常为日度时间序列或日内时间序列。

在最为简单(但并不常见)的情况下,时间序列数据可能不存在序列自相关性(即随机误差项之间不存在自相关关系)。此时,我们可以像往常一样,使用普通的线性回归模型来刻画因变量 y 与自变量 x 之间的关系。常见的这类模型设定包括静态模型和有限期滞后模型。

静态模型(Static Model)是考察因变量 y 与自变量 x 之间静态关系的普通线性回归模型,其基本形式为:

$$y_t = \beta_0 + \beta_1 x_t + u_t \tag{9.1}$$

在静态模型中,我们假定随机误差项 u_t 满足经典线性回归假设(高斯-马尔可夫假定),尤其是假定 u_t 之间不存在序列相关,即 $\mathrm{Cov}(u_t,u_{t-s})=0$。在此情况下,我们可以用之前学过的普通最小二乘法对模型(9.1)进行估计。一个典型的静态模型应用实例是静态菲利普斯曲线: $\inf_t = \beta_0 + \beta_1 \mathrm{unem}_t + u_t$,它刻画的是一国通货膨胀率(inf)和失业率(unem)之间的静态关系。

有限期滞后模型(Finite Distributed Lag Model)的基本形式如下:

$$y_t = a_0 + \delta_0 x_t + \delta_1 x_{t-1} + \delta_2 x_{t-2} + \cdots + \delta_q x_{t-q} + u_t \tag{9.2}$$

在该模型中,因变量 y 的取值受到自变量 x 当期取值的影响及其 q 个有限滞后期的影响。同静态模型一样,我们这里假定随机误差项 u_t 满足高斯-马尔可夫假定,因此也可以用 OLS 方法来对模型(9.2)进行估计。对于此模型的一个常用分析工具是长期乘数(LRP),它衡量的是当变量 x 发生永久性变化时对变量 y 的长期影响。例如,如果变量 y 衡量的是失业率,变量 x 表示各期的利率水平,那么 LRP 表示当利率永久性地调整为某一数值时失业率的变化。可以证明 $\mathrm{LRP}=\delta_0 + \delta_1 + \cdots + \delta_q$。

然而,正像我们在第八章讲述的,时间序列变量一般存在序列自相关性,因此我们在分析这类数据时一般要考虑对这种自相关性进行处理,这时就需要更为复杂的模型。我们在本章中主要介绍经典的时间序列模型——ARMA 模型。该模型的基本构成要素主要是两种常见的自相关结构:自回归过程和移动平均过程。

自回归过程是由时间序列的滞后项的加权和一个随机扰动项组成,一个 p 阶自回归过程 AR(p) 的一般形式是:

$$y_t = \phi_1 y_{t-1} + \phi_2 y_{t-2} + \cdots + \phi_p y_{t-p} + u_t, \quad u \sim \mathrm{WN}(0,\sigma^2) \tag{9.3}$$

其中 u_t 是白噪声序列。白噪声序列 $\{u_t\}$ 是指满足均值为零($E(u_t)=0$)、方差为常数($E(u_t^2)=\sigma^2$)、无序列自相关($E(u_s u_t)=0, s\neq t$)这三个条件的序列; p 是自回归过程的阶数。当 $p=1$ 的时候,AR(1) 的一般形式为 $y_t = \phi_1 y_{t-1} + u_t$, $u\sim \mathrm{WN}(0,\sigma^2)$。这一常见的自回归过程我们在第八章对自相关性的讨论中已经接触过了。

移动平均过程是白噪声序列的加权平均,一个 q 阶移动平均过程 MA(q) 的一般形式为:

$$y_t = u_t + \theta_1 u_{t-1} + \theta_2 u_{t-2} + \cdots + \theta_q u_{t-q}, \quad u \sim \mathrm{WN}(0,\sigma^2) \tag{9.4}$$

其中 $u_t, u_{t-1}, \cdots, u_{t-q}$ 均为白噪声,q 是移动平均的阶数。当 $q=1$ 的时候,MA(1) 的一般形式为

$$y_t = u_t + \theta_1 u_{t-1}, \quad u \sim \mathrm{WN}(0,\sigma^2)$$

即两个白噪声的移动平均组合。

二、时间序列的平稳性

一般而言,在用时间序列进行回归分析时需要保证其平稳性。因为平稳的假定保证了随机过程随着时间的变化而保持稳定,否则我们便无法根据已有的时间序列观察数据来预测其未来值。平稳性分为严格平稳和弱平稳。这两种平稳定义具有一定的关联:第

一,具有有限二阶矩的严格平稳过程一定是弱平稳过程;第二,弱平稳过程只限定一阶矩和二阶矩,但如果弱平稳过程是正态过程,则它也是严格平稳过程。

严格平稳(Strict Stationarity)序列的定义为:对于时间序列$\{y_t\}$,联合分布函数只取决于时期的间隔,与时期本身无关,且

$$P\{y_{t_1} \leqslant b_1, \cdots, y_{t_n} \leqslant b_n\} = P\{y_{t_1+m} \leqslant b_1, \cdots, y_{t_n+m} \leqslant b_n\} \quad (9.5)$$

即对于任意整数m,序列$\{y_t\}$的概率测度完全等同于$\{y_{t+m}\}$,则称$\{y_t\}$为严格平稳序列。

弱平稳(Weak Stationarity)是时间序列分析当中更为常用的平稳性概念。弱平稳的定义为:二阶矩有限($E(y_t^2)<\infty$)的随机过程$\{y_1,\cdots,y_t\}$如果满足以下三个条件,可以称之为协方差平稳(或弱平稳):y_t的期望$E(y_t)$是常数;y_t的方差$\mathrm{Var}(y_t)$是常数;对于任意的t和h,y_t和y_{t+h}的协方差$\mathrm{Cov}(y_t,y_{t+h})$仅决定于$h$而不受$t$的影响。

下面举一个例子来说明平稳时间序列的特征。对于AR(1)过程,$y_t = \phi y_{t-1} + u_t$,如果$|\phi|<1$,那么y是平稳的。为了得到此结论,我们只需证明其满足平稳性的三个条件。

首先,利用等价变换,可以将y表示为u的无穷阶移动平均组合:

$$y_t = u_t + \phi \cdot [\phi y_{t-2} + u_{t-1}] = \cdots = u_t + \phi u_{t-1} + \phi^2 u_{t-2} + \phi^3 u_{t-3} + \cdots \quad (9.6)$$

这样,容易证明y的期望值为零,即

$$E(y_t) = E(u_t + \phi u_{t-1} + \phi^2 u_{t-2} + \phi^3 u_{t-3} + \cdots) = 0 \quad (9.7)$$

其次,可以证明y的方差为常数,因此满足第二个平稳性条件:

$$\mathrm{Var}(y_t) = \mathrm{Var}(u_t) + \phi^2 \mathrm{Var}(u_{t-1}) + \phi^4 \mathrm{Var}(u_{t-2}) + \cdots = \sigma_u^2/(1-\phi^2) \quad (9.8)$$

最后,要证明y的协方差稳定,不妨用y_t和白噪声序列来表示y_{t+h},即

$$y_{t+h} = \phi^h y_t + \phi^{h-1} u_{t+1} + \cdots + \phi u_{t+h-1} + u_{t+h} \quad (9.9)$$

这样,y的协方差就可以表示为:

$$\mathrm{Cov}(y_t, y_{t+h}) = E(y_t \cdot y_{t+h}) = \phi^h E(y_t^2) + \phi^{h-1} E(y_t u_{t+1}) + \cdots + E(y_t u_{t+h}) = \phi^h \sigma_y^2 \quad (9.10)$$

所以,y满足上述定义的三个平稳性条件,因此可以判定其为平稳序列。

尽管对时间序列进行回归分析要求序列具有平稳性,但许多经济指标数据并不平稳;其中一种常见的非平稳过程是**高度一致**(Highly Persistent)的时间序列,即y的现值与y在若干期之后的值也高度相关,其相关性并不会因为时间的推移而衰减。其中一个典型的例子是**随机游走**(Random Walk)过程。

$$y_t = y_{t-1} + u_t \quad (9.11)$$

对(9.11)式分析可知,对于一个随机游走序列,y的现值依然有助于预测y在h期之后的值:

$$y_{t+h} = y_t + u_{t+1} + u_{t+2} + \cdots + u_{t+h}$$

所以要预测y_{t+h},就可以利用$E(y_{t+h}|y_t) = y_t$,即对y_{t+h}的最佳估计值就是y_t。

在对一组时间序列数据进行回归分析时,首先要求我们能够鉴别该序列是否平稳,并能够对非平稳的时间序列进行处理,将其转化为平稳序列。详细的平稳性检验以及平稳转化方法在本书第十章中会有所涉及。

第二节 ARMA 过程和 ARIMA 过程

一、自回归移动平均过程(ARMA)

许多平稳过程可能同时具有自回归过程和移动平均过程的性质,因此将这两个基本的时间序列结构结合在一起,就能够得到自回归移动平均过程。**自回归移动平均模型**(Autoregressive Moving Average Model,ARMA)是指同时具有自回归过程(AR(p))和移动平均过程(MA(q))的时间序列结构。其定义如下:对于时间序列$\{y_t\}$,如果y_t是平稳的,且满足:

$$y_t - \phi_1 y_{t-1} - \phi_2 y_{t-2} - \cdots - \phi_p y_{t-p} = u_t + \theta_1 u_{t-1} + \theta_2 u_{t-2} + \cdots + \theta_q u_{t-q} \quad (9.12)$$

则称$\{y_t\}$为 ARMA(p, q)过程,其中等式(9.12)的左边是与 y 相关的类似于自回归过程的部分,而等式的右边则是与 u 相关的类似于移动平均过程的部分。

事实上,我们可以用**滞后算子**(Lag Operator)来对 ARMA 过程的表达式进行简化(对于类似的时间序列实际上都能够用滞后算子进行简化表达)。滞后算子的定义如下:如果$y_t = Lx_t = x_{t-1}$,则 L 称为滞后算子。根据滞后算子的定义可知,$L^k x_t = x_{t-k}$。通常情况下由于利用滞后算子和乘法具有同样的代数规则,因此 x_{t-k} 常表达为 L^k 乘以 x_t。

因此,自回归移动平均过程 ARMA(p, q)序列可以用滞后算子 L 表达为:

$$\phi(L) y_t = \theta(L) u_t \quad (9.13)$$

其中,$\phi(L) = 1 - \phi_1 L - \phi_2 L^2 - \cdots - \phi_p L^p$,$\theta(L) = 1 + \theta_1 L + \theta_2 L^2 + \cdots + \theta_q L^q$。

例如,对于 ARMA(1, 1)过程:

$$y_t - \phi y_{t-1} = u_t + \theta u_{t-1}$$

用滞后算子就可以表示为:

$$(1 - \phi L) y_t = (1 + \theta L) u_t \quad (9.14)$$

通过进一步等价转化,并运用滞后算子的算法,可以推出:

$$\begin{aligned} y_t &= \frac{u_t}{(1 - \phi L)} + \frac{\theta u_{t-1}}{(1 - \phi L)} \\ &= u_t + \phi u_{t-1} + \phi^2 u_{t-2} + \phi^3 u_{t-3} + \cdots + \theta u_{t-1} + \theta \phi u_{t-2} + \theta \phi^2 u_{t-3} + \cdots \\ &= u_t + (\theta + \phi) u_{t-1} + \phi(\theta + \phi) u_{t-2} + \phi^2(\theta + \phi) u_{t-3} + \cdots \end{aligned} \quad (9.15)$$

即 ARMA(1, 1)过程也可以转化为白噪声 u_t 的无限阶移动平均组合。类似地,对于所有 ARMA(p, q)过程,我们都可以运用滞后算子将其转化为 u_t 的移动平均组合:

$$y_t = \psi(L) u_t \quad (9.16)$$

其中,$\psi(L) = \dfrac{\theta(L)}{\phi(L)} = \dfrac{(1 + \theta_1 L + \cdots + \theta_q L^q)}{(1 - \phi_1 L - \phi_2 L^2 - \cdots - \phi_p L^p)}$。

二、差分自回归移动平均过程(ARIMA)

差分自回归移动平均模型(Autoregressive Integrated Moving Average Model,ARIMA)与 ARMA 模型相似。对于 ARIMA 过程,可以简单地将它理解为通过 d 阶差

分就能够转化为相应的平稳 ARMA 过程的一种非平稳的时间序列。一般地,ARIMA (p,d,q) 过程被定义为满足以下表达式的时间序列 $\{y_t\}$:

$$\phi(L)(1-L)^d y_t = \theta(L)u_t \tag{9.17}$$

其中,$\phi(L)=1-\phi_1 L-\phi_2 L^2-\cdots-\phi_p L^p$,$\theta(L)=1+\theta_1 L+\theta_2 L^2+\cdots+\theta_q L^q$。$(1-L)^d$ 表示 d 阶差分,即

$$(1-L)y_t = y_t - y_{t-1}, \quad (1-L)^2 y_t = (y_t - y_{t-1}) - (y_{t-1} - y_{t-2}), \quad \cdots$$

对 ARMA 或 ARIMA 过程进行参数估计(即估计模型中的参数 $\phi_1,\phi_2,\cdots,\phi_p;\theta_1,\theta_2,\cdots,\theta_q$),可以采取多种模型,例如普通最小二乘估计(OLS)模型、**非线性最小二乘估计**(Nonlinear Least Square)模型,还有**极大似然估计**(Maximum Likelihood Estimation,MLE)模型,等等。其中 OLS 估计仅适用于少数特定的情况,非线性最小二乘估计模型更适用于移动平均过程,而极大似然估计则是适应性最为广泛的参数估计方法。

例如,运用非线性最小二乘模型估计 ARMA 模型的时候,可以设定:

$$u_t = y_t - \phi_1 y_{t-1} - \phi_2 y_{t-2} - \cdots - \varphi_p y_{t-p} - \theta_1 u_{t-1} - \theta_2 u_{t-2} - \cdots - \theta_q u_{t-q} \tag{9.18}$$

其中 $t=p+1,\cdots,n$。通过选择一组参数 $(\phi_1,\phi_2,\cdots,\phi_p;\theta_1,\theta_2,\cdots,\theta_q)$,使 u_t 的平方和最小。

而运用极大似然估计方法的时候,可以设定似然函数为:

$$L(\phi,\theta) = -n\ln\sigma - \frac{\sum_{t=p+1}^{n} u_t^2}{2\sigma^2} \tag{9.19}$$

通过选择一组参数 $(\phi_1,\phi_2,\cdots,\phi_p;\theta_1,\theta_2,\cdots,\theta_q)$,使似然函数实现最大化。

对于以上这些不同的估计方法,可以证明,在样本容量 n 趋于无穷大的情况下,最小二乘估计和极大似然估计是等价的。而对于有限的样本容量,我们在实际操作中可以通过以下几种检验准则来判断哪种模型可以对数据实现更好的拟合,它们分别是 AIC 准则、BIC 准则和 MSE 准则。

AIC 准则(Akaike Information Criterion)利用 AIC 统计量:

$$\text{AIC} = 2k + n \cdot [\ln(2\pi \cdot \text{RSS}/n) + 1] \tag{9.20}$$

该统计量类似于调整后的 R^2,即同时考虑残差平方和及自变量个数来判断不同模型的拟合优度,在比较不同模型时,AIC 统计量越小,则该模型对数据的拟合越好。

BIC 准则(Bayesian Information Criterion)又称 **SBC 准则**(Schwarz Bayesian Criterion),它使用的是 BIC 统计量:

$$\text{BIC} = n \cdot \ln(\text{RSS}/n) + k\ln(n) \tag{9.21}$$

BIC 统计量又称为贝叶斯错误率,衡量的是似然率测试中获得的最小的错误概率,参数估计模型的 BIC 统计量越小,表明模型拟合越好。

MSE 准则(Mean Square Error),即均方误差最小准则,是利用各种模型获得的均方误差比较各个模型的拟合优度,均方误差越小的模型拟合越好。其中,均方误差的定义为:

$$\text{MSE}(\hat{\theta}) = E[(\hat{\theta}-\theta)^2] = \text{Var}(\hat{\theta}) + [\text{Bias}(\hat{\theta},\theta)]^2 \tag{9.22}$$

比较而言,AIC 对滞后阶数增加的惩罚力度较轻,因而倾向于选择"更大"的模型;BIC 对滞后阶数增加的惩罚力度较重,因而倾向于选择"更小"的模型。而 MSE 则能够在各个模型存在估计偏误的时候对各估计值的无偏性和有效性进行综合比较。

第三节　ARIMA 过程的估计方法

一、Wald 分解定理

首先介绍 **Wald 分解定理**(Wald Decomposition Theorem),即任何平稳过程均可以分解为两个不相关过程——纯线性确定性部分(AR 部分)与纯线性随机部分(MA 部分),即

$$y_t = \sum_{i=1}^{p} \phi_i y_{t-i} + \sum_{i=0}^{\infty} \theta_i u_{t-i}, \quad u \sim \text{WN}(0, \sigma^2) \tag{9.23}$$

而且对于自回归过程 AR(p) 的部分,还可以进一步表示为

$$y_t = \psi(L) u_t, \quad \psi(L) = \phi^{-1}(L)$$

因此,任意的平稳随机过程实际上都可以表示为

$$y_t = \sum_{j=0}^{\infty} \psi_j u_{t-j} + k_t, \quad k_t = \hat{E}(k_t \mid y_{t-1}, y_{t-2}, \cdots) \tag{9.24}$$

其中 k_t 的值与 u_{t-j} 无关(对于任意的 j)。k_t 由 y 的过去值确定,称为 y_t 的线性确定性分量;$\sum_{j=0}^{\infty} \psi_j u_{t-j}$ 称为线性非确定性分量;若 $k_t = 0$,该过程为纯线性不确定的。

根据以上 Wald 分解定理,任意的平稳时间序列都可以转化为 ARMA 过程,都可以建立 ARMA 模型来刻画随机过程。不过当 Wald 表示形式中的移动平均(MA)部分为无限项的时候,建立时间序列分析模型只能够根据精确度的要求,做出限化的妥协,即缩减为 q 阶的移动平均部分,因此进行时间序列分析建模时的一个重点就是确定 p 和 q 的值。

二、博克斯-詹金斯方法

利用 Wald 分解定理的思想,时间序列的建模分析可以通过**博克斯-詹金斯**(Box-Jenkins)方法的几个步骤来完成。这个方法不仅适用于 ARIMA 过程,而且对于多数的时间序列数据都具有适用性。该方法按照以下几个步骤进行实施。

1. 对数据序列进行平稳化处理,获得平稳的时间序列

在这一步中,首先要确定时间序列的数据是否满足平稳性的要求。这里有一种简单的判断标准,即观察 $\{y_t\}$ 的**自相关函数**(Autocorrelation Function,ACF)是否符合指数衰减的特征,符合的话就表明该数据具有平稳性。$\{y_t\}$ 的自相关函数 ACF 的定义为:

$$\text{ACF}(y_t) = \text{Cov}(y_{t+h}, y_t) / \text{Var}(y_t) \tag{9.25}$$

如果 $\{y_t\}$ 的自相关函数 ACF 没有指数衰减的特征,而是随着 h 的增加而缓慢衰减,那么表明时间序列是非平稳的;如果 ACF 呈现明显的周期变化,则表明时间序列中可能含有季节或其他周期性的因素,也不是可以直接进行分析的平稳时间序列。如果数据不符合平稳性的要求,则要利用差分变换、对数变换或者两者的组合来实现对数据平稳化

的处理,使自相关函数 ACF 呈现出指数衰减的特征,以保证用于回归的时间序列满足平稳性的要求。

除了利用自相关函数 ACF 来判断时间序列的平稳性以外,还可以通过**偏自相关函数**(Partial Autocorrelation Function,PACF)的特征来进行判断。如果偏自相关函数满足指数衰减的特征,也可以认为该时间序列是平稳的。偏自相关函数 PACF 是排除了已知序列值 $\{y_{t-1}, y_{t-2}, \cdots, y_{t-k-1}\}$ 的条件下,考察 y_t 和 y_{t-k} 之间关系的度量指标。PACF 表达式为:

$$\text{PACF}_k = \begin{cases} \text{ACF}_1, & k=1 \\ \dfrac{\text{ACF}_k - \sum_{j=1}^{k-1} \phi_{k-1,j} \times \text{ACF}_{k-j}}{1 - \sum_{j=1}^{k-1} \phi_{k-1,j} \times \text{ACF}_j}, & k=2,3,\cdots \end{cases} \quad (9.26)$$

2. 识别获得的时间序列,并估计前面得出的 ARMA 模型的参数

识别获得的时间序列是指在 ACF 和 PACF 的形状满足平稳性要求的基础上,确定 ARMA 模型的阶数,即 p、q 的具体值。由于总体的 ACF 和 PACF 是无法观测到的,因此要利用样本的自相关函数(SACF)和样本的偏自相关函数(SPACF)来进行识别。识别的标准如表 9-1 所示。其中,样本自相关函数(SACF)的定义为:

$$\hat{\rho}_j = \hat{\gamma}_j / \hat{\gamma}_0 \quad (9.27)$$

其中,

$$\hat{\gamma}_j = \frac{1}{T} \sum_{t=j+1}^{T} (y_t - \bar{y})(y_{t-j} - \bar{y}), \quad j = 0, 1, 2, \cdots, T-1$$

表 9-1 AR、MA 和 ARMA 时间序列的性质与识别

模型 性质	AR(p)	MA(q)	ARMA(p,q)
模型方程	$\phi_p(L) y_t = u_t$	$y_t = \theta_q(L) u_t$	$\phi_p(L) y_t = \theta_q(L) u_t$
平稳条件	$\phi_p(z)=0$ 的根在单位圆外	无条件平稳	$\phi_p(z)=0$ 的根在单位圆外
ACF 自相关	拖尾	在 q 截尾	拖尾
PACF 偏自相关	在 p 截尾	拖尾	拖尾

样本偏自相关函数(SPACF)的定义如下:

m 阶偏自相关系数的估计是 y 关于常数项和最近 m 个值的 OLS 回归的最末一个系数:

$$y_{t+1} = \hat{c} + \hat{\alpha}_1^{(m)} y_t + \hat{\alpha}_2^{(m)} y_{t-1} + \cdots + \hat{\alpha}_m^{(m)} y_{t-m+1} + \hat{u}_t \quad (9.28)$$

其中 $\hat{u}_t$ 是 OLS 回归的残差。

在识别出 p、q 值之后,通常用非线性最小二乘估计或者极大似然估计去估计模型参数。具体选择哪种模型可以采用 AIC 准则、BIC 准则或者 MSE 准则来判断模型的拟合效果。

3. 诊断回归模型获得的残差序列是否为白噪声

从第二步采用的模型中估计出参数以后,我们会得到一系列回归残差,这时必须要检测回归残差是否为白噪声。如果是白噪声,表明这个模型较好地刻画了时间序列过程;若残差不符合白噪声特征而是依然存在序列相关性,则必须回到第二步,重新识别模型。这一步非常必要,因为对于 ARMA(p,q) 过程,样本自相关函数 SACF 和样本偏自相关函数 SPACF 都只能对识别起到指导作用(经验法则),特别是当 p 和 q 都不为零的时候,精确识别实际上相当困难。从这里也可以看出,利用博克斯-詹金斯方法对时间序列模型进行识别和估计实际上是一个不断重复、反复试验并寻求最优模型的过程。

对回归残差的诊断一般包含两个部分:第一,将估计模型生成的时间序列自相关函数与原来的时间序列的样本自相关函数进行比较,如果两个函数看上去很不一样,就应该怀疑模型的有效性,因而必须要回到第二步,重新进行识别;第二,检验模型的残差序列是否为白噪声,即白噪声检验。特别地,我们期望残差项不存在序列自相关性,因而残差项的样本自相关函数 SACF 对于 $k \geqslant 1$ 应该接近于零。该检验的具体操作可以利用 Ljung-Box 统计量 Q,其原假设是 u 为白噪声(即 $H_0: u$ 是白噪声)。

$$Q = n \cdot (n+2) \cdot \sum_{j=1}^{h} \frac{\widehat{\text{ACF}}_j^2}{n-j} \sim \chi_h^2 \qquad (9.29)$$

其中,$\widehat{\text{ACF}}_j$ 是滞后 j 期的样本自相关函数,h 是被检验的滞后阶数。

4. 在完成前面三个步骤的基础上,利用确定的模型完成对未来的预测

基于诊断检验的结果,我们可以利用满足以上条件的模型来进行变量预测。建模的实践表明,利用博克斯-詹金斯方法得到的模型往往要比传统的结构计量模型有更好的预测效果。预测的具体过程如下:

对于随机过程 $\{y_t\}$ 超前 h 期的 y_{t+h},最佳预测值 $\hat{y}_t(h)$ 就是 y_{t+h} 的条件期望,即

$$\hat{y}_t(h) = E(y_{t+h} \mid y_t, y_{t-1}, \cdots, y_1)$$
$$= \hat{\phi}_1 y_{t-1} + \hat{\phi}_2 y_{t-2} + \cdots + \hat{\phi}_p y_{t-p} + \hat{\theta}_1 \hat{u}_{t-1} + \hat{\theta}_2 \hat{u}_{t-2} + \cdots + \hat{\theta}_q \hat{u}_{t-q} \qquad (9.30)$$

其中 $\hat{u}_t$ 为残差估计量。最后,必须指出的一点是,预测距离(即超前期 h)不能太远,因为随着 h 的增大,预测精确度将会大大下降。

第四节 计算机应用实例

下面一个例子所用的数据(见文件包中 ftse100.txt)是从 1947 年 1 月到 1993 年 6 月的月度富时 100 指数(该证券指数涵盖在伦敦证券交易所上市的市值最大的 100 只股票)。在这个数据中,只有富时 100 指数(FTSE100)这一个变量。数据分成两组,第一组为 1947 年 1 月到 1991 年 6 月的数据,用于建立模型;1991 年 6 月之后的数据为第二组,用来检验模型的预测效果。我们的目的就是利用博克斯-詹金斯方法对数据进行识别和估计,建立恰当的 ARIMA 模型。特别地,我们将利用 MSE 标准来检验不同 ARIMA 模型的预测效果。同时,我们将用 EViews 和 SAS 两种软件实现相关步骤。

一、EViews

打开 EViews 软件,选择"File"菜单中的"New"→"Workfile"选项,出现"Workfile

Range"对话框,在"Workfile frequency"框中选择"Monthly",在"Start date"和"End date"框中分别输入"1989M01"和"2015M02",然后单击"OK"。进入界面后,选择"Object"→"New Object",类型选择"Series",命名为 ftse100(见图 9-1)。将相应的 txt 文件中的数据利用"edit"粘贴到该序列中。

图 9-1 导入时间序列数据

单击"View"→"Descriptive Statistics & Tests"→"Stats Table",可以得到关于 FT-SE100 指数的描述性统计。也可以单击"Histogram and Stats",如图 9-2 所示。

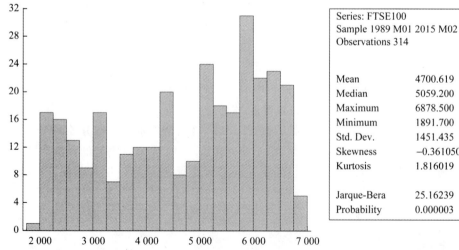

图 9-2 描述性统计结果

可以从输出中看到,这个富时100指数的均值为4 700.6,标准差为1 451.4,可见这一时间序列数据随着时间的波动幅度还是相当大的。

如果想要画出富时100指数的趋势图,在EViews中的操作也非常简单。只需要单击"View"→"Graph"即可。在Graph中有多种选择,例如改变线条颜色等,如图9-3所示。

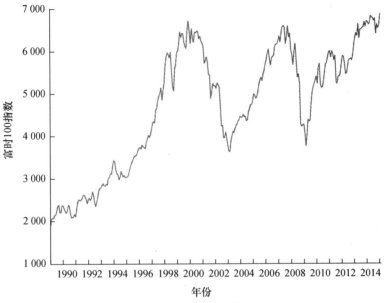

图9-3　FTSE100趋势图

可以看出,FTSE100序列有一个明显的随时间上升的趋势,并呈现出周期性波动的特征。下面采用博克斯-詹金斯方法进行建模。

第一步是获得平稳的时间序列。在此之前我们首先要通过观察序列的自相关系数判断其是否平稳。打开FTSE100序列窗口,由于我们只需要使用第一组数据进行建模,因此单击"Sample",输入"1989M01 2013M02"将研究范围缩小至第一组数据。在新的研究样本下单击"View"→"Correlogram",可以得到原序列自相关和偏自相关图(见图9-4)。

Date: 04/23/11　Time: 14:49
Sample: 1989M01 2013M02
Included observations: 290

Autocorrelation	Partial Correlation		AC	PAC	Q-Stat	Prob
		1	0.983	0.983	283.13	0.000
		2	0.965	-0.045	556.80	0.000
		3	0.948	0.050	822.23	0.000
		4	0.931	-0.033	1079.1	0.000
		5	0.914	-0.026	1327.2	0.000
		6	0.895	-0.046	1566.0	0.000
		7	0.877	0.025	1796.2	0.000
		8	0.860	0.010	2018.4	0.000
		9	0.843	-0.002	2232.7	0.000
		10	0.825	-0.056	2438.5	0.000
		11	0.806	-0.014	2635.8	0.000
		12	0.787	-0.045	2824.3	0.000

图9-4　原序列自相关和偏自相关图

图 9-4 包括两部分,左半部分是序列的自相关和偏自相关图,右半部分包括 5 列数据,第 1 列的自然数表示延迟阶数 k,AC 是自相关系数,PAC 为偏自相关系数。可以看到,自相关系数不满足指数衰减特征,所以序列不平稳。

重复上一步骤,选择检验一阶差分之后的数据(First Difference),得到一阶差分序列自相关和偏自相关图(见图 9-5)。

```
Date: 04/23/11   Time: 14:51
Sample: 1989M01 2013M02
Included observations: 289
```

Autocorrelation	Partial Correlation		AC	PAC	Q-Stat	Prob
		1	0.147	0.147	6.3133	0.012
		2	-0.073	-0.097	7.8797	0.019
		3	0.062	0.090	8.9936	0.029
		4	0.052	0.021	9.7963	0.044
		5	0.077	0.081	11.536	0.042
		6	-0.046	-0.073	12.160	0.058
		7	0.005	0.036	12.167	0.095
		8	0.025	-0.006	12.354	0.136
		9	0.048	0.055	13.045	0.161
		10	-0.043	-0.068	13.602	0.192
		11	0.065	0.108	14.895	0.187
		12	0.024	-0.036	15.066	0.238

图 9-5　一阶差分序列自相关和偏自相关图

从 FTSE100 一阶差分的自相关函数图和偏自相关函数图中我们可以看到,它们都是拖尾的,并且自相关系数呈指数衰减,因此可以判定为平稳序列,继而可以将其应用于 ARMA 模型的估计和预测。

第二步是识别获得的时间序列并且估计 ARMA 模型的参数,即确定 p、q 的值。一阶差分后的序列 D(ftse100) 的自相关函数和偏相关函数都是一阶显著的,并且从第二阶开始下降很大且不显著,因此我们设定 p、q 值为 1。于是对于序列 D(ftse100),我们初步建立了 ARMA(1,1) 模型。这意味着原序列 ftse100 可能的模型形式为 ARIMA(1,1,1)。当然,这样的定阶方法只是一个经验准则,并不是精确准则。在实际操作中,应该尝试不同的 p、q 值的拟合效果,然后利用 MSE 等标准选择最优解。

下面,我们检验 ARIMA(0,1,2) 模型的拟合效果。

选择"Quick"→"Estimate Equation",然后在"Specification"中输入"D(ftse100) C MA(1) MA(2)"(见图 9-6)。

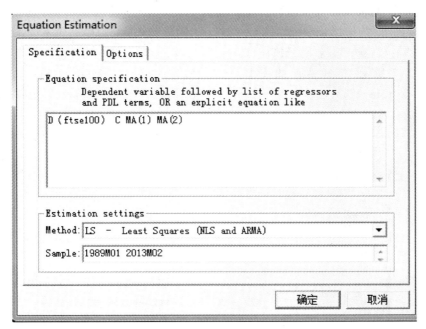

图 9-6 设定 ARIMA(0,1,2) 模型

在"Estimation Settings"中选择"LS-Least Squares（NLS and ARMA）"，注意这里使用的样本范围为第一组数据，然后单击"OK"，得到如表 9-2 所示的估计结果。

表 9-2 ARMA 模型回归结果

Dependent Variable：D(FTSE100)
Method：Least Squares
Date：04/23/11   Time：15:00
Sample (adjusted)：1989M02 2013M02
Included observations：289 after adjustments
Convergence achieved after 7 iterations
MA Backcast：1988M12 1989M01

Variable	Coefficient	Std. Error	t-Statistic	Prob.
C	15.29466	11.05449	1.383571	0.1676
MA(1)	0.181512	0.058920	3.080666	0.0023
MA(2)	−0.097467	0.058994	−1.652152	0.0996

R-squared	0.035918	Mean dependent var		15.31038
Adjusted R-squared	0.029176	S.D. dependent var		175.9245
S.E. of regression	173.3391	Akaike info criterion		13.15870
Sum squared resid	8593280.	Schwarz criterion		13.19676
Log likelihood	−1898.433	Hannan-Quinn criter.		13.17395
F-statistic	5.327621	Durbin-Watson stat		2.012090
Prob(F-statistic)	0.005349			
Inverted MA Roots	.23	−.42		

可以看出,该模型的系数均显著,DW 统计量在 2 附近,说明残差不存在相关性。模型是有效的。R^2 的值比较小,解释能力较弱。ARIMA(0,1,2)模型的表达式为:

$$y_t - y_{t-1} = 15.29466 + u_t + 0.181512 u_{t-1} - 0.09 u_{t-2} \tag{9.31}$$

如图 9-7 所示,打开估计的模型,选择"Forecast",在"Forecast Sample"下输入"2013m03 2015m02",表明我们的预测期限是 2013 年 3 月至 2015 年 2 月(即与第二组数据预测值的样本期限相同)。

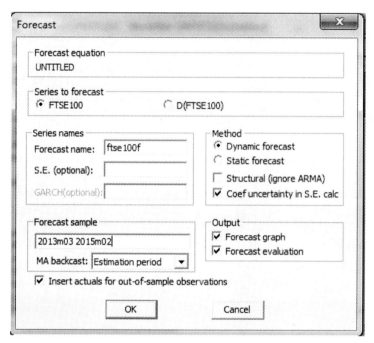

图 9-7 模型的预测效果的检验

EViews 自动生成了一个新的序列 FTSE100F,代表对 FTSE100 的预测值,预测的根均方误差(Root MSE)为 172.9945。图 9-8 中显示了预测曲线和加减两个标准差的带状域(置信区间)以及预测的估计值。预测的新序列 FTSE100F 也是一个标准的时间序列,与原样本中相同期限的实际观测数据相比,我们可知预测的 MSE 为 29 927.097。

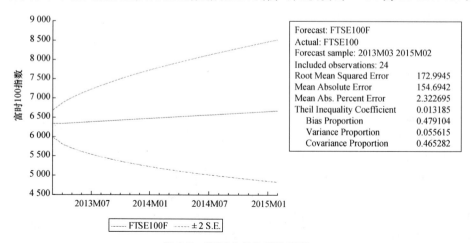

图 9-8 预测曲线和置信区间

我们可以通过绘出曲线图来检查实际值与拟合值的差异。选中两个序列之后，选择"Show"，在新窗口中单击"View"→"Graph"，实际值和预测值的对比如图 9-9 所示：

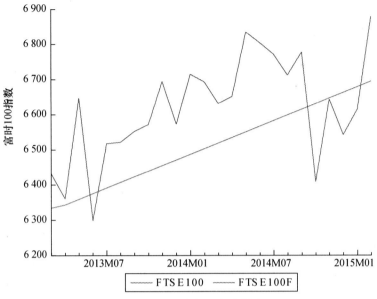

图 9-9　实际值与拟合值曲线

可以发现，预测值和真实值之间的差别较大，预测效果并不是很好。有兴趣的读者可以尝试构建其他 ARIMA 模型（改变 p、q 的阶数），并将几个 ARIMA 模型的预测结果进行比较，从而确定最好的预测模型。

二、SAS

下面我们来看在 SAS 中如何实现博克斯-詹金斯方法的几个步骤。

在 SAS 当中，首先要调整一下系统的选项，以便于编辑 SAS 的输出数据，并命名原始数据（这里"'C:\SAS Training\Data for SAS Lab\ftse100.txt'"是指数据存放的目录位置，如果该数据存放在其他位置则应该相应地做出调整），然后在 SAS 中建立一个临时的数据集。并且先对这一数据进行简单的描述统计分析，观察时间序列数据的变化趋势。

```
options linesize = 80 nocenter;
filename ftse100 'C:\SAS Training\Data for SAS Lab\ftse100.txt';
data ftse100;
    infile ftse100;
    input ftse100;
run;
proc means data = ftse100;
run;
```

运行结果如下所示。

The MEANS Procedure

Analysis Variable : ftse100

N	Mean	Std Dev	Minimum	Maximum
314	4 700.62	1 451.44	1 891.70	6 878.50

接着我们要对数据做一些处理,包括进行必要的数据转换和建立一些新的变量等。

```
data ftse100;
    set ftse100;
    date = intnx('month','31dec1988'd,_n_);
    format date monyy.;
    rftse100 = (ftse100 - lag(ftse100))/lag(ftse100);
    t = _n_;
run;
```

这里利用了 SAS 中内设的区间函数"intnx"来计算数据的区间,并在区间中使用日期常量"'31dec1988'd"来定义时间序列的时间起点,用"_n_"来表示目前的观测期序列编号,并用 format 语句定义日期的表达方式(这里表达方式为 monyy,即"月份+年份",例如 JAN89)。rftse100 这一数据是富时 100 指数的增加百分比,其计算使用了 SAS 函数"lag"。t 则表示时间趋势项。在完成以上程序后,可以观测到在临时数据集 ftse100 中,多出了 date、rftse100 和 t 这三列数据。

下一步可以对获得的时间序列画出散点图(利用 gplot 实现),从而更直观地观察其变化趋势,其中"haxis="选项及其后面的内容表示对横轴使用从 1989 年 1 月 1 日到 2015 年 2 月 1 日的年度区间来刻画横轴;同时将数据分为两个部分,从 1989 年 1 月到 2013 年 2 月的数据为第一组,即"ft_1",用于回归;从 2013 年 3 月到 2015 年 2 月的数据为第二组,即"ft_2",用于预测。

```
proc gplot;
    plot ftse100 * date = 1 / haxis = '1jan89'd to '1feb15'd by year;
run;
data ft_1;
    set ftse100;
    if date <= '28feb13'd;
run;
data ft_2;
    set ftse100;
    if date > '28feb13'd;
run;
```

得出的原始富时 100 指数的变化趋势图如图 9-10 所示：

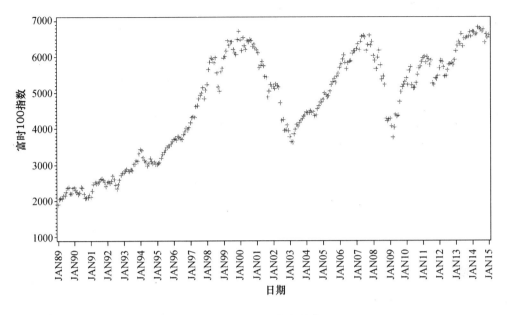

图 9-10　富时 100 指数趋势图

接下来按照博克斯-詹金斯方法，用 ARIMA 模型对数据进行初步分析。首先使用的是 ARIMA 过程中的 identify 语句，这一语句能够输出对数据的识别结果，并判断是否为平稳数据。

```
proc arima data = ft_1;
    identify var = ftse100 nlags = 24 esacf p = (1:12) q = (0:12);
quit;
```

在 identify 语句中，选项"var ="告诉 ARIMA 过程我们需要识别的变量，即 ftse100。而选项"nlags＝24"告诉 ARIMA 过程我们在识别过程中需要的最大时间间隔是 24 期。选项"esacf p=(1:12) q=(0:12)"则告诉 ARIMA 过程我们需要利用 ESACF（样本自相关函数）这一判断标准来识别 p 和 q，其中 p 的变化范围为 1—12，q 的变化范围为 0—12。在"var ="后面的 ftse100 没有紧跟着 (d)，则默认使用 d＝0（零阶）的模型，即用样本自相关函数识别的模型是 ARIMA(1,0,0) 至 ARIMA(12,0,12) 之间的模型。

从输出可以看出样本自相关函数（输出中的 Autocorrelations 的图形部分）并不是指数衰减的，而是以较慢的速度衰减（见图 9-11），表明 ftse100 原始数据是非平稳的，因此必须进行平稳化转换。

                                    Autocorrelations

Lag	Covariance	Correlation	−1 9 8 7 6 5 4 3 2 1 0 1 2 3 4 5 6 7 8 9 1	Std Error
0	1 942 262	1.00000	|********************|	0
1	1 909 239	0.98300	| .********************|	0.058722
2	1 873 825	0.96476	| .*******************|	0.100560
3	1 842 182	0.94847	| .*******************|	0.128575
4	1 809 198	0.93149	| .******************|	0.150783
5	1 774 791	0.91378	| .*****************|	0.169468
6	1 738 090	0.89488	| .*****************|	0.185683
7	1 703 565	0.87710	| .*****************|	0.200002
8	1 670 676	0.86017	| .****************|	0.212853
9	1 638 009	0.84335	| .****************|	0.224520
10	1 602 213	0.82492	| .***************|	0.235190
11	1 565 958	0.80625	| .***************|	0.244964
12	1 527 981	0.78670	| .**************|	0.253950
13	1 489 052	0.76666	| .**************|	0.262219
14	1 451 070	0.74710	| .*************|	0.269837
15	1 412 580	0.72729	| .*************|	0.276878
16	1 373 627	0.70723	| .************|	0.283389
17	1 333 309	0.68647	| .************|	0.289412
18	1 296 936	0.66775	| .***********|	0.294973
19	1 260 799	0.64914	| .***********|	0.300140
20	1 216 427	0.62629	| .**********|	0.304943
21	1 171 438	0.60313	| .**********|	0.309346
22	1 128 113	0.58082	| .**********.	0.313375
23	1 083 980	0.55810	| .**********.	0.317066
24	1 040 498	0.53571	| .**********.	0.320435

图 9-11　样本自相关函数系数图

这里先采用一阶差分的方法来对原始序列进行平稳化转换，具体的办法就是在刚才的"var="后面写"ftse100(1)"，表示对 FTSE100 的原始数据进行一阶差分。并用"outcov="选项将相关的输出结果储存到一个名为 tmp 的数据集中。

```
proc arima data = ft_1;
    identify var = ftse100(1) nlags = 24 esacf p = (1:12) q = (0:12)
    outcov = tmp;
quit;
```

接下来，就可以用储存在 tmp 当中的数据来画出 ACF 变化图，这里 symbol 语句表示画出的 ACF 变化图中 ACF 值和连接线的形状（这里"v = triangle i = needle"表示值的形状用三角形表示，而连接线的形状则用针状图表示），而 plot 语句则告诉 gplot 过程纵轴是 SACF，横轴是滞后期数。

```
proc gplot data = tmp;
    symbol v = triangle i = needle;
    plot corr * lag;
run;
```

输出的图形如图 9-12 所示：

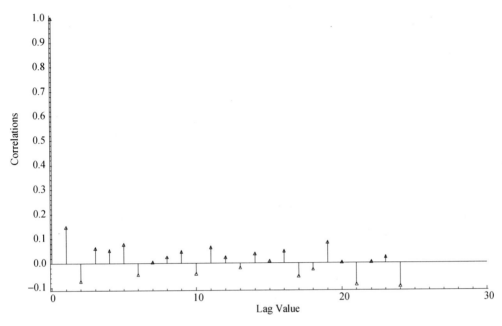

图 9-12　自相关函数图

从图 9-12 中可以看出，在一阶差分后，样本的自相关函数明显呈现指数衰减的特征：从滞后 1 期到滞后 3 期，ACF 迅速地衰减，而且在 3 期后就基本在标准差内小幅度地波动了。因此基本可以认为，ftse100 时间序列在一阶差分后满足平稳性的要求，因此可以进行相应的时间序列分析。输出结果中利用 ESACF 判定的滞后阶数如图 9-13 所示：

```
－－－ESACF－－－
```

$p+d$	q
1	1
11	4
12	3

(5% Significance Level)

图 9-13　利用 ESACF 对 p 与 q 的判定结果

这是 SAS 自动推荐的 $(p+d,q)$ 的值，因此我们可以采取 ARIMA(1,1,1) 模型、ARIMA(11,1,4) 模型和 ARIMA(12,1,3) 模型来进行回归和比较。

下面，我们依然以 ARIMA(0,1,2) 模型为例来展示博克斯-詹金斯方法的后续步骤，即利用极大似然估计 (MLE) 作为参数估计的方法，采用 forecast 语句来生成直到 2013 年 2 月的多步预测。

```
proc arima data = ft_1;
    identify var = ftse100(1) noprint;
    estimate p = 0 q = 2 method = ML;
    forecast out = forecast lead = 24 id = date interval = month noprint;
quit;
```

其中,"out ="表示要将预测的值放到 forecast 数据集中,"lead ="告诉 SAS 我们需要 SAS 预测的时间段(24 个月),"id="指出识别的变量是日期,"interval ="表示预测时间段的区间,"noprint"则告诉 SAS 不要在 print 窗口输出预测结果。输出结果如图 9-14 所示。

The ARIMA Procedure
Maximum Likelihood Estimation

Parameter	Estimate	Standard Error	t Value	Approx Pr>|t|	Lag
MU	15.30866	11.05162	1.39	0.1660	0
MA1,1	−0.18040	0.05893	−3.06	0.0022	1
MA1,2	0.09657	0.05898	1.64	0.1016	2

图 9-14 对 ARIMA 模型的极大似然回归结果

从图 9-14 中的结果可以看出,我们估计的 ARIMA(0,1,2)模型的表达式是:
$$y_t - y_{t-1} = 15.30866 + u_t - 0.18040u_{t-1} - 0.09657u_{t-2} \tag{9.32}$$
这与(9.31)式得出的结果是基本一致的。

进一步,我们要将预测值和实际观测值进行对比,并画图表示。

```
data forecast;
    set forecast;
    if date > '28feb13'd;
    keep date forecast l95 u95;
run;
```

这里首先用 set 语句和 if 语句等将预测的值中 2013 年 3 月到 2015 年 3 月的部分提出来,这里 keep 语句表示将日期"date"、预测值"forecast"、置信下限"l95"和置信上限"u95"等变量保留到 forecast 数据集当中。

```
data forecast;
    merge forecast (in = A)
        ft_2 (in = B keep = date ftse100);
    by date;
run;
```

这里使用 merge 语句将得到的预测数据和实际观察到的 ftse100 的值放在同一个数据集中(因为两个数据都是用"date"来标记的,因此在使用 merge 语句前不用先进行排序)。同时,在 merge 语句中使用 keep 语句来表示从 ft_2 数据集中仅选择所需要的变量 date 和 ftse100。

```
Proc gplot data = forecast;
    Symbol 1 c = yellow i = join v = n;
    Symbol 2 c = yellow i = join v = n;
    Symbol 3 c = red i = join v = star;
    Symbol 4 c = green i = join;
    plot (l95 u95 forecast ftse100) * date / overlay;
run;
```

这里用 gplot 过程对所得的数据画图,在 plot 语句后面接着的是"纵轴 * 横轴",纵轴包括 95% 置信下限、95% 置信上限、预测值和实际 ftse100 值,而前面的 "symbol 1" 等语句定义了纵轴的几个变量的显示形式。得出图形如图 9-15 所示:

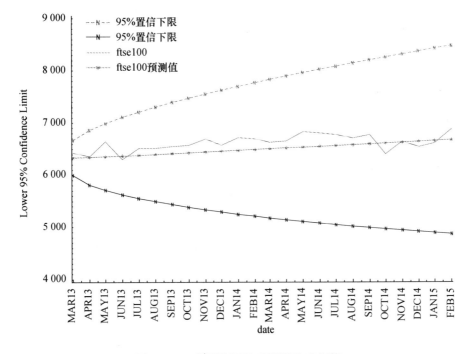

图 9-15 95% 置信区间、预测值和实际值

由上图观察可知,我们得到的 ARIMA(0,1,2) 模型的预测能力并不是很好,预测值与实际值的差值还是相对较大的(虽然观测值均落在了 95% 的置信区间之内),这也间接表明在股票市场很难利用历史数据对未来股市的回报率进行有效预测。至此,我们完成了博克斯-詹金斯方法的全部步骤。

接下来,我们不妨计算一下这个 ARIMA(0,1,2) 模型的均方误差(MSE):

```
data forecast;
    set forecast;
    diff = forecast - ftse100;
    diff2 = diff * diff;
run;
proc means data = forecast noprint;
    var diff2;
```

```
        output out = mse1 mean = mse1;
    run;
```

观察数据集 mse1 中的值可知，该模型的均方误差为 29 739.647772。这与用 EViews 的结果也是基本一致的。

然后，我们选择一个新的模型：带有一个时间趋势项的 ARMA(1,1) 来再进行一次预测，从而对两个模型的均方误差进行比较。这个新的模型的定义是：

$$y_t - \phi_1 y_{t-1} = \theta_0 + k \times t + u_t + \theta_1 u_{t-1} \tag{9.33}$$

```
data ft_3;
    set ftse100;
    if date > '28feb13'd then do;
        ftse100 = .;
        rftse100 = .;
    end;
run;
proc arima data = ft_3;
    identify var = ftse100 crosscorr = (t);
    estimate p = 1 q = 1 input = (t) method = ML;
    forecast out = forecast2 lead = 24 id = date interval = month noprint;
quit;
```

这里在 estimate 语句后面除了 p 和 q 的阶数外，还有"input = (t)"，表示在 ARIMA(1,0,1) 模型中加入一个时间趋势项。然后将预测值和真实观察值放在一起，并计算新模型的均方误差。

```
data forecast2;
    set forecast2;
    if date > '28feb13'd;
    keep date forecast l95 u95;
run;
data forecast2;
    merge forecast2 (in = A)
        ft_2 (in = B keep = date ftse100);
    by date;
run;
data forecast2;
    set forecast2;
    diff = forecast - ftse100;
    diff2 = diff * diff;
run;
proc means data = forecast2 noprint;
    var diff2;
    output out = mse2 mean = mse2;
run;
```

观察数据集 mse2 中的值可知，新模型的均方误差为 20 780.77844，要比前面的 ARIMA(0,1,2)模型的 1 106.839 大，因此运用 MSE 准则，可以认为前面的 ARIMA(0,1,2)模型要优于后面的带有一个时间趋势项的 ARIMA(1,0,1)模型。

本章总结

本章主要介绍了时间序列的一些基本结构和平稳性的概念，并在这些基本结构的基础上较为详细地分析了经典模型 ARMA 过程和 ARIMA 过程的构成。在不考虑随机扰动项自相关的情况下，常用的时间序列模型主要包括平稳模型和有限期滞后模型。在考虑序列相关的前提下，时间序列分析的基本结构包括自回归过程和移动平均过程。时间序列的平稳性则要求该序列满足期望、方差都是常数，同时自协方差函数仅决定于其间隔区间的长度。在此基础上，我们介绍了适用于 ARIMA 过程的时间序列分析的一般方法——博克斯-詹金斯方法。该方法分为四个步骤：平稳化、识别与参数估计、诊断和预测。由于博克斯-詹金斯方法要求时间序列具有平稳性，因此首先要判断时间序列是否平稳，若不平稳则要通过差分转换等方法进行平稳化处理；而对滞后项 p 和 q 的判断则主要采用 SACF 和 SPACF 来进行；在确定了 p 和 q 的值以后，就可以进一步对模型的参数进行估计；然后要诊断回归模型的残差是否为白噪声；最后则是运用回归模型进行预测。

思考与练习

1. 什么是严格平稳、弱平稳？它们之间有什么关系？
2. 时间序列的基本结构有几种？分别是什么？
3. ARMA 过程和 ARIMA 过程之间的区别和联系是什么？怎样使得 ARIMA 过程转换为 ARMA 过程？
4. 应该要用怎样的统计量来判断时间序列是否具有平稳性？这些统计量在 ARIMA 过程的分析中还充当了怎样的重要作用？
5. AIC、BIC 和 MSE 准则有什么作用？具体的判断标准是怎样的？
6. 博克斯-詹金斯方法有哪几个步骤？在 EViews 和 SAS 中应该怎么完成这些步骤？

第十章   时间序列的深入专题

▍本章概要▍

前一章我们介绍了时间序列的经典模型,在这一章我们将探讨时间序列分析中一些较为深入的专题,包括多元因变量、条件异方差、非平稳性检验等问题。其中,VAR模型适用于相互联系的时间序列变量系统,我们对该模型的设定及相关格兰杰因果检验进行了介绍;ARCH模型、GARCH模型适用于时间序列存在条件异方差时的情形;单位根检验用于判断序列是否平稳;协整检验则用于避免伪回归问题。

▍学习目标▍

1. 学会利用VAR模型对向量型时间序列进行分析,掌握格兰杰因果关系检验的方法
2. 掌握ARCH模型和GARCH模型的原理及估计方法,学会相应的软件操作
3. 了解单位根过程的定义,掌握单位根检验的常用方法(DF检验和ADF检验)
4. 理解协整的概念,掌握EG方法和DW方法对协整的检验步骤

第一节   VAR模型

一、向量自回归模型

向量自回归模型(Vector Autoregression Model,VAR)是多元时间序列分析中的一个常用模型。1980年,西姆斯(Sims)率先利用该模型分析多个宏观经济变量之间的关联,在此之后VAR模型便得到普及应用。VAR模型与一般时间序列模型(单变量ARIMA模型)最大的差别在于其同时考虑了多个因变量的相互影响。如果系统中的各个变量及其滞后值之间存在着交互影响,则系统存在**联立性**(Simultaneity)。当然,本节考虑的VAR模型与本书第十六章介绍的**联立方程模型**(Simultaneous Equations Model)有所不同,VAR模型在很大程度上依然是经典时间序列模型ARIMA的推广。

设Y_t为$(k \times 1)$的时间序列向量(包含了k个变量,例如Y_t的第一个元素表示GDP,第二个元素表示利率,第三个元素表示货币供应量,等等)。如果其回归的滞后阶数为p,则模型记为VAR(p),此p阶的向量自回归模型可以写为:

$$Y_t = \gamma + A_1 Y_{t-1} + A_2 Y_{t-2} + \cdots + A_p Y_{t-p} + U_t \tag{10.1}$$

其中,γ代表常数项,是一个$(k \times 1)$的向量;A_j是自回归系数,是一个$(k \times k)$的矩阵,

$j=1,2,\cdots,p$。U_t 为 $(k\times 1)$ 的白噪声向量，它满足如下条件：
$$E(U_t) = 0$$
$$E(U_sU_t) = \begin{cases} \Omega & s = t \\ 0 & s \neq t \end{cases} \tag{10.2}$$

其中 Ω 是 $(k\times k)$ 的对称正定矩阵。

在 VAR(p) 系统中，每一个变量与常数项、其本身的 1 阶至 p 阶滞后值以及其他因变量的 1 阶至 p 阶滞后值形成回归关系，而每个回归的解释变量相同。

令 y_{1t} 表示向量 Y_t 的第 1 个元素，令 γ_i 表示向量 γ 的第 i 个元素，令 a_{ij}^1 表示矩阵 A_1 的第 i 行第 j 列元素。则 VAR(p) 模型实际上可以转化为以下单个方程的形式：

$$\begin{aligned} y_{1t} &= \gamma_1 + a_{11}^1 y_{1(t-1)} + a_{12}^1 y_{2(t-1)} + \cdots + a_{1n}^1 y_{n(t-1)} \\ &+ a_{11}^2 y_{1(t-2)} + a_{12}^2 y_{2(t-2)} + \cdots + a_{1n}^2 y_{n(t-2)} + \cdots \\ &+ a_{11}^p y_{1(t-p)} + a_{12}^p y_{2(t-p)} + \cdots + a_{1n}^p y_{n(t-p)} \end{aligned} \tag{10.3}$$

例如，对于 VAR(1) 模型，如果 $k=2$，则

$$\begin{bmatrix} y_{1t} \\ y_{2t} \end{bmatrix} = \begin{bmatrix} \gamma_1 \\ \gamma_2 \end{bmatrix} + \begin{bmatrix} a_{11} & a_{21} \\ a_{12} & a_{22} \end{bmatrix} \begin{bmatrix} y_{1t-1} \\ y_{2t-1} \end{bmatrix} + \begin{bmatrix} u_{1t} \\ u_{2t} \end{bmatrix} \tag{10.4}$$

可以写成单个方程形式（两个 AR 过程）：

$$\begin{aligned} y_{1t} &= \gamma_1 + a_{11} y_{1t-1} + a_{12} y_{2t-1} + u_{1t} \\ y_{2t} &= \gamma_2 + a_{21} y_{1t-1} + a_{22} y_{2t-1} + u_{2t} \end{aligned} \tag{10.5}$$

由 (10.5) 式可知，VAR 能够用来解释变量 y_{1t} 和 y_{2t} 之间的相互影响。如果 (10.5) 式的两个回归方程均满足古典线性回归假定，同时 u_1 和 u_2 之间不相关，那么以上 VAR(1) 模型的系数估计值可以通过对两式分别进行 OLS 回归而得到。

二、格兰杰因果关系

在 VAR 模型中，我们最为关注的是验证几个因变量之间的相互影响，这可以通过**格兰杰因果关系**（Granger Causality）检验来实现。简言之，格兰杰因果关系检验的目的是验证一组时间序列是否可以被用来预测另外一组时间序列。严格地说，格兰杰因果关系是指：

如果对于所有的 $s>0$，基于 $x_t, x_{t-1}, \cdots$ 预测的 x_{t+s} 的 MSE（均方误差）与用 $x_t, x_{t-1}, \cdots$ 和 $y_t, y_{t-1}, \cdots$ 二者得到的预测 MSE 相同，则 y 不是 x 的格兰杰原因，即如果

$$\text{MSE}[E(x_{t+s} \mid x_t, x_{t-1}, \cdots)] = \text{MSE}[E(x_{t+s} \mid x_t, x_{t-1}, \cdots, y_t, y_{t-1}, \cdots)] \tag{10.6}$$

则 y 不是 x 的格兰杰原因，或者称 x 在时间序列意义上相对于 y 是外生的。换句话说，此时 y 的信息对 x 的预测没有任何信息补充作用。

格兰杰因果关系也可以用另一种方式表达，即如果

$$E(x_t \mid I_{t-1}) \neq E(x_t \mid I_{t-1}/y_t)$$

那么就可以认为 y 是 x 的格兰杰原因，其中 I_{t-1} 表示在 $t-1$ 时期所有变量的信息集。

由于 VAR 模型往往可以转化为若干个单方程模型，因此格兰杰因果关系检验的具体操作可以通过对单个回归方程的 OLS 估计来实现（其中 p 和 q 表示变量 y 和 x 的自回归阶数）：

$$y_t = \gamma_1 + \sum_{i=1}^{p} a_i y_{t-i} + \sum_{i=1}^{q} b_i x_{t-i} + u_t \qquad (10.7)$$

对于(10.7)式,如果设定原假设为:$H_0: b_1 = b_2 = \cdots = b_q = 0$(包括所有的 x 的滞后值的系数),如果原假设成立,则 x 不是 y 的格兰杰原因。

因此,为检验 x 和 y 之间的格兰杰因果关系,需要估计以下两个模型:

无约束回归模型(u):

$$y_t = \gamma_1 + \sum_{i=1}^{p} a_i y_{t-i} + \sum_{i=1}^{q} b_i x_{t-i} + u_t$$

有约束回归模型(r):

$$y_t = \gamma_1 + \sum_{i=1}^{p} a_i y_{t-i} + u_t$$

利用两个回归模型得到的残差平方和 RSS_u 和 RSS_r 来共同构造 F 统计量:

$$F = \frac{(\text{RSS}_r - \text{RSS}_u)/q}{\text{RSS}_u/(n-p-q-1)} \sim F(q, n-p-q-1) \qquad (10.8)$$

通过 F 统计量检验 $b_1, b_2, \cdots, b_q$ 是否显著不为零,其中 n 为样本容量,p 与 q 为无约束回归中 y 与 x 的滞后期阶数。根据(10.8)式,可以判断无限制回归是否显著提高了模型的解释能力。如果得到的统计量大于临界值,则该统计量是显著的,即增加的滞后值能够显著提高模型的解释能力。在这种情况下,我们可以拒绝原假设,从而认定 x 是 y 的格兰杰原因。

此外,如果要证明 x 对 y 有单方向影响,则除了检验 x 是 y 的格兰杰原因之外,还必须要同时拒绝"y 是 x 的格兰杰原因"。否则,x 和 y 就有可能是相互影响的关系,或者存在其他一些不可观测的因素导致二者同时发生变化。为此,我们要将 x 和 y 的位置互换,利用相同的步骤再进行一次 F 检验,对 y 是否是 x 的格兰杰原因进行验证。

格兰杰因果关系对于判定特定序列的可预测性非常有用,因此经常被用于分析多个时间序列变量之间的关系。需要注意的是,格兰杰因果关系不等于逻辑因果关系,我们应当用格兰杰因果检验的结果解释"y 是否有助于预测 x",而不是"y 是否引起 x 变化"。在此基础上,需要根据经济理论和变量的现实意义对它们之间的关系进行解释,从而为推断变量间的真实因果方向提供可靠的证据。

第二节 ARCH 模型与 GARCH 模型

在第八章中我们曾讨论过横截面条件下检验和修正异方差的问题,而时间序列中的异方差问题最早由恩格尔(Engle)和克拉格(Cragg)提出。目前金融领域方面的研究表明,序列异方差在通胀、利率、股票市场收益率、外汇市场中具有相当普遍的应用价值。尽管异方差不会造成参数估计的偏误或者不一致,但是会导致标准误差、t 统计量和 F 统计量失效,因此必须对其进行处理。在实际操作中,首先需要对这种金融时间序列的波动进行建模。

一、自回归条件异方差模型(ARCH)

恩格尔在其研究中首先提出了**自回归条件异方差模型**(Autoregressive Conditional

Heteroskedasticity Model，ARCH)，以度量金融时间序列中特有的波动性特点。自回归条件异方差模型的定义是，考虑模型：

$$y_t = \beta_0 + \beta_1 x_1 + \cdots + \beta_k x_k + u_t$$

其中误差项服从正态分布，即

$$E(u_t) = 0$$

$$E(u_t u_{t+h}) = \begin{cases} \sigma^2, & h = 0 \\ 0, & h \neq 0 \end{cases} \tag{10.9}$$

以上假定与古典线性回归假定并无区别，但是该模型较为特殊的性质是：u 在 t 期的方差取决于它在 $(t-1)$ 期至 $(t-m)$ 期等滞后期的方差值，因此在给定往期的扰动项方差时，该方差体现出序列相关的特性，即**条件异方差**(Conditionally Heteroskedastic)：

$$u_t^2 = a_0 + a_1 u_{t-1}^2 + a_2 u_{t-2}^2 + \cdots + a_m u_{t-m}^2 \tag{10.10}$$

$$E(u_t^2 \mid u_{t-1}, u_{t-2}, \cdots) = a_0 + a_1 u_{t-1}^2 + a_2 u_{t-2}^2 + \cdots + a_m u_{t-m}^2 \tag{10.11}$$

应该注意，如果不给定往期的扰动项方差，那么该模型依然满足同方差特性：

$$\sigma^2 = E(u_t^2) = a_0/(1 - a_1 - a_2 - \cdots - a_m) \tag{10.12}$$

因此，对于可能存在的 ARCH 效应，我们首先可以使用 F 检验来验证条件异方差的存在。假定：

$$H_0 : a_1 = a_2 = \cdots = a_m = 0 \tag{10.13}$$

即在原假设下不存在 ARCH 效应。由于不能直接观察到 σ_t^2，因此恩格尔认为可以对模型

$$y_t = \beta_0 + \beta_1 x_1 + \cdots + \beta_k x_k + u_t$$

进行 OLS 回归，得到 OLS 回归残差 $\hat{u}_t$，然后进行以下回归：

$$\hat{u}_t^2 = \hat{a}_0 + \hat{a}_1 \hat{u}_{t-1}^2 + \hat{a}_2 \hat{u}_{t-2}^2 + \cdots + \hat{a}_m \hat{u}_{t-m}^2 \tag{10.14}$$

基于(10.14)式，可以采用 F 检验来验证原假设

$$H_0 : \hat{a}_1 = \hat{a}_2 = \cdots = \hat{a}_m = 0$$

当时间序列存在 ARCH 效应的时候，可以采用广义最小二乘估计或极大似然估计来对模型的主要参数 β 和辅助参数 a 进行估计，并对异方差进行修正。

二、广义自回归条件异方差模型

波勒斯列夫(Bollerslev)提出的**广义自回归条件异方差模型**(Generalized Autoregressive Conditional Heteroskedasticity Model，GARCH)是 ARCH 模型的延伸，它对时间序列的条件异方差所出现的自相关结构进行了扩展。基本的形式如(10.15)式和(10.16)式所示，而(10.16)式衡量的就是 GARCH 效应：

$$u_t^2 = a_0 + a_1 u_{t-1}^2 + a_2 u_{t-2}^2 + \cdots + a_m u_{t-m}^2 + v_t + \theta_1 v_{t-1}$$
$$+ \theta_2 v_{t-2} + \cdots + \theta_r v_{t-r} \tag{10.15}$$

$$E(u_t^2 \mid u_{t-1}, \cdots, v_{t-1}, \cdots) = a_0 + a_1 u_{t-1}^2 + a_2 u_{t-2}^2 + \cdots + a_m u_{t-m}^2 + \theta_1 v_{t-1}$$
$$+ \theta_2 v_{t-2} + \cdots + \theta_r v_{t-r} \tag{10.16}$$

由上式可以看出，在 GARCH 模型中，不仅有 m 阶的误差平方项的滞后项，还包括了一个白噪声扰动项的 r 阶滞后项。因此，GARCH(m,r) 模型相当于利用 ARMA(m,r)

模型来刻画条件方差所具有的自相关结构。类似 ARCH 模型，我们可以利用极大似然估计法对模型中的参数 (β, α, θ) 进行估计。

第三节 非平稳时间序列与单位根检验

传统的时间序列分析一般假设模型的随机误差是平稳过程，在此基础上根据上一章中博克斯-詹金斯方法对计量经济模型中的参数进行估计和假设检验。事实上，经济指标的时间序列数据往往并不平稳，而平稳和非平稳的时间序列在性质上有很大的差别。例如，对于非平稳序列，由于外生冲击对该序列的影响长期存在，因此我们无法通过该序列的历史信息来预测其未来走势，而平稳序列则不然。此外，如果回归模型中的变量是非平稳的，那么可以证明渐近分析的标准假设不成立，亦即我们所计算的"t 统计量"并不服从 t 分布，"F 统计量"也不服从 F 分布，因此我们在此基础上所做的假设检验也具有误导性。本节中，我们将对非平稳时间序列的结构和检验进行讨论。

一、单位根过程

我们首先介绍一种常见的非平稳时间序列——**单位根过程**（Unit Root Process）。对于一阶自回归随机过程 $\{y_t\}$，如果满足以下条件，那么称 $\{y_t\}$ 为单位根过程：

$$y_t = a_0 + \rho y_{t-1} + u_t \tag{10.17}$$

其中，$\rho=1$，$\{u_t\}$ 为一个平稳的序列。

由此可见，我们常见的随机游走序列（$y_t = y_{t-1} + e_t$，e_t 为白噪声）其实是单位根过程的一个特例。

通过反复迭代，我们可以将单位根过程转换为以下形式：

$$y_t = a_0 t + \sum_{i=1}^{t} u_i \tag{10.18}$$

由此可以看出，单位根过程有着明显的时间趋势。

除了单位根过程，另一种常见的非平稳随机过程是带有趋势项的非平稳过程：

$$y_t = a + bt + u_t \tag{10.19}$$

其中，a 为常数，t 为时间趋势项，$\{u_t\}$ 为一个平稳的序列。

以上随机过程都可以通过差分来实现平稳化转换。一般地，如果非平稳过程 $\{y_t\}$ 的一阶差分是平稳的，则称 $\{y_t\}$ 为一阶**单整**（Integration），或者表达为 $\{y_t\} \sim I(1)$，这表明为了满足平稳性的条件，$\{y_t\}$ 序列必须要进行一阶差分；如果非平稳过程 $\{y_t\}$ 需要经过 d 次差分后才能获得平稳性，则称 $\{y_t\}$ 为 d 阶单整，或者表达为 $\{y_t\} \sim I(d)$。依照这一定义，平稳过程又可以被认为是零阶单整过程，或者表达为 $\{y_t\} \sim I(0)$。使用零阶单整序列进行回归分析时一般不需要进行数据预处理，但是对其他序列进行分析时则需要通过差分等方式进行平稳化处理。

二、平稳性检验

要检验 $\{y_t\}$ 是否为单位根过程，可以基于对模型（10.17）的回归结果来检验 $\rho=1$ 是否成立。如果 $\rho=1$ 为真,那么 t 统计量和 F 统计量都会有非标准的极限分布,因此不能使用传统的 t 检验和 F 检验。为了克服这一问题,迪基(Dickey)和福勒(Fuller)提出了**迪基-福勒检验**(Dickey-Fuller Test,DF),其基本思想是检验:

$$\Delta y_t = a_0 + \theta y_{t-1} + u_t, \quad \theta = \rho - 1 \tag{10.20}$$

原假设为 $H_0:\theta=0$,在此情况下可用 $\hat{\theta}$ 的常规 t 统计量来判断是否否定原假设。注意这里得到的 t 统计量并不服从 t 分布,而是服从迪基-福勒分布,t 统计量的极限分布是迪基-福勒的研究成果之一。

在 DF 检验中,一阶差分变量 Δy_t 可能依然存在显著的自相关性,为了控制这一自相关性所导致的参数估计偏误,我们可以对 DF 检验进行推广,形成**增广的迪基-福勒检验**(Augmented Dickey-Fuller Test,ADF)。ADF 检验在(10.20)式的基础上,假设随机过程 Δy_t 服从 $AR(p)$ 过程,因此检验模型变为

$$\Delta y_t = a_0 + \theta y_{t-1} + \gamma_1 \Delta y_{t-1} + \gamma_2 \Delta y_{t-2} + \cdots + \gamma_p \Delta y_{t-p} + u_t \tag{10.21}$$

在该检验中的原假设不变,即 $H_0:\theta=0$。同时,检验的临界值和拒绝法则都与 DF 检验相同。ADF 检验与 DF 检验的不同在于(10.21)式中加入了 p 个滞后变动项作为解释变量,从而解决了 Δy_t 可能存在的自相关问题。但 ADF 检验对于滞后阶数(p)的大小并无硬性标准,一般的做法是在不影响自由度的情况下尽量多加入一些滞后变动项(例如年度数据可加入 1—2 期滞后项,月度数据最好加入 12 期滞后项)。

基于 DF 检验的框架,菲利普斯和佩龙提出了**菲利普斯-佩龙检验**(Phillips-Perron Test,PP),其目的同样是对 Δy_t 可能存在的序列相关问题进行修正。与 ADF 检验不同,PP 检验在考虑误差项的序列相关时,并没有添加滞后变动项,而是使用了非参数统计方法,对 t 统计量进行非参数修正,从而使修正后的 t 统计量依然服从迪基-福勒分布。具体过程由于涉及非参数方法,因此这里不详细叙述。

第四节 协 整

协整(Cointegration)的概念与**伪回归**(Spurious Regression)有关。格兰杰(Granger)和纽博尔德(Newbold)在 1974 年通过多次回归实验发现,对于两个相互独立的随机游走时间序列 $\{x_t\}$ 和 $\{y_t\}$,它们之间的回归 $y_t = \alpha + \beta x_t + u_t$ 得出的 t 统计量在大多数回归实验中是显著的,说明 $\{x_t\}$ 和 $\{y_t\}$ 之间存在形式上的相关关系。这与两个序列的相互独立假设相矛盾,这种现象即伪回归。伪回归的存在说明,当我们对两个非平稳序列进行回归时,一般需要先采用差分转换的办法来将它们转化为平稳序列。

然而,许多水平变量之间的关系往往具有重要的经济意义,用差分变量来建立模型的时候,有可能无法对水平变量之间的关系做充分的描述,进而达不到检验经济理论、进行经济预测的目的。此外,有时变量的差分形式更适合描述经济现象中的短期状态或者非均衡状态,要研究经济现象的长期均衡状态一般要使用水平变量,即变量本身。协整理论告诉我们,在模型特殊情况下,一个回归里面涉及的非平稳时间序列是"同步"的,这时可以对水平变量进行直接回归,不存在伪回归的问题。这个"同步"的概念,就是协整。

协整的正式定义为:如果两个时间序列 $\{x_t\}$ 和 $\{y_t\}$ 都是 d 阶单整的,而且这两个时间序列的线性组合 $\{a_1 x_t + a_2 y_t\}$ 是 $(d-b)$ 阶单整的,那么称 x_t 和 y_t 是 (d,b) 阶协整的,记

为 $x_t, y_t \sim \text{CI}(d,b)$。构成两个变量线性组合的系数向量 (a_1, a_2) 称为协整向量。

例如,对于 $x_t, y_t \sim \text{CI}(d,d)$,$x_t$ 和 y_t 的线性组合 $a_1 x_t + a_2 y_t$ 是零阶单整的,即该线性组合是平稳序列。

从经济学的角度来看,如果两个变量之间存在长期均衡的关系,那么它们很可能是协整的。如果 x_t 和 y_t 是协整的,而且**均衡误差**(Equilibrium Error)是平稳的且具有零均值的话,我们就可以确信方程:

$$y_t = \alpha + \beta x_t + u_t \tag{10.22}$$

不存在伪回归。因此为了避免伪回归,应该在回归之前检验所涉及的变量是否协整。

协整的检验有两种常见的方法:**恩格尔-格兰杰方法**(Engle-Granger,EG)和**协整回归杜宾-瓦森方法**(Co-integration Regression Durbin-Watson,CRDW)。

EG 法主要包括三个步骤:

第一,判断两个变量 x_t 和 y_t 的单整阶数。这里用到的方法是单位根检验。如果两个变量本身就是平稳的,那么可以直接采用标准时间序列分析的方法处理,不会出现伪回归问题;如果两个变量单整阶数不同,那么这两个变量一定不存在协整关系;如果这两个变量单整阶数相同,可以继续进行第二步。

第二,在同阶单整的情况下,采用 OLS 方法估计长期均衡方程(称为协整回归),即前面的(10.22)式:$y_t = \alpha + \beta x_t + u_t$。并保留 $\hat{u}_t$ 作为均衡误差的估计量。

第三,对于两个协整变量来说,均衡误差必须是平稳的。这样就需要检验该均衡误差 u_t 的估计值 $\hat{u}_t$ 是否平稳,为此可以使用前面单位根检验涉及的 DF 检验或者 ADF 检验。如果 $\hat{u}_t$ 是平稳的,就可以认为 x_t 和 y_t 是协整的。

CRDW 方法相对要更为简单。首先从协整回归((10.22)式的 OLS 回归)中得到 DW 统计量(这里叫作 CRDW 统计量),即

$$\text{CRDW} = \frac{\sum (\hat{u}_t - \hat{u}_{t-1})^2}{\sum (\hat{u}_t - \bar{\hat{u}})^2} \tag{10.23}$$

然后将 CRDW 值与不同的置信水平下的临界值对比,如果 CRDW 值小于置信水平的临界值,那么就可以在该置信水平下拒绝协整的原假设,表明 x_t 和 y_t 不是协整的,否则就可以认为 x_t 和 y_t 是协整的。

第五节 计算机应用实例

在这一章中,我们将介绍两个例子。例 1 涉及的是一个简单的 VAR 模型以及在此基础上的格兰杰因果关系检验,例 2 主要涉及 GARCH 模型的应用。

一、VAR 模型的应用

首先看例 1。该例所用数据在数据集 macro.txt 中,包含 1993 年 1 月至 2014 年 12 月的三个宏观经济指标。其中,ripi 为年化工业生产总值指数的百分比变化,rsmi 为股票指数的百分比变化,int 为三个月国库券利率水平。

我们首先用 EViews 研究该案例。第一步依然是导入数据,具体过程参见第九章内容。新建三个 Series,分别命名为 ripi、rsmi 和 int。将相应的 txt 文件中的数据利用 edit

粘贴到该序列中(见图 10-1)。

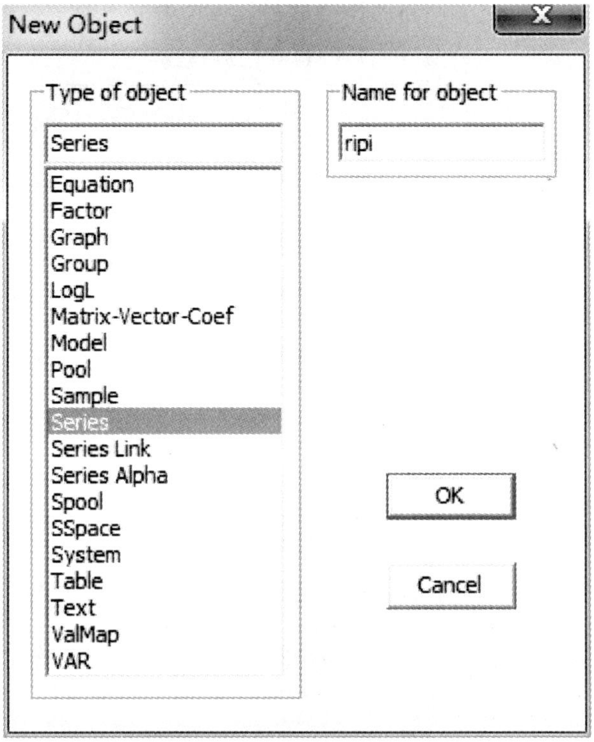

图 10-1　导入时间序列数据

单击"Quick"→"Estimating VAR",在"Endogenous Variables"中输入"ripi pscp",在"Lag Intervals for Endogenous"中输入"1 3",代表我们研究的是 VAR(3)模型,单击"确定",如图 10-2 所示。

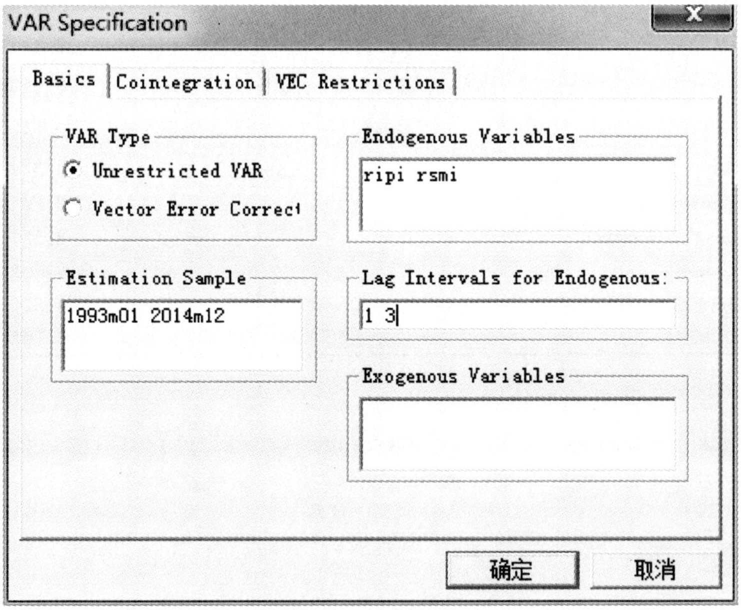

图 10-2　选择 VAR 模型

得出的结果如表 10-1 所示。其中第 1 行是被解释变量,第 1 列是解释变量。表格的底部还给出了 AIC 值。可以根据该准则选择最合适的滞后阶数。

表 10-1　VAR 模型回归结果

	RIPI	RSMI
RIPI(−1)	0.041171	−0.043654
	(0.05951)	(0.52242)
	[0.69186]	[−0.08356]
RIPI(−2)	0.218754	0.669947
	(0.05633)	(0.49450)
	[3.88367]	[1.35481]
RIPI(−3)	0.287396	0.467603
	(0.05773)	(0.50684)
	[4.97809]	[0.92259]
RSMI(−1)	0.006804	0.329762
	(0.00716)	(0.06288)
	[0.94995]	[5.24452]
RSMI(−2)	0.013665	0.018707
	(0.00757)	(0.06649)
	[1.80440]	[0.28136]
RSMI(−3)	0.008021	−0.029698
	(0.00732)	(0.06424)
	[1.09624]	[−0.46231]
R-squared	0.022759	0.111617
Adj. R-squared	0.003598	0.094198
Sum sq. resids	43.82685	3377.834
S. E. equation	0.414572	3.639562
F-statistic	1.187757	6.407676
Log likelihood	−137.4952	−704.4843
Akaike AIC	1.099580	5.444324
Schwarz SC	1.181523	5.526267
Mean dependent	0.232700	0.610602
S. D. dependent	0.415320	3.824128
Determinant resid covariance (dof adj.)		2.264314
Determinant resid covariance		2.161404
Log likelihood		−841.2698
Akaike information criterion		6.538466
Schwarz criterion		6.702352

下面进行格兰杰因果关系检验。

选择"Quick"→"Group Statistics"→"Granger Causality Test",滞后值选择 3(见图 10-3)。

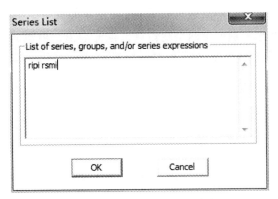

图 10-3　格兰杰因果关系检验

格兰杰因果关系检验的结果如表 10-2 所示：

表 10-2　格兰杰因果关系检验结果

Sample：1993M01 2014M12
Lags：3

Null Hypothesis：	Obs	F-Statistic	Prob.
RSMI does not Granger Cause RIPI	261	3.09703	0.0274
RIPI does not Granger Cause RSMI		0.41587	0.7418

可以看出，我们不能拒绝"RIPI 不是 RSMI 的格兰杰原因"这一原假设，但是我们可以拒绝另一个原假设 H_0："RSMI 不是 RIPI 的格兰杰原因"。因此我们得出结论：RSMI 是 RIPI 的格兰杰原因，而反之则不成立。

下面用 SAS 软件进行相同的分析。第一步依然是导入数据，并对数据集进行简单的描述性统计分析。

```
data macro;
    infile macro;
    input ripi rsmi int;
run;
proc means data = macro;
run;
```

得到结果：

```
MEANS PROCEDURE

Variable    N     Mean       Standard Error    Min           Max
ripi       264   0.2401480   0.4225306        -1.3826697    1.6191651
rsmi       264   0.6325378   3.8114087        -21.4952002   11.5996632
int        264   3.1264015   1.8823104         0.1600000     8.3000000
```

接下来,我们需要进行必要的数据转换,并创建新的变量。我们认为 ripi 和 rsmi 的值依赖于其滞后值,因此分别创建两个变量的三期滞后值。由于 ripi 和 rsmi 都是变量的变化率,因此对 int 进行差分然后再取滞后值是有必要的。

```
data macro;
    set macro;
    ripi_1 = lag(ripi);
    ripi_2 = lag(ripi_1);
    ripi_3 = lag(ripi_2);
    rsmi_1 = lag(rsmi);
    rsmi_2 = lag(rsmi_1);
    rsmi_3 = lag(rsmi_2);
    dint = dif(int);
    dint_1 = lag(dint);
    dint_2 = lag(dint_1);
    dint_3 = lag(dint_2);
run;
```

在前面我们提到过,在 VAR(p) 系统中,自变量除常数项外还包含每一个变量的 p 阶滞后值以及 VAR(p) 中其他变量的 p 阶滞后值。下面我们建立包含 ripi、rsmi 两个变量的 VAR(3) 系统,该 VAR 系统可以拆分为两个方程,即

$$\text{ripi}\_a_1 \text{ripi}\_1 + a_2 \text{ripi}\_2 + a_3 \text{ripi}\_3 + b_1 \text{rsmi}\_1 + b_2 \text{rsmi}\_2 + b_3 \text{rsmi}\_3 \tag{10.24}$$

$$\text{rsmi} = c_1 \text{ripi}\_1 + c_2 \text{ripi}\_2 + c_3 \text{ripi}\_3 + d_1 \text{rsmi}\_1 + d_2 \text{rsmi}\_2 + d_3 \text{rsmi}\_3 \tag{10.25}$$

根据方程(10.24),我们创建 ripi 的 AR(3) 模型,同时加入 rsmi 的三阶滞后值。建立模型的同时进行格兰杰因果关系检验(原假设为 rsmi 的三期滞后值不显著,即 rsmi 对 ripi 没有解释作用)。相关程序如下:

```
proc reg data = macro;
    step1: model ripi = ripi_1 ripi_2 ripi_3 rsmi_1 rsmi_2 rsmi_3;
    test rsmi_1 = 0, rsmi_2 = 0, rsmi_3 = 0;
quit;
```

程序得出的 F 值为 3.10,p 值为 0.0274,在 5% 水平上拒绝了原假设,即 rsmi 前面的系数显著,表明 rsmi 是 ripi 的格兰杰原因。

下面我们将 int 的滞后值加入方程当中,检验 rsmi 在这种情况下是否为 ripi 的格兰杰原因。相关程序如下:

```
proc reg data = macro;
    step2: model ripi = ripi_1 ripi_2 ripi_3 rsmi_1 rsmi_2 rsmi_3 dint_1 dint_2 dint_3;
    test rsmi_1 = 0, rsmi_2 = 0, rsmi_3 = 0;
quit;
```

在这种情况下，F 值和 p 值分别为 2.68 和 0.0472，即在 5% 水平上 rsmi 依然是 ripi 的格兰杰原因。在前面我们已经提到，如果要得到 x 是 y 的格兰杰原因，还要同时拒绝 y 是 x 的格兰杰原因。根据 (10.25) 式，有：

proc reg data = macro;
    step3: model rsmi = rsmi_1 rsmi_2 rsmi_3 ripi_1 ripi_2 ripi_3;
    test ripi_1 = 0, ripi_2 = 0, ripi_3 = 0;
quit;

得到的 F 值为 0.42，不能拒绝原假设，此时我们可以得出结论，ripi 不是 rsmi 的格兰杰原因。综上，我们可以判定 rsmi 是 ripi 的格兰杰原因。

在此基础上，我们还可以在解释变量中加入 int 的滞后值作为对以上结果的稳健性检验，这里不再重复。

二、GARCH 模型的应用

例 2 采用的数据与上一章相同，依然使用文件 ftse100.txt，对富时 100 股票指数序列进行单位根检验以及异方差检验，主要是为了熟悉关于 ADF 检验和 GARCH 模型的一些相关操作。导入数据的过程参见上节。

在本节中，我们利用 EViews 产生新的序列 rftse100，即富时 100 指数的增长率。点击"Genr"，在弹出窗口输入如下方程（见图 10-4）：

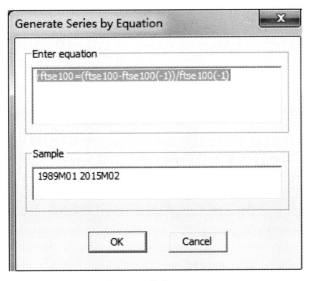

图 10-4　设定 rftse100

点击"OK"，我们将会得到一个有 313 个观测点的新序列。

下面分别对 ftse100 和 rftse100 序列进行平稳性检验。

打开 ftse100 序列，在窗口下选择"View"→"Unit Root Test"。在弹出的窗口中默认滞后值是 18，可以考虑改成 12，即认为滞后 12 个月（见图 10-5）。

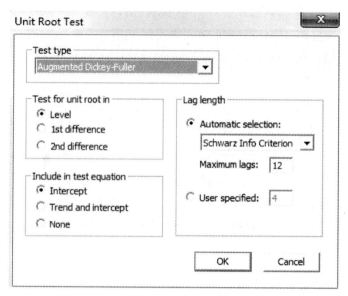

图 10-5　设定滞后值

单击"OK"之后,得到表 10-3:

表 10-3　对 FTSE100 的单位根检验结果

Null Hypothesis：FTSE100 has a unit root
Exogenous：Constant
Lag Length：0 (Automatic based on SIC,MAXLAG=12)

		t-Statistic	Prob.*
Augmented Dickey-Fuller test statistic		−1.421547	0.5719
Test critical values：	1% level	−3.451078	
	5% level	−2.870561	
	10% level	−2.571647	

原假设为 H_0：ftse100 序列是单位根序列。根据 t 统计量和临界值,我们不能拒绝原假设,因此可以判定 ftse100 为非平稳序列。重复上述步骤,只是在选择"Test For Unit Root in"下选择"1st difference"。单击"OK",可以得到表 10-4:

表 10-4　对 D(FTSE100)的单位根检验结果

Null Hypothesis：D(FTSE100) has a unit root
Exogenous：Constant
Lag Length：0 (Automatic based on SIC,MAXLAG=12)

		t-Statistic	Prob.*
Augmented Dickey-Fuller test statistic		−15.87586	0.0000
Test critical values：	1% level	−3.451146	
	5% level	−2.870591	
	10% level	−2.571663	

* MacKinnon(1996) one-sided p-values.

显然,经过差分之后的 ftse100 序列平稳。rftse100 的单位根检验与 ftse100 过程相同,这里不再重复。

接下来我们采用 GARCH(1,1)模型检验序列 rftse100 的 GARCH 效应。

单击"Quick"→"Estimate Equation",选择"ARCH"方法,在弹出的窗口中输入均值方程的形式"rftse100 rftse100(−1)",表明这是一个 AR 过程(见图 10-6)。

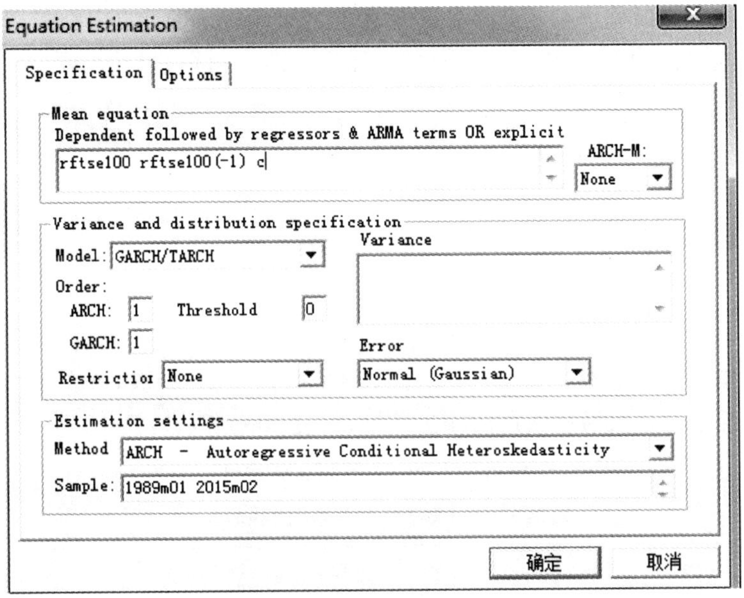

图 10-6　使用 GARCH(1,1)模型估计

单击"确定",可以得到下面的回归结果(见表 10-5):

表 10-5　GARCH 模型回归结果

Variable	Coefficient	Std. Error	z-Statistic	Prob.
RFTSE100(−1)	0.128067	0.067585	1.894891	0.0581
C	0.005574	0.001892	2.945993	0.0032
Variance Equation				
C	8.85E-05	4.95E-05	1.788824	0.0736
RESID(−1)^2	0.133400	0.040175	3.320521	0.0009
GARCH(−1)	0.804904	0.063421	12.69134	0.0000
R-squared	0.021914	Mean dependent var		0.004548
Adjusted R-squared	0.018759	S.D. dependent var		0.035880
S.E. of regression	0.035541	Akaike info criterion		−3.887458
Sum squared resid	0.391590	Schwarz criterion		−3.827473
Log likelihood	611.4434	Hannan-Quinn criter.		−3.863484
F-statistic	1.736413	Durbin-Watson stat		1.907241
Prob(F-statistic)	0.141758			

依据以上信息可知,估计结果为:

主回归：$rftse100_t = 0.0056 + 0.128 \times rftse100_{t-1}$

GARCH 回归：$\hat{u}_t^2 = 0.000089 + 0.133 \times \hat{u}_{t-1}^2 + v_t + 0.805 \times v_{t-1}$

下面采用 SAS 软件对本案例进行分析。

首先按照第九章介绍的操作，对 ftse100.txt 这一数据集进行描述统计分析，并对其进行滞后项的处理。这里不再赘述。

然后，我们对该时间序列进行单位根检验。这里采用的是 ADF 检验。要进行 ADF 检验，就必须在 ARIMA 过程中采用 "stationarity = " 选项，这里 "adf = 12" 表示采用 ADF 检验来看 ftse100 和 rftse100 的单位根，并考虑最大 12 期的滞后（即 1 年）。同时，也可以将 "adf = 12" 改成 "pp = 12"，表示使用 pp 检验。相关程序如下所示：

proc arima;
    identify var = ftse100 stationarity = (adf = **12**);
    identify var = rftse100 stationarity = (adf = **12**);
quit;

这样，在输出中就会显示出 ftse100 和 rftse100 的 ADF 检验，并在输出中有以下的结果（这里只截取了最大滞后 3 期的输出结果，如表 10-6 所示）：

表 10-6 ADF 单位根检验结果

Augmented Dickey-Fuller Unit Root Tests

Type	Lags	Rho	Pr<Rho	Tau	Pr<Tau	F	Pr>F
Zero Mean	0	-258.932	0.0001	-14.95	<.0001		
	1	-311.852	0.0001	-12.48	<.0001		
	2	-263.956	0.0001	-9.59	<.0001		
	3	-210.476	0.0001	-7.89	<.0001		
Single Mean	0	-263.153	0.0001	-15.12	<.0001	114.37	0.0010
	1	-325.097	0.0001	-12.72	<.0001	80.84	0.0010
	2	-285.360	0.0001	-9.83	<.0001	48.33	0.0010
	3	-234.452	0.0001	-8.12	<.0001	32.96	0.0010
Trend	0	-264.057	0.0001	-15.13	<.0001	114.48	0.0010
	1	-328.150	0.0001	-12.74	<.0001	81.16	0.0010
	2	-290.247	0.0001	-9.86	<.0001	48.64	0.0010
	3	-239.703	0.0001	-8.14	<.0001	33.15	0.0010

这里 "Zero Mean" 表示对于 ADF 检验的回归等式不含截距项：

$$\Delta y_t = \theta y_{t-1} + \gamma_1 \Delta y_{t-1} + \gamma_2 \Delta y_{t-2} + \cdots + \gamma_p \Delta y_{t-p} + u_t \tag{10.26}$$

"Single Mean" 则表示含截距项的 ADF 检验回归式（采用(10.21)式），即

$$\Delta y_t = a_0 + \theta y_{t-1} + \gamma_1 \Delta y_{t-1} + \gamma_2 \Delta y_{t-2} + \cdots + \gamma_p \Delta y_{t-p} + u_t \tag{10.27}$$

而 "Trend" 则表示在 ADF 检验的回归方程中加入时间趋势项 $a_1 t$，即

$$\Delta y_t = \theta y_{t-1} + \gamma_1 \Delta y_{t-1} + \gamma_2 \Delta y_{t-2} + \cdots + \gamma_p \Delta y_{t-p} + a_1 t + u_t \tag{10.28}$$

其中的 rho 检验和 t 检验都是基于相同的原假设(H_0:存在单位根),它们得出的结果一般相同。F 检验的原假设是:在"Single Mean"中具有零均值和单位根,在"Trend"中不具有时间趋势和单位根。

接着利用 GARCH(1,1)模型来估计 rftse100 的条件异方差特性(用 autoreg 过程实现):

proc autoreg;
  model rftse100 = rftse100_1 / garch = (q = 1, p = 1);
quit;

输出的结果主要如下所示,可以得到 GARCH 效应的大小。

GARCH Estimates

SSE	0.39145042	Observations	312
MSE	0.00125	Uncond Var	0.00139636
Log Likelihood	611.414344	Total R-Square	0.0223
SBC	−1194.1137	AIC	−1212.8287
MAE	0.02610087	AICC	−1212.6326
MAPE	135.730707	Normality Test	59.5629
		Pr>ChiSq	<.0001

Variable	DF	Estimate	Standard Error	t Value	Approx Pr>|t|
Intercept	1	0.005471	0.001910	2.86	0.0042
rftse100_1	1	0.1303	0.0665	1.96	0.0502
ARCH0	1	0.0000687	0.0000405	1.70	0.0899
ARCH1	1	0.1192	0.0335	3.56	0.0004
GARCH1	1	0.8317	0.0515	16.16	<.0001

依据以上信息,SAS 给出的 GARCH 模型估计结果为:

主回归:$\text{rftseq00}_t = 0.005471 + 0.1303 \times \text{rftse100}_{t-1}$

GARCH 回归:$\hat{u}_t^2 = 0.0000687 + 0.1192 \times \hat{u}_{t-1}^2 + v_t + 0.8317 \times v_{t-1}$

因为软件使用的迭代过程和优化算法不同,因此 EViews 和 SAS 所得出的参数估计值大小有一定区别,这种情况是正常的。

本章总结 》

  本章介绍了四个方面的内容:VAR 模型、条件异方差、单位根检验和协整检验。VAR 模型能够处理多个因变量的时间序列向量,格兰杰因果关系可以通过有约束回归和无约束回归所计算出的 F 值来判断多个时间序列之间的因果关系;ARCH、GARCH 模型能够处理时间序列的条件异方差问题,从而对许多金融时间序列数据实现更好的拟合;单位根检验的方法包括 DF 检验、ADF 检验和 PP 检验三种方法;协整检验则可以在非平稳序列回归时避免伪回归的问题。

思考与练习

1. VAR 模型是什么？格兰杰因果关系是什么？其检验方法有什么样的经济意义？

2. 时间序列中的条件异方差模型（ARCH 模型和 GARCH 模型）是如何刻画随机扰动项的条件方差的？这两个模型有怎样的区别和联系？

3. 单位根过程是什么？常用的单位根检验有哪几种方法？

4. 什么是协整关系？常用的协整检验的具体步骤是什么？

第十一章　　混合截面数据模型

▎本章概要▎

本章主要讨论了几种基于混合截面数据的计量经济学模型。我们首先介绍了独立混合截面数据的基本特点及数据合并的前提条件,并由此引出了检验数据结构突变的两种常用方法:分样本回归法和虚拟变量法。然后,我们重点讨论如何利用倍差法对混合截面数据进行政策分析。在本章的最后,我们用实例来演示用EViews与SAS软件检验数据结构突变和进行倍差分析的流程。

▎学习目标▎

1. 能够区分计量经济学中的四种主要数据,并正确理解独立混合截面数据的特点
2. 掌握将两个或多个独立的横截面数据进行合并的前提条件
3. 能够利用两种不同的方法(分样本回归法和虚拟变量法)检验结构突变
4. 掌握倍差法的原理,并能够用倍差法进行简单的政策效应分析

第一节　混合截面数据的性质

在第一章中我们讲过,计量经济学研究所使用的数据主要有四种类型:横截面数据、时间序列数据、合并截面(或称混合截面)数据和面板数据。其中,横截面数据是在特定时点上某个样本所有个体的观测信息。时间序列数据是某一个变量按照时间顺序得到的观测值。合并截面数据是将两个(或多个)不同时点上的横截面数据进行合并所得,且不同时点的样本互相独立。例如,将2000年、2010年两次人口普查所得到的数据合并到一起就可以得到一个合并截面数据,而在这个数据中两次普查样本所包含的个体则不尽相同。与混合截面数据相比,面板数据对数据结构有更严格的要求,它要求不同时点上观测到的样本完全相同,因此需要依靠追踪调查的方法来取样(我们在下一章中会对面板数据做更为详细的介绍)。

对于独立混合截面数据,我们往往可以用以前所学的普通线性回归方法对合并后的数据进行分析。这样有以下两点好处:第一,使用合并后的数据可以大大扩大样本容量。由于在线性回归中,自由度与样本容量正相关,因此样本量的增加可以提升回归自由度并减小估计值的方差,从而使估计值更加准确、更具有统计显著性;第二,由于混合截面数据反映了不同时间点之间的信息变化,如果两个时点中间发生了某些政策改革,则利用混合截面数据可以通过改革前后的对比来对政策变革效果进行有效分析,因此混合截面数据模型常常被用于进行实证政策分析。

需要注意的是,将不同时点的横截面数据进行合并需要满足严格的前提假设。除了各截面所包含的变量及度量方式需要保持一致以外,我们还要求自变量与因变量的关系

不随时间而变化,即影响机制保持不变,这时我们才认为数据合并是合理的。如果影响机制发生变化,那么不同时点回归出的斜率系数自然就会不一致,这时将数据合并在一起就会掩盖分样本之间的这一区别。基于此前提,我们在使用混合截面数据进行回归之前必须首先确定数据合并的合理性。这一检验的具体方法我们在第二节中进行详述。

另外需要注意的是,即使在满足以上前提假设的条件下,我们在对混合截面数据进行回归时依然需要引入时间虚拟变量,以反映不同时点在截距方面的变化。举例来说,假设我们需要研究劳动者工资率的决定因素,因变量为工资率的对数(log(wage)),自变量包括劳动者的教育水平(edu)、工作经验(exp)、性别(female)、是否为工会会员(union)。我们利用 2000 年和 2005 年两个年度的抽样调查收集到了两个独立的横截面数据。如果假定各自变量和因变量的关系在 2000—2005 年间保持稳定,那么我们就能够将两年的数据进行合并。此时,为了反映时间的影响,我们通常需要在回归中加入虚拟变量"y_{05}"以反映 2005 年的信息。利用我们在第六章中介绍的虚拟变量性质可知,2000 年此时被作为基准年,两年的差别由时间虚拟变量的斜率系数体现。回归方程如下:

$$\log \text{wage} = \beta_0 + \delta_0 y_{05} + \beta_1 \text{edu} + \beta_2 \exp + \beta_3 \text{female} + \beta_4 \text{union} + u \qquad (11.1)$$

上式假设教育、工作经验等因素对工资率的影响机制不随时间而改变,因此年度虚拟变量 y_{05} 反映了两年之间工资率的绝对差异,该差异一般是由与自变量不相关的宏观因素(如通货膨胀)引起的。

第二节 混合截面数据的检验

一、结构突变

在前面的例子中,个人教育水平对工资率的影响很可能随时间的变化而变化(即系数 β_1 在两年之中发生了改变),这种影响机制的变化又被称为**结构突变**(Structural Break)。一种可能的情形是,在 2000 年,教育水平对工资率的影响较小;但在 2005 年之后,由于劳动力市场越来越重视教育水平和学历在工作中的作用,导致教育的回报率产生了变化。在这种情况下,我们需要构建 y_{05} 与 edu 的交互项,即将 $y_{05} \cdot$ edu 加入到回归方程中,从而反映教育和年份对工资的交互影响。类似地,如果各个自变量的影响机制在两年中均可能出现变化,那么我们可以将 y_{05} 与每个自变量都进行交叉,得到如下回归模型:

$$\log \text{wage} = \beta_0 + \delta_0 y_{05} + \beta_1 \text{edu} + \delta_1 y_{05} \cdot \text{edu} + \beta_2 \exp + \delta_2 y_{05} \cdot \exp \\ + \beta_3 \text{female} + \delta_3 y_{05} \cdot \text{female} + \beta_4 \text{union} + \delta_4 y_{05} \cdot \text{union} + u \qquad (11.2)$$

用 log wage 对 edu 求偏导可得:

$$\frac{\partial \log \text{wage}}{\partial \text{edu}} = \beta_1 + \delta_1 y_{05}$$

可见教育水平对工资率的边际影响(即教育的边际回报率)与虚拟变量 y_{05} 相关。如果 δ_1 大于 0,其含义是 2005 年教育的边际回报率大于 2000 年,体现了两年之间教育对工资的影响机制的区别。

二、利用分样本回归检验结构突变

结构突变的可能性使我们在利用混合截面数据进行回归之前需要首先检验数据合并的前提条件是否成立,即各个自变量对因变量的影响机制是否在两个时期发生了变化,这就是**结构突变检验**(Structural Break Test)。该检验的常用方法有两种:分样本回归法和虚拟变量法。

利用本书第五章所述的 F 检验(邹氏检验)原理,用分样本回归法验证结构突变可以被看作是对一系列参数联合限制条件的假设检验。对于两个独立横截面数据,我们假设第一期的模型回归系数是 α,第二期的模型回归系数是 β,则可以构建以下分样本回归模型:

$$\text{第一期}: y = \alpha_0 + \alpha_1 x_1 + \alpha_2 x_2 + \cdots + \alpha_k x_k + u_1 \tag{11.3}$$

$$\text{第二期}: y = \beta_0 + \beta_1 x_1 + \beta_2 x_2 + \cdots + \beta_k x_k + u_2 \tag{11.4}$$

若模型(11.3)和(11.4)中所有的斜率系数都相等($\alpha_i = \beta_i$, $i = 1, 2, \cdots, k$),则说明不存在结构突变,可以将两期数据合并为混合截面数据,进行混合样本回归:

$$\text{混合样本}: y = \theta_0 + \theta_1 x_1 + \theta_2 x_2 + \cdots + \theta_k x_k + u \tag{11.5}$$

因此,我们的原假设 $H_0: \alpha_i = \beta_i$, $i = 1, 2, \cdots, k$。基于 F 检验的基本原理,在原假设下,我们可以基于模型(11.5)进行**混合样本回归**(Pooled OLS),并根据其回归残差得到约束模型的 RSS(记作 $\text{RSS}_r = \text{RSS}_{\text{pool}}$);在原假设不成立的情况下,我们可以分别基于模型(11.3)和(11.4)进行**分样本回归**(Separate OLS),得到无约束模型的 RSS(即分样本回归 RSS 的总和,记作 $\text{RSS}_{\text{ur}} = \text{RSS}_1 + \text{RSS}_2$)。进而可以构建 F 检验的统计量:

$$F = \frac{(\text{RSS}_{\text{pool}} - \text{RSS}_1 - \text{RSS}_2)/k}{(\text{RSS}_1 + \text{RSS}_2)/(n_1 + n_2 - 2k - 2)} \sim F_{k, n_1 + n_2 - 2k - 2} \tag{11.6}$$

其中,RSS_{pool} 是混合样本回归的残差平方和,RSS_1 是第一期分样本回归的残差平方和,RSS_2 是第二期分样本回归的残差平方和。k 为自变量的个数,n_1 与 n_2 分别为第一期和第二期的样本容量。计算出 F 统计量之后,再与检验临界值相比较,判断能否拒绝原假设。

以本节开头的案例为例,为了验证在工资率的决定机制研究中是否可以将 2000 年和 2005 年的数据进行合并,我们可以进行以下 F 检验:

$$F = \frac{(\text{RSS}_{\text{pool}} - \text{RSS}_{2000} - \text{RSS}_{2005})/4}{(\text{RSS}_{2000} + \text{RSS}_{2005})/(n_1 + n_2 - 10)} \sim F_{4, n_1 + n_2 - 10} \tag{11.7}$$

其中,RSS_{pool} 是混合样本回归的残差平方和,RSS_{2000} 和 RSS_{2005} 分别是基于 2000 年和 2005 年样本进行分样本回归的残差平方和。基于计算得到的 F 值,如果不能拒绝原假设,则可以认为数据中不存在结构突变,从而可以将两年的数据合并;否则不能进行数据合并。

三、利用虚拟变量检验结构突变

以上介绍的分样本回归法实际上是对普通 F 检验的直接应用,因此理解起来具有简单、直观的优点。然而,该方法在实际操作中的一个缺点是需要分别进行分样本和混合样本的回归,因此比较烦琐。接下来,我们介绍另一种检验结构突变的方法——虚拟变量法。它同样能够达到以上 F 检验的目的,并且只需要运行一次回归即可。

虚拟变量法的原理是在混合样本回归中引入时间虚拟变量,并构造其与各个自变量的交互项,以反映时间效应与每个自变量影响机制的交互作用。在此基础上,对结构突变的检验就变为了对各个交互项联合显著性的检验。

对于模型(11.5),假设我们以 D_2 作为第二期的虚拟变量,则可以构造回归模型如下:

$$y = \theta_0 + \theta_1 x_1 + \theta_2 x_2 + \cdots + \theta_k x_k + \delta_0 D_2 + \delta_1 x_1 D_2 + \delta_2 x_2 D_2 \\ + \cdots + \delta_k x_k D_2 + u \tag{11.8}$$

使用混合截面数据对模型(11.8)进行回归,结构突变检验的原假设为:

$$H_0 : \delta_1 = \delta_2 = \cdots = \delta_k = 0$$

根据第六章所述的假设检验方法,构造常规 F 统计量如下:

$$F = \frac{(\text{RSS}_r - \text{RSS}_{ur})/k}{\text{RSS}_{ur}/(n_1 + n_2 - 2k - 2)} \sim F_{k, n_1 + n_2 - 2k - 2} \tag{11.9}$$

其中,RSS_r 为约束模型(即不含交互项回归)的残差平方和,RSS_{ur} 为无约束模型(即含交互项回归)的残差平方和。n_1 和 n_2 分别为第一期和第二期的样本数。计算出 F 统计量之后,再与检验临界值相比较,判断能否拒绝原假设。

与分样本回归法相比,虚拟变量法具有以下方面的优势。首先,虚拟变量法只需进行一次回归,即混合截面数据回归,因此操作更为简洁。其次,利用虚拟变量法我们能够检验一部分(而非全部)交互项的联合显著性,比较直观地判定结构突变的来源,从而更为灵活地依据数据特征来设定混合样本回归模型。最后,基于虚拟变量法下的回归不仅可以用于结构突变检验,同时也可以直接用于政策效果评估,即检验两个时间之间发生的政策改革是否改变了某些自变量的影响机制。

值得注意的是,无论采用分样本回归法还是虚拟变量法,我们在进行结构突变检验时必须事先确定结构突变的时间点。对于两期独立截面数据来说,这一过程毫不费力,但对于多期截面数据,就需要在确定该时间点后将总体样本依据该点分为前后两部分,并用统一的虚拟变量赋值(该虚拟变量不再表示某一年的观测值,而表示"突变点"之后的所有观测值)。具体操作方法可以参考本章后面的计算机应用实例。

第三节 利用独立混合截面进行政策分析

一、自然实验

独立混合截面分析方法被广泛运用于分析某个事件或某项政策的具体影响,尤其是当数据来源于**自然实验**(Natural Experiment)时。自然实验是相对于在实验室进行的**随机控制实验**(Randomized Control Experiment)来说的。在社会科学研究中,由于经费及人力的制约,以及科研伦理方面的约束,我们很难进行随机控制实验,而是常常依赖于自然发生的实验来作为政策评估的依据。一般来说,当某个事件(例如,政策变化、自然条件的改变等)的发生是外生的(即与我们要研究的因变量不直接相关),并且它对个人、家庭或企业的行为造成了影响时,我们便称其为自然实验。不同于控制实验,在自然实验当中,**实验组**(Treatment Group)和**对照组**(Control Group)不是被随机抽取的,而是根据该事件的影响范围自然而然被分配的。相应地,如果个体受到了某个事件或政策的影响,则应划归为实验组;相反,没有受到政策影响的个体则归为对照组。通过比较这两组在自然实验发生前后的行为变化差别,即可对相关政策变化的效果或影响进行评估。这一思想在计量经济学中就体现为"倍差法"。

二、倍差法

倍差法(Difference in Difference,DID)一般用于检测在两个时期之间的政策变化对某一关注变量产生的影响。顾名思义,该方法的使用依赖于对关注变量中两个差别,即政策变化前后的时间差别和实验组与对照组之间的组间差别的计算。其基本思想是:首先分别计算实验组与对照组在政策变化前后的时间差别,然后将两个时间差别进行差分,得到的"差别中的差别"即可被认为是政策产生的"净影响"。

例如,假设某大学于2010年进行了学制改革,通过开设实验班来对该班同学进行以素质拓展为主的通识教育。我们希望用倍差法来度量该政策改革对学生成绩产生的影响。分析可知,在该自然实验中,进入实验班的同学被视为"实验组",而其他同年入校的同学则可归为"控制组"。如果我们不使用混合截面数据,而是仅仅依靠改革后的横截面数据来比较实验组和控制组的成绩差别(即组间差异),则我们的评估可能具有很大的误导性,因为这一差别很可能并不是由于教育改革引起的,而是由于选择参加实验班的学生本来成绩就比其他学生优异(在计量经济学里,这又被称为"自选择偏误")。为了解决这一问题,并揭示政策改革的真实效应,我们可以尝试使用 DID 模型。根据定义,我们需要收集每个观测个体(包括实验组和控制组的成员)在政策改革之前(例如2009年)和政策改革之后(例如2011年)两个时期的数据。设因变量 y 为学习成绩(GPA),T 为实验组虚拟变量($T=1$ 表示观测个体为实验组样本)。则回归方程如下所示:

$$第一时期:y = \alpha_0 + \theta_{before} T + u_1 \tag{11.10}$$

$$第二时期:y = \beta_0 + \theta_{after} T + u_2 \tag{11.11}$$

其中,θ_{before} 是改革前的**纯粹组间差**(Pure Group Difference),即实验组和控制组在学习成绩方面的基准差异。如果 θ_{before} 大于 0,则表明实验组的同学本身学习成绩就比控制组的同学要好。θ_{after} 表示政策实施之后的组间差,我们可以认为它由两部分构成:纯粹组间差(θ_{before})和由教育改革导致的组间差异。因此,DID 对政策效应的估计值就可以表达为 $\theta_{after} - \theta_{before}$,即从总效应中减去纯粹组间差带来的影响,从而得到政策的**净效应**(Treatment Effect)。这种方法比较直观,但是需要进行两次回归(自然实验发生前与发生后),因此操作比较麻烦。

另一种更为简洁的方式是将两年的数据合并在一起,进行混合截面数据回归,模型如下:

$$y = \beta_0 + \delta_0 \text{After} + \delta_1 T + \delta_2 \text{After} \cdot T + u \tag{11.12}$$

模型(11.12)引入了两个虚拟变量 After 与 T,其中,After 代表时间虚拟变量(After=1 表示政策改革之后,即第二期),T 代表组虚拟变量($T=1$ 表示实验组)。除此之外,回归方程中还包含了 T 与 After 的交互项,该交互项的系数 δ_2 即为 DID 对政策净效应的估计值。分析可知,

$$\delta_2 = \theta_{after} - \theta_{before}$$

即两种方法得到的估计结果是一致的。

细心的读者会发现,在以上回归中,我们均没有考虑其他因素(如性别、家庭背景、入

学成绩等)对学生学习成绩的影响,因此该回归可能会有"遗漏变量"的问题。在一个更加完整的 DID 模型中,我们应该把这些因素考虑进来,并作为解释变量加入回归。因此,完整的 DID 回归模型如下:

$$y = \beta_0 + \delta_0 \text{After} + \delta_1 T + \delta_2 \text{After} \cdot T + \beta_1 x_1 + \beta_2 x_2 + \cdots + \beta_k x_k + u \quad (11.13)$$

与模型(11.12)相比,模型(11.13)中的关键变量 δ_2 代表在控制 $x_1, x_2, \cdots, x_k$ 等因素的影响后,教育改革对学生学习成绩的影响。值得注意的是,虽然在简单 DID 模型(即不控制 $x_1, x_2, \cdots, x_k$ 等因素的影响)中,分样本回归与混合样本回归所得的政策效应估计值相同(即在模型(11.10)和(11.12)中 $\delta_2 = \theta_{\text{after}} - \theta_{\text{before}}$),但是在扩展的 DID 模型(即在回归中加入 $x_1, x_2, \cdots, x_k$ 等因素的影响)中,两种方法得到的政策效应估计值不同。此时,混合样本回归(即模型(11.13))所提供的估计值是正确(无偏)的,因此我们在 DID 分析时推荐使用这种虚拟变量交互项的方法。

最后,我们需要注意 DID 方法的有效性取决于其**平行趋势**(Parallel Trend)假定,即假定实验组与控制组的基准组间差异((11.10)式中的 θ_{before})在政策改变的前后不发生改变。也就是说,在没有自然实验发生的情况下,两组在第二个时期的差异应该等于它们在第一个时期的差异。平行趋势假定保证实验组与控制组的可比性,使控制组可以作为实验组的有效对照样本。如果平行趋势假定不满足,那么 DID 预测的政策效应将出现偏差,因为部分政策效应的估计值可能来源于纯粹组间差异在两个时期中的变化。所以,在进行 DID 分析之前,一个经验丰富的实证研究者一般会花些时间将实验组与控制组观测个体的基本特征进行对照,从而确认它们之间的可比性,为平行趋势假定提供证据。

第四节　计算机应用实例

一、结构突变检验

本章的第一个计算机应用实例是分别利用 EViews 和 SAS 软件对混合截面数据中的结构突变进行检验。研究背景如下:

在宏观经济学中,我们常常关注政府的货币政策对本国利率的决定机制。假定我们在数据文件 intdef.txt 中收集到某国 1989—2014 年的三个宏观经济指标:三个月的短期存款利率(int),用以衡量无风险投资回报率;通货膨胀率(rcpi),代表价格指数 CPI 的百分比变化;政府的财政赤字(def)。我们进一步假定在样本时期(1997 年)中发生了一次货币政策的变革:该国中央银行(货币政策的制定者)将其政策目标从货币发行量的调控转为了对短期利率的调控。我们希望研究中央银行的这一政策变革是否会影响本国的利率决定机制。换句话说,我们希望研究利率决定回归等式在政策改变后是否发生了结构突变。为此,我们创建一个时间虚拟变量 post97,表示 97 年之后的观测样本,用以衡量政策改变所产生的结构突变效应。

在 EViews 中,首先通过"File"→"Open"→"Workfile"新建工作文件,并且导入数据 int、rcpi 和 def(见图 11-1)。如果事先没有已经整理好的数据集,也可以手动输入。

第十一章 混合截面数据模型

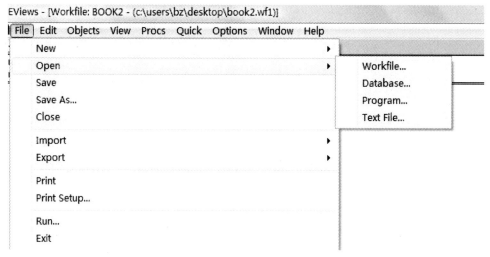

图 11-1 导入数据

接着,如图 11-2 所示,选择"Quick"→"Estimate Equation",在弹出的窗口中输入方程。

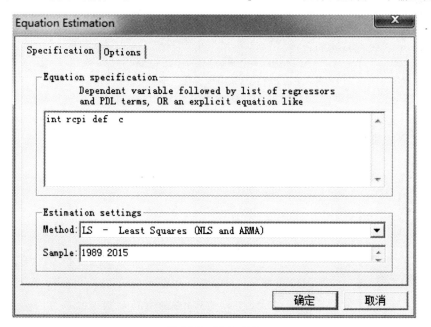

图 11-2 输入方程

单击"确定"后得到如下结果(见表 11-1):

表 11-1 混合数据 OLS 的回归结果

Dependent Variable:INT
Method:Least Squares
Date:04/23/11 Time:20:36
Sample (adjusted):1989 2014
Included observations:26 after adjustments

（续表）

Variable	Coefficient	Std. Error	t-Statistic	Prob.
RCPI	0.936969	0.321201	2.917083	0.0078
DEF	−0.000148	4.88E-05	−3.040746	0.0058
C	4.390124	1.230113	3.568878	0.0016
R-squared	0.502979	Mean dependent var		5.305991
Adjusted R-squared	0.459759	S. D. dependent var		3.735956
S. E. of regression	2.745967	Akaike info criterion		4.966311
Sum squared resid	173.4277	Schwarz criterion		5.111476
Log likelihood	−61.56204	Hannan-Quinn criter.		5.008113
F-statistic	11.63784	Durbin-Watson stat		0.656016
Prob(F-statistic)	0.000322			

这是混合数据（pool data）估计出来的结果。在前面我们已经提到过，数据能够进行合并的前提是被解释变量和解释变量之间的关系保持稳定。在 EViews 中进行这种稳定关系的检验十分方便。假如我们需要检验这种关系是否在 1997 年发生了突变，选择"View"→"Stability Test"→"Chow Breakpoint Test"，弹出窗口如图 11-3 所示：

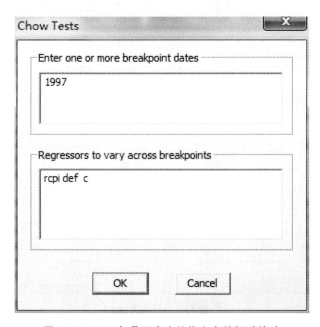

图 11-3 1997 年是否发生结构突变的邹氏检验

通过上面的操作，我们可以利用分样本回归法进行结构突变的邹氏检验。在弹出的窗口中输入需要拆分的数据个数，如 1989—2014 年全样本一共 26 个数据，现在以 1997 年为分界点分为前后两组，分别有 8 和 18 个观测值。输入相应数字后，表 11-2 为邹氏检验结果：

表 11-2　邹氏检验结果

Chow Breakpoint Test：1997
Null Hypothesis：No breaks at specified breakpoints
Varying regressors：All equation variables
Equation Sample：1989 2014

F-statistic	4.798524	Prob. $F(3,20)$	0.0112
Log likelihood ratio	14.09708	Prob. Chi-Square(3)	0.0028
Wald Statistic	14.39557	Prob. Chi-Square(3)	0.0024

可以看出 F 统计量为 4.7985，相应 p 值为 0.0112，因此我们可以在 5% 的显著性水平上拒绝原假设（无结构突变），即认为 1997 年的政策变化的确影响了利率的决定机制。因此，我们在回归分析利率的决定方程时不能简单将各年的观测值作为混合截面数据回归。

另外，我们也可以尝试用虚拟变量法检验结构突变。在上述回归的基础上添加时间虚拟变量 post97 作为表示政策变化之后的指示变量，然后建立方程，如图 11-4 所示：

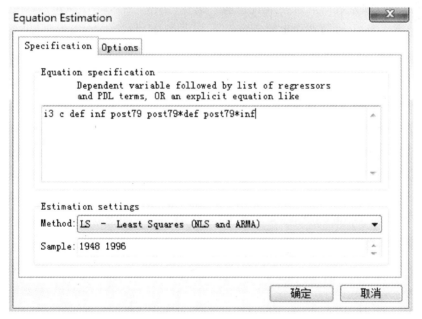

图 11-4　输入加入时间虚拟变量的方程

单击"确定"之后，检验结果如表 11-3 所示：

表 11-3　虚拟变量法检验结果

Dependent Variable：INT
Method：Least Squares
Date：04/23/11　Time：20:39
Sample (adjusted)：1989 2014
Included observations：26 after adjustments

(续表)

Variable	Coefficient	Std. Error	t-Statistic	Prob.
C	5.409401	2.771687	1.951664	0.0651
RCPI	1.012025	0.522868	1.935526	0.0672
DEF	−0.000715	0.000790	−0.905289	0.3761
POST97	0.919750	3.059792	0.300592	0.7668
POST97 * RCPI	−1.883867	0.766770	−2.456887	0.0233
POST97 * DEF	0.000659	0.000791	0.833430	0.4144
R-squared	0.710997	Mean dependent var		5.305991
Adjusted R-squared	0.638746	S.D. dependent var		3.735956
S.E. of regression	2.245474	Akaike info criterion		4.654884
Sum squared resid	100.8430	Schwarz criterion		4.945214
Log likelihood	−54.51350	Hannan-Quinn criter.		4.738489
F-statistic	9.840681	Durbin-Watson stat		0.810450
Prob(F-statistic)	0.000073			

我们进行三项系数的联合显著性检验。选择"View"→"Coefficient Tests"→"Wald Coefficient Restrictions",在弹出窗口输入下式(见图 11-5):

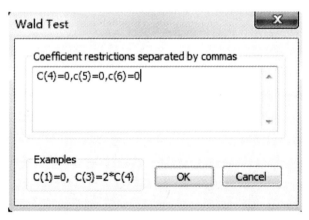

图 11-5 设定联合显著检验

得到检验结果如表 11-4 所示:

表 11-4 Wald 检验结果

Wald Test:
Equation: Untitled

Test Statistic	Value	df	Probability
F-statistic	4.798524	(3, 20)	0.0112
Chi-square	14.39557	3	0.0024

Null Hypothesis Summary:

Normalized Restriction (=0)	Value	Std. Err.
C(4)	0.919750	3.059792
C(5)	−1.883867	0.766770
C(6)	0.000659	0.000791

Restrictions are linear in coefficients.

观察 F 统计值(4.7985)和对应的 p 值(0.0112),我们同样发现应该在 5% 的显著性水平上拒绝原假设,这和利用分样本回归方法得到的结果是一致的。

下面用 SAS 实现类似操作。在导入数据 intdef.txt 之后,依据时期不同拆分数据。我们将 1997 年及其之前的数据导入到新建的数据集 intdef_1 中,将 1997 年之后的数据放在 intdef_2 中。程序代码如下:

```
data intdef_1;
    set intdef;
    if post97 = 0;
run;
data intdef_2;
    set intdef;
    if post97 = 1;
run;
```

根据(11.5)式,进行分样本回归的邹氏检验需要计算合并后的残差平方和,同时分别计算 1997 年之前和之后两期的残差平方和。为此,我们使用新建立的数据集 intdef_1 和 intdef_2,进行两次回归,得到 RSS1 和 RSS2。在计算中,我们用到了 SAS 函数"css"(均值修正的平方和)。

```
proc reg data = intdef_1;
    before_97: model int = rcpi def;
    output out = temp r = residual;
quit;
proc means data = temp noprint;
    output out = RSS_1
    css(residual) = RSS1
    n = n1;
run;
proc reg data = intdef_2;
    after_97: model int = rcpi def;
    output out = temp r = residual;
quit;
proc means data = temp noprint;
    output out = RSS_2
    css(residual) = RSS2
    n = n2;
run;
```

类似地,我们用合并之后的数据集来计算 RSS_{pool}。

```
proc reg data = intdef;
    pooled_sample: model int = rcpi def;
    output out = temp r = residual;
quit;
proc means data = temp noprint;
```

```
output out = RSS_p
css(residual) = RSS_p;
```
run;

接下来,我们手动进行邹氏检验,并计算 F 统计量。由于该例一共有两个解释变量,因此 $k+1$ 的值为 3,作为 F 统计量分母的自由度。这里我们用到一个合并 SAS 数据的技巧:当我们希望将只含一行观测值的数据集附加到另一个含多行观测值的数据集时,可以使用"if _n_ = 1 then set"语句。另外,在计算 p 值的过程中,我们使用 SAS 自带的计算累积分布函数的"cdf"函数(需要定义统计分布和自由度)。

```
data Chow;
    set RSS_1 (keep = RSS1 n1);
    if _n_ = 1 then set RSS_2 (keep = RSS2 n2);
    if _n_ = 1 then set RSS_p (keep = RSS_p);
    numerator = (RSS_p - RSS1 - RSS2) / 3;
    denominator = (RSS1 + RSS2) / (n1 + n2 - 6);
    F = numerator / denominator;
    p_value = 1 - cdf('F',F,3,n1 + n2 - 6);
    file print;
    put 'The Chow test for Structural Break' /
    'The F value is ' F /
    'The p value is ' p_value;
run;
```

输出结果如下:

```
The Chow test for Structrual Break
The F value is 4.7985235575
The p value is 0.0112111314
```

以上结果与 EViews 一致,由此可判定拒绝原假设,认为数据中存在结构突变。

另一种检验方法(虚拟变量法)是创立时间虚拟变量和自变量的交互项。新建变量 p97_rcpi(等于 post97 与 rcpi 的乘积)以及 p97_def(等于 post97 与 def 的乘积)。

```
data intdef;
    set intdef;
    p97_rcpi = post97 * rcpi;
    p97_def = post97 * def;
run;
```

虚拟变量法只需要进行一次回归。解释变量为 int,被解释变量增加了交互项 p97_rcpi 和 p97_def。进行结构突变检验时,只需验证所有含虚拟变量 post97 的解释变量的联合显著性。相应程序如下:

```
proc reg data = intdef;
    year_dummy: model int = post97 rcpi p97_rcpi def p97_def;
    test post97 = 0, p97_rcpi = 0, p97_def = 0;
quit;
```

程序运行结果如下:

The REG Procedure

Model:year_dummy

Test 1 Results for Dependent Variable int

Source	DF	Mean Square	F Value	Pr>F
Numerator	3	24.19489	4.80	0.0112
Denominator	20	5.04215		

可以看出两种方法的计算结果是一致的,均在 5% 的显著性水平上拒绝原假设,说明 1997 年的政策变革引发了利率决定机制的结构变异。

二、DID 模型

本章的第二个计算机应用案例旨在展示倍差(DID)模型的实现方法。研究背景如下:

医疗保险的**道德风险**(Moral Hazard)问题是卫生经济学最为关注的研究议题之一,它指的是被保险人在投保后由于享受到医疗服务赔付保障而提高损害健康行为的发生频率的现象,该现象往往造成社会资源的浪费和社会福利的净损失。为了检验道德风险假说是否成立,我们以中国在 2003 年开始的新型农村合作医疗试点为例。该项改革措施为处于医保真空状态的农民提供了基本医疗保障,我们希望考察这一改革是否会引起参保人的道德风险行为。具体而言,我们考察参保人是否会在参保后有更多的吸烟行为。由于新农合制度试点采用逐步推进的方式,开展新农合的区县参保率接近 100%,未开展新农合的区县农民无法参保。因此,依照倍差法的基本原理,此案例中的实验组是参保组,控制组是未参保组。在文件 ncms.txt 中,我们分别收集 2003 年政策变革前后两期的农村居民样本数据,尝试用 DID 模型估计政策引发的实际影响。

数据中包括 10 个变量,smoke 表示过去一周内是否有吸烟行为,是模型的因变量; aft 为时间虚拟变量,新农合开展前为 0,开展后为 1;treat 也是一个虚拟变量,当取值为 1 时,表明该居民参保(即被归为实验组);age 和 age2 分别表示年龄和年龄的平方;college 表示受过高等教育;married 表示已婚;lninc 表示家庭收入的对数;farmer 表示主要从事农业工作;hhsize 表示家庭规模(人数)。

在 EViews 中,我们主要采用交互项检验法来实现 DID 模型。同上例,先将数据导入 EViews。需要提醒的是,如果原始数据是 .txt 或 .xls 格式,可以通过"file"→"open"→"foreign data as workfile"完成导入。

如图 11-6 所示,接着选中"process",选择"Generate Series",新建一个变量(交互项)afhigh=afchnge×highearn。

图 11-6 新建交互项

然后,在"Quick"→"Estimate Equation"中建立如下方程(见图 11-7):

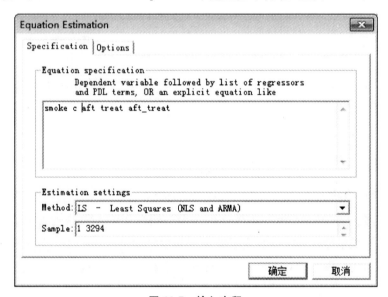

图 11-7 输入方程

单击"确定"后,可以得到以下结果(见表 11-5):

表 11-5 DID 模型回归结果

Dependent Variable: SMOKE
Method: Least Squares
Date: 05/31/15   Time: 14:13
Sample: 1 3294
Included observations: 3294

Variable	Coefficient	Std. Error	t-Statistic	Prob.
C	0.642114	0.016520	38.86952	0.0000
AFT	−0.043423	0.024826	−1.749086	0.0804
TREAT	0.036390	0.029352	1.239779	0.2151
AFT_TREAT	0.059686	0.040777	1.463725	0.1434
R-squared	0.004103	Mean dependent var		0.646934
Adjusted R-squared	0.003195	S.D. dependent var		0.562084
S.E. of regression	0.561185	Akaike info criterion		1.683682
Sum squared resid	1036.116	Schwarz criterion		1.691089
Log likelihood	−2769.024	Hannan-Quinn criter.		1.686334
F-statistic	4.517841	Durbin-Watson stat		1.953548
Prob(F-statistic)	0.003624			

此处我们暂时不考虑其他控制变量,而仅仅在回归中放入 aft、treat 和它们的交互项。由上述结果可知,aft 在 10% 的水平上显著,表明农村男性居民吸烟量受到年份效应的影响。treat 为正但是不显著,表明两组观测个体间的基准组间效应存在但不明显。DID 模型的关键解释变量——aft 和 treat 的交互项不显著,说明政策并未导致吸烟的发生频率增加,政策所导致的道德风险假说不成立。

现在,我们把其他控制变量放入回归,构造扩展的 DID 模型(见图 11-8):

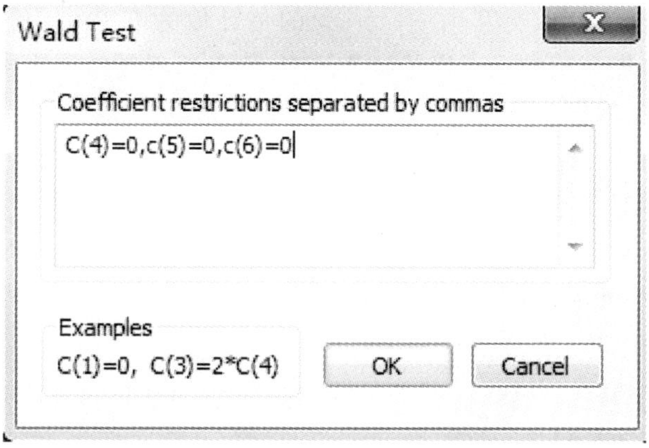

图 11-8 输入扩展的 DID 模型

单击"OK"可以得到如下结果(见表 11-6):

表 11-6 扩展的 DID 模型回归结果

Dependent Variable:SMOKE
Method:Least Squares
Date:05/31/15   Time:14:22
Sample:1 3294
Included observations:3294

Variable	Coefficient	Std. Error	t-Statistic	Prob.
C	−0.201310	0.151179	−1.331599	0.1831
AFT	−0.054985	0.024750	−2.221570	0.0264
TREAT	0.010787	0.029401	0.366896	0.7137
AFT_TREAT	0.076793	0.040621	1.890509	0.0588
AGE	0.033141	0.007252	4.569839	0.0000
AGE2	−0.000348	8.64E-05	−4.031110	0.0001
COLLEGE	−0.122662	0.097932	−1.252521	0.2105
MARRIED	0.041287	0.032194	1.282455	0.1998
LNINC	0.006421	0.006636	0.967536	0.3333
FARMER	0.033036	0.019749	1.672795	0.0945
HHSIZE	0.004285	0.006705	0.639068	0.5228
R-squared	0.026044	Mean dependent var		0.646934
Adjusted R-squared	0.023077	S. D. dependent var		0.562084

S. E. of regression	0.555560	Akaike info criterion	1.665654
Sum squared resid	1013.288	Schwarz criterion	1.686024
Log likelihood	−2732.332	Hannan-Quinn criter.	1.672946
F-statistic	8.778841	Durbin-Watson stat	1.993849
Prob(F-statistic)	0.000000		

在扩展的 DID 模型中，交互项 aft_treat 的估计值为 0.08，p 值为 0.0588，说明在 10% 的水平上显著，即政策的确产生了显著影响，使参保者倾向于更多地吸烟。那么，这两个结果我们应该选取哪一个呢？答案是后者，即扩展的 DID 模型。这是因为扩展模型考虑了更多合理的控制变量，这些变量均可能对是否吸烟产生影响，而基本模型则可能由于遗漏变量的问题导致回归偏误。

下面利用 SAS 实现 DID 回归，主要采用两种方法实现。方法一采用分组回归法：分别对改革前和改革后的样本进行回归，并将两个回归中实验组虚拟变量（treat）的斜率系数相减得到 DID 估计值。相关程序如下：

```
data ncms;
    infile 'D:\newdata\ncms.txt';
    input aft treat smoke age age2 college married lninc farmer hhsize;
run;
data ncms_1;
    set ncms;
    if aft = 0;
run;
data ncms_2;
    set ncms;
    if aft = 1;
run;
proc reg data = ncms_1 outest = est_1 (rename = (treat = theta_before));
    before: model smoke = treat;
quit;
proc reg data = ncms_2 outest = est_2 (rename = (treat = theta_after));
    after: model smoke = treat;
quit;
```

程序产生的临时数据集 est_1 具有如表 11-7 所示结构：

表 11-7 临时数据集 est_1 的数据结构

	MODEL	TYPE	DEPVAR	RMSE	Intercept	theta_before	smoke
1	before	PARMS	smoke	0.5583318604	0.6421143847	0.0363902881	−1

可见，theta_before 显著为正（对应的 t 统计量为 1.25），说明纯粹的组间差为正，即在政策改革实施前，参保组吸烟更多。这不是政策实施带来的结果，而是两组本身的差异。

程序产生的临时数据集 est_2 具有如表 11-8 所示结构：

表 11-8 临时数据集 est_2 的数据结构

	MODEL	TYPE	DEPVAR	RMSE	Intercept	theta_before	durat
1	after	PARMS	durat	0.564172359	0.598691385	0.0960760569	−1

可见,theta_after 显著为正(对应的 t 统计量为 3.38),同样说明参保组吸烟更多。不过,此系数反映了政策效应与组间差异的共同影响。DID 对政策净影响的估计值则可以用 theta_after 减去 theta_before 得到。程序如下:

```
data DID;
    set est_1 (keep = theta_before);
    if _n_ = 1 then set est_2 (keep = theta_after);
    did = theta_after - theta_before;
run;
```

观测临时数据集 DID,可得到表 11-9 所示结果:

表 11-9 临时数据集 DID 的数据结果

	theta_before	theta_after	did
1	0.0363902881	0.0960760569	0.0596857688

这说明,参保使吸烟发生率增加了 5.9%。然而,由于此 DID 估计值是由两个分样本回归系数进行差分得到的,我们无从知晓该政策效应的估值是否具有统计显著性。因此,我们继续尝试第二种方法(交互项检验法)实现 DID 模型。

方法二在基于混合截面数据的回归中,增加 aft 和 treat 的交互项。程序如下:

```
data ncms;
    set ncms;
    aft_treat = aft * treat;
run;
proc reg data = ncms;
    DID: model smoke = aft treat aft_treat;
quit;
```

程序运行结果如下:

Parameter Estimates

Variable	DF	Parameter Estimate	Standard Error	t-Value	Pr>$|t|$
Intercept	1	0.64211	0.01652	38.87	<.0001
aft	1	−0.04342	0.02483	−1.75	0.0804
treat	1	0.03639	0.02935	1.24	0.2151
aft_treat	1	0.05969	0.04078	1.46	0.1434

以上结果与 EViews 一致,这里不再赘述。为了避免基本 DID 模型可能出现的"遗漏变量"问题,我们在回归中加入其他控制变量,得到以下扩展的 DID 模型:

proc reg data = ncms;
    DID:model smoke = aft treat aft_treat age age2 college married lninc farmer hhsize;
quit;

输出结果如表 11-10 所示:

表 11-10 扩展的 DID 模型回归结果

Parameter Estimates					
Variable	DF	Parameter Estimate	Standard Error	t Value	$Pr>|t|$
Intercept	1	−0.20131	0.15118	−1.33	0.1831
aft	1	−0.05498	0.02475	−2.22	0.0264
treat	1	0.01079	0.02940	0.37	0.7137
aft_treat	1	0.07679	0.04062	1.89	0.0588
age	1	0.03314	0.00725	4.57	<.0001
age2	1	−0.00034812	0.00008636	−4.03	<.0001
college	1	−0.12266	0.09793	−1.25	0.2105
married	1	0.04129	0.03219	1.28	0.1998
lninc	1	0.00642	0.00664	0.97	0.3333
farmer	1	0.03304	0.01975	1.67	0.0945
hhsize	1	0.00429	0.00671	0.64	0.5228

此处 DID 交互项的估计值为 0.08,p 值为 0.06,说明在 10% 的水平上显著为正(由于计算机算法等原因,DID 估计值与 EViews 有细微差别)。因此,我们得到与 EViews 中同样的结论,即新农合参保导致了吸烟行为的增加,结论支持"道德风险"假说。

本章总结 》

本章集中介绍了独立混合截面数据的性质和处理混合截面数据的常用计量经济模型。在将不同时点收集的横截面数据进行合并时,我们必须事先确认自变量与因变量的关系不随时间变化而变化,即数据中不存在结构突变。进行结构突变的检验方法有两种,分别是分样本回归法和虚拟变量法。当两期数据之间发生了自然实验(如政策变革)时,我们可以利用倍差法(DID)来进行政策效果分析。由于倍差法使用自然实验发生前后两期的数据来对比实验组和控制组的信息变化,因此它可以排除纯粹的组间差异而得到政策改革的"净影响"。倍差法的实现同样可以依赖于两种途径:分样本的回归和混合样本(含虚拟变量交互项)的回归。在不考虑其他控制变量时,两种方法所得结论一致;如果考虑其他解释变量的影响,则扩展的 DID 模型应该用混合样本的回归来实现。在使用倍差法时,如何区分控制组和实验组非常关键,在分组时应该考虑到两组成员的可比性,即满足平行趋势假定。

思考与练习

1. 独立混合截面数据与面板数据有何不同?
2. 合并不同时期的横截面数据需要遵循什么前提条件?
3. 比较两种结构突变检验方法各自的优点和缺点。
4. 在 DID 模型中如何区分控制组和实验组?利用 DID 模型进行政策改革效果评估的方法有哪两种?

第十二章　　面板数据模型

▮本章概要▮

　　本章主要介绍了面板数据及其相关的计量经济学模型。针对特殊的两时期面板数据，我们介绍了一阶差分法，并讨论了跨期面板数据在政策分析中的应用。进一步地，我们详细讨论了固定效应(FE)模型和随机效应(RE)模型，并比较了两类模型的不同点和适用范围。此外，本章还介绍了豪斯曼检验方法，用于在具体数据分析中甄别固定效应和随机效应模型。最后，我们通过计算机应用实例展示了如何使用 EViews 和 SAS 软件进行面板数据分析。

▮学习目标▮

1. 掌握面板数据的基本概念
2. 掌握处理两时期面板数据的一阶差分法，并能够将该方法应用于政策分析中
3. 掌握固定效应模型和随机效应模型，知道两者的异同点，并在实际数据处理中恰当运用两种模型；掌握甄别固定效应模型和随机效应模型的检验方法
4. 掌握固定效应模型的最小二乘虚拟变量估计法

第一节　面板数据的性质

　　在第十一章中我们介绍了独立混合截面数据及与之相关的模型，面板数据在很大程度上与混合截面数据十分类似，它是将时间序列数据和横截面数据综合起来的一种数据类型，是对 n 个相同的观测对象在 T 期（$T \geqslant 2$）的观测。例如，我国四个直辖市 2000—2009 年的每年国内生产总值组成的数据集就是一个 $n=4$，$T=10$ 的面板数据；又如重庆市 38 个区县在 2014 年的日空气质量监测数据集就是一个 $n=38$，$T=365$ 的面板数据。

　　在这里，我们有必要区分面板数据与混合截面数据。后者虽然也是对时间序列数据和横截面数据的一种综合，但是在不同的观测期内，我们的观测对象是不同的，即不同时点的观测样本是独立的。例如，将 2000 年我国的直辖市 GDP 数据与 2001 年我国少数民族自治区的 GDP 数据合并起来的数据集就是一个混合截面数据，两期的观测对象不同，因而不是面板数据。然而在面板数据中，每个时期观测的对象都是相同的，因此面板数据是通过对同一样本进行追踪调查得到的，各期观测个体之间不具有独立性。

　　由于面板数据捕捉到了 n 个对象在 T 时期内共同变化的情况，因此其在政策分析中显得格外重要。而基于数据本身的特点，我们也需要相应地使用较为独特的模型来分析这类数据。

第二节 一阶差分模型

最为简单的一类面板数据是两时期面板数据,即针对一组观测对象,我们只有两个时期的观测值。例如,2010 年和 2011 年针对某大学 2007 年入学的全体本科生的两次体质健康测评数据,就可以被视为一个典型的两时期面板数据。

基于两时期面板数据的特点,我们可以用以下回归模型进行分析:

$$y_{it} = \beta_0 + \delta_0 d2_t + \beta_1 x_{it} + a_i + u_{it}, \quad t = 1,2 \tag{12.1}$$

其中,$d2$ 是一个时间虚拟变量,表示第二期,即当 $t=1$ 时,$d2=0$;当 $t=2$ 时,$d2=1$。a_i 表示所有不可观测的且不随时间变化的个体特质,即**异质性**(Heterogeneity)。例如,每个学生的天生体质(健康禀赋)是不可观测的,同时也不随时间而变化,那么这一因素就应该被包含在 a_i 中;由于 a_i 这种不随时间变化而变化的性质,它又被称为**固定效应**(Fixed Effect)。u_{it} 则是一个与个体和时间有关的随机误差项;a_i+u_{it} 通常被称为**混合误差项**(Composite Error)。

在面板数据分析中,如果我们忽略了混合误差项中的固定效应,那么就可能引起估计偏误。这种偏误通常被称为异质性偏误。由于 a_i 不可观测,因此我们无法通过添加解释变量的方法将 a_i 对 y 的影响加以控制。然而,针对 a_i 的特殊性质(只针对特定个体且不随时间改变),我们可以将两时期的数据进行差分,从而消除固定效应的影响。这就是**一阶差分模型**(First Differenced Model,FD):

$$(y_{i2} - y_{i1}) = \delta_0 + \beta_1(x_{i2} - x_{i1}) + (u_{i2} - u_{i1}) \tag{12.2}$$

$$\Delta y_i = \delta_0 + \beta_1 \Delta x_i + \Delta u_i \tag{12.3}$$

上述经过一阶差分的回归方程不再含有固定效应的影响,其误差项 Δu_i 满足古典线性回归的各个假定,因此可以直接使用 OLS 对模型(12.3)进行估计。

如果在两个样本期中间发生了自然实验(如某项外生的政策改革),那么利用一阶差分模型能够有效地进行政策评估与分析。此时,我们假设变量 x 体现了政策改革,那么由于在一阶差分中所有样本的个体异质性均被剔除,因此一阶差分估计量 $\hat{\beta}_1$ 代表了排除异质性偏误后政策变革对因变量 y 产生的净影响。

我们在这里给出一个具体例子。假设我国在各省区实行有差别的激励职业教育奖励政策:中西部省区对职业教育培训的受教育者采取学费减免或补贴的政策;而东部发达省区实行了为职业教育培训的受教育者提供企业见习岗位的政策;其余的省区则未采取这两种奖励政策。假设第一期,我们尚未实行职业教育奖励政策,在第二期,各省区则选取相应的奖励政策开展职业教育激励工作。我们现在可以通过一阶差分回归来看两种奖励政策对激励职业教育培训的实施效果。假设回归结果如下:

$$\Delta \text{jobedu}_i = -0.42^* - 0.39\Delta \text{subsidy}_i - 0.36^* \Delta \text{training}_i + \hat{\theta} \cdot \Delta x_i \tag{12.4}$$

其中,jobedu 表示每户接受职业培训的人数,subsidy 表示采用学费减免或补贴政策的虚拟变量(subsidy=1 代表该省实行了学费减免或补贴政策),training 表示提供企业见习岗位政策的虚拟变量(training=1 代表该省实行了提供企业见习岗位政策),x 表示影响接受职业教育培训的其他因素，而 * 表示系数估计值在10%水平上显著。以上回归结果表明，在排除各省份不可观测的异质性和其他因素的影响后，提供企业见习岗位政策能够显著提升职业培训教育的参加行为（导致每户参加职业教育平均上升0.36人，且在10%水平上显著）。相比之下，学费减免政策的实施效果则并不明显（虽然回归系数为正，但并不具有统计显著性）。另外，显著为正的截距项说明在两个样本时期中，接受职业教育人数本身即呈上升趋势。

回忆第十一章的内容，我们发现倍差模型（DID）与一阶差分模型（FD）都可以在两期数据的基础上用于政策效果的评估。然而比较可知，这两个模型还是有着重要区别的：

（1）一方面，DID模型既可以应用于独立混合截面数据，也可以应用于面板数据，而FD模型则只能应用于面板数据；另一方面，FD模型既可以应用于两期面板数据，也可以用于多期面板数据，而DID模型则只能用于两期数据。

（2）在DID模型中，我们需要将样本明确区分为实验组和控制组（实验组样本受到政策变革的影响，而控制组则不受影响）；而在FD模型中，我们不必做此区分。事实上，FD模型允许政策变量为连续型变量，在此情况下，所有样本个体都可能受到政策的影响。例如，在研究职业培训对收入的影响时，政策变量可以是接受培训的时间，而通过FD模型的一阶差分处理，我们可以度量培训时间的变化对收入变化的影响，此时我们并不要求严格区分实验组和控制组，而是允许所有样本都接受培训（有的人在两期中培训时间增加，有的人则培训时间减少，且增减量水平可以不同）。

（3）使用DID模型的前提条件是实验组和控制组之间满足"平行趋势"假定，即两组样本之间的基准差异不随时间而变化。FD模型并不要求"平行趋势"假定，但它要求个体异质性不随时间而变化，从而可以借助一阶差分消除异质性（即固定效应）的影响。

基于以上区别，我们在实际研究中需要根据具体的研究题目和数据特征确定所需要使用的模型，从而为政策效果的评估提供合理的工具。

第三节　固定效应模型

一、固定效应模型的原理和常规估计方法

对于多期的面板数据，可以使用固定效应模型和**随机效应**（Random Effects，RE）模型。我们首先介绍固定效应模型。

考虑以下回归：

$$y_{it} = \beta_0 + \beta_1 x_{it1} + \beta_2 x_{it2} + \cdots + \beta_k x_{itk} + a_i + u_{it}, \quad i = 1,\cdots,N, t = 1,\cdots,T \tag{12.5}$$

其中，u_{it}是一个与i和t有关的随机误差项。a_i是不可观测的个体异质性（与两期面板数据的情况类似），该因素是不随时间变化的。现代计量经济学理论一般将a_i作为一个与x相关的随机变量，因此它与u_{it}一起成为模型（12.5）的随机误差，称为混合误差项。

为了估计模型（12.5），我们首先对自变量和因变量取跨时间均值以获取**组间估计值**（Between Estimator）。具体方法为，将（12.5）式按照下标t加总除以T，我们就可以得到下式：

$$\bar{y}_i = \beta_0 + \beta_1 \bar{x}_{i1} + \beta_2 \bar{x}_{i2} + \cdots + \beta_k \bar{x}_{ik} + a_i + \bar{u}_i \tag{12.6}$$

其中,
$$\bar{y}_i = (y_{i1} + y_{i2} + \cdots + y_{iT})/T, \quad \bar{x}_{ik} = (x_{i1k} + x_{i2k} + \cdots + x_{iTk})/T$$

对上述横截面方程进行含有截距项的 OLS 回归获得的估计值叫作组间估计值。组间估计值将因变量在各期的平均值对自变量的均值进行回归,相当于将面板数据转化为横截面数据进行处理。需要指出的是,由于模型(12.6)忽略了变量随时间变化的重要信息,因此它的估计效果并不理想(当 a_i 与 x 相关时,组间估计值也是有偏的),在实际研究中也不推荐使用,我们在这里进行介绍主要是为了引出下面的回归方法。

接下来,我们在(12.6)式的基础上对数据进行**去时间均值转化**(Time Demeaned Transformation),从而获得**组内估计值**(Within Estimator)。其方法是将(12.5)式的左右两边同时减去(12.6)式的相应部分,从而获得下式:

$$\begin{aligned} y_{it} - \bar{y}_i = & \beta_1(x_{it1} - \bar{x}_{i1}) + \beta_2(x_{it2} - \bar{x}_{i2}) + \cdots \\ & + \beta_k(x_{itk} - \bar{x}_{ik}) + (u_{it} - \bar{u}_i), \quad t = 1, \cdots, T \end{aligned} \quad (12.7)$$

为了简化符号,我们标记 $x_{it}^* = x_{it} - \bar{x}_i$,$y_{it}^* = y_{it} - \bar{y}_i$,从而(12.7)式可以简化为:

$$y_{it}^* = \beta_1 x_{it1}^* + \beta_2 x_{it2}^* + \cdots + \beta_k x_{itk}^* + u_{it}^*, \quad t = 1, \cdots, T \quad (12.8)$$

对模型(12.8)进行不含有截距项的 OLS 回归获得的估计值即称为组内估计值或者**固定效应估计值**(Fixed Effects Estimator),它是处理面板数据的重要方法之一。观察模型(12.8),我们不难发现,由于在去时间均值转化过程中,所有不随时间变化的变量都会被剔除,因此模型(12.5)中的个体异质性 a_i 不复存在,这使得对模型(12.8)的估计不需要再考虑异质性偏误的影响,从而可以用普通最小二乘法来完成。去时间均值转化同时也有一个"副作用",即模型的截距项和其他不随时间变化的自变量也会被消掉,因此模型(12.8)是不含有截距项的 OLS 回归,并且不能包含任何在各个时期固定不变的自变量。

为了便于理解固定效应模型,我们给出一个具体例子。考虑一个教育经济学的问题:教育的回报率是否随着改革开放的进程而出现变化。我们使用一个针对 545 个已经参加工作的成年男子在 1980—1990 年的调查数据,显然这是一个 $T=10, n=545$ 的面板数据。该数据中有 6 个变量,其中工资(wage)是被解释变量,教育年限(edu)和民族(race)是不随时间变化的解释变量,而工作经验(exp)、婚姻状况(married)和就业企业的类型(company)是随时间变化的解释变量。如果我们直接套用之前的固定效应模型,教育年限这个关键的解释变量会由于其不随时间变化的性质而被剔除(假设所有样本个体已经完成学校教育)。但是在组内估计中,我们依然可以使用教育年限与表征年份的虚拟变量之间的交互项,该交互项随时间而变化,因此不会在去时间均值转化中被剔除。我们将上述分析表示为以下固定效应估计方程:

$$\begin{aligned} \log(\text{wage})_{it}^* = & \beta_1 D81_{it}^* + \cdots + \beta_{10} D90_{it}^* + \beta_{11} D81_{it}^* \cdot \text{edu}_{it}^* \\ & + \cdots + \beta_{20} D90_{it}^* \cdot \text{edu}_{it}^* + \beta_{21} \exp_{it}^* \\ & + \beta_{22} \text{married}_{it}^* + \beta_{23} \text{company}_{it}^* + u_{it}^*, \\ & i = 1, \cdots, 545, \quad t = 1, \cdots, 10 \end{aligned} \quad (12.9)$$

其中,$D81$—$D90$ 是表示年份的虚拟变量(1980 年作为基准组),如 $D81=1$ 表示 1981 年样本。如前所述,模型(12.9)中不包含随时间而固定不变的解释变量(如 edu、race)以及截距项，但是年份虚拟变量与 edu 的交互项不会被剔除，因此可以加入回归，并体现时间与教育对工资的交互影响。换句话说，这些交互项的联合显著性显示了"教育回报率是否在 1980—1990 年间发生了变化"。相应地，我们要检验的原假设为

$$H_0: \beta_{11} = \beta_{12} = \cdots = \beta_{20} = 0$$

我们可以用常规的 F 检验来验证这 10 个系数的联合显著性。其中，F 检验的自由度为 10 和 4 882（去时间均值转化将损失 N 个自由度，$NT-N-k=545\times10-545-23=4\,882$）。

最后，我们有必要将固定效应模型与上一节介绍的一阶差分模型做一个比较。我们知道，当所使用的数据为两时期面板数据时，两种模型的估计结果是完全一致的。然而，当使用数据为两期以上的面板数据时，尽管两种方法的估计结果仍然都具有无偏性，但是它们之间在估计值和统计显著性方面存在一定差异，我们需要在实际数据分析中选择较为合适的估计方法。以下是判断使用固定效应模型或一阶差分模型的三条经验法则：

（1）当随机误差项 u_{it} 不存在序列自相关时，固定效应模型的估计结果更为可靠；

（2）当 u_{it} 存在序列相关性时，一阶差分法更为可靠，这是因为该方法可以将一阶单整（不稳定）的时间序列转换为一个弱相关（稳定）的时间序列；

（3）当 T 很大而 N 较小时，使用固定效应模型需要格外小心，因为该模型的估计结果对 u 的序列相关性将十分敏感。

二、最小二乘虚拟变量估计法

以上固定效应模型的估计方法（组内估计）是现代计量经济学对模型(12.5)的主流估计方法，其假设是将 a_i 作为一个与 x 相关的随机变量，并与 u_{it} 一起构成模型的混合误差项。然而，在早期的计量经济学分析中，人们并不这样认为。传统上，a_i 被视为一个非随机变量（因而称之为"固定效应"），并相应地被视为模型截距项的一部分。在这种理解下，个体异质性 a_i 可以通过**最小二乘虚拟变量**（Least Squares Dummy Variable, LSDV）方法进行估计。与组内估计法不同，LSDV 方法的本质是将 a_i 视为待估计的截距项，进而使用一系列虚拟变量来估计截距值。模型设定如下：

$$y_{it} = \theta_1 + \theta_2 D2_{it} + \cdots + \theta_N DN_{it} + \beta_1 x_{it1} + \beta_2 x_{it2} + \cdots + \beta_k x_{itk} + u_{it} \quad (12.10)$$

其中，虚拟变量 $D2, \cdots, DN$ 表示各个观测对象（以第一个观测个体为基准组），即 $Di=1$ 代表第 i 个观测个体。u_{it} 是与 i 和 t 有关的随机误差项。

利用(12.10)式进行 OLS 回归获得的估计称为 LSDV 估计值，是对固定效应模型(12.5)的传统估计方法。LSDV 估计的优点在于其可以直接估计出固定效应（即个体异质性）的大小和统计显著性，因此我们可以通过 F 检验对(12.10)式中的虚拟变量 $D2, \cdots, DN$ 进行联合显著性检验，如果结果是不显著的，说明个体异质性并不明显。当然，严格来讲，LSDV 的这个优点有悖于我们对个体异质性的直观理解，因为 a_i 的本质是不可观测的个体差异，所以其本身的大小是无法被直接估计出的。LSDV 估计法的另一个特点是需要在回归中加入大量的虚拟变量（如果数据中有 N 个观测个体，那么就需要加入 $N-1$ 个虚拟变量），这样做虽然可以提高模型的拟合优度（R^2 随自变量个数的增加而增加），但是可能会因为解释变量的数量过多而影响其自由度和系数估计值的显著性。最后，使用 LSDV 方法还需要注意的一点是：与组内估计方法类似，在回归中不能加入任何

随时间固定的变量。这倒不是因为这些变量会被剔除（LSDV 估计不需要进行去时间均值转化），而是由于引入随时间固定的变量会导致这些解释变量与虚拟变量之间形成完全共线性。例如，如果 x_1 表示性别（$x_1=1$ 代表女性），而第二个观测个体是男性，则对于此个体来说，$D2=1, x_1=0$，因此 $D2+x_1=1$，两者存在完全共线性。

下面我们继续利用本章第三节第一小节的例子来说明 LSDV 方法的应用。我们来检验该模型的固定效应是否显著，即个体之间是否存在显著差异。由于此时我们关注的问题与教育年限无关，因此我们不再需要教育与年份虚拟变量之间的交互项。于是我们得到 LSDV 估计方程如下：

$$\log(\text{wage})_{it} = \beta_0 + \beta_1 D2_{it} + \cdots + \beta_{544} D545_{it} + \beta_{545} \exp_{it}$$
$$+ \beta_{546} \text{married}_{it} + \beta_{547} \text{company}_{it} + u_{it} \quad (12.11)$$

由于数据中包括 545 个样本观测个体，因此需要在（12.11）式中引入 544 个代表异质性的虚拟变量。待检验的原假设为

$$H_0: \beta_1 = \beta_2 = \cdots = \beta_{544} = 0$$

利用常规 F 检验，如果以上参数估计值为联合显著的（拒绝原假设），则说明模型的固定效应是明显的，个体之间存在明显的异质性。

第四节　随机效应模型

一、随机效应模型的原理和估计方法

随机效应模型是另一类重要的面板数据模型。它在模型设定形式上与固定效应模型非常相似，但是对个体异质性 a_i 的性质方面又有截然不同的假定。我们考虑如下回归模型：

$$y_{it} = \beta_0 + \beta_1 x_{it1} + \beta_2 x_{it2} + \cdots + \beta_k x_{itk} + a_i + u_{it}, \quad i=1,\cdots,N, t=1,\cdots,T$$
$$(12.12)$$

在（12.12）式中，个体不可观测的异质性 a_i 依然被假定为一个随机变量，但是与固定效应模型不同的是，a_i 被假定为与所有的解释变量在所有时期都不相关。这是一个很强的限制假定，也是随机效应模型与固定效应模型之间的最大区别。在此假定下，我们不需要考虑忽略个体异质性所造成的回归偏误（事实上，对模型（12.12）进行 OLS 回归不会得到有偏的估计值，而只会因为误差的序列相关性影响估计值的统计推断）。因此，可以将 a_i 与 u_{it} 合并为统一的混合误差项 v_{it}，从而得到以下回归方程：

$$y_{it} = \beta_0 + \beta_1 x_{it1} + \beta_2 x_{it2} + \cdots + \beta_k x_{itk} + v_{it}, \quad i=1,\cdots,N, t=1,\cdots,T$$
$$(12.13)$$

其中 $v_{it}=a_i+u_{it}$。由于 a_i 不随时间而变化，这直接导致混合误差项 v_{it} 存在序列自相关性。我们可以计算得到任意两期误差项的相关系数：

$$\text{Corr}(v_{it}, v_{is}) = \frac{\text{Cov}(v_{it}, v_{is})}{\sigma_{v_{it}} \sigma_{v_{is}}} = \frac{\sigma_a^2}{\sigma_a^2 + \sigma_u^2}, \quad t \neq s \quad (12.14)$$

为了消除序列相关性带来的影响，我们需要对（12.13）式进行**准中心化**（Quasi-demeaned）转换，即将模型的自变量和因变量分别减去其跨期均值的 λ 倍（$\lambda \in [0,1]$），得到：

$$y_{it} - \lambda \bar{y}_i = \beta_0(1-\lambda) + \beta_1(x_{it1} - \lambda \bar{x}_{i1}) + \cdots + \beta_k(x_{itk} - \lambda \bar{x}_{ik}) + (v_{it} - \lambda \bar{v}_i)$$
$$(12.15)$$

其中，
$$\lambda = 1 - [\sigma_u^2/(\sigma_u^2 + T\sigma_a^2)]^{1/2}$$

可以证明，转化后得到的模型(12.15)不再具有序列自相关性，因而可以直接用于 OLS 估计。在进行准中心化转换时，对 λ 的估计值可以通过以下步骤得到：

(1) 对全样本数据进行混合截面 OLS 回归或固定效应回归，得到相应的回归残差。

(2) 利用回归残差的方差估计值计算 λ，经过准中心化转换得到随机效应模型的初始估计值。

(3) 根据随机效应模型的回归残差计算第二轮的 λ 估计值，进而经过新的准中心化转换得到随机效应模型的第二轮估计值。

以上步骤的循环实际上是利用可行广义最小二乘法的思想获得 λ 和随机效应模型其他系数的估计值。根据研究需要确定循环的终止条件后，所得到的系数估计值即为**随机效应估计值**(Random Effects Estimator)。

细心的读者可以发现，与固定效应模型的"去时间均值转化"不同，随机效应模型的"准中心化转换"在消除个体异质性 a_i 的同时，不会剔除其他不随时间变化的自变量，因此随机效应模型在回归方程设定时比固定效应模型有更大的选择自由度。

二、FE 模型、RE 模型与混合数据 OLS 模型的比较

比较固定效应模型和随机效应模型可以发现，前者在进行组内估计时需要减去一个时间均值，而随机效应则类似地减去时间均值的 λ 倍。由于 λ 的取值依赖于误差项的方差和面板数据的时期数 T，因此我们可以依据 λ 的取值建立 RE 模型、FE 模型与混合 OLS 模型的联系。可以证明，当 $\lambda \to 1$ 时，随机效应估计值接近于固定效应模型的估计结果，因为在这种情形下，$\sigma_a^2 \to \infty$，未观测到的个体效应非常明显，准中心化转换实际上等价于去时间均值转换。此外，当 $\lambda \to 0$ 时，则随机效应估计值接近于基于混合截面数据的 OLS 估计结果，因为此时 $\sigma_a^2 \to 0$，未观测到的个体效应几乎可以忽略，因此混合误差项 v_{it} 不再具有序列相关性。

以下我们仍然采用本章第三节第一小节的例子来比较混合 OLS 回归、固定效应模型和随机效应模型。基于 545 个已经参加工作的成年男子在 1980—1990 年的调查数据，我们分别利用三种模型分析工人工资的决定因素。回归结果如表 12-1 所示：

表 12-1 OLS、RE 和 FE 模型的主要回归结果

解释变量	被解释变量：log wage		
	合并 OLS 回归	随机效应模型	固定效应模型
教育年限(edu)	0.91	0.92	—
	(0.005)	(0.011)	
民族(race)	−0.139	−0.139	—
	(0.024)	(0.048)	
工作经验(exp)	0.67	0.106	—
	(0.014)	(0.015)	
婚姻状况(married)	0.108	0.064	0.047
	(0.016)	(0.017)	(0.018)
企业类型(company)	0.182	0.106	0.080
	(0.017)	(0.018)	(0.019)

注：括号内是回归的标准误差。

在表 12-1 中，民族、婚姻状况和企业类型都是虚拟变量，分别定义为：如果个体为少数民族，则 race＝1，否则 race＝0；如果个体已婚则 married＝1，否则 married＝0；如果个体工作单位为国有企业则 company＝1，否则 company＝0。由于教育年限和民族都是不随时间变化的解释变量，因此在固定效应模型中被剔除了。同时，随时间变化的工作经验变量 exp 也被剔除了，这是由于样本工人在整个样本时期连续工作，其工作经验随样本年份逐渐增长，因此工作经验变量与模型中的年份虚拟变量形成了完全共线性。根据表 12-1 可知，除以上被剔除的自变量以外，三种方法得到的回归系数在符号和统计显著性上基本保持一致，但估计值的大小有所差别。随机效应模型对教育年限和民族的估计值与合并 OLS 回归结果极为相似，而其对婚姻状况和企业类型的估计值则与固定效应模型颇为类似。需要指出的是，由于合并数据 OLS 模型完全忽略混合误差项中可能存在的序列自相关性，因此其给出的系数标准误差均低于另外两种面板数据模型。

此外，我们在表 12-1 中发现的另一个有趣现象是：婚姻对工人工资具有显著的正向影响，这在劳动经济学中被称为**婚姻红利**（Marriage Premium）效应。其可能的解释有两种：

（1）已婚男雇员可能由于家庭关系稳定而比未婚者具有更高的劳动生产率，因此企业在雇用男性员工时可能更偏好已婚男性，并愿意给他们提供更高的薪酬。也就是说，婚姻对工资存在直接的正向影响。

（2）已婚男性可能比同等条件下（相同年龄、教育水平等）的未婚男性具有更好的性格禀赋及人格魅力，这些不可观测的个体异质性在婚姻市场中被提前"筛选"出来，因此模型中的婚姻状况变量实际上体现了一部分个体异质性对工资的影响（假设性格禀赋、人格魅力对工资有正向影响）。

由于面板数据模型能够剔除不可观测的个人异质性的影响，因此通过比较 OLS 模型和面板数据模型对婚姻变量的估计值可以在一定程度上检验以上假说的真伪。观察表 12-1 中的结果，我们发现在去除了个体异质性的影响后，结婚对工资的效应幅度大大下降（系数估计值从 OLS 模型的 0.108 下降至 FE 模型的 0.047），但是一致保持着显著的正向影响。这从侧面证明了以上两种假说的合理性，并再一次验证了面板数据模型在处理不可观测的异质性方面的独特优势。

三、模型选择与豪斯曼检验

在介绍了固定效应模型和随机效应模型之后，一个自然的疑问是：我们在实际分析中应该选择哪个模型更为合适？要回答这个问题，我们首先要了解两种模型最根本的区别所在：固定效应模型可以允许未观测到的个体异质性与解释变量之间存在相关关系，而随机效应模型则假定两者间是不相关的。这一区别也就是模型选择的最基本标准，即如果我们有理由相信个体异质性与解释变量不相关，那么随机效应模型将给出效率更高的估计值；然而，当两者存在相关性时，随机效应模型的估计结果会有偏误，此时我们只能选择固定效应模型。

从研究的实际需要来讲，固定效应模型和随机效应模型的一个重要区别是前者无法在模型中引入不随时间变化的解释变量。因此，当我们需要讨论的关键解释变量本身不随时间改变时，我们是无法使用固定效应模型的。相比之下，随机效应模型没有这一限制，因此它在模型设定方面更加灵活，但是使用随机效应模型必须接受它关于异质性与自变量之间的不相关假定。总之，两种模型的选择需要在以上方面进行综合考虑和权衡。

豪斯曼检验为我们在实际操作中甄别两种模型提供了统计基础,是一种常用的面板数据检验方法。该检验的原假设是未观测的个体异质性与解释变量不相关(即随机效应模型假定)。依据该假定,豪斯曼检验通过构造豪斯曼统计量来比较固定效应模型和随机效应模型在解释变量系数估计值上的差异,相应的检验统计量为:

$$HT = T(\hat{\beta}_{RE} - \hat{\beta}_{FE})'[\text{Var}(\hat{\beta}_{FE}) - \text{Var}(\hat{\beta}_{RE})]^{-1}(\hat{\beta}_{RE} - \hat{\beta}_{FE}) \sim \chi_k^2 \quad (12.16)$$

其中,$k = \dim(\hat{\beta}_{RE})$,$\hat{\beta}_{RE}$、$\hat{\beta}_{FE}$分别是随机效应模型和固定效应模型的系数估计值。如果根据上述统计量拒绝原假设,则个体异质性与解释变量相关,此时应当采用固定效应模型;反之,如果无法拒绝原假设,则倾向于采用随机效应模型。在实证研究中,我们往往可以同时报告两种模型的回归结果和豪斯曼检验结果,以增加结论的完整性和稳健性。

第五节 计算机应用实例

本节通过一个经济研究实例来展示如何用 EViews 和 SAS 软件对面板数据进行分析。研究背景如下:假设我们收集到一个关于各国医疗支出与人口老龄化的两期面板数据,我们希望研究老年抚养比的变化是否会导致医疗支出的改变。数据文件 hexp.txt 包含 6 个变量:healthexp 表示该国当年的人均医疗支出;agedep 表示老年抚养比(老年人口占工作人口的比重);gdp 表示该国当年的居民人均收入;san 表示该国拥有清洁的卫生设施人口比重;id 是国家的数字代码,样本内一共有 164 个国家;变量 year 是调查时间,赋值为 2000 或者 2010,表示两次调查的时间分别为 2000 年和 2010 年。

基于该数据,我们将分别用合并 OLS 模型、固定效应模型和随机效应模型三种不同的方法对医疗支出与其他变量的关系进行回归。下面我们首先介绍在 EViews 中的相关步骤。

我们首先将数据导入 EViews 并整理成面板数据的形式。在主菜单中点击"File"→"New"→"Workfile",在得到的对话框中,在"Workfile structure type"一栏选择"Unstructured/Undated"一项,在"Observations"中填入 328,如图 12-1 所示:

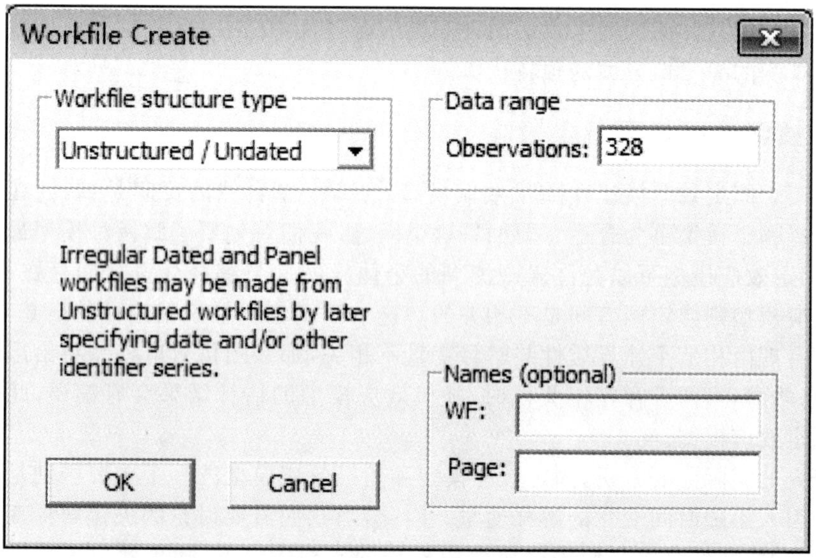

图 12-1 导入面板数据

在得到的工作文件中,导入我们所使用的数据集,然后双击工作文件左上角"Range"所在处,我们在"Workfile structure type"一栏重新选择"Dated Panel",并在相应的"Cross section ID series"和"Date series"中填入 id 和 year,如图 12-2 所示：

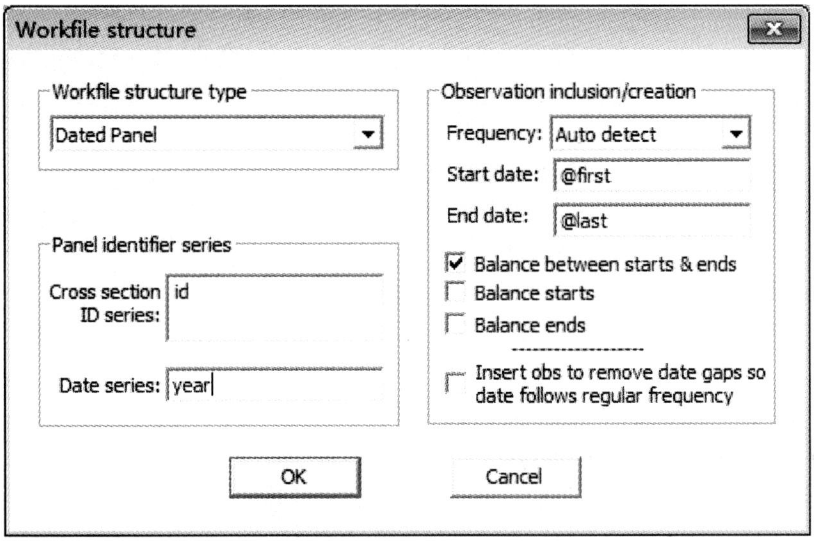

图 12-2　整理面板数据

下面,我们进一步对数据做一些必要的处理,首先生成两个变量 lnhealthexp 和 lnincome,分别是 healthexp 和 income 的对数值,另外生成一个年份虚拟变量 y00,当 year=2000 时,y00=1,否则 y00=0。

通过以上步骤,我们完成了面板数据的导入和整理,接下来我们首先进行合并 OLS 回归。在主菜单中选择"Quick"→"Estimate Equation",在得到的对话框的"Method"一栏中选择"LS-Least Squares (LS and AR)",并在"Equation specification"一栏中填入："lnhealthexp c agedep y00 lnincome san",表示我们将进行一个含截距项的 OLS 回归,如图 12-3 所示：

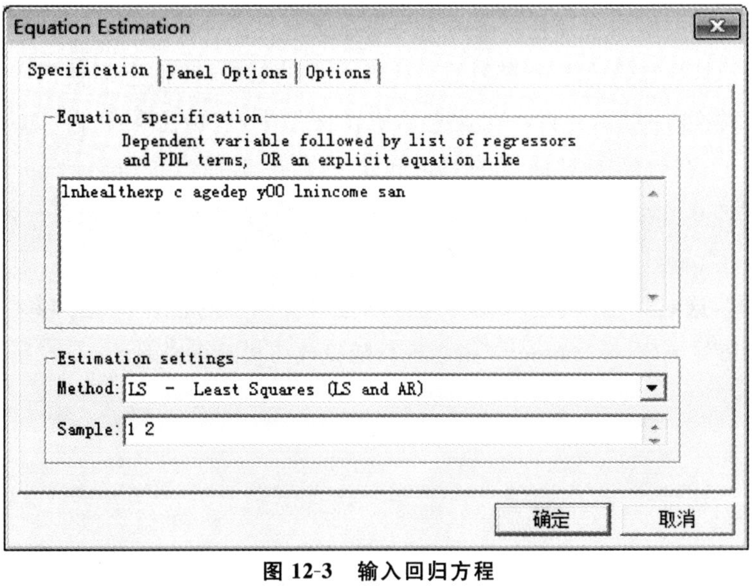

图 12-3　输入回归方程

单击"确定"后，我们得到合并的 OLS 回归结果，如表 12-2 所示：

表 12-2　合并 OLS 回归结果

Dependent Variable：LNHEALTHEXP
Method：Panel Least Squares
Date：05/01/15　Time：01:01
Sample：1 2
Periods included：2
Cross-sections included：164
Total panel (balanced) observations：328

Variable	Coefficient	Std. Error	t-Statistic	Prob.
C	1.598249	0.181237	8.818555	0.0000
AGEDEP	0.086759	0.009501	9.131890	0.0000
Y00	−0.791419	0.102934	−7.688584	0.0000
LNINCOME	0.139276	0.026152	5.325660	0.0000
SAN	0.029066	0.002463	11.79992	0.0000
R-squared	0.722628	Mean dependent var		5.134546
Adjusted R-squared	0.719193	S.D. dependent var		1.751844
S.E. of regression	0.928323	Akaike info criterion		2.704252
Sum squared resid	278.3559	Schwarz criterion		2.762072
Log likelihood	−438.4973	Hannan-Quinn criter.		2.727321
F-statistic	210.3756	Durbin-Watson stat		0.305413
Prob(F-statistic)	0.000000			

观察上面的结果，"Periods included：2"表示我们使用的数据分为两个时期，"Cross-sections included：164"表示在每个时期出现的国家有 164 个，即这是一个 $n=164, T=2$ 的面板数据。合并的 OLS 回归结果中，每个解释变量都是高度显著的，并且 agedep 显著为正，说明抚养比的增加会推高一国的人均医疗支出。

由于合并 OLS 忽略了未观测到的个体异质性的影响，我们进而使用固定效应模型和随机效应模型进行对比分析。在建立的工作文件中，点击主菜单的"Quick"→"Estimate Equation"，在得到的对话框的"Method"一栏中选择"LS-Least Squares (LS and AR)"，并在"Equation specification"一栏中填入："lnhealthexp c agedep y00 lnincome san"，然后单击"panel options"，在对话框中的"effects specification"下的"cross-sectio"栏中选择"fixed"，这时单击"确定"，就会进行固定效应模型的估计，如图 12-4 所示。如果在"cross-sectio"栏中选择"random"则会进行随机效应模型的估计。

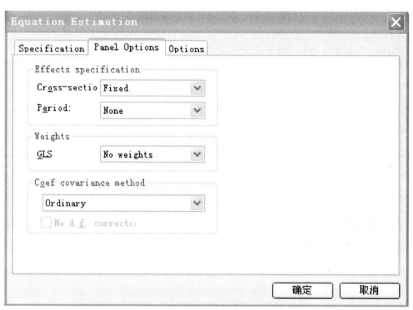

图 12-4　选择固定效应模型或随机效应模型

我们分别将固定效应模型和随机效应模型的回归结果列在表 12-3 和表 12-4 中：

表 12-3　固定效应模型回归结果

Dependent Variable：LNHEALTHEXP
Method：Panel Least Squares
Date：05/01/15　Time：01：04
Sample：1 2
Periods included：2
Cross-sections included：164
Total panel (balanced) observations：328

Variable	Coefficient	Std. Error	t-Statistic	Prob.
C	1.541375	1.062848	1.450231	0.1490
AGEDEP	0.020829	0.020786	1.002064	0.3178
Y00	−0.644128	0.080099	−8.041688	0.0000
LNINCOME	0.888984	0.161296	5.511501	0.0000
SAN	−0.013353	0.007500	−1.780384	0.0769
Effects Specification				
Cross-section fixed (dummy variables)				
R-squared	0.984493	Mean dependent var		5.134546
Adjusted R-squared	0.968307	S.D. dependent var		1.751844
S.E. of regression	0.311872	Akaike info criterion		0.814103
Sum squared resid	15.56226	Schwarz criterion		2.756866
Log likelihood	34.48716	Hannan-Quinn criter.		1.589210
F-statistic	60.82494	Durbin-Watson stat		3.975758
Prob(F-statistic)	0.000000			

表 12-4　随机效应模型回归结果

Dependent Variable：LNHEALTHEXP
Method：Panel EGLS (Cross-section random effects)
Date：05/01/15　Time：01:05
Sample：1 2
Periods included：2
Cross-sections included：164
Total panel (balanced) observations：328
Swamy and Arora estimator of component variances

Variable	Coefficient	Std. Error	t-Statistic	Prob.
C	1.723379	0.227213	7.584856	0.0000
AGEDEP	0.069168	0.010541	6.562060	0.0000
Y00	−0.786314	0.036618	−21.47355	0.0000
LNINCOME	0.206880	0.033974	6.089427	0.0000
SAN	0.025291	0.002983	8.478133	0.0000

Effects Specification			
		S.D.	Rho
Cross-section random		0.868461	0.8858
Idiosyncratic random		0.311872	0.1142

Weighted Statistics			
R-squared	0.764747	Mean dependent var	1.263701
Adjusted R-squared	0.761834	S.D. dependent var	0.686472
S.E. of regression	0.335014	Sum squared resid	36.25171
F-statistic	262.4976	Durbin-Watson stat	2.195538
Prob(F-statistic)	0.000000		

Unweighted Statistics			
R-squared	0.713022	Mean dependent var	5.134546
Sum squared resid	287.9962	Durbin-Watson stat	0.276365

分析上面表 12-3 和表 12-4 的结果。表 12-3 在"effects specification"一栏的下面省略了固定效应模型所使用的 LSDV 系列虚拟变量的系数估计值，而正是由于这一系列虚拟变量的存在，使固定效应模型区别于合并的 OLS 回归。在表 12-4 中，"method"一行中显示的是"cross-section random effects"，说明我们采用了横截面随机效应的回归模型，也就是本章所介绍的随机效应模型。

比较三种回归方法的结果，我们发现系数估计的方向和显著性基本都是一致的，合并 OLS 回归结果相对而言较为接近随机效应模型。在各估计结果中，agedep 的估计结果均在 1% 的水平上显著为正，说明老年抚养比的增加确实会推高人均医疗支出，从推高幅度上来看，每增加 1% 的老年抚养比例大约能将人均医疗支出平均提高 2%—8%。

下面我们来看在 SAS 中如何对上述问题进行分析。

首先，我们同样对数据进行导入和处理，这与我们在 EViews 中的数据转换是相同的。

```
data hexp;
    set hexp;
    y00 = 0; if year = 2000 then y00 = 1;
    lnhealthexp = log(healthexp);
    lnincome = log(income);
run;
```

基于数据集 hexp,我们可以直接进行合并的 OLS 回归,提交以下命令:

```
proc reg data = hexp;
    pool_ols: model lnhealthexp = y00 agedep lnincome san;
quit;
```

SAS 给出的系数估计结果为:

Parameter Estimates

Variable	DF	Parameter Estimate	Standard Error	t Value	Pr>|t|
Intercept	1	1.59825	0.18124	8.82	<.0001
y00	1	-0.79142	0.10293	-7.69	<.0001
agedep	1	0.08676	0.00950	9.13	<.0001
lnincome	1	0.13928	0.02615	5.33	<.0001
san	1	0.02907	0.00246	11.80	<.0001

在进行固定效应回归之前,我们先用 SAS 来实现一阶差分法的回归分析。为此,我们需要先对数据做一些处理,提交以下程序:

```
data hexp_1 (keep = id lnhealthexp_1 agedep_1 lnincome_1 san_1);
    set hexp;
    if year = 2000;
rename lnhealthexp = lnhealthexp_1 agedep = agedep_1 lnincome = lnincome_1
    san = san_1;
run;
proc sort data = hexp_1;
    by id;
run;
```

上述程序是将数据集 hexp 中观测年份为 2000 年的样本分离出来,并对这些样本中的变量 lnhealthexp、agedep、lnhealthexp 和 san 进行重新命名。在此基础上,利用 proc sort 过程对新生成的数据集 hexp_1 按照变量 id 进行排序。然后我们再提交以下程序:

```
data hexp_2 (keep = id lnhealthexp_2 agedep_2 lnincome_2 san_2);
    set hexp;
    if year = 2010;
```

```
    rename lnhealthexp = lnhealthexp_2 agedep = agedep_2 lnincome = lnincome_2
        san = san_2;
run;
proc sort data = hexp_2;
    by id;
run;
```

这段程序与前一段程序是相似的,唯一的不同在于,它将数据集 hexp 中观测年份为 2010 年的样本分离出来,经过同样整理,生成数据集 hexp_2。

在生成了两个子数据集之后,我们需要对其进行合并,提交以下程序:

```
data hexp_d;
    merge hexp_1 hexp_2;
    by id;
    lnhealthexp_d = lnhealthexp_2 - lnhealthexp_1;
    agedep_d = agedep_2 - agedep_1;
    lnincome_d = lnincome_2 - lnincome_1;
    san_d = san_2 - san_1;
run;
```

以上程序利用 merge 语句将 hexp_1 和 hexp_2 按照已排序的变量 id 合并为数据集 hexp_d,之后的四个语句实际上就是对 lnhealthexp、agedep、lnincome 和 san 四个变量进行一阶差分。于是,我们就可以对这个新生成的数据集进行一阶差分法的回归分析了。提交以下程序:

```
proc reg data = hexp_d;
    frst_diff: model lnhealthexp_d = agedep_d lnincome_d san_d;
quit;
```

上述程序将一阶差分后的变量 lnhealthexp_d 对其余的三个一阶差分后的变量进行直接 OLS 回归,我们得到以下系数估计结果:

Parameter Estimates

Variable	DF	Parameter Estimate	Standard Error	t Value	Pr>$|t|$
Intercept	1	0.64413	0.08010	8.04	<.0001
agedep_d	1	0.02083	0.02079	1.00	0.3178
lnincome_d	1	0.88898	0.16130	5.51	<.0001
san_d	1	-0.01335	0.00750	-1.78	0.0769

对比以上结果和我们在 EViews 中利用固定效应模型获得的结果,不难发现两者是相同的,这符合我们之前的讨论:对于两时期面板数据,固定效应模型和一阶差分法获得的估计结果跟检验统计量是完全一致的。

接下来,我们来看 SAS 是如何实现固定效应模型的。提交以下程序:

```
proc tscsreg fixone data = hexp;
    fixed: model lnhealthexp = y00 agedep lnincome san;
    id id year;
run;
```

上面程序中的 tscsreg 过程是"Time Series Cross Sectional Regression"的缩写,即时间序列横截面回归过程。该过程通常用于面板数据分析中的固定效应模型和随机效应模型。在过程语句中,我们首先要设定是使用固定效应模型还是随机效应模型,SAS 中有四个选项,分别为 fixone、fixtwo、ranone 和 rantwo。前两个用来设定固定效应模型,后两个用来设定随机效应模型。而选项中 one 和 two 的区别在于模型中是仅存在个体异质性,还是既存在个体异质性又存在时间异质性。我们的模型中只假定了个体效应的存在,因此我们选用 fixone 选项。这里需要注意的是,id 语句中,SAS 将第一个变量视为表征横截面维度的变量,而将第二个变量视为表征时间维度的变量。利用上述语句,我们可以获得相应的结果:

The TSCSREG Procedure

Model: FIXED

Dependent Variable: lnhealthexp

Fit Statistics

SSE	15.5623	DFE	160
MSE	0.0973	Root MSE	0.3119
R-Square	0.9845		

F Test for No Fixed Effects

Num DF	Den DF	F Value	Pr>F
163	160	16.58	<.0001

Parameter Estimates

Variable	DF	Estimate	Standard Error	t Value	Pr>|t|
Intercept	1	0.645787	0.8720	0.74	0.4600
y00	1	−0.64413	0.0801	−8.04	<.0001
agedep	1	0.020829	0.0208	1.00	0.317
lnincome	1	0.888984	0.1613	5.51	<.0001
san	1	−0.01335	0.00750	−1.78	0.0769

出于篇幅限制,我们在这里未报告所有 LSDV 虚拟变量的系数估计值,但从"F Test for No Fixed Effects"的结果来看,这些虚拟变量联合显著,说明数据存在明显的个体异质性差异。从以上结果可以看出,固定效应模型的估计结果与一阶差分法的结果完全一致。

最后,我们使用随机效应模型进行回归。提交以下语句:

```
proc tscsreg ranone data = hexp;
    random: model lnhealthexp = y00 agedep lnincome san;
    id id year;
run;
```

这段语句与上面我们使用的固定效应模型语句相似,唯一的不同在于我们将过程语句的选项设定为 ranone。提交程序输出结果如下:

Model: RANDOM
Dependent Variable: lnhealthexp

Hausman Test for Random Effects

DF	m Value	$Pr>m$
4	53.83	<.0001

Parameter Estimates

Variable	DF	Estimate	Standard Error	t Value	$Pr>|t|$
Intercept	1	1.72622	0.2453	7.04	<.0001
y00	1	−0.78621	0.0392	−20.06	<.0001
agedep	1	0.068881	0.0113	6.07	<.0001
lnincome	1	0.208198	0.0367	5.68	<.0001
san	1	0.025204	0.00322	7.84	<.0001

由以上结果可以看出,SAS 给出的随机效应模型估计值与 EViews 基本相同,斜率系数的符号和统计显著性与固定效应模型相似,但是系数估计值的大小接近于合并 OLS 模型。在所有模型中,老年抚养比的增加都对该国医疗支出有正向的影响。另外,在随机效应模型的估计中,SAS 会自动给出豪斯曼检验的结果。在此例中,豪斯曼检验的 p 值小于 0.0001,因此在 1% 的显著性水平上我们可以拒绝原假设,即认为个体异质性与回归的解释变量之间存在相关性,这说明我们应该采用固定效应模型的结果。

本章总结

本章主要介绍了面板数据的基本性质和分析方法。面板数据综合了横截面数据和时间序列数据的特征,但是在处理方法上又与这两类数据不同。由于面板数据中存在未观测到的个体异质性,利用合并 OLS 回归常常无法得到准确的估计值。对于结构最简单的两时期面板数据,本章介绍了一阶差分法,并将这种方法引入到实际政策分析和项目评估中。在此基础上,我们介绍了固定效应模型(包括组内估计方法和最小二乘虚拟变量估计法),还进一步对固定效应模型和一阶差分法做了比较。基于个体效应与解释变量不相关这一假设,我们又引入了随机效应模型,并比较了它和固定效应模型的区别。最后,我们介绍了甄别这两种常用面板数据模型的基本原则和相关的豪斯曼检验。

思考与练习

1. 什么是面板数据？该类型数据与混合截面数据相比有什么区别？你能举出实际中这类数据的例子吗？

2. 两阶段面板数据可以使用什么方法进行分析？

3. 固定效应模型与一阶差分法有什么共同点和不同点？

4. 在使用 LSDV 估计时，我们需要考虑哪些因素？该估计可能会带来什么样的问题？

5. 随机效应模型的关键假定是什么？该模型与固定效应模型有什么不同？

第十三章 二元选择模型

▌本章概要▐

本章主要介绍了因变量为二值离散形式的线性与非线性回归模型,包括线性概率模型、Probit 模型和 Logit 模型,这些模型统称为二元选择模型。我们首先讨论了二元选择模型的适用条件及其在估计时可能产生的问题,然后详细介绍了以上三种模型的估计方法,并讨论了它们之间的区别与联系。最后,我们通过计算机应用实例展示二元选择模型的具体实现步骤。

▌学习目标▐

1. 掌握二元选择模型的基本概念和适用条件
2. 掌握线性概率模型、Probit 模型和 Logit 模型的基本假设和估计方法,能够解释估计结果的含义
3. 掌握三种模型的联系和区别,能够根据实际情况选择恰当的模型,并且比较不同模型给出的结果

第一节 二元选择问题

前面我们已经讨论了回归模型中自变量和因变量都是连续变量的情形。我们还讨论了一种特殊的模型,即当回归模型中的自变量只能取有限个不同值的情形。在这种情况下,我们使用虚拟变量加以处理。那么,如果模型中因变量的取值也不是连续的,而只能取若干个不同的值时,情况会是怎样的呢?

上述问题在实际应用中相当普遍。比如研究个人出行交通方式的选择与哪些因素相关。在该问题中,个人的交通方式是因变量,可能只有以下几种情况:公交车、地铁、自行车、出租车、私人汽车等。再比如,当研究公司的兼并情况和哪些因素相关时,自变量就只能取两个值,分别对应公司在某一时期内被兼并或未被兼并两种可能的情况。

以上两个例子即为多元选择问题。特别地,第二个例子中的因变量取值选择只有两种,我们便把它称为二元选择问题,而处理这类问题的模型就是**二元选择模型**(Binary Choice Models)。二元选择问题是多元选择问题中最简单的情形,本章将主要讨论二元选择模型。

在二元选择模型中,回归方程的因变量实际上是一个虚拟变量,只能取 0 和 1 两个值,因而我们又把二元选择模型称为**虚拟因变量模型**(Dummy Dependent Variable Models)。

接下来要考虑的问题是,我们应该怎样去估计一个二元选择模型。二元选择模型的假设检验和拟合优度的衡量与我们之前使用的方法有何不同?应该怎样去解释二元选

择模型给出的系数估计值?

二元选择模型的基本思想是,由于因变量是二值变量,不具有连续性,因而无法用通常的计量经济学方法进行估计,所以我们需要将不连续的因变量转化为连续的因变量。在这里,因变量只取两值给了我们很大的方便:相对于多值离散因变量来说,虚拟因变量在转化时更易于理解和操作。例如在上面的第二个例子中,如果我们把未被兼并定义为0,被兼并定义为1,那么因变量 y 就可以看作一个类似于概率的值。在这种概率的视角下,y 就具有了某种程度的连续性,因而对应的模型就可以使用以下介绍的方法进行估计了。

根据对以上"概率"的不同假设,可以有不同的二元选择模型。应用计量经济学中常用的有三种模型,分别是**线性概率模型**(Linear Probability Model,LPM)、Probit 模型和 Logit 模型。我们将在下面的几节中分别介绍这三种模型。

第二节　线性概率模型

对于二元选择问题,一种最简单的分析方法是不加任何特殊处理而直接使用普通线性回归模型的设定:

$$y_i = \alpha + \beta_1 x_{1i} + \beta_2 x_{2i} + \cdots + \beta_k x_{ki} + u_i \tag{13.1}$$

其中,x 为自变量,y 为因变量,其取值为

$$y_i = \begin{cases} 1, & 第一种选择 \\ 0, & 第二种选择 \end{cases} \tag{13.2}$$

u_i 为误差项,相互独立且均值为 0。对(13.1)式两边取条件期望可得:

$$E(y_i \mid x) = \alpha + \beta_1 x_{1i} + \beta_2 x_{xi} + \cdots + \beta_k x_{ki} \tag{13.3}$$

需要注意的是,我们现在要从概率的视角来看待 y,根据期望的计算公式:

$$E(y \mid x) = 1 \times \Pr(y=1 \mid x) + 0 \times \Pr(y=0 \mid x) = \Pr(y=1 \mid x) \tag{13.4}$$

结合(13.3)式和(13.4)式,我们有:

$$\Pr(y_i = 1 \mid x) = \alpha + \beta_1 x_{1i} + \beta_2 x_{2i} + \cdots + \beta_k x_{ki} \tag{13.5}$$

可以看出,在上面的模型中,$y=1$(即第一种选择发生)的概率是所有自变量的线性函数。这说明,如果我们不再把因变量看作离散的数值,而是将其看作一个概率值的话,那么线性模型就可以将(13.1)式赋予概率的含义,这也就是其被称作线性概率模型的原因。

现在研究怎样去解释线性模型的估计结果。与第三章第三节一致,我们用带尖号的字母表示原字母对应变量的估计值,我们得到:

$$\hat{y}_i = \hat{\alpha} + \hat{\beta}_1 x_{1i} + \hat{\beta}_2 x_{2i} + \cdots + \hat{\beta}_k x_{ki} \tag{13.6}$$

其中,y 的估计值 $\hat{y}$ 可以解释为通过估计得到的第一种选择发生的概率;估计的截距项 $\hat{\alpha}$ 表示当所有的自变量都取零时第一种选择发生的概率;自变量斜率系数的估计值 $\hat{\beta}_i$ 则表示当对应的自变量增加一单位时,第一种选择发生的概率会增加多少。

接下来的一个关键问题是我们该如何去估计这个模型。一个很自然的想法是,既然线性概率模型就是从普通线性回归模型中得到的,那么我们是不是可以利用线性模型常用的估计方法——最小二乘法(OLS)去估计线性概率模型呢?答案是否定的,因为 OLS

估计在这里必然会产生异方差问题,这被称为线性概率模型的**自然异方差性**(Natural Heteroskedasticity)。下面我们来说明这一点。

根据方差的定义,并经过一定的推导,我们可以得到:

$$\begin{aligned}
\mathrm{Var}(u_i \mid x) &= E(u_i^2 \mid x) = E((y_i - x_i\beta)^2 \mid x) \\
&= E[(y_i - x_i\beta)^2 \mid x, y_i = 1] \cdot \Pr(y_i = 1) \\
&\quad + E[(y_i - x_i\beta)^2 \mid x, y_i = 0] \cdot \Pr(y_i = 0) \\
&= [1 - \Pr(y_i = 1)]^2 \cdot \Pr(y_i = 1) + \Pr(y_i = 1)^2 \cdot [1 - \Pr(y_i = 1)] \\
&= [1 - \Pr(y_i = 1)] \cdot \Pr(y_i = 1)
\end{aligned} \tag{13.7}$$

显然,随机误差项的方差不再是常数,而跟自变量的取值有关。因而直接使用最小二乘估计会出现异方差问题。根据我们前面的知识,出现异方差问题时,估计的有效性会丧失,但估计量仍然是无偏的。与样本数据所产生的异方差不同,线性概率模型中的异方差是模型设定本身造成的,与样本数据是否有异方差的特征无关,因此这一问题被称为自然异方差,它是使用线性概率模型最明显的一个弊端。

解决该问题的一个方法是,针对每一个 y_i 首先估计它的方差,然后使用加权最小二乘法(WLS)进行估计(具体步骤参见本书第八章)。这种估计方法能够修正自然异方差,但是它依然无法解决线性概率模型的其他自身问题。这些问题主要包括:

(1)利用线性概率模型估计出来的 $\hat{y}$ 并不能保证在 0 和 1 之间。也就是说,对于某些特定的 x 自变量取值,计算得到的 $\hat{y}$ 有可能是一个负值或者是大于 1 的值,那么这就违背了我们前面对 y 的解释(将 y 看作是随机事件发生的概率)。

(2)线性概率模型假设自变量与概率的关系是线性的,也就是说,x 每增加一个单位对概率 y 的影响都是固定的。然而,这一假设的合理性值得推敲,因为在现实中各影响因素对概率的影响往往依据概率的取值区间而有所不同。因此,线性概率模型一般只在自变量的取值集中在样本均值附近的时候效果较好。

第三节　Probit 模型和 Logit 模型

一、模型的基本原理

线性概率模型尽管存在若干问题,但其基本思想却很直观,即通过把 y 看作概率从而解决了因变量取值不连续的问题。沿着这一思路,我们希望能找到一种模型使得估计出来的概率永远落在 0 和 1 之间。所以,如果我们不直接把 y 看作概率,而是将 y 的取值经过某种处理之后转化为概率,那么我们就可以通过选择适当的转化方法,保证概率能够落在 0 和 1 之间。这种思路的数学表述就是

$$\Pr(y_i = 1 \mid x_i) = G(\alpha + \beta_1 x_{1i} + \beta_2 x_{2i} + \cdots + \beta_k x_{ki}) \tag{13.8}$$

其中 $G(\cdot)$ 是某种函数(常设定为概率分布函数),满足 $0 \leqslant G(\cdot) \leqslant 1$。

通过设定 $G(\cdot)$ 的不同函数形式,我们可以得到不同的模型。下面我们来介绍两种常用的模型——Probit 模型和 Logit 模型。

如果我们设定 G 是**标准正态分布**(Standard Normal Distribution)的**累积分布函数**(Cumulative Distribution Function,CDF),即

$$G(z) = \Phi(z) = \int_{-\infty}^{z} \frac{1}{\sqrt{2\pi}} \exp\left(-\frac{1}{2}z^2\right) \tag{13.9}$$

则该模型就被称为 Probit 模型。而当我们设定 G 是**标准逻辑分布**(Logistic Probability Function)的累积分布函数(CDF)时,即

$$G(z) = \Lambda(z) = \frac{1}{1+\exp(-z)} = \frac{\exp(z)}{1+\exp(z)} \tag{13.10}$$

则称该模型为 Logit 模型。

值得一提的是,对于 Logit 模型,我们经过简单的代数变换,可以发现它等价于将因变量看作 $y=1$ 的概率发生比,然后对 x 变量进行的回归。

$$\ln\left(\frac{P_i}{1-P_i}\right) = \beta_0 + \beta_1 x_{1i} + \cdots + \beta_k x_{ki} + u_i \tag{13.11}$$

比较可知,Probit 模型和 Logit 模型具备线性概率模型所没有的几个优势:

(1) Probit 模型和 Logit 模型没有自然异方差问题;

(2) Probit 模型和 Logit 模型所预测的概率值一定落于 0 和 1 之间;

(3) 由于 Probit 模型和 Logit 模型属于非线性模型,因此自变量 x 与概率之间的关系不是线性的,即 x 每增加一个单位对概率 y 的影响取决于 x 本身的取值而不是固定不变的。

上述独特优势使 Probit 模型和 Logit 模型成为研究二元选择问题时的最常用模型。

对于这两种二元选择模型,我们还可以依据**潜在变量**(Latent Variable)的视角来更直观地理解其模型设定。假设 y^* 为潜在变量,代表不可观测的行为倾向;对于二元选择问题来说,y^* 表示个体选择第一种方案(即 $y=1$)的倾向。则我们可以做如下设定:

$$y_i^* = \alpha + \beta_1 x_{1i} + \beta_2 x_{2i} + \cdots + \beta_k x_{ki} + u_i; \quad 若 y_i^* > 0, \quad 则 y_i = 1 \tag{13.12}$$

其中,参数 β 表示自变量 x 的变化对潜在变量(y^*)的影响,而随机误差项 u 则可以被设定为标准正态分布(对应 Probit 模型)或者标准逻辑分布(对应 Logit 模型)。可以证明,依据模型(13.12)所推导出的 $y=1$ 的概率具有与(13.8)式一致的表达式,这是因为:

$$\begin{aligned}
\Pr(y_i = 1 \mid x) &= \Pr(y_i^* > 0 \mid x) = \Pr[u_i > -(\alpha + \beta_1 x_{1i} + \beta_2 x_{2i} + \cdots + \beta_k x_{ki}) \mid x] \\
&= 1 - G[-(\alpha + \beta_1 x_{1i} + \beta_2 x_{2i} + \cdots + \beta_k x_{ki})] \\
&= G(\alpha + \beta_1 x_{1i} + \beta_2 x_{2i} + \cdots + \beta_k x_{ki}) \tag{13.13}
\end{aligned}$$

其中,$G(\cdot)$ 表示标准正态分布或标准逻辑分布的累积分布函数(见(13.9)式和(13.10)式)。

由此可见,对 Probit 模型和 Logit 模型的两种理解方法是一致的。基于潜在变量的理解,我们可以很直观地看出这两种二元选择模型实际上是借助"潜在行为倾向"的概念将一个离散型的二值因变量 y 转化为了一个连续型的潜在趋势变量 y^*。因此,其基本思想依然与线性概率模型类似,但估计方法上却有着很大的差别。

二、模型的估计方法

由于 Probit 模型和 Logit 模型属于非线性模型,因此我们不能用普通最小二乘法对其进行估计。一般来说,对这类模型最常用的估计方法是极大似然估计法。极大似然估

计与最小二乘估计相似,是一种基于给定样本数据和回归模型来确定模型参数的参数估计方法(相对于非参数或半参数估计方法)。然而,与最小二乘法不同的是,极大似然估计法的基本思想不是将回归残差的平方和最小化,而是希望通过确定模型的参数使该模型产生已知样本的概率最大。极大似然估计法的主要步骤如下:

(1) 依据对随机误差项的统计分布假定,计算单个样本的概率密度;
(2) 将所有样本的概率密度累乘得到样本的似然函数(Likelihood);
(3) 将似然函数进行对数转换,从而得到对数似然函数(Log-likelihood);
(4) 将对数似然函数最大化,求得参数的极大似然估计值。

下面我们具体介绍用极大似然法对 Probit 模型和 Logit 模型的估计步骤。这里为了表达的方便,我们用 $X_i\beta$ 这一矩阵的形式表示

$$\alpha + \beta_1 x_{1i} + \beta_2 x_{2i} + \cdots + \beta_k x_{ki}$$

其中,X_i 为 $1\times(k+1)$ 的向量,表示第 i 个观测个体的自变量取值,而 β 为 $(k+1)\times 1$ 的参数向量。

注意由于 y 只能取 0 和 1 两个值,并且

$$\Pr(y_i = 1 \mid x) = G(X_i\beta), \quad \Pr(y_i = 0 \mid x) = 1 - G(X_i\beta) \tag{13.14}$$

因而我们可以将单个样本的概率密度函数写作:

$$f(y_i \mid x;\beta) = G(X_i\beta)^{y_i}[1 - G(X_i\beta)]^{1-y_i}, \quad y_i = 0,1 \tag{13.15}$$

相应地,样本的似然函数为:

$$L(y_i \mid x;\beta) = \prod_{i=1}^{N} G(X_i\beta)^{y_i}[1 - G(X_i\beta)]^{1-y_i} \tag{13.16}$$

而对数似然函数便可以写为:

$$\ln L = \sum_{i=1}^{N}\{y_i \ln[G(X_i\beta)] + (1-y_i)\ln[1-G(X_i\beta)]\} \tag{13.17}$$

最大化以上对数似然函数可以得到 β 的极大似然估计值。可以证明,以上极大似然估计值具有很好的统计性质。如果模型设定正确,在大样本情况下,该估计值具有无偏性和有效性,并呈现正态分布特征,从而允许我们使用经典的假设检验方法。这些性质都使极大似然估计比最小二乘估计更广泛地被应用于二元选择模型及类似的非线性模型的估计之中。

三、边际效应的计算

下面我们来看在这两个二元选择模型之中如何计算**边际效应**(Marginal Effect)或**偏效应**(Partial Effect),即自变量变动一单位时对因变量的影响。与线性概率模型不同,Probit 和 Logit 模型中的系数 β 并不直接代表自变量 x 对于 $\Pr(y=1|x)$ 的边际效应,而只代表 x 对于我们前面提到的潜在变量 y^* 的边际效应。为了得到 x 对于 $\Pr(y=1|x)$ 的边际效应,我们将 $\Pr(y=1|x)$ 对自变量求偏微分,得到:

$$\frac{\partial \Pr(y=1 \mid x)}{\partial x_j} = \frac{\partial G(X\beta)}{\partial x_j} = \frac{dG(X\beta)}{d(X\beta)}\frac{\partial (X\beta)}{\partial x_j} = \frac{dG(X\beta)}{d(X\beta)}\beta_j = g(X\beta)\beta_j$$

$$\tag{13.18}$$

其中，$g(x) = \dfrac{\mathrm{d}G(x)}{\mathrm{d}x}$ 为累积分布函数对应的**概率密度函数**（Probability Density Function），即在 Probit 模型中，

$$g(x) = \frac{1}{\sqrt{2\pi}} \exp\left(-\frac{1}{2}x^2\right) \tag{13.19}$$

而在 Logit 模型中，

$$g(x) = \frac{\exp(x)}{[1+\exp(x)]^2} \tag{13.20}$$

从(13.20)式中我们可以总结出以下结论：

(1) 斜率系数 β_i 必须乘以一个概率密度函数以后才表示 x 对于 $\Pr(y=1|x)$ 的边际效应；由于概率密度函数总是正的，因而 β_i 的符号与 x 对于 $\Pr(y=1|x)$ 的边际效应的符号是相同的；同时，由于概率密度函数总是在 0 和 1 之间，因此边际效应的绝对值总是不大于 β_i 的绝对值。

(2) 由于边际效应的表达式中含有 $g(X\beta)$，这意味着在 Probit 模型和 Logit 模型中，某个自变量 x_i 的边际效应不但与其自身大小有关，而且与所有其他自变量 x 的取值也相关。实际上，这是很多非线性回归模型共有的特点，该特点也保证了 Probit 模型和 Logit 模型对边际效应的估计值会随概率区间的变化而变化，这也是这两种模型相对于线性概率模型的独特优势。

(3) 由于以上特点，我们在计算边际效应时，需要决定 $g(X\beta)$ 中各个自变量的取值。一般而言，我们可以有三种选择：① 所有自变量均取样本均值，所得边际效应被称为**均值边际效应**（Marginal Effect at the Mean），它是 x 的变动在样本均值附近的边际效应；② 依据各样本个体的自变量取值分别计算个体边际效应，然后将个体边际效应取样本均值，得到**平均边际效应**（Average Marginal Effect），这是在实际研究中最常用的计算方法；③ 根据研究需要，可以选择特定的 x 取值，得到在该 x 值附近的边际效应，该方法在研究特定群体的行为时常常被使用。

(4) 在二元选择模型中，使用传统的 R^2 统计量作为拟合优度的衡量已经不再合适，这是因为预测值 $\hat{y}$ 是概率，而真实的 y 取值只能为 0 或 1，这样计算出来的 R^2 很可能会非常低。依据极大似然估计的原理，我们可以使用样本的**拟合似然值**（Fitted Likelihood）来对模型的拟合优度进行比较。

四、参数检验

在对极大似然估计量（如 Logit 模型和 Probit 模型参数估计值）的假设检验中，由于普通线性估计量的很多统计推断不再适用，因此我们一般依赖于以下三种基于极大似然估计（MLE）的参数检验方法：**Wald 检验**（Wald Test）、**似然比检验**（Likelihood Ratio Test）、**拉格朗日乘子检验**（Lagrange Multiplier Test）。

对于一般性的非线性参数限制条件，原假设为 $H_0: r(\beta) = q$，其中 $r(\cdot)$ 为线性或非线性函数，β 是维度为 $(k+1)\times 1$ 的参数向量，q 是维度为 $J\times 1$ 的常数向量。

在此原假设下，Wald 检验依据不受该限制条件约束的 MLE 估计值构造 Wald 统计量：

$$W = [r(\hat{\beta}_{ur}) - q]' \{\text{Var}[r(\hat{\beta}_{ur}) - q]\}^{-1} [r(\hat{\beta}_{ur}) - q] \sim \chi^2(J) \quad (13.21)$$

其中,$\hat{\beta}_{ur}$ 表示不受参数条件限制的 MLE 估计量。Wald 检验的思想是:如果约束为真,则将无约束估计量 $\hat{\beta}_{ur}$ 代入约束中,它应该使得 $r(\hat{\beta}_{ur}) - q$ 在统计意义上为 0,从而可以构建 Wald 统计量,最后根据 Wald 统计量的分布特征来检验原假设是否成立。

拉格朗日乘子检验的基本思路恰恰与 Wald 检验相反,它首先得到受约束估计值 $\hat{\beta}_r$,如果原假设成立,则似然函数在 $\hat{\beta}_r$ 处的一阶导数在统计意义上为 0,从而可以构造符合卡方分布的 LM 统计量,并依据其分布特征来对原假设提供检验。LM 统计量的公式为:

$$\text{LM} = \left[\frac{\partial \ln L(\hat{\beta}_r)}{\partial \hat{\beta}_r}\right]' I^{-1}(\hat{\beta}_r) \left[\frac{\partial \ln L(\hat{\beta}_r)}{\partial \hat{\beta}_r}\right] \sim \chi^2(J) \quad (13.22)$$

其中,$\hat{\beta}_r$ 表示受参数条件限制的 MLE 估计量。$L(\cdot)$ 是似然函数,

$$I(\beta) = -E\left[\frac{\partial^2 \ln L(\beta)}{\partial \beta^2}\right]$$

被称为信息矩阵。以上 LM 统计量虽然构造与 Wald 统计量不同,但两者的统计分布一致。

似然比检验的思想更为直观。它分别计算受参数条件约束和不受该条件约束的 MLE 估计值及对应的似然函数值,然后计算两个似然值的差距(用似然比衡量),如果原假设为真,则该差距应该接近于 0,符合卡方分布。据此,根据似然比(LR)统计量的分布特征可以检验两个估计值的近似程度(即原假设的合理性)。LR 统计量为:

$$\text{LR} = 2[\ln L(\hat{\beta}_{ur}) - \ln L(\hat{\beta}_r)] \sim \chi^2(J) \quad (13.23)$$

比较可知,以上三种基于极大似然估计的检验方法在统计量的构造上各不相同:Wald 统计量是基于不受参数条件约束的 MLE 估计值,LM 统计量是基于受参数条件约束的 MLE 估计值,而 LR 统计量的计算则既需要不受参数条件约束的 MLE 估计值也需要受该条件约束的估计值。然而,在大样本情况下,三个统计量具有相同的统计分布,检验结果也是一致的。在样本量有限的情况下,可以证明,似然比检验对于线性参数条件限制能够提供最准确的检验结果(虽然它的计算过程在三个检验方法中最为复杂),因此是我们推荐的检验法。

第四节 二元选择模型的比较

我们前面介绍了三种二元选择模型。三种模型共同的特点是都试图从概率的角度将因变量从离散形式转化为连续形式,然而三者的转化方法却有所不同。线性概率模型将因变量直接看作概率,而 Logit 和 Probit 模型则将因变量经过某种形式的函数变换后转化为概率。线性概率模型中概率与自变量的关系是线性的,而在 Logit 和 Probit 模型中,该关系是非线性的,而且由具体的函数形式决定。相应地,线性概率模型得到的边际效应是常数,而 Logit 和 Probit 模型得到的边际效应则取决于各个自变量的取值。

很多时候,线性概率模型的线性假设与实际情况并不相符,并且线性概率模型得到的概率估计值有可能超出 0 到 1 的范围,因而它在实际研究中的应用较少。一般来说,当自变量的取值在样本均值附近变动时,LPM 模型的估计结果较为合理。Probit 模型和

Logit 模型是在实践中应用更多的模型，两者一般给出的估计结果类似，具体选择哪一个模型可以根据研究需要或数据的分布特征来决定。

由于三种模型的函数形式设定不同，因此它们给出的自变量系数估计值也会有显著差别，但这并不代表它们的边际效应估计值存在显著差别（事实上，三种模型给出的边际效应往往非常接近）。为了比较三种模型所预测的边际效应，我们可以应用以下两种方法：

（1）根据我们前面关于 Logit 和 Probit 模型的边际效应公式，选择相应的自变量取值并计算出两个模型中实际的边际效应，然后再与线性概率模型的系数估计值（等同于其边际效应估计值）进行比较。

（2）第二种方法是比较三种模型的经验法则。由于在计算边际效应时，利用(13.19)式和(13.20)式可知：当 $x = 0$ 时，对于 Probit 模型，$g(x) \approx 0.4$；对于 Logit 模型，$g(x) \approx 0.25$。根据这一倍数准则，我们通常可以将 Probit 模型的参数估计值乘以 0.4 后与线性概率模型的参数估计值进行比较。同理，可以将 Logit 模型的参数估计值乘以 0.25 以后与线性概率模型的参数估计值进行比较。这一经验法则可以使我们很快了解三种模型对边际效应的大致估计范围，从而使模型估计结果之间更具可比性。

第五节 计算机应用实例

本节利用一个计算机应用实例来展示如何在 EViews 和 SAS 软件中实现上述三种二元选择模型。研究背景如下：假设我们收集到关于某棋类游戏网络比赛的数据（储存于文件 game.txt 中），样本中共有 400 个观测个体，分别代表 400 场比赛的信息，每场比赛中均有我们所关注的某位棋手（以下简称"A"）参与。数据中包含五个变量，虚拟变量 win＝1 作为模型的因变量，表示 A 棋手在该场比赛获得了胜利，history 表示在以往交手中 A 的获胜次数与对方获胜次数之比，虚拟变量 first＝1 表示 A 本场比赛抽到先手，虚拟变量 top10＝1 表示 A 在当前的网络比赛排名中处于前 10% 的位置（用以衡量 A 的实力），虚拟变量 rtop10＝1 表示该场比赛 A 的对手在网络比赛排名中处于前 10% 的位置（用以衡量对方的实力）。我们要研究的问题是：通过以往交手记录是否能够准确预测 A 的实际获胜概率。换句话说，我们需要回答以下两个问题：

（1）当概率回归模型中包含 history 这一变量以后，引入其他解释变量是否还能够对获胜概率产生显著影响？

（2）控制 history 及其他解释变量后，A 的预期获胜概率是否变为 50%，即这些因素是否能够有效预测比赛的真实胜负？

我们先展示 EViews 的操作方法。在 EViews 中，首先我们将 win 对 history 做回归，使用线性概率模型。注意到自然异方差问题，我们在回归的时候需要做一些相应设定。选择"Quick"→"Estimate Equation"得到回归方程设定的对话框，在"Specification"选项卡中，填入回归方程"win c history"，在"Method"一栏中选择"LS"方法，如图 13-1 所示：

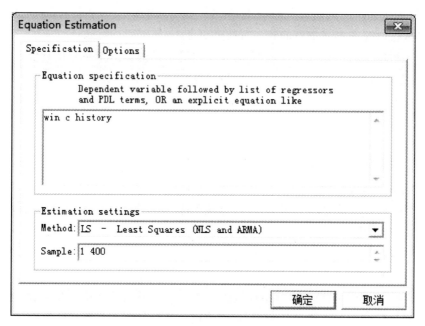

图 13-1　设定线性概率模型

接下来单击"Options"选项卡，选中"Heteroskedasticity consistent coefficient"前的复选框，然后选中"White"，如图 13-2 所示。这一步骤是对模型异方差问题进行的处理。

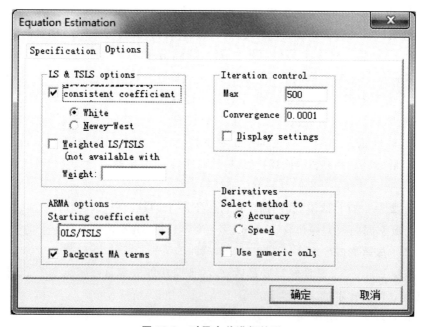

图 13-2　对异方差进行处理

单击"确定"，我们得到如表 13-1 所示的结果：

表 13-1　经过异方差修正的 OLS 回归结果

Dependent Variable：WIN
Method：Least Squares
Date：05/31/15　Time：16:37
Sample：1 400
Included observations：400
White Heteroskedasticity−Consistent Standard Errors & Covariance

Variable	Coefficient	Std. Error	t-Statistic	Prob.
C	0.526948	0.036354	14.49487	0.0000
HISTORY	0.021931	0.002139	10.25347	0.0000
R-squared	0.140848	Mean dependent var		0.732500
Adjusted R-squared	0.138689	S.D. dependent var		0.443210
S.E. of regression	0.411329	Akaike info criterion		1.066140
Sum squared resid	67.33819	Schwarz criterion		1.086097
Log likelihood	−211.2280	Hannan-Quinn criter.		1.074043
F-statistic	65.24748	Durbin-Watson stat		1.914499
Prob(F-statistic)	0.000000			

这里，history 的系数显著为正，意味着在以往的交手中 A 取胜的次数越多，在本场比赛中胜利的概率就越大。注意结果中"White Heteroskedasticity"→"Consistent Standard Errors & Covariance"意味着我们使用了 White 异方差修正。下面我们加入其他的变量，得到如表 13-2 所示的回归结果：

表 13-2　经过异方差修正的扩展 OLS 回归结果

Dependent Variable：WIN
Method：Least Squares
Date：05/31/15　Time：16:38
Sample：1 400
Included observations：400
White Heteroskedasticity—Consistent Standard Errors & Covariance

Variable	Coefficient	Std. Error	t-Statistic	Prob.
C	0.524474	0.047921	10.94452	0.0000
HISTORY	0.020833	0.002420	8.607874	0.0000
FIRST	0.003782	0.051788	0.073027	0.9418
TOP10	0.067608	0.047020	1.437853	0.1513
RTOP10	−0.083165	0.098657	−0.842969	0.3998
R-squared	0.145445	Mean dependent var		0.732500
Adjusted R-squared	0.136791	S.D. dependent var		0.443210
S.E. of regression	0.411782	Akaike info criterion		1.075775
Sum squared resid	66.97791	Schwarz criterion		1.125669
Log likelihood	−210.1551	Hannan-Quinn criter.		1.095534
F-statistic	16.80717	Durbin-Watson stat		1.912910
Prob(F-statistic)	0.000000			

新加入的三个变量系数都不显著,说明在控制 history 后,其他因素对比赛的胜负没有显著的影响。同时,截距项的回归系数为 0.524,说明在控制其他影响因素后,A 棋手的预期获胜概率接近 50%,即这些因素对比赛胜负有较好的预测效力。

如果使用 Logit 模型,则在"Specification"选项卡的"Method"一栏中选择"BINA-RY",输入待估计的方程,在下面的"Binary estimation"一栏中选择"Logit",如图 13-3 所示:

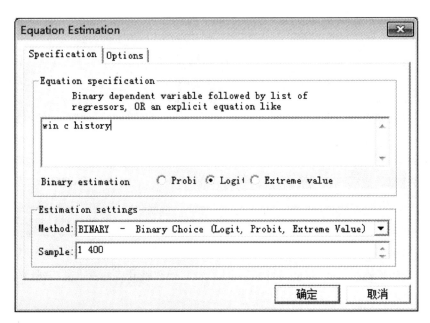

图 13-3　设定 Logit 模型

单击"确定",得到如表 13-3 所示的结果:

表 13-3　Logit 模型回归结果

Dependent Variable: WIN
Method: ML-Binary Logit (Quadratic hill climbing)
Date: 05/31/15　Time: 16:40
Sample: 1 400
Included observations: 400
Convergence achieved after 5 iterations
QML (Huber/White) Standard Errors & Covariance

Variable	Coefficient	Std. Error	z-Statistic	Prob.
C	−0.399552	0.205575	−1.943577	0.0519
HISTORY	0.198732	0.030604	6.493580	0.0000
McFadden R-squared	0.165143	Mean dependent var		0.732500
S.D. dependent var	0.443210	S.E. of regression		0.404178
Akaike info criterion	0.979697	Sum squared resid		65.01736
Schwarz criterion	0.999654	Log likelihood		−193.9394
Hannan-Quinn criter.	0.987600	Restr. log likelihood		−232.3026

			（续表）
LR statistic	76.72626	Avg. log likelihood	−0.484849
Prob(LR statistic)	0.000000		
Obs with Dep=0	107	Total obs	400
Obs with Dep=1	293		

  这次 history 的系数比线性概率模型的要大很多，但是正如上一小节所述，这本身并不意味着边际效应的差别。我们在模型中加入其他变量后得到的结果如表 13-4 所示：

表 13-4　加入其他变量后的 Logit 模型回归结果

Dependent Variable：WIN
Method：ML-Binary Logit (Quadratic hill climbing)
Date：05/31/15　Time：16:41
Sample：1 400
Included observations：400
Convergence achieved after 5 iterations
QML (Huber/White) Standard Errors & Covariance

Variable	Coefficient	Std. Error	z-Statistic	Prob.
C	−0.461693	0.280074	−1.648470	0.0993
HISTORY	0.193264	0.030425	6.352246	0.0000
FIRST	0.028301	0.272266	0.103946	0.9172
TOP10	0.474296	0.338991	1.399141	0.1618
RTOP10	−0.254516	0.470675	−0.540746	0.5887
McFadden R-squared	0.169586	Mean dependent var		0.732500
S.D. dependent var	0.443210	S.E. of regression		0.404141
Akaike info criterion	0.989536	Sum squared resid		64.51534
Schwarz criterion	1.039430	Log likelihood		−192.9072
Hannan-Quinn criter.	1.009295	Restr. log likelihood		−232.3026
LR statistic	78.79064	Avg. log likelihood		−0.482268
Prob(LR statistic)	0.000000			
Obs with Dep=0	107	Total obs		400
Obs with Dep=1	293			

  以上结果与线性概率模型基本保持一致。在控制 history 以后，其他因素（如是否先手、是否处于网络排名的前 10%）对比赛的胜负没有显著影响。同时在控制模型中的自变量后，截距项不显著异于零。将零值作为潜在变量放入标准逻辑分布的累积分布函数以后，我们有 $G(0)=\Lambda(0)=0.5$，即在控制各个自变量的影响后，模型所预期的 A 棋手取胜概率为 50%，说明其他因素无法显著预测比赛的真实胜负。

  再来看 Probit 模型。其操作方法和 Logit 模型基本一致，只需在"Binary estimation"中选"Probi"，得到的结果如表 13-5 所示：

表 13-5　Probit 模型回归结果

Dependent Variable: WIN
Method: ML-Binary Probit (Quadratic hill climbing)
Date: 05/31/15　Time: 16:42
Sample: 1 400
Included observations: 400
Convergence achieved after 4 iterations
QML (Huber/White) Standard Errors & Covariance

Variable	Coefficient	Std. Error	z-Statistic	Prob.
C	−0.205124	0.167710	−1.223090	0.2213
HISTORY	0.107042	0.016574	6.458319	0.0000
FIRST	−0.010321	0.162736	−0.063422	0.9494
TOP10	0.241970	0.204350	1.184098	0.2364
RTOP10	−0.156241	0.280080	−0.557842	0.5770
McFadden R-squared	0.167554	Mean dependent var		0.732500
S.D. dependent var	0.443210	S.E. of regression		0.404466
Akaike info criterion	0.991897	Sum squared resid		64.61914
Schwarz criterion	1.041790	Log likelihood		−193.3793
Hannan-Quinn criter.	1.011655	Restr. log likelihood		−232.3026
LR statistic	77.84644	Avg. log likelihood		−0.483448
Prob(LR statistic)	0.000000			
Obs with Dep=0	107	Total obs		400
Obs with Dep=1	293			

　　以上结果再次验证了线性概率模型和 Logit 模型的基本结论。Probit 模型系数估计值的符号和统计显著性与 Logit 模型一致，只是估计值大小有区别。另外，将零值截距项代入标准正态分布的累积分布函数，我们可以得到相应的预测概率，即 $G(0)=\Phi(0)=0.5$。因此，在控制各自变量的基础上，A 棋手的期望取胜概率为 50%。

　　下面来看 SAS 中的操作。使用线性概率模型时，我们应该提交如下程序：

```
proc reg data = game outest = tmp(keep = intercept history);
  LPM: model win = history / acov spec;
  test intercept = 0.5;
run;
```

　　其中，我们用"outest = tmp(keep = intercept history)"将估计的结果保存在名为"tmp"的表中，通过"keep"命令声明我们想要保留的系数。我们这样做的目的是为后面的预测提供方便。"model"一行中的"acov spec"表明我们使用经过异方差修正后的方差—协方差矩阵进行估计，并使用 White 异方差检验。模型的估计结果是

Analysis of Variance

Source	DF	Sum of Squares	Mean Square	F Value	Pr>F
Model	1	11.03931	11.03931	65.25	<.0001
Error	398	67.33819	0.16919		
Corrected Total	399	78.37750			

Root MSE	0.41133	R-Square	0.1408	
Dependent Mean	0.73250	Adj R-Sq	0.1387	
Coeff Var	56.15411			

Parameter Estimates

Variable	DF	Parameter Estimate	Standard Error	t-Value	Pr>|t|
Intercept	1	0.52695	0.03272	16.11	<.0001
history	1	0.02193	0.00272	8.08	<.0001

参数的估计与我们之前用 EViews 给出的结果是一致的。我们使用经过异方差调整后的方差－协方差矩阵对原假设(intercept＝0.5)的检验结果是

Test 1 Results using ACOV estimates

DF	Chi-Square	Pr>ChiSq
1	0.55	0.4574

这一结果意味着我们无法拒绝原假设。即在控制 history 后,A 棋手的预期取胜概率并不显著异于 50%。

下面我们将 first、top10 和 rtop10 这三个变量加入模型之中,使用同样的异方差处理方法,并检验变量 first、top10 和 rtop10 的系数是否联合显著。提交的程序如下:

proc reg data = game;
    LPM;model win = history first top10 rtop10 / acov spec;
    test first = **0**, top10 = **0**,rtop10 = 0;
run;

OLS 回归输出的结果与 EViews 类似,为了节省版面,我们这里不具体展示。联合显著性检验结果如下(无法拒绝原假设,即三个变量联合不显著):

Test 1 Results using ACOV estimates

DF	Chi-Square	Pr>ChiSq
3	2.56	0.4652

下面,我们使用 Logit 模型来做同样的分析。提交的程序是

```
proc logistic data = game descending outest = tmp(keep = intercept history first top10 rtop10);
  Logit: model win = history first top10 rtop10;
  test intercept = 0;
run;
```

这里 proc logistic 表示我们使用的是 Logit 回归。descending 告诉 SAS 使用 $y=1$ 而不是 $y=0$ 的概率进行模型设定。运行程序得到的结果是

Model Fit Statistics

Criterion	Intercept Only	Intercept and Covariates
AIC	466.605	395.814
SC	470.597	415.772
−2 Log L	464.605	385.814

Testing Global Null Hypothesis: BETA = 0

Test	Chi-Square	DF	Pr>ChiSq
Likelihood Ratio	78.7906	4	<.0001
Score	58.1779	4	<.0001
Wald	46.3341	4	<.0001

以上内容显示了模型的若干拟合优度指标，同时利用似然比检验、拉格朗日乘子检验和 Wald 检验三种检验方法对自变量系数的联合显著性进行评估。检验结果显示，模型整体具有较好的统计显著性，自变量 history 对因变量具有显著的解释力度。

Analysis of Maximum Likelihood Estimates

Parameter	DF	Estimate	Standard Error	Wald Chi-Square	Pr>ChiSq
Intercept	1	−0.4617	0.2657	3.0193	0.0823
history	1	0.1933	0.0311	38.7155	<.0001
first	1	0.0283	0.2762	0.0105	0.9184
top10	1	0.4743	0.3484	1.8532	0.1734
rtop10	1	−0.2545	0.4602	0.3058	0.5803

以上内容反映了用极大似然估计得到的参数估计值：可以看出，估计结果与前面 EViews 给出的结果大体相同。另外，对 intercept＝0 的检验结果是

Linear Hypotheses Testing Results

Label	Wald Chi-Square	DF	Pr>ChiSq
Test 1	3.0193	1	0.0823

这一检验说明，无法在 5% 的水平拒绝原假设，因此在控制其他自变量取值后，模型所预测的 A 棋手获胜概率等于 50%。

最后，我们使用 Probit 模型来做同样的分析。提交的程序如下：

```
proc logistic data = game descending outest = tmp(keep = intercept history first top10 rtop10);
  Probit; model win = history first top10 rtop10 / link = normit;
  test intercept = 0;
run;
```

对于 Probit 模型,我们依然使用 logistic 过程,但是在 model 语句的后面加入"link= normit"这一选项,表示我们使用标准正态分布的累积分布函数作为连接函数(即使用 Probit 模型)。程序得到的主要结果是(与 EViews 中的主要结论基本保持一致)

Analysis of Maximum Likelihood Estimates

Parameter	DF	Estimate	Standard Error	Wald Chi-Square	Pr>ChiSq
Intercept	1	−0.2051	0.1572	1.7012	0.1921
history	1	0.1070	0.0166	41.7716	<.0001
first	1	−0.0103	0.1652	0.0039	0.9502
top10	1	0.2420	0.2008	1.4525	0.2281
rtop10	1	−0.1563	0.2778	0.3163	0.5738

Linear Hypotheses Testing Results

Label	Wald Chi-Square	DF	Pr>ChiSq
Test 1	1.7012	1	0.1921

本章总结

本章主要介绍了处理二元选择问题的基本思路,并着重介绍了三种二元选择模型——线性概率模型、Logit 模型和 Probit 模型的基本原理、估计方法及在计算机应用中的具体操作。由于线性概率模型与 Logit 模型和 Probit 模型在参数的含义上存在不同,因此在计算自变量的边际效应和比较不同模型的估计结果时需要加以注意。

思考与练习

1. 使用普通最小二乘法估计线性概率模型会导致什么问题?
2. 线性概率模型与 Logit 模型和 Probit 模型相比有哪些优点和缺点?
3. Logit 模型和 Probit 模型的基本思想是什么?如何在这两个模型中计算自变量的边际效应?
4. 线性概率模型、Logit 模型和 Probit 模型的系数估计值具有相同的含义吗?如何对不同模型的估计结果进行比较?

第十四章　　截取数据与断尾数据模型

▌本章概要▌

本章针对两类特殊的数据类型——截取数据与断尾数据,分别介绍了各自的处理方法和回归模型。首先,我们说明了直接使用最小二乘法处理两类数据时会遇到的问题。然后,我们给出了解决此类问题的极大似然估计模型(以 Tobit 模型及断尾回归模型为主)以及它们的主要性质。最后,本章提供了实现相关模型的计算机操作实例。

▌学习目标▌

1. 掌握截取数据和断尾数据的概念及它们之间的区别,并能够判断实际数据是否属于这两类数据中的一类
2. 掌握 Tobit 模型的基本原理和极大似然估计方法、Tobit 模型的条件均值和无条件均值的计算方法以及 Tobit 模型的边际效应计算方法
3. 掌握断尾数据模型的基本原理和极大似然估计方法

第一节　　截取数据与断尾数据

在上一章中,我们介绍了处理离散因变量的二元选择模型。二元选择模型及与之相关的多元选择模型在计量经济学中被归为**有限因变量模型**(Limited Dependent Variable Model),这一类模型的因变量受到数据的限制而表现出有限性特征(如离散性、不完整性等)。在本章中,我们将介绍另一类有限因变量模型,它们所对应的因变量数据由于受到主观或客观的限制而无法完整地反映该变量的真实总体分布。其中一种指的是**断尾**(Truncated)数据,另一种是**截取**(Censored)数据。

断尾数据是指数据的头部或尾部由于主观或客观原因不能进入样本。当我们采集数据时,如果只收集大于或者是小于某个阈值的数据,而丢失了那些处于阈值之外的数据,我们的数据就不再能够反映该变量的真实分布,而变成了断尾的数据。例如,如果我们研究居民收入时,取到的样本只包括那些缴纳了个人收入所得税的人,而忽略了收入低于个人所得税起征点的人,那么我们得到的收入数据就是断尾的,因为有一部分人被明显地排除在样本之外。这样,如果我们基于样本收入数据来推测全体居民的情况,就有可能出现问题,因为我们并不是在全体中随机取样,而只是针对全体中的一部分特定群体随机取样。

截取数据与断尾数据相似,它同样存在一个取样的阈值,当变量的真实值低于或超过该阈值时,数据虽然不会被删除出样本,但是它会变为阈值的取值而非样本的真实取值。同样以居民收入的研究为例,在某些研究中,如果报告者的收入高于某个阈值,为了

保护隐私,我们就将其收入记为该阈值。这样,本来真实的收入分布可以是零至无穷大,但我们取样得到的数据分布被抑制了,变成了零到阈值。这样,如果用通常方法去处理数据和进行样本预测就会出现问题,因为样本的分布被人为"扭曲"了,它无法反映总体收入的真实分布。

断尾和截取是两个很容易混淆的概念。截取数据中某些样本的取值由于超出阈值的缘故而被抑制,但样本观测个体本身没有丢失。而断尾的数据则丢失了那些取值超出阈值的样本点。下面我们用图示方法说明两者的区别。假设变量服从正态分布,但数据有一个下限阈值,那么在图 14-1 中,如果数据是断尾的,则位于下限值左边的数据点就丢失了,而只有位于阴影部分的个体才会出现在我们的样本中。如果数据是截取的,那么所有的数据点都不会丢失,但是位于下限左边的样本点的取值会被记为下限值,而不是其实际的取值。

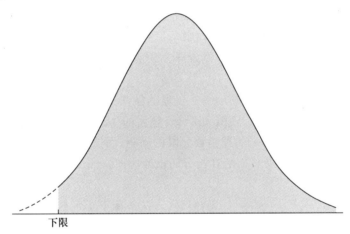

图 14-1 断尾和截取的区别

处理这两类模型的基本思路是:首先需要假设样本真实的分布类型,然后对实际观察到的数据分布进行修正,推断出真实的分布函数形式,然后再利用修正以后的统计分布信息进行回归,并利用极大似然法得到回归参数的估计值。对于断尾数据,我们的修正方式是根据假设的分布类型来补偿数据缺失的部分;对于截取数据,我们的修正方式是用单独的概率密度公式来表示被抑制的那部分样本点。下面,我们分别来介绍处理这两种数据的方法。

第二节 Tobit 模型

一、Tobit 模型的基本概念

Tobit 模型最早由经济学家 James Tobin 提出,是分析截取数据的最常用模型。为了说明这个模型,我们来考虑一个经典的劳动供给问题。假设我们希望研究个人在劳动力市场上的劳动供给时间受到哪些因素的影响,那么可以使用以下回归模型:

$$y = \beta_0 + \beta_1 x_1 + \cdots + \beta_k x_k + \varepsilon = X\beta + u \tag{14.1}$$

其中,y 表示受访者在一年内的总劳动供给时间(工作小时数);X 是 $n \times (k+1)$ 的自变量矩阵,包含 k 个影响劳动供给的个人因素,如年龄、性别、教育程度、工作经验等;ε 是随机误差项。对于在劳动力市场从事正规工作的人来说,y 是可观测的,但是对于没有进入劳动力市场的个体(例如家庭主妇、无业者等),其劳动供给时间为 0。然而,仔细分析可知,关于 y 的这一观测数据属于典型的截取数据,因为很多零值的劳动供给时间实际上体现出的是不可观测的实际劳动供给倾向。例如,在这些零值样本中,有些人可能因为个人或家庭因素暂时退出了劳动力市场,而有些人则可能因为家境富裕而永久性地离开了劳动力市场,甚至还有人长期雇用其他劳动者为其提供家政服务。以上三类人的劳动供给倾向各有不同(后者的"净劳动供给时间"实际上为负数),但是样本观测值显示他们的劳动供给均为零。因此,对于 y 这一变量来说,样本中存在一个下限阈值(0),在低于该阈值时,我们观测到的是此阈值取值而非个体的真实取值。从劳动经济学的视角来看,此问题产生的原因在于个人劳动供给选择中的**角解**(Corner Solution)问题,即受限于"劳动供给时间$\geqslant 0$"这一约束,个体在求解自身最优劳动供给时无法获得负值最优解,从而被"截取"在 0 这个阈值上。基于以上问题,如果我们用全部样本值来对模型(14.1)进行普通最小二乘回归,就会产生估计偏误,因为样本的劳动时间分布实际上"扭曲"了总体的真实分布。

我们应该如何解决以上问题呢?一个合理的做法是将 y 为正值和零值的样本分开考虑。回想在上一章关于 Probit 模型和 Logit 模型的讨论中,我们使用了一种叫作**潜在变量**(Latent Variable)的工具来处理函数分段的问题,而这里我们可以使用同样的方法。我们设定潜在变量 y_i^* 表示个体 i 的真实劳动供给倾向,且有:

$$y_i^* = X_i\beta + u_i \tag{14.2}$$

其中,$u_i \sim N(0, \sigma^2)$,X_i 为 $1\times(k+1)$ 的向量,表示个体 i 的各个自变量取值。那么实际观测到的 y_i 和潜在变量 y_i^* 之间的关系为

$$y_i = \begin{cases} y_i^*, & \text{如果 } y_i^* > 0 \\ 0, & \text{如果 } y_i^* \leqslant 0 \end{cases} \tag{14.3}$$

基于以上假定,我们重新来估计模型(14.1)所得到的估计值就被称为 Tobit 模型估计值。

接下来的问题是,如何获得对参数 β 的估计值。直接使用最小二乘法显然行不通,因为古典线性回归假定告诉我们只有以下条件满足时,OLS 才是无偏的估计量:$E(u_i|X)=0$。而在我们的模型中,由于必须保证 $y_i = X_i\beta + u_i \geqslant 0$,故而 $u_i \geqslant -X_i\beta$。显然,对于不同的 X_i,误差项 u_i 的均值可以取到正值、负值或零。这样,误差项不再满足"零期望值"假设,导致 OLS 估计量出现偏误。另外,OLS 估计的另一个弊端是:无法保证 y_i 的预测值为非负数,因为对于特定的自变量取值,y_i 可能是一个小于零的数,而这恰恰违背了对 y_i 的定义;这一点与在二元选择模型中运用 OLS 方法所产生的问题类似。

估计 Tobit 模型的最佳方法是极大似然估计法。该方法的原理和步骤我们在上一章(二元选择模型部分内容)中已经介绍过了。在这里,由于因变量的取值存在分段问题,因此我们首先需要计算因变量在不同取值区域的概率密度函数。对于 $y_i > 0$ 的部分,其取值的概率密度就是正态分布的概率密度,即

$$\Pr(y = y_i \mid X) = \frac{1}{\sqrt{2\pi\sigma^2}} \exp\left[-\frac{(y_i - X_i\beta)^2}{2\sigma^2}\right] = \frac{1}{\sigma}\phi\left(\frac{y_i - X_i\beta}{\sigma}\right) \tag{14.4}$$

其中,$\phi(\cdot)$ 为正态分布的概率密度函数;以上推导利用了概率密度函数的对称性。

对于 $y_i = 0$ 这部分,我们有:
$$\Pr(y_i = 0 \mid X) = \Pr(u_i < -X_i\beta \mid X) = \Pr\left(\frac{u_i}{\sigma} < -\frac{X_i\beta}{\sigma}\right)$$
$$= \Phi\left(-\frac{X_i\beta}{\sigma}\right) = 1 - \Phi\left(\frac{X_i\beta}{\sigma}\right) \tag{14.5}$$

其中 $\Phi(\cdot)$ 为标准正态分布的累积分布函数;以上推导利用了累积分布函数的定义。

有了分段的概率密度表达式,我们就可以写出样本的似然函数:
$$L = \prod_{y_i=0}\left[1 - \Phi\left(\frac{X_i\beta}{\sigma}\right)\right] \cdot \prod_{y_i>0}\left[\frac{1}{\sigma}\phi\left(\frac{y_i - X_i\beta}{\sigma}\right)\right] \tag{14.6}$$

相应的对数似然函数为
$$\ln L = \sum_{y_i=0}\ln\left[1 - \Phi\left(\frac{X_i\beta}{\sigma}\right)\right] + \sum_{y_i>0}\ln\left[\frac{1}{\sigma}\phi\left(\frac{y_i - X_i\beta}{\sigma}\right)\right] \tag{14.7}$$

通过最大化以上对数似然函数,即可得到参数 β 和 σ 的极大似然估计值。

二、Tobit 模型的性质

前面我们介绍了 Tobit 模型的基本原理和估计方法,这里进一步讨论 Tobit 模型的性质。首先来看因变量的期望值。对于 Tobit 模型,我们主要关注两种期望函数:一种是**条件期望**(Conditional Expectation),即在 $y>0$ 的条件下 y 的期望值;另一种是**无条件期望**(Unconditional Expectation),即考虑 y 的各种取值可能性时的 y 的期望值。

对于条件期望,我们有:
$$E(y \mid y>0, X) = X\beta + E(u \mid u > -X\beta)$$
$$= X\beta + \sigma E\left(\frac{u}{\sigma} \mid \frac{u}{\sigma} > \frac{-X\beta}{\sigma}\right) = X\beta + \sigma\frac{\phi(-X\beta/\sigma)}{1 - \Phi(-X\beta/\sigma)}$$
$$= X\beta + \sigma\frac{\phi(X\beta/\sigma)}{\Phi(X\beta/\sigma)} = X\beta + \sigma\lambda\left(\frac{X\beta}{\sigma}\right) \tag{14.8}$$

以上推导再次利用了概率密度函数的对称性和累积分布函数的定义,其中 $\lambda(\cdot)$ 是标准正态分布的概率密度函数和累积分布函数之比,被称为**逆米尔斯比率**(Inverse Mills Ratio)。从以上条件期望的结果也可以看出,如果我们用普通最小二乘估计来处理截取数据,将得到有偏的估计,因为 OLS 所对应的条件期望将忽略上式包含逆米尔斯比率的部分。

基于(14.8)式,我们可以进一步求出 y 的无条件期望:
$$E(y \mid x) = \Pr(y>0 \mid x) \cdot E(y \mid y>0, x) + \Pr(y=0 \mid x) \cdot 0$$
$$= \Phi(X\beta/\sigma) \cdot \left[X\beta + \sigma\frac{\phi(X\beta/\sigma)}{\Phi(X\beta/\sigma)}\right]$$
$$= \Phi(X\beta/\sigma)X\beta + \sigma\phi(X\beta/\sigma) \tag{14.9}$$

基于(14.9)式,我们可以看出 Tobit 模型相较于普通最小二乘估计的两大优势:

(1) 在(14.9)式中,y 的无条件期望值是自变量 X 和参数 β 的非线性函数,因此 X 的变动对因变量期望值的边际影响也将随 X 的不同取值范围而变动,体现出非线性特征;相比之下,OLS 模型的边际效应则是固定不变的常数。

(2) 在(14.9)式中,我们注意到 y 的无条件期望值对任意 X 和 β 的取值都是非负的,这保证了 Tobit 模型所给出的预期因变量取值不会落在负值区域,从而实现了与数据的更好拟合;相比之下,OLS 模型的预期值则不具有此限制。

与上一章的 Probit 和 Logit 模型一样,我们也可以在(14.9)式的基础上进一步计算 Tobit 模型中的边际效应(或称偏效应),即自变量的变动对因变量期望值的影响。

对于连续型自变量,对(14.9)式求偏微分,经过推导后可得边际效应为:

$$\frac{\partial E(y \mid X)}{\partial x_j} = \beta_j \cdot \Phi\left(\frac{X\beta}{\sigma}\right) \tag{14.10}$$

(14.10)式表明,与 Logit 和 Probit 模型中的情况一样,边际效应不仅依赖于自变量的系数,还依赖于模型中所有自变量的取值。这一方面体现了 Tobit 模型在预测边际效应时的非线性性质,同时也要求我们在计算边际效应时选择恰当的 X 变量取值,以满足研究需求。正像我们在上一章中介绍的一样,这里对 X 的取值一般有三种选择:① 所有自变量均取样本均值,由此得到"均值边际效应";② 依据各样本个体的自变量取值计算个体边际效应,然后将个体边际效应取样本均值,得到"平均边际效应";③ 根据研究需要,选择特定个体的 x 取值,得到在该 x 值附近的边际效应。另外,Tobit 模型中的边际效应还与参数 σ 相关,σ 被称为**附属参数**(Ancillary Parameter),σ 的估计值可以用极大似然估计方法得到。

对于虚拟自变量 x_j,其边际效应可以由差分法算得:

$$E(y \mid X, x_j = 1) - E(y \mid X, x_j = 0) \tag{14.11}$$

三、右侧截取数据模型

以上所述 Tobit 模型是截取数据模型的一种特殊情况,即截取下限为 0,低于 0 的因变量取值均被截取为 0。对于更一般的情况,我们可以用 c 来表示阈值(c 可为正数、零或负数),并用同样的方法获取样本的分段概率密度,并利用极大似然估计法来得到模型的参数估计值。这里,我们以右侧截取数据为例,展示一般截取数据模型的估计方法。

右侧截取的数据是指数据有一个阈值上限 c,当因变量 y 的真实值超过这个阈值上限时,其观测值会被赋值为 c,而没有达到阈值上限的 y 值则不会受此影响。如果用概率密度函数图来表示即为图 14-2 的情况。

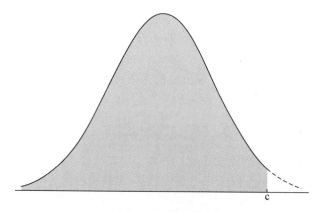

图 14-2 右侧截取数据图

对于这种情况,我们依然可以将第 i 个观测个体的潜在因变量设定为:

$$y_i^* = X_i\beta + u_i \tag{14.12}$$

其中，y_i^* 是潜在变量，$u_i \sim N(0, \sigma^2)$。潜在变量与实际观测值的关系为：

$$y_i = \begin{cases} y_i^*, & \text{如果 } y_i^* < c \\ c, & \text{如果 } y_i^* \geqslant c \end{cases} \tag{14.13}$$

基于(14.3)式，我们依然可以按照前面 Tobit 模型的思路求出样本似然函数：

$$L = \prod_{y_i = c} \left[1 - \Phi\left(\frac{c - X_i\beta}{\sigma}\right) \right] \cdot \prod_{y_i < c} \left[\frac{1}{\sigma} \phi\left(\frac{y_i - X_i\beta}{\sigma}\right) \right] \tag{14.14}$$

及对数似然函数：

$$\ln L = \sum_{y_i = c} \ln \left[1 - \Phi\left(\frac{c - X_i\beta}{\sigma}\right) \right] + \sum_{y_i < c} \ln \left[\frac{1}{\sigma} \phi\left(\frac{y_i - X_i\beta}{\sigma}\right) \right] \tag{14.15}$$

对(14.15)式进行最大化处理，便可以得到参数 β 和 σ 的极大似然估计值。同样地，对于左侧截取的情况（下限阈值为 c），可以进行类似的分析，此处不再赘述。最后值得指出的是，以上 Tobit 模型隐含着一个重要的假设，即真实的因变量分布服从正态分布。只有在这个基础上，Tobit 模型才有以上提到的性质。

第三节 断尾数据模型

与 Tobit 模型相关的另一类有限因变量模型为断尾数据模型。断尾数据是指原数据在阈值以上（或以下）的部分被丢失的情况。相较于截取数据，断尾数据中超过上限（或下限）的观测值不会被"限定"在阈值上，而是被直接排除出样本，变得不可观测。例如，在研究某地区住房价格的决定因素时，假如我们所取样的房价信息均来源于中低价格的社区，那么高价房屋的信息将被自动排除在样本之外，此时如果我们用样本信息来推测该地区的整体房价情况，就会遇到断尾数据的问题。显然，如果我们直接用最小二乘法对断尾数据进行估计，将得到有偏的估计结果。这一点从图 14-3 中可以直观地看出。

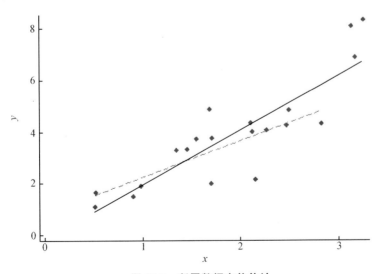

图 14-3 断尾数据有偏估计

在图 14-3 中，一共有 20 个数据点。如果对它们全体进行最小二乘估计，得到的拟合结果可以用图中实线表示。但是如果数据发生断尾的情况，以 6 为上限阈值，即高出 6 的数据都被排除出样本，那么基于断尾数据的最小二乘回归所对应的拟合曲线就变为图中虚线。很显然,两条拟合线的斜率和截距都不相同,因而直接对断尾数据进行最小二乘回归显然会导致系数估计值的偏误。

下面我们来看断尾数据的正确处理方法——**断尾回归**(Truncated Regression)。其基本思想依然是构造潜在变量,并利用潜在变量的不同取值区域对被观测数据的概率密度进行修正。例如,如果数据在 c 处发生右侧断尾,即高出 c 的数据都被丢失,那么我们可以构造潜在变量如下:

$$y_i^* = X_i\beta + u_i$$

其中,y_i^* 为第 i 个观测个体的因变量真实值(潜在变量),$u_i \sim N(0,\sigma^2)$。实际观测的因变量取值根据 y_i^* 的取值范围而分为以下两种情况:

$$y_i = \begin{cases} y_i^*, & \text{如果 } y_i^* < c \\ \text{不可观测}, & \text{如果 } y_i^* \geq c \end{cases} \tag{14.16}$$

根据(14.16)式,我们无法再像 Tobit 模型中那样对不同取值区域进行分段处理,因为对于不可观测的 y_i,我们无法写出其概率密度函数(我们甚至不知道有多少观测值是因为断尾限制而被排除在样本之外)。但是,我们依然可以利用(14.16)式所含的信息,对所有被观测个体的概率密度进行修正。一个自然的解决思路是,如果我们知道真实值 y_i^* 的概率分布,那么样本观测值 y_i 的概率密度则应该被认为是在此分布基础上的条件概率密度(取值条件为 $y_i^* < c$)。相应地,根据 u_i 的正态分布假定,我们可以写出样本个体的概率密度为:

$$\Pr(y = y_i \mid X, y_i^* < c) = \frac{1}{\sigma} \frac{\phi\left(\frac{y_i - X_i\beta}{\sigma}\right)}{\Phi\left(\frac{c - X_i\beta}{\sigma}\right)} \tag{14.17}$$

相应地,样本似然函数可以写为:

$$L = \prod_{i=1}^{N} \frac{1}{\sigma} \frac{\phi\left(\frac{y_i - X_i\beta}{\sigma}\right)}{\Phi\left(\frac{c - X_i\beta}{\sigma}\right)} \tag{14.18}$$

对数似然函数则为:

$$\ln L = N\ln\left(\frac{1}{\sigma}\right) + \sum_{i=1}^{N}\ln\phi\left(\frac{y_i - X_i\beta}{\sigma}\right) - \sum_{i=1}^{N}\ln\Phi\left(\frac{c - X_i\beta}{\sigma}\right) \tag{14.19}$$

对上述对数似然函数求最大值,便可以得到断尾回归模型参数的极大似然估计。可以证明,该估计值是无偏和有效的。

截取和断尾数据模型启示我们,在实证经济研究中,我们不能只关注计量经济学的方法,而应该首先关注我们所使用的数据,力争对取样过程、数据特征和其中存在的问题(例如截取或断尾数据问题)了如指掌。只有这样,我们才能合理运用计量经济学的分析方法,得到准确的研究结论。

第四节 计算机应用实例

在本节中,我们利用一个计算机应用实例来展示如何在 EViews 和 SAS 中运用 Tobit 模型对截取数据进行分析。研究背景如下:假设我们希望研究学生课外补习开支的决定因素；为此，我们收集到一个包含 1 703 个学生的样本（数据文件为 tutor.txt）。数据中包括 8 个变量：变量 lntutor 表示学生课外补习支出的金额，变量 lnexptotal 表示其家庭总开销，变量 childnum 表示家庭中子女的个数，变量 junsch 表示该学生目前是否上初中（junsch=1 为上初中），变量 higsch 表示该学生目前是否上高中（higsch=1 为上高中），keysch 表示该学生是否在重点中学就读，urban 表示该学生家庭是否在城市地区（urban=1 为在城市地区），eduh 表示该学生父母的教育程度（eduh=1 表示父母至少有一方接受过高等教育）。

首先，我们对因变量的样本分布进行观察可以发现，有超过一半的样本 lntutor 变量值显示为 0，也就是说，很多样本学生并没有课外补习支出。如此高比例的零值提示我们，数据中很可能存在截取数据的问题，即由于角解的限制，很多实际为负值的课外支出决策被限定在零值，因此课外支出金额的样本分布并不能真实反映该变量的总体实际分布特征。在这种情况下，我们需要使用 Tobit 模型来进行估计。下面我们首先介绍在 EViews 中使用 Tobit 模型的相关步骤，然后再介绍在 SAS 中的处理方法。

在 EViews 中，我们首先将数据导入，然后在主菜单中选择"Quick"→"Estimate Equation"，在得到的对话框的"Method"一栏中选择"CENSORED—censored or truncated data (tobit)"一项，如图 14-4 所示：

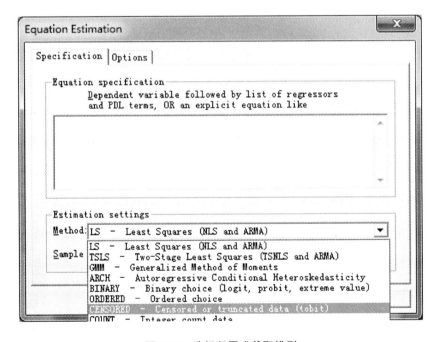

图 14-4 选择断尾或截取模型

选定以后，对话框如图 14-5 所示。我们在"Specification"一栏中填入"lntutor lnexptotal childnum junsch higsch"，表明我们将 lntutor 作为因变量进行有截距项的回归。在"Dependent variable censoring points"一栏的"Left"中填入 0，"Right"空置，表示我们的数据为左侧截取，截取的下限阈值为 0。在"Distribution"一栏中选择"Normal"，表示我们这里设定误差的分布为正态分布。

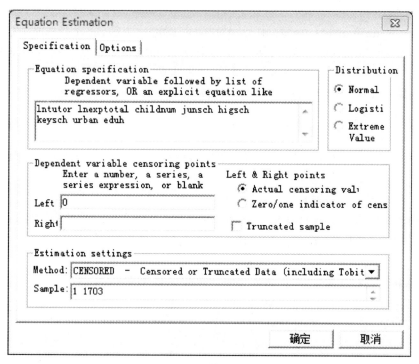

图 14-5　输入方程

单击"确定",我们得到的 Tobit 模型估计结果如表 14-1 所示:

表 14-1　Tobit 模型回归结果

Dependent Variable:LNTUTOR
Method:ML-Censored Normal (TOBIT) (Quadratic hill climbing)
Date:05/28/15　Time:15:47
Sample:1 703
Included observations:1 623
Left censoring (value) at zero
Convergence achieved after 6 iterations
Covariance matrix computed using second derivatives

Variable	Coefficient	Std. Error	z-Statistic	Prob.
C	−19.89954	3.280582	−6.065855	0.0000
LNEXPTOTAL	1.620689	0.301141	5.381824	0.0000
CHILDNUM	−1.767701	0.410663	−4.304510	0.0000
JUNSCH	0.509444	0.532577	0.956563	0.3388
HIGSCH	−2.444951	0.594090	−4.115454	0.0000
KEYSCH	1.415114	0.493604	2.866900	0.0041
URBAN	3.997059	0.507565	7.874969	0.0000
EDUH	2.822103	0.610467	4.622862	0.0000
Error Distribution				
SCALE:C(9)	7.386183	0.262887	28.09646	0.0000

Mean dependent var	2.433243	S.D. dependent var	3.457051
S.E. of regression	3.136769	Akaike info criterion	3.019984
Sum squared resid	15890.50	Schwarz criterion	3.049884
Log likelihood	−2441.717	Hannan-Quinn criter.	3.031079
Avg. log likelihood	−1.504447		
Left censored obs	1 068	Right censored obs	0
Uncensored obs	555	Total obs	1 623

我们来看估计结果反映的信息。在 Method 一行中程序向我们提示估计方法为 ML,即极大似然估计。接下来程序告诉我们"Left censoring(value)at zero",表明程序按照我们的意图,将零值设为截取下限。结果的最后两行给出了有关截取的信息,Left censored obs 值为 1 068,表示有 1 068 个数据是被截取的数据,也就是 lntutor=0 的数据一共有 1 068 个。

程序给出的估计方程为

$$\text{lntutor} = -19.90 + 1.62\text{lnexptotal} - 1.77\text{childnum} + 0.51\text{junsch}$$
$$- 2.44\text{higsch} + 1.42\text{keysch} + 4.00\text{urban} + 2.82\text{eduh} \quad (14.20)$$

其中,变量 lnexptotal、junsch、keysch、urban 和 eduh 的系数是显著为正的,暗示着家庭总支出较多、孩子正在上初中(相比与小学)、所在学校为重点校、城市地区和父母有一方接受过高等教育等因素会使课外补习开支增加。

下面我们尝试使用普通最小二乘法进行回归,考察其与 Tobit 模型给出的结果有什么不同。OLS 回归的结果如表 14-2 所示:

表 14-2 OLS 回归结果

Dependent Variable: LNTUTOR
Method: Least Squares
Date: 05/28/15   Time: 15:54
Sample: 1 703
Included observations: 1 623

Variable	Coefficient	Std. Error	t-Statistic	Prob.
C	−4.964246	1.135185	−4.373071	0.0000
LNEXPTOTAL	0.669983	0.106038	6.318333	0.0000
CHILDNUM	−0.526539	0.127333	−4.135134	0.0000
JUNSCH	0.257813	0.189607	1.359722	0.1741
HIGSCH	−0.897360	0.200911	−4.466447	0.0000
KEYSCH	0.575820	0.176999	3.253245	0.0012
URBAN	1.400569	0.169118	8.281614	0.0000
EDUH	1.508564	0.234937	6.421135	0.0000
R-squared	0.179344	Mean dependent var		2.433243
Adjusted R-squared	0.175787	S.D. dependent var		3.457051

（续表）

S. E. of regression	3.138525	Akaike info criterion	5.130300
Sum squared resid	15908.29	Schwarz criterion	5.156878
Log likelihood	−4155.238	Hannan-Quinn criter.	5.140162
F-statistic	50.41970	Durbin-Watson stat	1.818797
Prob(F-statistic)	0.000000		

比较两种回归的结果，我们可以看出，尽管各个解释变量的符号和显著性相同，但是模型的截距和各变量的估计系数大小是不同的。这反映了 OLS 模型在对截取数据进行回归时会产生估计偏误。

下面，我们来看在 SAS 中如何实现 Tobit 模型。

在 SAS 中，为了实现 Tobit 模型，我们需要告诉程序如何定义截取，即在什么阈值进行截取，是左侧截取还是右侧截取。相应的程序是：

```
data tutor;
    set tutor;
    if lntutor = 0 then do;
    pos_p = 0; lower = .;
    end;
    else do;
    pos_p = 1; lower = lntutor;
    end;
run;
```

从以上程序可知，我们的数据存放在一个名为"tutor"的数据集中。这里构造了新变量 lower 作为数据截取的指示变量。我们在构造这个指示变量时，使用了条件语句，其基本格式是"if… then do; … end; else do; …; end;"。上面的这段程序中，该条件语句的含义是：我们构造两个新的变量 pos_p 和 lower，当 lntutor 取 0 时，我们将 pos_p 的值设为 0，将 lower 的值设为"."（表示被截取）；当 lntutor 不取零时，我们将 pos_p 的值设为 1，将 lower 的值设为 lntutor 的值（表示未被截取）。SAS 在执行该程序时，通过比较 lower 和 lntutor 两个变量的取值，即可得知数据的截取情况。有兴趣的读者可以在程序执行后，通过 SAS 浏览器（Explorer）打开数据集"tutor"，通过观察两个新变量 pos_p 和 lower 来了解数据截取的定义方法。

接下来，我们通过 means 过程来计算样本中被截取个体的数量。为此，我们只需调用变量 pos_p 的样本描述统计即可。

```
proc means data = tutor;
    var pos_p;
run;
```

得到的结果如下：

```
                    The MEANS Procedure
                  Analysis Variable: pos_p

   N           Mean          Std Dev         Minimum              Maximum
 1631        0.3635806       0.4811774          0                 1.0000000
```

从以上结果可知，有 36.36% 的样本点 pos_p 变量取值为 1，也就是这些变量没有被截取。相对应地，有 63.64% 的样本点 lntutor 的数据是被截取的。这一结果也支持了我们原有的判断：应该使用 Tobit 模型而不能直接使用最小二乘法进行回归。

为了调用 Tobit 模型，我们提交以下程序：

proc life reg data = tutor outest = tmp;
　　model (lower, lntutor) = lnexptotal childnum junsch higsch keysch urban eduh / d = normal;
run;

我们可以使用"lifereg"过程在 SAS 中实现 Tobit 模型。注意"model"一行中模型左边不再是一个变量，而是放在括号中的两个变量（lower, pension），这是 SAS 中识别截取情况的方法（即比较两个变量的取值）。由于我们之前设定当 pension 等于 0 时 lower 的取值为"."，因而经过比较以后，SAS 就会明白我们的数据是一个在 0 处的左侧截取数据。在"model"一行的结尾，我们用"d=normal"表示误差项服从正态分布。

SAS 给出的 Tobit 模型的估计结果为：

```
                    The LIFEREG Procedure
                      Model Information
         Data Set                       WORK.TUTOR
         Dependent Variable             lower
         Dependent Variable             lntutor
         Number of Observations         1 631
         Noncensored Values             593
         Right Censored Values          0
         Left Censored Values           1 038
         Interval Censored Values       0
         Name of Distribution           Normal
         Log Likelihood                 -2 582.282441

             Number of Observations Read      1 631
             Number of Observations Used      1 631
```

Analysis of Parameter Estimates

Parameter	DF	Estimate	Standard Error	95% Confidence Limits		Chi-Square	Pr>ChiSq
Intercept	1	−8.6706	2.0736	−12.7348	−4.6064	17.48	
lnexptotal	1	0.8410	0.1809	0.4864	1.1956	21.61	
childnum	1	−2.6169	0.4003	−3.4014	−1.8323	42.74	
junsch	1	0.2114	0.5114	−0.7908	1.2137	0.17	
higsch	1	−2.7203	0.5696	−3.8368	−1.6038	22.80	
keysch	1	2.1365	0.4756	1.2043	3.0688	20.18	
urban	1	1.5991	0.2206	1.1667	2.0316	52.53	
eduh	1	1.4656	0.1798	1.1132	1.8180	66.44	
Scale	1	7.3308	0.2517	6.8536	7.8412		

在模型信息一栏中,程序给出了有关 Tobit 模型的相关信息,"Left Censored Values 1 038"一行表明有 1 038 个观测值被左侧截取。参数的估计值与我们前面使用 EViews 进行估计的结果是一致的。除此之外,SAS 还会给出对附属参数 σ 的估计,并命名为"_scale_"。

现在,我们用以上估计结果来进行预测。假设有一个家庭的对数总支出为 2,子女为独生子女,正在上重点初中,居住在城市,父母受过高等教育,我们希望预测他的课外补习支出金额(无条件均值)。为此,我们提交以下程序:

```
data tmp;
    set tmp;
    sig = _scale_;
    xb = intercept + 2 * lnexptotal + 0 * childnum + 1 * junsch
      + 0 * higsch + 1 * keysch + 1 * urban + 1 * eduh;
    c = xb/sig;
    bphi = probnorm(c);
    sphi = exp(-c**2/2) / sqrt(2*3.14);
    predict = bphi * xb + sig * sphi;
    file print;
    put 'The predicted lntutor value based on Tobit model' /
    predict;
run;
```

在以上计算中,我们利用了 Tobit 模型中无条件期望的计算公式(14.9)。Tobit 模型估计得到的 σ 被存在变量"_scale_"中,我们使用"sig=_scale_"将它调出。接着计算 $X\beta$ 的值,把它们放在变量 xb 中。正态分布的累积分布函数 $\Phi(\cdot)$ 的调用使用 SAS 函数 probnorm(),然后我们把计算的结果放在变量 bphi 中。对于标准正态分布的概率密度函数 $\phi(\cdot)$,我们利用其表达式

$$\phi(x) = \frac{1}{\sqrt{2\pi}} \exp\left(-\frac{x^2}{2}\right)$$

直接手动计算,并把结果存放在变量 sphi 中。最后我们计算得到的结果是:

The predicted lntutor value based on Tobit model
2.2046304503

与 EViews 中的做法类似,我们来比较一下 Tobit 模型和 OLS 模型得到的预测值:

proc reg data = tutor outest = tmp;
model lntutor = lnexptotal childnum junsch higsch keysch urban eduh;
quit;
data tmp;
　　set tmp;
　　predict = intercept + **2** * lnexptotal + **0** * childnum + **1** * junsch
　　　+ **0** * higsch + **1** * keysch + **1** * urban + **1** * eduh;
　　file print;
　　put ´The predicted lntutor value based on OLS model´ /
　　predict;
run;

reg 过程的参数估计结果与 EViews 给出的结果一致,我们在此略去,只给出预测值:

The predicted lntutor value based on OLS model
3.1382341429

可见,OLS 的预测结果与 Tobit 模型是不一致的,显示了忽略数据截取问题所导致的估计偏误。

最后,我们利用 Probit 模型来间接验证 Tobit 模型的合理性。回忆本章内容,Tobit 模型的估计原理是将被截取的观测值和未被截取的观测值进行分段考虑,在极大似然估计中列出各自的概率密度函数。该做法的隐含假设是两类观测值存在本质的区别,从而不能用统一一组模型参数进行拟合。为了验证这一隐含假设是否合理,我们可以考虑用第十三章介绍的二元选择模型来区分因变量取零值和正值的观测个体是否存在显著区别。这时,我们以之前设定的虚拟变量 pos_p 为因变量,使用 Probit 模型:

proc logistic data = tutor descending;
Probit: model pos_p = lnexptotal childnum junsch higsch keysch urban eduh / link = normit;
run;

所得结果如下:

Model Fit Statistics

Criterion	Intercept Only	Intercept and Covariates
AIC	2 140.080	1 862.816
SC	2 145.477	1 905.992
− 2 Log L	2 138.080	1 846.816

Testing Global Null Hypothesis: BETA = 0

Test	Chi-Square	DF	Pr>ChiSq
Likelihood Ratio	291.2636	7	<.0001
Score	235.0837	7	<.0001
Wald	209.0004	7	<.0001

The LOGISTIC Procedure

Analysis of Maximum Likelihood Estimates

Parameter	DF	Estimate	Standard Error	Wald Chi-Square	Pr>ChiSq
Intercept	1	−1.0627	0.3876	7.5160	0.0061
lnexptotal	1	0.0642	0.0357	3.2305	0.0723
childnum	1	−0.3006	0.0608	24.4430	<.0001
junsch	1	0.0235	0.0807	0.0849	0.7707
higsch	1	−0.4105	0.0884	21.5706	<.0001
keysch	1	0.2579	0.0748	11.8840	0.0006
urban	1	0.5939	0.0727	66.7321	<.0001
eduh	1	0.2577	0.0397	42.0539	<.0001

Probit 模型的回归结果告诉我们，系数是联合显著的，即因变量是否被截取与自变量取值有关。也就是说，自变量所表示的各个因素对学生个体课外补习支出是否为 0 具有显著的影响，这从侧面说明 Tobit 模型的隐含假设是合理的。

本章总结 》

　　本章主要介绍了截取数据和断尾数据的性质及处理方法。这两类数据均因为阈值点的限制而导致因变量的样本分布被"扭曲"。相应的解决方法是先对真实样本的分布做出假设，然后根据截取或断尾的具体情况对相应取值区域的样本概率密度函数进行修正。根据这一思路，Tobit 模型通过构造潜在变量将样本分布与真实分布联系起来，通过极大似然法对模型参数进行估计。相较于普通最小二乘估计，Tobit 模型在计算条件与非条件预测值及自变量的边际效应等方面体现出独特优势。断尾回归模型同样利用潜在变量的取值特征将样本观测值的概率密度进行修正，并用修正后的样本似然函数进行参数的极大似然估计。这种方法能够有效解决普通最小二乘模型所带来的回归偏误，是处理断尾数据的有效方法。

思考与练习 》

　　1. 截取数据与断尾数据有什么区别与联系？你能举出实际生活中的例子吗？
　　2. Tobit 模型的基本假设是什么？与最小二乘法相比具有哪些优势？
　　3. Tobit 模型中因变量的条件均值和非条件均值是如何计算的？
　　4. 断尾回归模型的基本估计思路是什么？与 Tobit 模型有何区别？
　　5. 综合本章和第十三章的内容，总结几类有限因变量模型（包括二元选择模型、截取与断尾数据模型）的基本特点和估计方法。

第十五章 内生性与工具变量估计

▍本章概要▍

本章主要介绍了在线性回归模型中的内生性问题及其解决方法。我们首先介绍了内生性的定义(自变量与误差项相关)及其产生的原因(包括逆向因果关系、遗漏变量和度量误差),接着阐述了内生性所引发的后果(包括使用最小二乘估计所导致的结果),最后详细讨论了处理内生性问题的工具变量方法(包括工具变量的选择、两阶段最小二乘法的估计步骤等)以及相关的统计检验(包括诊断内生性的豪斯曼检验和判断过度识别限制的萨根-巴斯曼检验)。在计算机应用实例中,我们展示了使用 EViews 和 SAS 实现工具变量估计的操作方法。

▍学习目标▍

1. 理解内生性问题的含义、产生原因及导致的主要后果
2. 理解工具变量的含义和选择工具变量的标准
3. 掌握两阶段最小二乘法的估计步骤
4. 掌握用阶条件判定模型可识别性的方法
5. 理解豪斯曼检验及萨根-巴斯曼检验的原理和判别方法

第一节 内 生 性

一、内生性的概念及产生原因

在本书第三章介绍的古典线性回归假定中,其中一个重要的假定是所有自变量与误差项无关,即

$$\text{Cov}(x_j, u) = 0, \quad j = 1, 2, \cdots, k \tag{15.1}$$

然而在现实中,很多情况都与以上假设不相符。当(15.1)式不成立(即自变量与误差项相关)时,我们就说模型存在**内生性**(Endogeneity)问题。

考虑凯恩斯消费函数的例子。在这个例子中,模型的设定是,

$$C_t = \alpha + \beta Y_t + u_t \tag{15.2}$$

其中,C_t 是总消费,Y_t 是国民收入,u_t 是误差项。然而,国民账户的恒等式告诉我们:

$$Y = C + I + G + \text{NX} \tag{15.3}$$

其中,I 是投资,G 是政府购买,NX 是净出口。很显然,消费是国民收入的重要组成部分,而根据(15.2)式,消费又是误差 u 的函数,因而国民收入 Y 也是误差 u 的函数,这样就有 $\text{Cov}(Y, u) \neq 0$,因此基于凯恩斯消费函数的回归模型(15.2)就出现内生性问题。

上面的例子中出现内生性问题的原因是,我们在设定模型时,希望国民收入是消费

的原因(即国民收入决定消费),但是实际中还有另一层因果关系,即消费反过来也是决定国民收入的原因,从而形成了消费与国民收入的**反向因果关系**(Reverse Causality)。自变量与因变量之间的反向因果关系(或双向因果关系)是导致内生性的重要原因之一,而另外两个引发内生性的原因是遗漏变量和度量误差。

遗漏变量指的是某些不可观测的解释变量没有被纳入回归模型,如果被遗漏的变量能够同时对因变量和某些自变量产生影响,那么这就会导致内生性问题。例如,我们想研究一个人所接受的教育与他的收入之间的关系。我们把样本中个人的教育程度作为自变量,把收入水平作为因变量。这个模型很可能就存在内生性问题,因为诸如能力、性格等个人特质很可能同时影响一个人的教育程度和收入水平。对于个人能力较高的人来说,他很可能选择接受更高程度的教育,同时也更有可能在工作中获得较高的报酬。按照我们的模型设定,个人能力作为无法观测的遗漏变量被包含在误差项之中。它同时影响模型的自变量和因变量,从而导致了该模型中教育水平这一变量的内生性。

第三种导致内生性问题的原因是自变量中出现的度量误差。假设真实的回归模型为:

$$y_i = \alpha + \beta x_i^* + u_i \tag{15.4}$$

其中,x_i^* 表示自变量的真实值。假设由于度量误差的存在,x_i^* 与其观测值之间出现了偏差 e_i:

$$x_i = x_i^* + e_i \tag{15.5}$$

其中,$e_i \sim N(0,\sigma_e^2)$ 表示随机度量误差,满足 $\text{Cov}(e_i,u_i)=0$,$\text{Cov}(e_i,x_i^*)=0$。在这种情况下,我们实际使用的回归模型(y_i 对 x_i 的回归关系)可以看作真实回归模型(15.4)的如下变形:

$$\begin{aligned} y_i &= \alpha + \beta x_i^* + u_i = \alpha + \beta(x_i - e_i) + u_i \\ &= \alpha + \beta x_i + (-\beta e_i + u_i) \end{aligned} \tag{15.6}$$

在以上回归模型中,我们注意到自变量 x_i 与复合随机误差项 $-\beta e_i + u_i$ 之间存在如下关系:

$$\begin{aligned} \text{Cov}(x_i, -\beta e_i + u_i) &= \text{Cov}(x_i, -\beta e_i) + \text{Cov}(x_i, u_i) \\ &= \text{Cov}((x_i^* + e_i), -\beta e_i) + \text{Cov}((x_i^* + e_i), u_i) \\ &= \text{Cov}(e_i, -\beta e_i) = -\beta \sigma_e^2 \end{aligned} \tag{15.7}$$

可以发现,即使度量误差 e_i 是随机的(与 x_i^* 不相关),且与原始回归误差项 u_i 不相关,回归方程(15.6)中的误差项 $-\beta e_i + u_i$ 也会与自变量 x_i 相关,从而引发内生性问题。

总结起来,回归模型的内生性指的是自变量与误差项之间出现的相关性,而内生性产生的原因可以归纳为以下三种:

(1) 自变量与因变量之间出现反向因果(或双向因果)关系;
(2) 不可观测的因素(遗漏变量)同时影响因变量和自变量;
(3) 自变量自身出现度量误差。

二、内生性造成的后果

当模型出现内生性问题时,使用普通最小二乘法会产生估计系数的偏误。我们以简单的一元线性回归为例来证明此结论。回忆第三章给出的最小二乘估计值表达式:

$$\hat{\beta} = \frac{\sum_i (x_i - \bar{x})(y_i - \bar{y})}{\sum_i (x_i - \bar{x})^2} = \beta + \frac{\sum_i (x_i - \bar{x}) \cdot u_i}{\sum_i (x_i - \bar{x})^2} \qquad (15.8)$$

由(15.8)式可知,当自变量与误差项不相关时,我们有 $E\left[\sum_i (x_i - \bar{x}) \cdot u_i\right] = 0$,故 $E(\hat{\beta}) = \beta$,即 OLS 估计值是无偏的。但是,当模型出现内生性问题,即 $\text{Cov}(x_i, u_i) \neq 0$ 时,我们有 $E\left[\sum_i (x_i - \bar{x}) \cdot u_i\right] \neq 0$,故 $E(\hat{\beta}) \neq \beta$,此时 OLS 系数估计值是有偏的,偏离的方向由 $\text{Cov}(x_i, u_i)$ 的符号决定。该回归偏误被称为**内生性偏误**(Endogeneity Bias)。

以上结果说明,当模型中有内生性问题时,我们不能再相信普通最小二乘法所给出的估计结果。此时,正确的解决办法是使用工具变量来对内生性进行修正。

第二节 工具变量估计

一、工具变量的选择标准

利用工具变量方法解决内生性问题的基本思路是:寻找一个替代变量,令这个变量与内生自变量相关而与模型的误差项无关,从而借助此替代变量来为模型的参数构造一个无偏的估计量。而这个替代变量就被称为**工具变量**(Instrumental Variable, IV)。

由以上思路可知,一个工具变量(我们记为 z)应该满足以下两个条件:

(1) **强度条件**(Powerful Condition),即工具变量 z 应与内生自变量 x 具有较强的相关性,用数学式表达为

$$\text{Cov}(z, x) \neq 0 \qquad (15.9)$$

(2) **排除限制条件**(Exclusion Restriction Condition),即工具变量 z 应与误差项 ε 无关,因而也就与因变量 y 中不能被自变量 X 解释的部分(如不可观测的遗漏变量)无关,因此,

$$\text{Cov}(z, u) = 0 \qquad (15.10)$$

以上两个条件是我们筛选工具变量的主要标准,对于一个合格的工具变量来说,两个条件缺一不可。如果第一个条件(强度条件)不满足,则我们称该工具变量为**弱工具变量**(Weak Instrument),它将导致工具变量估计值的方差增大,从而影响回归结果的统计显著性和相关假设检验的准确性。如果第二个条件(排除限制条件)不满足,那么我们称工具变量不具备足够的外生性(所谓外生性就是指其与误差项不相关),这将导致工具变量估计值出现类似于 OLS 估计值的回归偏误。

二、简单线性回归中的工具变量估计

下面我们介绍如何使用工具变量构造系数的无偏估计值。对于简单的一元线性回归模型,原始回归等式为

$$y_i = \alpha + \beta x_i + u_i \qquad (15.11)$$

两边分别取其与 z 的协方差,得到:

$$\text{Cov}(z, y) = \beta \text{Cov}(z, x) + \text{Cov}(z, u) \qquad (15.12)$$

根据工具变量的定义，$\text{Cov}(z,u)=0$，故

$$\hat{\beta}_{\text{IV}} = \frac{\text{Cov}(z,y)}{\text{Cov}(z,x)} = \frac{\sum_i (z_i - \bar{z})(y_i - \bar{y})}{\sum_i (z_i - \bar{z})(x_i - \bar{x})} \tag{15.13}$$

比较(15.13)式和普通最小二乘估计值表达式(15.8)式可知，工具变量估计实际上是将OLS估计值中的一部分与 x 有关的项目替换为 z，从而实现了对系数 β 的无偏估计。可以证明，由于 $\text{Cov}(z,u)=0$，$\hat{\beta}_{\text{IV}}$ 是 β 的无偏估计量：

$$E(\hat{\beta}_{\text{IV}} \mid x) = E\left[\frac{\sum_i (z_i - \bar{z})(y_i - \bar{y})}{\sum_i (z_i - \bar{z})(x_i - \bar{x})} \mid x\right]$$

$$= \beta + E\left[\frac{\sum_i (z_i - \bar{z})u_i}{\sum_i (z_i - \bar{z})(x_i - \bar{x})}\right] = \beta \tag{15.14}$$

对应地，我们可以计算截距项的工具变量估计值：

$$\hat{\alpha}_{\text{IV}} = \bar{y} - \hat{\beta}_{\text{IV}} \cdot \bar{x} \tag{15.15}$$

三、多元线性回归中的工具变量估计

对于多元线性回归模型：

$$y = \beta_0 + \beta_1 x_1 + \beta_2 x_2 + \cdots + \beta_k x_k + u$$
$$= X\beta + u \tag{15.16}$$

假设其中的变量 x_j 存在内生性问题，我们为其选择的工具变量为 z_j。那么我们将矩阵 X（X 为 $n \times (k+1)$ 维度的矩阵）中的 x_j 一列换成向量 z_j，其他列不变，即得到新的工具变量矩阵 Z（Z 同样为 $n \times (k+1)$ 维度的矩阵，该矩阵中的所有列向量都为外生变量，即都与 u 不相关）。此时，对参数向量 β（β 为 $1 \times (k+1)$ 维度的向量）的工具变量估计量为：

$$\hat{\beta}_{\text{IV}} = (Z'X)^{-1} Z'Y \tag{15.17}$$

与多元线性回归的最小二乘参数估计量 $\hat{\beta}_{\text{OLS}} = (X'X)^{-1} X'y$ 相比（见本书第四章附录），我们发现工具变量估计实际上是将OLS估计值中的一部分与 x 有关的项目替换为 z，这与简单线性回归中的特点是一致的。需要注意，一个常见的认识误区是"工具变量估计是将内生自变量替换为工具变量的最小二乘估计"。这一说法是错误的，因为从公式(15.17)可以看出内生自变量 X 依然在工具变量回归中扮演必不可少的角色，工具变量只是在一定程度上部分地替换了内生自变量在线性回归中的作用。

我们同样可以证明以上工具变量估计值是参数 β 的无偏估计量：

$$E(\hat{\beta}_{\text{IV}}) = E[(Z'X)^{-1} Z'y] = E[(Z'X)^{-1} Z'(X\beta + u)]$$
$$= \beta + (Z'X)^{-1} E(Z'u) \tag{15.18}$$

根据工具变量的定义，$E(Z'u) = 0$，故

$$E(\hat{\beta}_{\text{IV}}) = \beta \tag{15.19}$$

公式(15.17)适用于用单个工具变量处理单个内生自变量的情况。事实上，对于一个内生自变量 x_j 我们可以使用多个工具变量 $z_1, z_2, \cdots, z_h$，那么我们把矩阵 X 中 x_j 一列去掉，并用 $z_1, z_2, \cdots, z_h$ 这 h 列作为替代，此时得到的工具变量矩阵 Z（Z 为 $n \times (k+h)$

维度的矩阵)的列数将多于 X,因此不能直接使用(15.17)式。此时,工具变量的表达式为

$$\hat{\beta}_{IV} = (X'P_ZX)^{-1}X'P_ZY \tag{15.20}$$

其中,矩阵 P_Z 被称为投影矩阵(Projection Matrix),其表达式为

$$P_Z = Z(Z'Z)^{-1}Z' \tag{15.21}$$

实际上,公式(15.20)是多元线性回归中工具变量估计的一般表达式,可以证明在简单线性回归中,公式(15.20)可以简化为公式(15.17)。另外,公式(15.20)的一个简易操作方法是"两阶段最小二乘法",其具体操作过程见本章第四节。

第三节 工具变量选取实例

工具变量的选取和使用是一门巧妙的艺术,因为要选取一个同时满足(15.9)式和(15.10)式两个条件的变量实为不易。下面我们用几个例子来说明。

假设我们要研究学生的出勤情况对其学习成绩的影响。一个直观的回归模型是

$$\text{score} = \beta_0 + \beta_1 \text{skip} + \text{other} + u \tag{15.22}$$

其中,因变量 score 表示学生的学业成绩,skip 表示学生的缺勤情况(skip 值越大表示缺勤次数越多),other 表示其他能够影响成绩的可观测控制变量(例如年龄、性别、家庭背景等,这里略去了它们的系数),u 是误差项。

分析可知,模型(15.22)很可能存在内生性问题,因为某些不可观测的因素(例如个人能力、学习动力等)可能同时影响学生的缺勤次数和学习成绩,这导致变量 skip 和误差项 ε 之间存在相关性,即 skip 具有内生性。从前面的分析可知,如果对(15.22)式使用普通最小二乘回归将得到有偏的估计结果。

为了解决这个问题,我们需要寻找的工具变量必须与 skip 之间有较强的相关性,但与 ε 无关。一个很巧妙的工具变量是学生的住所与教室之间的距离(用 dist 表示)。很显然,学生住得越远,其逃课缺勤的概率就越高,因而 dist 和 skip 是相关的。同时,住所离学校的距离与学生成绩中没有被自变量解释的部分(如能力、学习动力等不可观测的因素)无直接关系,因而可以认为 $\text{Cov}(\text{dist}, u) = 0$。这样,我们就为以上模型找到了合理的工具变量,从而可以利用(15.17)式的估计方法得到参数的无偏估计值。

第二个例子是劳动经济学研究的一个经典案例。为了探讨人们在军队服役的经历是否会影响该劳动者在服役后的收入水平,经济学家们往往会使用以下回归模型:

$$\log(\text{earns}) = \beta_0 + \beta_1 \text{veteran} + \text{other} + u \tag{15.23}$$

其中,earns 表示观测个体的工作收入,veteran 表示该个体是否曾经在军队服役。

利用前面的分析思路,我们同样可以确定变量 veteran 会存在内生性问题。这是因为个人不可观测的特质(如意志力、冒险精神等)可能会同时影响其参军倾向和工资收入,当这些不可观测的因素被归入误差项后,误差项 u 将与自变量 veteran 之间出现相关性。为了解决该内生性问题,美国的研究者找到了一个巧妙的工具变量——越战征兵的抽签号码。在越南战争期间,美国政府为了保证让更多人参军,给每个适龄人口都随机分配了一个抽签号码,一个人如果拿到的号码越小,则越优先被征兵入伍。当然,这个抽签号码不是决定个体是否入伍参战的唯一准则,但是显然它与是否参加越战具有高度的

相关性。另一方面,由于抽签号码是随机分配的,因而它与(15.23)式中的误差项不会有直接关系。这样,该工具变量很好地满足了我们前面提到的两个条件——强度条件和排除限制条件,因此可以被用来解决内生性问题。

最后,我们回到本章开始时提到的例子——凯恩斯消费函数模型。我们说模型存在内生性问题是因为根据国民收入恒等式,当期的 Y_t 是由当期的消费 C_t 及其他因素决定的,因而 u 和 C_t 是相关的。然而,我们注意到前一期($t-1$ 期)的变量值一般不会和当期(t 期)的误差项(u_t)相关,即 $\text{Cov}(C_{t-1}, u_t) = 0$,$\text{Cov}(Y_{t-1}, u_t) = 0$。因此,在模型(15.2)中,我们可以考虑用 C_{t-1} 和 Y_{t-1} 作为 Y_t 的工具变量。

第四节 两阶段最小二乘法

在进行工具变量估计时,除了可以依据(15.17)式或(15.20)式进行矩阵运算外,一个更为简便的方法是使用**两阶段最小二乘法**(Two stage least squares,2SLS)。顾名思义,该方法仅需要通过两次最小二乘回归即可以得到工具变量估计值。

为了表达明确,我们假设 y_1 是模型的因变量,y_2 是模型中有内生性问题的自变量,$x_1, x_2, \cdots, x_k$ 是没有内生性问题的(即严格外生的)自变量,$z_1, z_2, \cdots, z_m$ 是为 y_2 寻找的工具变量。我们需要估计的结构方程是:

$$y_1 = \beta_0 + \theta y_2 + \beta_1 x_1 + \cdots + \beta_k x_k + u \tag{15.24}$$

之所以称(15.24)式为结构方程,是因为方程的自变量既有外生变量($x_1, x_2, \cdots, x_k$)也有内生变量(y_2)。结构方程一定存在内生性问题,解决该问题可以利用两阶段最小二乘法。其步骤如下:

第一阶段回归:以 y_2 为因变量,以所有外生变量(包括外生自变量 $x_1, x_2, \cdots, x_k$ 和工具变量 $z_1, z_2, \cdots, z_m$)为自变量进行回归,回归的方程为

$$y_2 = \pi_0 + \pi_1 z_1 + \cdots + \pi_m z_m + \gamma_1 x_1 + \cdots + \gamma_k x_k + e \tag{15.25}$$

(15.25)式又被称为**简约式方程**(Reduced Form Equation)。与结构方程不同,诱导方程的左侧是内生变量,右侧都是严格外生的变量。诱导方程不存在内生性问题,因此可以直接用普通最小二乘法来估计。

模型(15.25)又被称为**一阶段回归**(First Stage Regression)。根据一阶段回归结果,我们可以对工具变量的"强度条件"进行验证。方法是对工具变量的系数 $\pi_1, \pi_2 \cdots, \pi_m$ 进行联合显著性检验(可以采用通常的 F 检验)。当它们联合不显著时,说明工具变量 $z_1, z_2, \cdots, z_m$ 与内生自变量 y_2 之间不存在显著的相关关系,因此是弱工具变量,不满足强度条件。

第二阶段回归:以 y_1 为因变量,以内生自变量的拟合值 $\hat{y}_2$ 和外生自变量 $x_1, x_2, \cdots, x_k$ 为自变量进行回归,回归方程为:

$$y_1 = \beta_0 + \theta \hat{y}_2 + \beta_1 x_1 + \cdots + \beta_k x_k + u \tag{15.26}$$

其中,$\hat{y}_2$ 是基于一阶段回归得到的拟合值(即对内生自变量 y_2 的预测值)。(15.26)式所示的**二阶段回归**(Second Stage Regression)在形式上与原始回归方程(15.24)相似,只是用内生自变量的拟合值来替代其实际观测值。这样做的意义何在?我们可以这样理解:$\hat{y}_2$ 是基于一阶段回归的拟合值,由于一阶段回归只包含外生变量,因此 $\hat{y}_2$ 与(15.26)式

的误差项 u 一定不相关，从而避免了内生性问题。

可以证明，在线性回归中使用以上两阶段最小二乘法得到的估计量与基于(15.20)式计算得到的估计量相同，两者都是剔除内生性偏误后对模型(15.24)系数的无偏估计量。对于这两种工具变量回归方法，我们需要注意以下几点：

(1) 在模型具有内生性时，使用工具变量回归将能够有效消除内生性带来的影响，从而得到系数的无偏估计。然而，当模型不存在内生性时，使用工具变量回归将导致系数估计值的方差和标准误差增大，从而影响回归结果的显著性和相关统计检验的准确性。因此，我们不能将工具变量作为"放之四海而皆准"的方法任意使用，而是应该先对模型的内生性进行检验(检验方法参见本章第五节)，然后再对回归方法做出判断。

(2) 以上所述的两阶段最小二乘法只有在一阶段和二阶段均为线性回归时才可以得到无偏的参数估计。对于非线性回归的情况(例如内生自变量为二元虚拟变量)，我们需要将其转化为线性模型或者利用更具一般性的**广义矩估计**(Generalized Method of Moments, GMM)方法来对参数值进行估计，而不能简单套用 2SLS 的估计步骤。GMM方法由于超出本书的讲授范围，因此我们不做具体介绍，有兴趣的读者可以自己查阅相关资料。

(3) 当模型中具有两个或两个以上的内生自变量时，我们在进行两阶段最小二乘估计时需要进行多次一阶段回归(每个一阶段回归对应一个内生自变量)。需要注意的是，在每次一阶段回归中，我们应该将所有工具变量均纳入解释变量，而不能只使用与该回归对应的内生自变量相关的工具变量。

第五节　豪斯曼检验

我们在使用工具变量估计之前首先要确定原自变量的确存在内生性问题，否则盲目使用工具变量回归将导致系数估计值方差偏大等后果。在计量经济学中，对内生性进行判定的最常用方法是**豪斯曼检验**(Hausman Test)。该检验的大体思路如下：在诱导方程(15.25)中，我们已知 $z_1, \cdots, z_m, x_1, \cdots, x_k$ 都是外生变量，与 u 无关；那么 y_2 与 u 的相关性仅仅取决于一阶段回归误差项 e 与 u 的相关性，即当且仅当 $\text{Cov}(e, u) = 0$ 时，$\text{Cov}(y_2, u) = 0$。为了检验 $\text{Cov}(e, u) = 0$ 是否成立，最好的办法就是把一阶段回归残差 $\hat{e}$ 加入到结构方程(15.24)中，并检验其系数是否显著。如果不显著，那么说明变量 y_2 中未被 $z_1, \cdots, z_m, x_1, \cdots, x_k$ 所解释的部分与 u 也不具有相关性，从而证明 y_2 是外生的。循此思路，豪斯曼检验的具体步骤如下：

(1) 用 OLS 估计诱导方程(15.26)式，得到：

$$y_2 = \hat{\pi}_0 + \hat{\pi}_1 z_1 + \cdots + \hat{\pi}_m z_m + \hat{\gamma}_1 x_1 + \cdots + \hat{\gamma}_k x_k + \hat{e} \tag{15.27}$$

(2) 把(15.27)式的回归残差 $\hat{e}$ 加入结构方程(15.24)式，得到：

$$y_1 = \beta_0 + \theta y_2 + \beta_1 x_1 + \cdots + \beta_k x_k + \delta \hat{e} + v \tag{15.28}$$

注意(15.28)式中 y_2 的取值为实际观测值，而非拟合值，这一点与 2SLS 估计中的第二阶段回归不同。我们对模型(15.28)进行普通最小二乘估计，并保留对 δ 的估计值。

(3) 根据数据特征，使用标准的 t 统计量或异方差稳健的 t 统计量对 δ 的显著性进行检验。原假设为 $H_0: \delta = 0$，如果原假设被拒绝，则意味着 u 与 y_1(进而与 ε)具有相关性，即原模型存在内生性问题。否则,变量 y_2 就可以被认为是外生的。

第六节 识别条件的判定及检验

一、模型可识别性的判定

当回归模型中有两个或两个以上的内生自变量时,我们在进行工具变量估计之前首先要考虑模型的可识别性问题。一个可识别的(Identified)模型就是指我们有足够的信息来估计出模型中的所有参数。例如,在工具变量模型中,如果我们能够用诱导方程的回归(两阶段最小二乘法)来得到结构方程所有参数的估计值时,就可以说相应的结构方程是可识别的。否则,如果我们没有足够的信息来确定所有参数的取值,那么此模型就被称为不可识别(Under-identified)的模型。对于一个可识别的模型,我们还可以进一步判定其识别类型为恰好识别(Exactly Identified)或者过度识别(Over-identified)。对于恰好识别的模型,我们刚好有足够的信息量来估计模型的所有参数;而对于过度识别的模型,我们可用的信息量则大于参数估计的要求(即信息过剩)。

在存在多个内生自变量的情况下,判断一个工具变量模型是恰好识别、过度识别还是不可识别,这一过程被称为对模型可识别条件(Identification Condition)的判定。我们这里介绍一种判定标准——阶条件(Order Condition)。用阶条件判断的方法是:若结构方程中有 h 个内生自变量 $(y_2, y_3, \cdots, y_{h+1})$,同时存在 m 个工具变量 $(z_1, z_2, \cdots, z_m)$,那么,

(1) 当 $h > m$ 时,结构方程是不可识别的;
(2) 当 $h = m$ 时,结构方程是恰好识别的;
(3) 当 $h < m$ 时,结构方程是过度识别的。

对于不可识别的结构方程,我们无法利用工具变量回归来对模型参数进行估计;对于恰好识别的结构方程,我们可以利用公式(15.17)或两阶段最小二乘法得到所有参数的估计值;对于过度识别的结构方程,我们可以利用公式(15.20)或两阶段最小二乘法得到所有参数的估计值。

需要提醒读者注意的是,这里的阶条件只是方程可识别性的必要条件,而不是充分条件。也就是说,即使阶条件被满足,结构方程也可能出现不可识别的情况。方程可识别性的充分必要条件是**秩条件**(Rank Condition),我们将在下一章中详细阐述。

二、萨根-巴斯曼检验

当一个结构方程被判定为过度识别时,我们可以采用**萨根-巴斯曼检验**(Sargan-Basmann Test)来判别模型中的工具变量是否均符合"排除限制条件"(即它们是否与结构方程的误差项不相关)。具体的操作方法如下:

首先,利用两阶段最小二乘法估计结构方程,并保留回归残差 $\hat{u}$:

$$y_1 = \beta_0 + \theta \hat{y}_2 + \beta_1 x_1 + \cdots + \beta_k x_k + \hat{u} \tag{15.29}$$

接下来,将 2SLS 回归残差对所有外生变量进行 OLS 回归,并保留该回归的 R^2 值:

$$\hat{u} = \mu_0 + \mu_1 z_1 + \cdots + \mu_m z_m + \mu_{m+1} x_1 + \cdots + \mu_{m+k} x_k + v \tag{15.30}$$

最后,利用萨根-巴斯曼检验来验证模型的"过度识别限制"(Over-identification

Restrictions)。其原假设为,所有的工具变量都与结构方程中的误差项 u 无关。在原假设成立的条件下,构造如下统计量:

$$nR^2 \sim \chi_q^2 \tag{15.31}$$

其中,n 为样本数量,q 为工具变量的个数减去内生自变量的个数(即过度识别限制)。当原假设无法被拒绝时,我们可以判定工具变量与结构方程中的误差项无关,因而这些工具变量是有效的工具变量(符合排除限制条件)。

在实际研究中,萨根-巴斯曼检验为我们提供了一个判定工具变量是否满足排除限制条件的有效方法(工具变量的另一个要求——强度条件一般可以用 2SLS 中一阶段回归的工具变量联合显著性来判定)。然而使用这个方便实用的方法有一个前提条件,即模型为过度识别。在模型为恰好识别时,我们无法使用萨根-巴斯曼检验(因为此时 $q=0$,无法进行卡方检验)。这一点需要读者在实际应用中加以注意。

第七节 计算机应用实例

在本节中,我们利用一个实例来展示如何在 EViews 和 SAS 中进行工具变量估计。研究背景如下:在劳动经济学中,教育对收入的影响被称为"教育回报率"(Return to Schooling),我们希望通过一个包含 5 861 个劳动者信息的样本来估计我国人口的教育回报率(数据来自中国家庭追踪调查(China family Panel Studies,CFPS))。数据文件 inc.txt 中包括 9 个变量:inc 表示月收入,educ 表示该劳动者受正规教育的年限,age 表示年龄,虚拟变量 male 表示性别(male=1 时表示男性),虚拟变量 minor 表示是否是少数民族(minor=1 时表示是少数民族),虚拟变量 urban 表示是否住在城市(urban=1 表示住在城市),sibs 表示家庭中兄弟姐妹的个数,meduc 表示母亲接受教育的年限,feduc 表示父亲接受教育的年限。为了估算教育回报率,我们希望进行如下回归:

$$\log(inc) = \beta_0 + \beta_1 educ + \beta_2 age + \beta_3 male + \beta_4 minor + \beta_5 urban + u \tag{15.32}$$

然而,在此模型中,关键自变量 educ 很可能存在内生性,因为不可观测的个人特质(例如能力、性格等)可以同时影响一个人的教育程度和收入水平。为此,我们希望借助工具变量的方法进行回归,而备选的工具变量包括 sibs、meduc 和 feduc。选择这些工具变量的理由如下:

(1) sibs、meduc 和 feduc 均应与自变量 educ 高度相关,即满足工具变量的强度条件。由于兄弟姐妹之间对父母教育投资和其他家庭资源的竞争关系,个体教育水平往往与兄弟姐妹数量具有负相关关系(经济学文献称其为"数量—质量替代",Quantity-Quality Tradeoff);由于人力资本的先天遗传及后天的言传身教等原因,父母的教育水平与子女的教育水平往往有正相关关系。

(2) sibs、meduc 和 feduc 均应与随机误差项 u 无直接相关关系,即满足工具变量的排除限制条件。由于兄弟姐妹数量及父母的教育水平都不是受访者本人所能够决定的因素,因此其与受访者的工资收入水平(在排除可观测的各个自变量影响后)应该没有直接关系。

我们首先看 EViews 中的操作方法。先把数据导入 EViews,然后对数据进行必要的处理,即把 wage 变成其对数形式,我们在当前的工作文件夹窗口中单击"Genr",在弹出的对话框的"Enter Equation"一栏中填入"lninc＝log(inc)",如图 15-1 所示,单击"OK",就生成了一个新的变量 lninc。

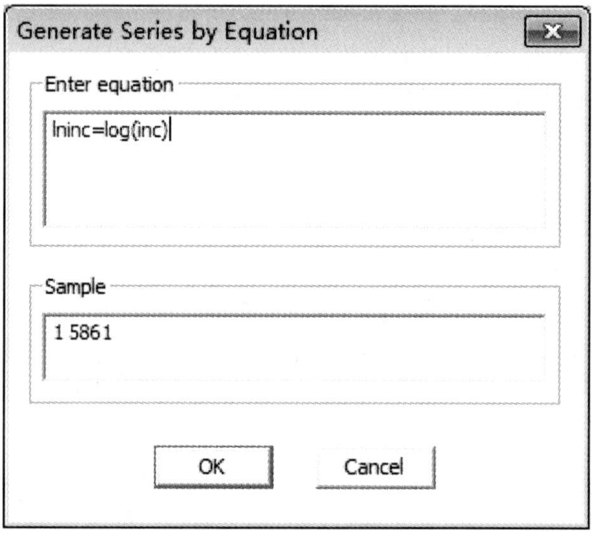

图 15-1 导入数据

我们先用最小二乘法估计模型(15.32)。得到的估计结果如表 15-1 所示。

表 15-1 最小二乘回归结果

Dependent Variable：LNINC
Method：Least Squares
Date：05/01/15　Time：19:08
Sample：1 5861
Included observations：5861

Variable	Coefficient	Std. Error	t-Statistic	Prob.
C	6.259387	0.051603	121.2985	0.0000
EDUC	0.063305	0.002716	23.30662	0.0000
AGE	0.001733	0.001134	1.527968	0.1266
MALE	0.398319	0.021829	18.24730	0.0000
MINOR	−0.006990	0.045284	−0.154369	0.8773
URBAN	0.188705	0.023814	7.924255	0.0000
R-squared	0.169714	Mean dependent var		7.259083
Adjusted R-squared	0.169005	S. D. dependent var		0.897084
S. E. of regression	0.817772	Akaike info criterion		2.436557
Sum squared resid	3915.538	Schwarz criterion		2.443392
Log likelihood	−7134.331	Hannan-Quinn criter.		2.438933
F-statistic	239.3576	Durbin-Watson stat		1.696707
Prob(F-statistic)	0.000000			

回归结果显示,我们选定的这些变量除了年龄外均显著。其中,变量"教育年限"的估计系数为 0.06(标准误差为 0.003),即教育年限每增加一年,收入就会增加 6%。

然而，由于内生性问题，以上估计结果很可能存在"内生性偏误"。下面我们使用 meduc 作为工具变量，使用两阶段最小二乘法进行估计。具体的操作为：点击"Quick"→"Estimate Equation"，在弹出的对话框的"Estimation settings"一栏选择"TSLS"，即两阶段最小二乘法，在"Equation specification"中填入要估计的结构方程，然后在"Instrument list"一栏中填入所有的外生变量，包括结构方程中原有的外生自变量和我们选定的工具变量。需要注意的是，虽然在这个例子中我们只有一个内生自变量和一个工具变量，但在应用多内生自变量模型时，根据我们前面提到的阶条件，为了使结构方程能够识别，工具变量一栏中的变量数一定要多于结构方程中的自变量个数。具体内容如图 15-2 所示。

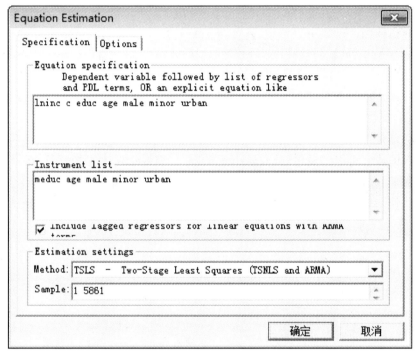

图 15-2　输入结构方程

单击"确定"，得到的两阶段最小二乘法的结果如表 15-2 所示：

表 15-2　两阶段最小二乘回归结果

Dependent Variable：LNINC
Method：Two-Stage Least Squares
Date：05/01/15　Time：19：10
Sample：1 5861
Included observations：5861
Instrument list：MEDUC AGE MALE MINOR URBAN

Variable	Coefficient	Std. Error	t-Statistic	Prob.
C	5.942897	0.095156	62.45450	0.0000
EDUC	0.093080	0.007976	11.67000	0.0000
AGE	0.004688	0.001366	3.433007	0.0006

(续表)

MALE	0.392701	0.022097	17.77164	0.0000
MINOR	0.017943	0.046174	0.388586	0.6976
URBAN	0.088996	0.034752	2.560901	0.0105
R-squared	0.152674	Mean dependent var		7.259083
Adjusted R-squared	0.151950	S. D. dependent var		0.897084
S. E. of regression	0.826121	Sum squared resid		3 995.899
F-statistic	155.3269	Durbin-Watson stat		1.738064
Prob(F-statistic)	0.000000	Second-Stage SSR		4185.857

比较两组回归的结果可以发现,在变量的显著性上两次回归基本没有变化,但估计的系数发生了比较明显的变化。使用了工具变量之后,educ 的系数由原来 OLS 下的 0.06 变为 2SLS 下的 0.09,增加了 0.5 倍。这表明,在我们的例子中,educ 存在的内生性导致我们对教育回报率发生了低估,即内生性偏误为负。再观察 educ 估计系数的标准误差,其值由 0.003 变为 0.008。这也是我们可以预料到的。我们在前面已经提到,工具变量估计会增加估计量的标准误差。

有兴趣的读者可以尝试将 sibs、meduc、feduc 三个变量作为工具变量,在过度识别的条件下重新估计该模型。这里受篇幅限制,我们不再做具体演示。

现在我们来看 SAS 中的相关操作。首先,我们把数据读到 SAS 数据集(取名为"inc")中,然后生成变量 lninc:

```
data inc;
    set inc;
    lninc = log(inc);
run;
```

然后,同样,先进行最小二乘回归:

```
proc reg data = inc;
    OLS: model lninc = educ age male minor urban;
run;
```

接下来,使用豪斯曼检验看变量 educ 是否有内生性问题。我们使用 meduc 作为工具变量。根据前面讲述的内容,我们首先将内生自变量对所有工具变量和外生自变量进行回归,得到估计的残差:

```
proc reg data = inc;
    Hausman_1: model educ = meduc age male minor urban;
    output out = Hausman r = residual;
run;
```

通过以上操作,我们将最小二乘回归的结果放在了名为"Hausman"的数据集中,把估计得到的残差命名为"residual"。下一步,我们将得到的估计残差项加入原结构方程中。提交以下命令:

```
proc reg data = Hausman;
```

```
Hausman_2: model lninc = educ age male minor urban residual / acov;
    Hausman_test: test residual = 0;
run;
```

在以上代码中,估计方程中的变量"residual"就是我们在第一次回归中得到的估计残差。后面接着的"acov"我们在前面章节已经见过了,它表示我们这里使用经过异方差修正的稳健标准误差进行估计和检验。我们现在要检验 residual 的估计系数是否为 0。

以上程序输出的主要结果如下:

Analysis of Variance

Source	DF	Sum of Squares	Mean Square	F Value	Pr>F
Model	6	806.56578	134.42763	201.30	<.0001
Error	5 854	3 909.32607	0.66780		
Corrected Total	5 860	4 715.89186			

Root MSE	0.81719	R-Square	0.1710
Dependent Mean	7.25908	Adj R-Sq	0.1702
Coeff Var	11.25752		

Parameter Estimates

Variable	DF	Parameter Estimate	Standard Error	t Value	Pr>|t|
Intercept	1	5.98103	0.09077	65.89	<.0001
educ	1	0.09003	0.00758	11.88	<.0001
age	1	0.00434	0.00133	3.26	0.0011
male	1	0.39368	0.02185	18.02	<.0001
minor	1	0.01415	0.04562	0.31	0.7564
urban	1	0.10011	0.03352	2.99	0.0028
residual	1	−0.03073	0.00812	−3.78	0.000

以上结果显示,residual 的系数显著不为零。这意味着豪斯曼检验的原假设被拒绝,即模型存在内生性。这一结论与我们的预期相符。

现在我们用两阶段最小二乘法估计以上模型。SAS 中的相应语句为"proc syslin……2SLS"。其中,"syslin"过程是对方程系统实施回归的命令,适用于所有结构方程模型。我们提交的具体程序如下:

```
proc syslin data = inc 2SLS first;
    endogenous lninc educ;
    instruments meduc age male minor urban;
    meduc_IV: model lnwage = educ age male minor urban;
run;
```

以上第一行程序的"2SLS"表示我们使用两阶段最小二乘法来做估计,"first"选项要求 SAS 给出一阶段回归的结果。在"endogenous"语句行中,我们定义结构模型中所有的内生变量。这里 lnwage 是因变量，同时 educ 是内生自变量。在"instruments"后面，我们指定结构模型中所有的外生变量，包括工具变量（meduc）和外生自变量（age male minor urban）。最后我们使用"model"语句来指定结构方程的具体形式。

运行程序得到的结果如下：

The SYSLIN Procedure
First Stage Regression Statistics

Model
Dependent Variable   educ

Analysis of Variance

Source	DF	Sum of Squares	Mean Square	F Value	Pr>F
Model	5	31 723.26	6 344.652	471.24	<.0001
Error	5 855	78 829.91	13.463 69		
Corrected Total	5 860	110 553.2			

Root MSE	3.669 29	R-Square	0.286 95
Dependent Mean	9.319 91	Adj R-Sq	0.286 34
Coeff Var	39.370 44		

Parameter Estimates

Variable	DF	Parameter Estimate	Standard Error	t Value	Pr>|t|
Intercept	1	7.710 574	0.215 726	35.74	<.0001
meduc	1	0.324 215	0.010 945	29.62	<.0001
age	1	-0.062 33	0.005 097	-12.23	<.0001
male	1	0.295 993	0.097 985	3.02	0.0025
minor	1	-0.784 40	0.202 939	-3.87	0.0001
urban	1	2.673 306	0.101 347	26.38	<.0001

The SYSLIN Procedure
Two-Stage Least Squares Estimation

Model   MEDUC_IV
Dependent Variable   lninc

Analysis of Variance

Source	DF	Sum of Squares	Mean Square	F Value	Pr>F
Model	5	531.3321	106.2664	156.20	<.0001
Error	5 855	3 983.235	0.680313		
Corrected Total	5 860	4 715.892			

Root MSE	0.82481	R-Square	0.11769	
Dependent Mean	7.25908	Adj R-Sq	0.11694	
Coeff Var	11.36247			

Parameter Estimates

Variable	DF	Parameter Estimate	Standard Error	t Value	Pr>|t|
Intercept	1	5.981032	0.091614	65.29	<.0001
educ	1	0.090028	0.007649	11.77	<.0001
age	1	0.004342	0.001344	3.23	0.0012
male	1	0.393675	0.022056	17.85	<.0001
minor	1	0.014153	0.046049	0.31	0.7586
urban	1	0.100110	0.033837	2.96	0.0031

在上面的回归结果中,"The SYSLIN Procedure:First Stage Regression Statistics"表明程序首先报告了第一阶段回归的结果。注意标题"Model-Dependent Variable educ"提示我们一阶段回归是以内生自变量 educ 为因变量的回归。从一阶段结果可以看出,meduc 的系数显著为正,表明工具变量与内生自变量之间存在较强的相关性,因此工具变量符合"强度条件"。"The SYSLIN Procedure:Two-Stage Least Squares Estimation"提示我们以下汇报的是第二阶段的回归结果。"Dependent Variable lnwage"提示我们二阶段回归将以 lnwage 作为因变量,这里 educ 所代表的已经不是个体教育变量的真实观测值,而是该变量在一阶段回归中的拟合值。从结果可以看出,经过工具变量的处理后,教育回报率提升为 9%,该估计值与我们使用 EViews 得到的结果是一致的。

下面,我们来探讨一个内生自变量对应多个工具变量(即过度识别)时的情形。我们在前面提到过,除了母亲的教育程度可以作为工具变量之外,父亲的教育程度和家庭中兄弟姐妹的数量也可以作为工具变量。尝试将此三个变量加入一阶段回归,提交程序如下:

```
proc syslin data = wage2 2SLS first;
    endogenous lnwageeduc;
    instruments meduc feduc sibs exper tenure age married minor west urban;
    multiple_IV: model lninc = educ exper tenure age married minor west urban/overid;
run;
```

注意在这次回归中,instruments 语句中多了 feduc 和 sibs 这两个变量。同时,在 model 语句的最后面,我们加入了"overid"选项,表明我们希望运行萨根-巴斯曼检验来判别模型中的工具变量是否均符合"排除限制条件"(即它们是否与结构方程的误差项不相关）。我们得到的回归及检验结果如下：

The SYSLIN Procedure

Two-Stage Least Squares Estimation

Model   MULTIPLE
Dependent Variable   lninc

Analysis of Variance

Source	DF	Sum of Squares	Mean Square	F Value	$Pr>F$
Model	5	609.5311	121.9062	175.91	<.0001
Error	5 855	4 057.592	0.693013		
Corrected Total	5 860	4 715.892			

Root MSE	0.83247	R-Square	0.13060	
Dependent Mean	7.25908	Adj R-Sq	0.12986	
Coeff Var	11.46803			

Parameter Estimates

Variable	DF	Parameter Estimate	Standard Error	t Value	$Pr>|t|$
Intercept	1	5.848683	0.081330	71.91	<.0001
educ	1	0.102554	0.006501	15.77	<.0001
age	1	0.005580	0.001292	4.32	<.0001
male	1	0.391367	0.022248	17.59	<.0001
minor	1	0.024470	0.046351	0.53	0.5976
urban	1	0.058289	0.031195	1.87	0.0617

Test for Overidentifying Restrictions

Num DF	Den DF	F Value	$Pr>F$
2	5 853	14.16	0.0001

从以上两阶段最小二乘估计结果来看，当使用三个工具变量时，模型的估计结果变化不大。教育对工资依然有显著影响，教育回报率的估计值略有上升（约为 10%）。但萨根-巴斯曼检验的 p 值为 0.0001，说明需要拒绝原假设，这说明我们选定的三个工具变量并未完全满足"排除限制条件"，这提醒我们在使用多个工具变量进行回归时要对工具变量进行慎重选择。

本章总结

本章主要介绍了线性回归模型中的内生性问题及其解决办法。内生性是指自变量和模型的误差项存在相关性，由于这违反了古典线性回归中的高斯-马尔可夫假定，因此在使用最小二乘回归时将出现估计偏误。内生性的产生原因主要有三种：一是自变量和因变量之间存在逆向因果关系，二是不可观测的遗漏变量同时影响自变量和因变量，三是自变量出现度量误差。工具变量是解决内生性问题的重要方法。工具变量需要满足"强度条件"(即与内生自变量相关)和"排除限制条件"(即与模型的误差项无关)。工具变量估计常常通过两阶段最小二乘法来实现,该方法通过两次回归剔除内生性的影响,从而得到对模型参数的无偏估计量。基于两阶段最小二乘的模型设定,我们可以进一步利用豪斯曼检验来判定自变量是否存在内生性。当存在多个内生自变量和工具变量时,我们需要首先利用阶条件对模型的可识别性做出判断,在模型为过度识别时,我们还可以用萨根-巴斯曼检验来判定模型的"过度识别限制"。

思考与练习

1. 什么是内生性问题?在哪些情况下可能产生内生性问题?
2. 在存在内生性问题的线性回归中,使用最小二乘法将导致哪些后果?
3. 合格的工具变量应该满足什么条件?如何检验工具变量是否满足这些条件?
4. 两阶段最小二乘法的基本思想和步骤是什么?
5. 请简述豪斯曼检验和萨根-巴斯曼检验各自的目的和检验步骤。

第十六章　回归方程系统模型

▎本章概要▎

本章主要介绍了以方程系统为对象的回归模型。我们首先探讨了似不相关回归模型的基本特点和估计方法,然后重点介绍了联立方程模型的设定和估计方法。在对联立方程模型可识别性的判断中,我们介绍了阶条件和秩条件两种判定标准及其联系与区别。对于可识别的联立方程模型,我们介绍了四种常用的估计方法:两阶段最小二乘法、三阶段最小二乘法、有限信息极大似然估计法和完全信息极大似然估计法。最后,我们以两个计算机应用实例为例,详细展示了使用 EViews 和 SAS 对似不相关回归模型和联立方程模型进行估计的步骤。

▎学习目标▎

1. 掌握似不相关回归模型和联立方程模型的区别与联系
2. 理解似不相关回归模型的原理和估计方法
3. 掌握联立方程模型可识别性的判定方法(阶条件和秩条件)
4. 掌握联立方程模型的常用估计方法(两阶段最小二乘法和三阶段最小二乘法)

第一节　回归方程系统

本书前面各章所讲述的计量经济模型都只含有一个回归方程。我们把这类模型称为**单回归方程模型**(Single Regression Equation)。在单回归方程模型中,我们想要表达的因果关系是确定并且唯一的:解释变量是原因,而被解释变量是结果。然而在现实中,大量的经济关系并不能如此简单地加以描述。很多情况下,经济变量之间的关系错综复杂,具有多重因果联系。此时如果只用单方程模型加以描述,不但不能勾勒出我们想要考察的经济问题的全貌,而且还会导致估计的偏误。对于这样的经济问题,我们需要使用**回归方程系统模型**(System of Regression Equations)。

在回归方程系统模型中,两个或多个回归方程之间具有相关性,因而不能将它们分开来单独考虑,而应把它们看作一个整体进行联合估计。例如,在供求模型中,某商品的价格和数量同时由供给方和需求方决定。首先,商品的需求量 Q^d 由商品的价格 P 决定。我们假设它们之间的关系是线性的,那么

$$Q^d = \alpha_0 + \alpha_1 P + u_1 \tag{16.1}$$

另一方面,商品的供给量 Q^s 也是由商品价格决定的。我们依然将其关系设定为线性的:

$$Q^s = \beta_0 + \beta_1 P + u_2 \tag{16.2}$$

当供给量和需求量相等时,市场达到均衡:

$$Q^d = Q^s = Q \tag{16.3}$$

我们记均衡的价格和数量分别为 P^* 和 Q^*，那么在市场均衡下，我们有：

$$\begin{cases} Q^* = \alpha_0 + \alpha_1 P^* + u_1 \\ Q^* = \beta_0 + \beta_1 P^* + u_2 \end{cases} \tag{16.4}$$

从(16.4)式可以看出，均衡价格和均衡数量之间的关系不再是仅用单方程即可描述的了。

另外一个例子是简化的宏观经济模型。这一模型描述了由总产出 Y、消费 C、投资 I、政府支出 G 和净出口 NX 等变量构成的经济体系。这些变量之间是相互关联的，有多向的因果关系。首先，消费是当期产出的函数：

$$C_t = \alpha_0 + \alpha_1 Y_t + u_1 \tag{16.5}$$

投资是当期及上期产出的函数：

$$I_t = \beta_0 + \beta_1 Y_t + \beta_2 Y_{t-1} + u_2 \tag{16.6}$$

总产出由消费、投资、政府支出和净出口决定：

$$Y_t = C_t + I_t + G_t + \text{NX}_t \tag{16.7}$$

在这个体系中，同一变量有时作为自变量有时又作为因变量出现，因而(16.5)式、(16.6)式和(16.7)式三个方程之间是有关联的，故应该把它们作为一个方程系统加以考虑。

方程系统模型按照方程之间相互关联的情况可以分为两类：一类是**似不相关回归模型**(Seemingly Unrelated Regression Model，SUR)；另一类是**联立方程模型**(Simultaneous Equation Model，SEM)。下面我们分别来讨论。

第二节 似不相关回归模型

在似不相关回归模型(SUR)中，回归方程之间的相关性来源于各方程误差项之间的相关性，而非方程变量之间的多重因果关系。例如，我们考虑一个经济体中几个主要产品的需求决定因素。对单个产品而言，该因素相对简单，例如我们可以假设钢铁的需求量只和钢铁的价格有关，即建立如下回归模型：

$$Q_1^d = \alpha_0 + \alpha_1 P_1 + u_1 \tag{16.8}$$

类似地，假设糖的需求量只与糖的价格有关，即

$$Q_2^d = \beta_0 + \beta_1 P_2 + u_2 \tag{16.9}$$

我们进一步假设糖的价格和钢铁的价格之间没有直接关系。在这一设定下，上面两个回归方程似乎互不相关，可以单独进行估计。然而，我们忽略了一种可能性，那就是两个误差项 u_1 和 u_2 之间有可能相关。例如，短期的宏观经济波动可能会使所有商品的需求量同时发生变化，这时两个误差项就可能显示出相关性。此时方程(16.8)和(16.9)就不能再视为独立的回归模型，而应该作为一个方程系统(或称"需求系统")联合起来进行估计。这种变量之间不具相关性，但误差项却相关的回归方程系统就被称为似不相关回归模型(SUR)。

假设我们有 m 个回归方程(每个回归方程分别有 T 个观测值)，组成一个 SUR 方程组，写成以下矩阵形式：

$$\begin{cases} Y_1 = X_1\beta_1 + U_1 \\ Y_2 = X_2\beta_2 + U_2 \\ \vdots \\ Y_m = X_m\beta_m + U_m \end{cases} \quad (16.10)$$

其中，$Y_j, X_j, \beta_j, U_j (j=1,2,\cdots,m)$ 代表第 j 个回归方程的因变量向量、自变量矩阵、参数向量和误差项向量（多元回归的矩阵表达法参见本书第四章附录）。在模型(16.10)中，如果每个方程单独符合高斯-马尔可夫假定的话，那么我们可以分别对每个方程单独使用最小二乘估计，这种估计方法对单个方程来说可以给出最优线性无偏的估计量（由高斯-马尔可夫定理保证）。然而，对于一个回归方程系统来讲，我们需要更加细致地考虑各个方程之间的联系，因此我们不妨将模型(16.10)写为

$$\begin{bmatrix} Y_1 \\ Y_2 \\ \vdots \\ Y_m \end{bmatrix} = \begin{bmatrix} X_1 & 0 & \cdots & 0 \\ 0 & X_2 & \cdots & 0 \\ \vdots & \vdots & \ddots & \vdots \\ 0 & 0 & \cdots & X_m \end{bmatrix} \begin{bmatrix} \beta_1 \\ \beta_2 \\ \vdots \\ \beta_m \end{bmatrix} + \begin{bmatrix} U_1 \\ U_2 \\ \vdots \\ U_m \end{bmatrix} \quad (16.11)$$

(16.11)式可以简化记为

$$Y = X\beta + U \quad (16.12)$$

其中，

$$Y = \begin{bmatrix} Y_1 \\ Y_2 \\ \vdots \\ Y_m \end{bmatrix}, \quad X = \begin{bmatrix} X_1 & 0 & \cdots & 0 \\ 0 & X_2 & \cdots & 0 \\ \vdots & \vdots & \ddots & \vdots \\ 0 & 0 & \cdots & X_m \end{bmatrix}, \quad \beta = \begin{bmatrix} \beta_1 \\ \beta_2 \\ \vdots \\ \beta_m \end{bmatrix}, \quad U = \begin{bmatrix} U_1 \\ U_2 \\ \vdots \\ U_m \end{bmatrix}$$

下面，我们来尝试刻画回归模型之间的相关关系。记误差项 U_i 的第 t 个分量为 u_{it}。我们假设不同方程的误差项之间只有**同期相关性**（Contemporaneous Correlation），而不具有跨期相关性。这种假设的依据是宏观经济环境的变化只会导致各个回归误差项的同时变化，而不会让它们之间产生跨期效应。根据这一假设，任意两个误差项之间的协方差可以表示为

$$E(u_{it}u_{js}) = \begin{cases} \sigma_{ij}, & t = s \\ 0, & t \neq s \end{cases} \quad (16.13)$$

那么此时(16.12)式中的误差项 U 的**方差—协方差矩阵**（Variance-Covariance Matrix）则为

$$\begin{aligned} \text{Var}(U) &= \Sigma \otimes I \\ &= \begin{bmatrix} \sigma_{11} & \sigma_{12} & \cdots & \sigma_{1m} \\ \sigma_{21} & \sigma_{22} & \cdots & \sigma_{2m} \\ \vdots & \vdots & \ddots & \vdots \\ \sigma_{m1} & \sigma_{m2} & \cdots & \sigma_{mm} \end{bmatrix}_{m \times m} \otimes \begin{bmatrix} 1 & 0 & \cdots & 0 \\ 0 & 1 & \cdots & 0 \\ \vdots & \vdots & \ddots & \vdots \\ 0 & 0 & \cdots & 1 \end{bmatrix}_{T \times T} \end{aligned}$$

$$= \begin{bmatrix} \sigma_{11} & 0 & 0 & & \sigma_{1m} & 0 & 0 \\ 0 & \ddots & 0 & \cdots & 0 & \ddots & 0 \\ 0 & 0 & \sigma_{11} & & 0 & 0 & \sigma_{1m} \\ & \vdots & & & & \vdots & \\ \sigma_{m1} & 0 & 0 & & \sigma_{mm} & 0 & 0 \\ 0 & \ddots & 0 & \cdots & 0 & \ddots & 0 \\ 0 & 0 & \sigma_{m1} & & 0 & 0 & \sigma_{mm} \end{bmatrix}_{mT \times mT}$$ (16.14)

其中，$\otimes$ 为矩阵的**克罗内克积**(Kronecker Product)。

根据以上方差一协方差矩阵的形式，我们可知似不相关方程系统的系数矩阵 β 可以用**广义最小二乘估计**(Generalized Least Squares, GLS)获得，其表达式为

$$\hat{\beta}_{\text{SUR}} = [X'(\Sigma^{-1} \otimes I)X]^{-1} X'(\Sigma^{-1} \otimes I)Y$$ (16.15)

由于(16.15)式中的 Σ 未知，因此应该先行估计 Σ。相应地，系数矩阵 β 的**可行广义最小二乘**(Feasible Generalized Least Squares, FGLS)估计量可以表示为：

$$\hat{\beta}_{\text{SUR}} = [X'(\hat{\Sigma}^{-1} \otimes I)X]^{-1} X'(\hat{\Sigma}^{-1} \otimes I)Y$$ (16.16)

其中，

$$\hat{\Sigma} = \begin{bmatrix} \hat{\sigma}_{11} & \hat{\sigma}_{12} & \cdots & \hat{\sigma}_{1m} \\ \hat{\sigma}_{21} & \hat{\sigma}_{22} & \cdots & \hat{\sigma}_{2m} \\ \vdots & \vdots & \ddots & \vdots \\ \hat{\sigma}_{m1} & \hat{\sigma}_{m2} & \cdots & \hat{\sigma}_{mm} \end{bmatrix}$$ (16.17)

我们可以利用最小二乘估计得到的残差来估计误差项之间的同期相关度：

$$\hat{\sigma}_{ij} = \frac{\hat{U}_i' \hat{U}_j}{T}$$ (16.18)

其中 T 为每个方程观测点的个数。将(16.18)式所得估计值代入(16.17)式，并进一步代入(16.16)式就可以得到对 β 的初始估计值。将初始估计的残差继续代入(16.18)式可以计算得到第二轮的误差协方差矩阵(16.17)式，由此可以得到第二轮 SUR 估计值。以此类推，可以使可行广义最小二乘估计量不断改进，直到达到满意的水平为止。

现在我们来比较一下最小二乘估计和似不相关估计。就单个方程而言，由于方程满足高斯-马尔可夫假定，因而 OLS 估计是**最优线性无偏**的。但是，作为一个回归方程组整体而言，SUR 估计是对于方程系统的最优线性无偏估计。SUR 估计与 OLS 估计相比，其估计的有效性更好（即估计值的方差更小）。可以证明，方程系统中不同方程的误差项之间的同期相关性越大，由 SUR 估计带来的有效性改进越大；另一方面，X 矩阵之间的相关性越小，由 SUR 估计带来的有效性改进越大。

第三节 联立方程模型——简介

下面我们来考虑**联立方程模型**(Simultaneous Equations Model, SEM)。与上述似不相关回归模型不同，联立方程模型中各回归方程之间的相关性主要体现为变量之间的相关性。在联立方程模型中，解释变量不再是严格外生的。某个回归方程中的解释变量可能同时又是其他回归方程的被解释变量。在这种情况下，尽管每个方程单独来看其变

量之间的因果关系是明确的和单向的,但整个方程系统联合起来看,就会发现其中的因果关系是多向的。我们在本章第一节中提到的两个例子就属于这种情况。

由于联立方程模型中解释变量不再是外生的,因而高斯-马尔可夫假定中的外生性假设(即解释变量与误差项不相关)就被违反了,此时使用OLS估计各个方程将会导致估计偏误。我们使用第一节中提到的供求系统作为例子加以说明。

由(16.4)式我们可以得到:

$$P^* = \frac{\alpha_0 - \beta_0}{\beta_1 - \alpha_1} + \frac{u_1 - u_2}{\beta_1 - \alpha_1}$$

$$Q^* = \frac{\alpha_0 \beta_1 - \beta_0 \alpha_1}{\beta_1 - \alpha_1} + \frac{\beta_1 u_1 - \alpha_1 u_2}{\beta_1 - \alpha_1} \tag{16.19}$$

我们来计算一下均衡价格和误差项的协方差。根据(16.19)式,

$$\mathrm{Cov}(P^*, u_1) = \mathrm{Cov}\left(\frac{\beta_0 - \alpha_0}{\alpha_1 - \beta_1}, u_1\right) + \mathrm{Cov}\left(\frac{u_1}{\beta_1 - \alpha_1}, u_1\right)$$
$$+ \mathrm{Cov}\left(\frac{-u_2}{\beta_1 - \alpha_1}, u_1\right) \tag{16.20}$$

利用 $\mathrm{Cov}(u_1, u_2) = 0$ 我们可以得到:

$$\mathrm{Cov}(P^*, u_1) = \mathrm{Cov}\left(\frac{u_1}{\beta_1 - \alpha_1}, u_1\right) = \frac{\sigma_1^2}{\beta_1 - \alpha_1} \tag{16.21}$$

当 $\beta_1 \neq \alpha_1$ 时(这一点显然成立,因为供给曲线通常是向上倾斜的,而需求曲线通常是向下倾斜的,这就要求 $\beta_1 > 0, \alpha_1 < 0$), $\mathrm{Cov}(P^*, u_1) \neq 0$。同理,我们可以计算出:

$$\mathrm{Cov}(P^*, u_2) = \mathrm{Cov}\left(\frac{-u_2}{\beta_1 - \alpha_1}, u_2\right) = \frac{-\sigma_2^2}{\beta_1 - \alpha_1} \neq 0 \tag{16.22}$$

上面的结果印证了我们之前提到的联立方程模型的本质特征,即解释变量与误差项相关。此时,如果我们依然使用OLS估计,可得:

$$\hat{\alpha}_1 = \frac{\sum_{i=1}^{n}(P^* - \bar{P}^*)(Q^* - \bar{Q}^*)}{\sum_{i=1}^{n}(P^* - \bar{P}^*)^2} \tag{16.23}$$

将(16.19)式中计算出的 P^* 和 Q^*,以及利用 P^* 和 Q^* 计算出的 $\bar{P}^*$ 和 $\bar{Q}^*$ 代入(16.23)式,我们得到:

$$\hat{\alpha}_1 = \frac{\sum_{i=1}^{n}(\beta_1 u_1^2 + \alpha_1 u_2^2)}{\sum_{i=1}^{n}(u_1 - u_2)^2} \tag{16.24}$$

进而计算 $\hat{\alpha}_1$ 的期望,可得:

$$E(\hat{\alpha}_1 \mid P^*, Q^*) = \frac{\sum_{i=1}^{n}(\beta_1 \sigma_1^2 + \alpha_1 \sigma_2^2)}{\sum_{i=1}^{n}(\sigma_1^2 + \sigma_2^2)} \tag{16.25}$$

当 $\beta_1 \neq \alpha_1$ 时, $E(\hat{\alpha}_1) \neq \alpha_1$,即此时的OLS估计量不再具有无偏性。由此产生的估计偏误被称为**联立性偏误**(Simultaneity Bias),该偏误在本质上类似于上一章所讲述的内

生性偏误。因此,对于联立方程模型,我们不能再使用 OLS 对各个方程进行估计,而应该考虑方程之间的相关关系,将方程系统作为整体来进行回归。

第四节 联立方程模型的识别

一、可识别性的定义和应用

为了对联立方程模型进行识别,我们首先介绍联立方程模型的形式。联立方程模型的形式有两种:**结构方程**(Structural Equation)形式和**简约式方程**(Reduced-form Equation)形式。

结构方程一般是我们在建立联立方程模型时采用的原始形式,联立方程模型一般由多个结构方程组成,每个结构方程直接反映了经济系统中某一组成部分的变量关系。例如,我们之前的供求模型是根据市场均衡理论构建的:其中一个方程代表需求方面的行为,另一个方程代表供给方面的行为。结构方程中的系数叫作结构系数或结构参数,反映了结构方程中解释变量对被解释变量的直接影响。由于结构方程是直接建立在经济关系基础上的,因而其解释变量中可能含有经济系统中的内生变量。

诱导方程是指解释变量中只含有经济系统中的外生变量的方程形式。它一般是由结构方程经过等价变换得到的。在由诱导方程组成的回归方程系统中,所有的解释变量都是外生的,而被解释变量则都是内生的。我们在接下来的例子中会具体说明诱导方程的具体形式。

现在我们来复习上一章中提到过的"可识别性"的概念。在联立方程模型中,当结构方程参数的估计值能够从诱导方程的估计系数中得出的时候,我们说相应的结构方程是可识别的,否则该结构方程不可识别。只有当结构方程可识别时,我们才能得到其参数的估计值。

另外,如果一个可识别方程的参数估计值是唯一确定的,那么我们说这个结构方程是**恰好识别**(Exactly Identified)的,即回归方程系统中恰好有足够的信息来估计出各个参数。否则,如果一个可识别方程的参数估计值不唯一,那么我们说这个结构方程是**过度识别**(Over-identified)的,即方程系统中的信息过剩,有效方程的数量大于未知参数的数量。

下面我们以供求模型为例说明识别性问题。(16.1)式、(16.2)式和(16.3)式构成了供求问题的结构方程模型。这个模型中 P 和 Q 都是内生的,没有外生变量。根据结构方程我们可以推出它的诱导方程形式,即(16.19)式。我们把它记为

$$\begin{cases} P = \pi_1 + u_1 \\ Q = \pi_2 + u_2 \end{cases} \tag{16.26}$$

对于这样一个方程组,u_1、u_2 是误差项,π_1、π_2 是待估计的诱导系数。诱导系数和结构系数的关系由下式给出:

$$\begin{cases} \pi_1 = \dfrac{\alpha_0 - \beta_0}{\alpha_1 - \beta_1} \\ \pi_2 = \dfrac{\alpha_0 \beta_1 - \beta_0 \alpha_1}{\beta_1 - \alpha_1} \end{cases} \tag{16.27}$$

由于诱导方程(16.26)中所有的解释变量都是外生的,符合高斯-马尔可夫假定,我们使用 OLS 可以估计出式中的 π_1 和 π_2。但是由于我们的诱导系数只有两个,而需要确定的结构系数却有 α_0、α_1、β_0、β_1 四个,因而仅靠诱导系数和结构系数之间的联系式(16.27)无法得到结构系数。所以,该模型是不可识别的,而结构方程(16.1)和(16.2)也都是不可识别的。

现在,如果我们稍微修改一下模型(为了简便起见,直接把均衡条件引入供给和需求方程)。此时,令需求方程为

$$Q = \alpha_0 + \alpha_1 P + \alpha_2 Y + u_1 \tag{16.28}$$

供给方程设定为

$$Q = \beta_0 + \beta_1 P + u_2 \tag{16.29}$$

其中,Y 表示消费者的收入(外生变量),P 和 Q 依然是内生的。那么模型的诱导方程为

$$\begin{cases} P = \pi_1 + \pi_2 Y + v_1 \\ Q = \pi_3 + \pi_4 Y + v_2 \end{cases} \tag{16.30}$$

其中,v_1 和 v_2 为误差项,π_1、π_2、π_3、π_4 为待估计的诱导系数。诱导系数与结构系数之间的关系是

$$\pi_1 = \frac{\beta_0 - \alpha_0}{\alpha_1 - \beta_1}, \quad \pi_2 = \frac{-\alpha_2}{\alpha_1 - \beta_1}, \quad \pi_3 = \frac{\alpha_1 \beta_0 - \alpha_0 \beta_1}{\alpha_1 - \beta_1}, \quad \pi_4 = \frac{-\alpha_2 \beta_1}{\alpha_1 - \beta_1} \tag{16.31}$$

我们通过对诱导方程的估计可以得到四个诱导系数,但是需要确定的结构系数有 α_0、α_1、α_2、β_0、β_1 共五个,因而整个模型是不可识别的。但是根据(16.31)式有:

$$\begin{cases} \beta_1 = \dfrac{\pi_4}{\pi_2} \\ \beta_0 = \pi_3 - \dfrac{\pi_1 \pi_4}{\pi_2} \end{cases} \tag{16.32}$$

即 β_1、β_0 是可以由诱导系数确定下来的,因而供给方程(16.29)是可识别的。在这个例子中,需求方程不能被识别,供给方程能够被识别,联立方程模型作为整体不能被识别。

我们继续依照此思路来修改模型。假设我们把需求方程设定为

$$Q = \alpha_0 + \alpha_1 P + \alpha_2 Y + \alpha_3 P^s + u_1 \tag{16.33}$$

其中,P^s 是替代商品的价格,Y 是消费者收入。供给方程设定为

$$Q = \beta_0 + \beta_1 P + u_2 \tag{16.34}$$

系统中 P^s 和 Y 是外生的,P 和 Q 是内生的。由结构方程得到的诱导方程为

$$\begin{cases} P = \pi_0 + \pi_1 Y + \pi_2 P^s + w_1 \\ Q = \delta_0 + \delta_1 Y + \delta_2 P^s + w_2 \end{cases} \tag{16.35}$$

其中,w_1、w_2 是误差项,π_0、π_1、π_2、δ_0、δ_1、δ_2 是待估计的诱导系数。诱导系数和结构系数之间的关系是

$$\begin{cases} \pi_0 = \dfrac{\beta_0 - \alpha_0}{\alpha_1 - \beta_1} & \delta_0 = \dfrac{\alpha_1 \beta_0 - \beta_1 \alpha_0}{\alpha_1 - \beta_1} \\ \pi_1 = \dfrac{-\alpha_2}{\alpha_1 - \beta_1} & \delta_1 = \dfrac{-\beta_1 \alpha_2}{\alpha_1 - \beta_1} \\ \pi_2 = \dfrac{-\alpha_3}{\alpha_1 - \beta_1} & \delta_2 = \dfrac{-\beta_1 \alpha_3}{\alpha_1 - \beta_1} \end{cases} \tag{16.36}$$

根据(16.36)式,

$$\beta_0 = \delta_0 - \pi_0 \beta_1 \tag{16.37}$$

但注意 β_1 有两种表示：

$$\beta_1 = \frac{\delta_1}{\pi_1} \quad \text{或} \quad \beta_1 = \frac{\delta_2}{\pi_2} \tag{16.38}$$

一般情况下上式中的两个 β_1 不相等，即我们利用诱导方程可以得到两组不同的 (β_0, β_1) 的估计值。因而供给方程(16.34)不能唯一被确定，该方程是过度识别的。在这个模型中，α_0、α_1、α_2 无法确定，因而需求方程是不可识别的。整个方程系统不可识别。

最后，我们把结构方程系统改为

$$\begin{cases} Q = \alpha_0 + \alpha_1 P + \alpha_2 Y + u_1 \\ Q = \beta_0 + \beta_1 P + \beta_2 P^s + u_2 \end{cases} \tag{16.39}$$

相关的设定与前面的例子一致。依据相同的思路，请读者自己证明，这个方程系统的两个方程都是恰好识别的，因而整个方程系统是恰好识别的。

二、用阶条件和秩条件判定模型的可识别性

以上判定方程可识别性的方法比较烦琐。那么有没有一种方法可以在不求解诱导方程的情况下直接判定结构方程的可识别性呢？答案是肯定的。我们在上一章中已经给出了一个阶条件的判定准则。根据阶条件，对于联立方程模型而言，如果系统中的外生变量总数为 K，我们要考察的某个结构方程中的外生变量总数为 k，内生变量总数为 g（包括等式左边的被解释变量），那么当 $K - k = g - 1$ 时，方程可被判定为恰好识别；当 $K - k > g - 1$ 时，方程为过度识别。

需要注意的是，阶条件只是判定方程可识别性的必要条件，而不是充要条件。下面，我们来介绍判定可识别性的充要条件——**秩条件**（Rank Condition）。我们以下面这个经济系统的结构方程模型为例（我们省略掉常数项）：

$$\begin{cases} \beta_{11} Y_1 + \cdots + \beta_{1m} Y_m + \gamma_{11} X_1 + \cdots + \gamma_{1k} X_k = u_1 \\ \beta_{21} Y_1 + \cdots + \beta_{2m} Y_m + \gamma_{21} X_1 + \cdots + \gamma_{2k} X_k = u_2 \\ \vdots \\ \beta_{m1} Y_1 + \cdots + \beta_{mm} Y_m + \gamma_{m1} X_1 + \cdots + \gamma_{mk} X_k = u_m \end{cases} \tag{16.40}$$

其中，Y_i 是内生变量，X_i 是外生变量，内生变量一共 m 个，并且系统共有 m 个结构方程。外生变量一共 k 个。我们把上面的方程组写成矩阵的形式：

$$\begin{bmatrix} \beta_{11} & \beta_{12} & \cdots & \beta_{1m} \\ \beta_{21} & \beta_{22} & \cdots & \beta_{2m} \\ \vdots & \vdots & \ddots & \vdots \\ \beta_{m1} & \beta_{m2} & \cdots & \beta_{mm} \end{bmatrix} \begin{bmatrix} Y_1 \\ Y_2 \\ \vdots \\ Y_m \end{bmatrix} + \begin{bmatrix} \gamma_{11} & \gamma_{12} & \cdots & \gamma_{1k} \\ \gamma_{21} & \gamma_{22} & \cdots & \gamma_{2k} \\ \vdots & \vdots & \ddots & \vdots \\ \gamma_{m1} & \gamma_{m2} & \cdots & \gamma_{mk} \end{bmatrix} \begin{bmatrix} X_1 \\ X_2 \\ \vdots \\ X_k \end{bmatrix} = \begin{bmatrix} u_1 \\ u_2 \\ \vdots \\ u_m \end{bmatrix} \tag{16.41}$$

(16.41)式可以进一步简化，记为

$$BY + \Gamma X = U \tag{16.42}$$

其中,

$$B = \begin{bmatrix} \beta_{11} & \beta_{12} & \cdots & \beta_{1m} \\ \beta_{21} & \beta_{22} & \cdots & \beta_{2m} \\ \vdots & \vdots & \ddots & \vdots \\ \beta_{m1} & \beta_{m2} & \cdots & \beta_{mm} \end{bmatrix}, \quad \Gamma = \begin{bmatrix} \gamma_{11} & \gamma_{12} & \cdots & \gamma_{1m} \\ \gamma_{21} & \gamma_{22} & \cdots & \gamma_{2m} \\ \vdots & \vdots & \ddots & \vdots \\ \gamma_{m1} & \gamma_{m2} & \cdots & \gamma_{mm} \end{bmatrix}$$

分别为内生变量和外生变量的结构参数矩阵。在此基础上,我们在结构参数构成的矩阵(B,Γ)中,去掉被考察方程所在的行以及这一方程非零系数所在的列后,可以得到一个新的矩阵,记为Δ。秩条件为:

当$\text{Rank}(\Delta) < m-1$时,结构方程不可识别;

当$\text{Rank}(\Delta) = m-1$时,结构方程可识别。

其中,$\text{Rank}(.)$表示矩阵的秩。以上秩条件是结构方程可识别性的充分必要条件。

第五节 联立方程模型的估计

联立方程模型的估计有两类方法,一类是针对单个方程的估计,称为**单方程估计方法**(Equation by Equation Estimation Method);这类方法考虑不同结构方程的变量之间的相关性,但不考虑方程误差项之间的相关性,包括两阶段最小二乘法(2SLS)、**有限信息极大似然法**(Limited Information Maximum Likelihood,LIML)等。另一类是将方程组作为一个整体进行估计,称为**系统估计方法**(System Estimation Method);这类方法既考虑结构方程变量之间的相关性,也考虑方程误差项之间的相关性,包括三阶段最小二乘法(3SLS)、**完全信息极大似然法**(Full Information Maximum Likelihood,FIML)等。我们这里重点讨论两阶段最小二乘法和三阶段最小二乘法,而对于两种极大似然估计的方法,我们只做简要介绍。

在上一章中,我们已经详细阐述了两阶段最小二乘法的基本思想和操作步骤。这里我们用一个例子来进一步说明该方法在联立方程模型中的应用。我们考虑一个劳动经济学中的经典研究议题:女性婚后的劳动供给。假定以下方程刻画了已婚女性的劳动供给决定机制:

$$\text{hours} = \alpha_1 \log \text{wage} + \beta_{10} + \beta_{11} \text{edu} + \beta_{12} \text{age} + \beta_{13} \text{husinc} + u_1 \quad (16.43)$$

其中,因变量 hours 表示每周工作时间(劳动供给量),主要自变量 log wage 为工资率的对数,edu 为受教育年限,age 为年龄,husinc 表示丈夫的收入。分析可知,(16.43)式中 log wage 具有内生性,因为在劳动力市场上,工作时间和工资率是由劳动力的供给—需求机制共同决定的,即 hours 和 log wage 具有互为因果的关系。为此,我们进一步引入劳动需求方程:

$$\log \text{wage} = \alpha_2 \text{hours} + \beta_{20} + \beta_{21} \text{edu} + \beta_{22} \exp + u_2 \quad (16.44)$$

其中,exp 表示劳动者的工作经验。由(16.43)式和(16.44)式组成的联立方程模型刻画了已婚女性的劳动需求和供给机制。该模型中的内生变量包括 hours 和 log wage,外生变量则包括模型中的其他解释变量。

在进行参数估计之前,我们首先判定模型的可识别性。根据前面所述的阶条件判别

方法,该方程系统中的外生变量总数为 4,(16.43)式包含 2 个内生变量和 3 个外生变量,则根据判别公式:
$$K-k(=4-3=1)=g-1(=2-1=1)$$
因此方程(16.43)式为恰好识别。(16.44)式包含 2 个内生变量和 2 个外生变量,则
$$K-k(=4-2=2)>g-1(=2-1=1)$$
因此需求方程(16.44)式为过度识别。

从秩条件来看,我们利用前面所述的结构参数矩阵判定方法可以得到以下结论。

(1) 方程(16.43)能够被识别的充要条件是(16.44)式中的结构系数 β_{22} 不为零。这并不难理解,因为对方程(16.43)的识别依赖于从方程系统中找到足够多的有效工具变量来剔除 log wage 的内生性,而在方程系统中能够做 log wage 的工具变量的只有(16.44)式中的外生变量 exp,因此(16.43)式的识别要求这个变量的系数不为零。

(2) 方程(16.44)能够被识别的充要条件是(16.43)式中的结构系数 β_{12} 和 β_{13} 不全为零。这是因为对方程(16.44)的识别依赖于方程系统中存在足够多的工具变量剔除 hours 的内生性,这要求(16.43)式中的外生变量 age 和 husinc 具有不全为零的结构系数。

在以上识别条件成立的情况下,我们可以进一步利用两阶段最小二乘法对以上联立方程模型进行回归。我们首先来看对(16.43)式的估计:由以上对秩条件的分析可知,为了解决 log wage 的内生性问题,我们只需要用(16.44)式的外生变量 exp 作为工具变量对(16.43)式进行两阶段最小二乘估计。其具体步骤为:第一步,在一阶段回归中,以 log wage 为因变量,以 exp、edu、age 和 husinc 为自变量进行 OLS 回归,并计算 log wage 的拟合值;第二步,在二阶段回归中,以 hours 为因变量,以 edu、age、husinc 和 log wage 的拟合值为自变量进行 OLS 回归。类似地,在对(16.44)式的估计中,我们为了解决 hours 的内生性问题,可以用(16.43)式中的外生变量 age 和 husinc 作为工具变量,并对(16.44)式进行两阶段最小二乘回归,具体步骤这里不再赘述。

以上两阶段最小二乘法充分利用了联立方程系统中的外生变量所提供的信息,借助工具变量的方法对结构方程进行识别,因此可以有效剔除由内生性所引起的联立性偏误问题。然而,两阶段最小二乘法依然是单方程估计方法,它无法兼顾不同方程的误差项之间所具有的同期相关性,因此依然不是最佳系统估计量。相比之下,三阶段最小二乘法将联立方程组作为一个系统进行整体估计,它既解决了变量之间多向因果关系造成的联立性偏误问题,又解决了方程误差项之间的同期相关性问题,因此是更为有效的系统估计方法。三阶段最小二乘法的本质是两阶段最小二乘回归和似不相关回归的结合,其操作步骤比较直观:

(1) 对各个结构方程进行两阶段最小二乘回归,并保留回归残差;

(2) 利用(1)中的回归残差,计算各方程误差项之间的同期相关矩阵 $\hat{\Sigma}$。具体计算公式参见(16.17)式和(16.18)式。

(3) 基于 2SLS 中第二阶段回归的模型设定,利用可行广义最小二乘方法获得三阶段最小二乘(3SLS)估计值:
$$\hat{\beta}_{3SLS} = [\hat{X}'(\hat{\Sigma}^{-1} \otimes I_N)\hat{X}]^{-1}\hat{X}'(\hat{\Sigma}^{-1} \otimes I_N)Y \tag{16.45}$$

其中，$\hat{X}$ 表示结构方程自变量的拟合值构成的矩阵（由 2SLS 中第二阶段回归所使用的自变量构成），$\hat{\Sigma}$ 表示(2)中的残差同期相关矩阵，I_N 为单位矩阵。

可以证明，当联立方程模型中的各个结构方程均为线性回归时，三阶段最小二乘估计值是整个方程系统的最优线性无偏估计量（BLUE）。

与以上最小二乘法的估计思路相似，我们也可以用极大似然估计方法来识别联立方程模型的参数。其中，有限信息极大似然法是单方程估计方法，它充分考虑了联立方程系统中解释变量与被解释变量之间互为因果的关系，能够剔除由内生性导致的联立性偏误。该方法基于对结构方程误差项的正态分布假定，通过构建样本似然函数对参数进行识别。可以证明，对于线性联立方程组，在样本量足够大的情况下，有限信息极大似然估计值与两阶段最小二乘估计值是一致的。

类似于三阶段最小二乘法，完全信息极大似然法在有限信息极大似然法的基础上进一步考虑结构方程误差项之间的同期相关性，因此是更为有效的系统估计方法。该方法基于对各个误差项的联合正态分布假定，通过使整个联立方程系统的似然函数达到最大从而得出全部结构参数的估计量，是极大似然估计在联立方程模型中的直接推广。可以证明，在线性方程组和大样本量的前提下，完全信息极大似然估计值与三阶段最小二乘估计值是一致的。

第六节 计算机应用实例

在本节中，我们用两个计算机应用实例来分别展示如何在 EViews 和 SAS 中对似不相关回归模型和联立方程模型进行估计。

一、似不相关回归模型应用实例

第一个例子的研究议题是公司投资的决定因素分析。我们采用 Zellner(1962)论文中使用的部分数据，来验证宏观经济环境的同期扰动对不同公司之间投资行为的影响。[①] 数据文件 invest.txt 中一共有 20 期观察值，分别代表美国通用电气（GE）和西屋电气（WH）在不同年份的相关信息。变量 ge_i 为 GE 公司当年的总投资额，变量 ge_c 为 GE 公司上年年末资本存量，ge_f 为 GE 公司上年为止发行在外的股票总价值。相应的变量 wh_i、wh_c 和 wh_f 分别表示 WH 公司年总投资额、上年年末资本存量和上年为止发行在外的股票总价值。我们把模型设定为

$$\begin{cases} \text{ge\_i} = \alpha_0 + \alpha_1 \text{ge\_c} + \alpha_2 \text{ge\_f} + u_1 \\ \text{wh\_i} = \beta_0 + \beta_1 \text{wh\_c} + \beta_2 \text{wh\_f} + u_2 \end{cases} \quad (16.46)$$

在模型(16.46)中，两个公司的投资额分别受到其自身资本存量和发行股票价值的影响。如果不考虑宏观经济的系统性冲击（即误差项之间的同期相关性），那么两个回归方程可以单独进行 OLS 估计。然而，公司的投资额常常会受到宏观经济环境的系统性影响，使不同公司的误差项之间出现同期的相关性。在这种情况下，我们需要使用似不

---

① Zellner, A. (1962), "An Efficient Method of Estimating Seemingly Unrelated Regressions and Tests for Aggregation Bias," *Journal of American Statistical Association*, 57 pp. 348—364.

相关回归模型对(16.46)式中的两个方程作为整体进行估计。

首先,我们在 EViews 中使用 OLS 分别对两个方程进行回归,得到的结果如表 16-1 所示:

表 16-1 关于公司总投资额的 OLS 回归结果

GE 公司:

Dependent Variable: GE_I
Method: Least Squares
Included observations: 20

Variable	Coefficient	Std. Error	t-Statistic	Prob.
C	−9.956306	31.37425	−0.317340	0.7548
GE_C	0.026551	0.015566	1.705705	0.1063
GE_F	0.151694	0.025704	5.901548	0.0000
R-squared	0.705307	Mean dependent var		102.2900
Adjusted R-squared	0.670637	S.D. dependent var		48.58450
S.E. of regression	27.88272	Akaike info criterion		9.631373
Sum squared resid	13 216.59	Schwarz criterion		9.780733
Log likelihood	−93.31373	F-statistic		20.34355
Durbin-Watson stat	1.072099	Prob(F-statistic)		0.000031

WH 公司:

Dependent Variable: WH_I
Method: Least Squares
Included observations: 20

Variable	Coefficient	Std. Error	t-Statistic	Prob.
C	−0.509390	8.015289	−0.063552	0.9501
WH_C	0.052894	0.015707	3.367658	0.0037
WH_F	0.092406	0.056099	1.647205	0.1179
R-squared	0.744446	Mean dependent var		42.89150
Adjusted R-squared	0.714381	S.D. dependent var		19.11019
S.E. of regression	10.21312	Akaike info criterion		7.622705
Sum squared resid	1 773.234	Schwarz criterion		7.772065
Log likelihood	−73.22705	F-statistic		24.76109
Durbin-Watson stat	1.413021	Prob(F-statistic)		0.000009

以上结果显示,对于 GE 公司来讲,其公司投资额受到股票总价值的显著影响,但没有受到资本存量的显著影响;对于 WH 公司来讲则恰好相反,其公司投资额更多受到资本存量的显著影响,而股票总价值的影响则不显著。

我们现在来看 SUR 估计。在 EViews 中的操作方法是,选择"Object"→"New

Object…",在弹出的对话框的"Type of object"一栏中选择"system",表明我们想构造一个方程系统(见图 16-1)。给这个系统取个名字(这里用的是"invest")。

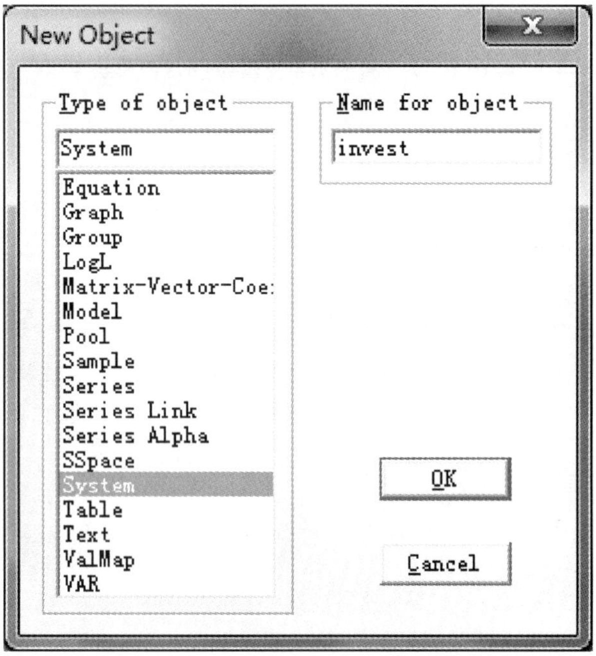

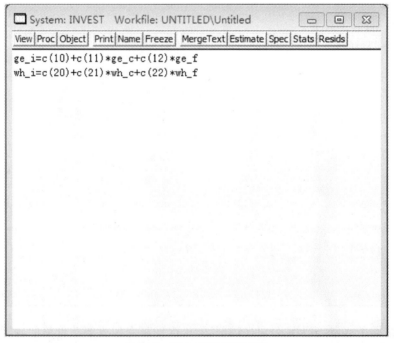

图 16-1　创建 SUR 方程系统

单击"OK",会弹出一个对话框。在对话框中输入我们构建的方程系统(见图 16-2)。

图 16-2　输入 SUR 方程系统

单击对话框工具栏中的"Estimate",在弹出的对话框的"Estimation settings"一栏中选择"Seemingly Unrelated Regression"(见图 16-3)。

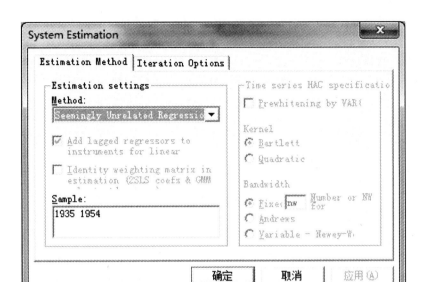

图 16-3 选择 SUR 估计

单击"确定",就得到 SUR 的回归结果,如表 16-2 所示:

表 16-2 SUR 回归结果

System:INVEST
Estimation Method:Seemingly Unrelated Regression
Included observations:20
Total system (balanced) observations 40
Linear estimation after one-step weighting matrix

	Coefficient	Std. Error	t-Statistic	Prob.
C(10)	−27.71932	27.03283	−1.025395	0.3124
C(11)	0.038310	0.013290	2.882609	0.0068
C(12)	0.139036	0.023036	6.035716	0.0000
C(20)	−1.251988	6.956347	−0.179978	0.8582
C(21)	0.057630	0.013411	4.297200	0.0001
C(22)	0.063978	0.048901	1.308318	0.1995
Determinant residual covariance		25750.35		

Equation:GE_I=C(10)+C(11) * GE_C+C(12) * GE_F
Observations:20

R-squared	0.692557	Mean dependent var	102.2900
Adjusted R-squared	0.656388	S.D. dependent var	48.58450
S.E. of regression	28.47948	Sum squared resid	13788.38
Durbin-Watson stat	0.985603		

Equation:WH_I=C(20)+C(21) * WH_C+C(22) * WH_F
Observations:20

R-squared	0.740401	Mean dependent var	42.89150
Adjusted R-squared	0.709860	S.D. dependent var	19.11019
S.E. of regression	10.29363	Sum squared resid	1801.301
Durbin-Watson stat	1.364670		

由以上结果可知,在控制误差项之间的同期相关性后,模型参数估计值的统计显著性发生了变化:对于 GE 公司来讲,我们发现公司投资行为既受到资本存量的影响,也受到股票总价值的显著影响,这一结论与单方程回归得到的结论有明显区别,其原因是 SUR 模型由于考虑了同期相关性,因此比 OLS 模型的估计值更加有效率(针对 WH 公司的回归结果没有显著变化,其投资行为更多受到公司资本存量的影响而较少受到股票总价值的影响)。

在 SAS 中,实现 SUR 的语句是:

proc syslin data = invest sur;
    GE:model ge_i = ge_c ge_f;
    WH:model wh_i = wh_c wh_f;
run;

这里使用的"syslin"过程对于我们并不陌生(我们在第十五章工具变量估计的案例中已经接触过此命令)。这里,过程语句行最后的"sur 表示我们使用"似不相关回归"的估计方法。在给出 SUR 回归结果的同时,SAS 还会给出两个方程的 OLS 估计结果(与 EViews 结果一致,这里不再详细列出)。同时,程序还会给出两个方程的 OLS 估计残差之间的相关系数矩阵,用来判断同期相关性的存在:

Cross Model Correlation

	GE	WH
GE	1.00000	0.72896
WH	0.72896	1.00000

从以上给出的残差相关系数(0.72896)来看,使用 SUR 似乎是必要的。SUR 回归结果如下:

The SYSLIN Procedure

Seemingly Unrelated Regression Estimation

Model	GE
Dependent Variable	ge_i

Parameter Estimates

Variable	DF	Parameter Estimate	Standard Error	t Value	Pr>$\|t\|$
Intercept	1	-27.71932	27.03283	-1.03	0.3124
ge_c	1	0.038310	0.013290	2.89	0.0068
ge_f	1	0.139036	0.023036	6.04	<.0001

Model	WH
Dependent Variable	wh_i

Parameter Estimates

Variable	DF	Parameter Estimate	Standard Error	t Value	Pr>$\|t\|$
Intercept	1	-1.251988	6.956347	-0.18	0.8582
wh_c	1	0.057630	0.013411	4.30	0.0001
wh_f	1	0.063978	0.048901	1.31	0.1995

二、联立方程模型应用实例

在第二个例子中,我们以某国葡萄酒的供给和需求函数为例,展示联立方程模型的估计步骤。我们考虑以下回归方程系统(两个方程分别代表了葡萄酒的需求和供给):

$$\begin{cases} Q = \alpha_0 + \alpha_1 Pw + \alpha_2 Pb + \alpha_3 Y + \alpha_4 A + u_1 \\ Q = \beta_0 + \beta_1 Pw + \beta_2 S + u_2 \end{cases} \quad (16.47)$$

其中,变量 Q 表示该国当期的人均葡萄酒消费量,S 表示葡萄酒的贮藏成本指数,Pw 为当期葡萄酒的价格,Pb 为当期啤酒的价格,A 为葡萄酒的平均广告费用,Y 为当期人均可支配收入。以上变量的观测值收集在数据文件 wine.txt 中。

我们首先对模型(16.47)的可识别性进行判定。由本章所述的阶条件和秩条件判定准则可知,需求方程可以被识别的充要条件是系数 β_2 不为零,而供给方程可以被识别的充要条件是系数 α_2、α_2、α_2 不全为零。在此情况下,我们尝试分别利用单方程估计方法和系统估计方法来对模型(16.47)进行回归分析。其中,对于需求方程,为了解决 Pw 的内生性问题,我们可以使用供给方程中的外生变量 S 作为工具变量;对于供给方程,为了解决 Pw 的内生性问题,我们可以使用需求方程中的外生变量 Pb、Y 和 A 作为工具变量。

在 EViews 中,我们需要选择"Object"→"New Object"→"System",在打开的对话框中,可以命名方程系统为 SEM(见图 16-4)。

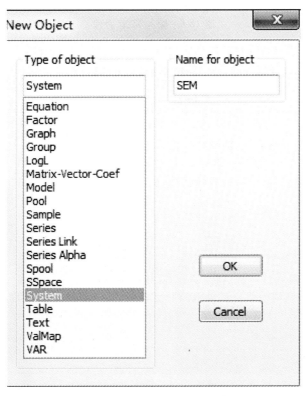

图 16-4 创建 SEM 方程系统

单击"OK"之后,在弹出的窗口中输入方程(见图 16-5)。

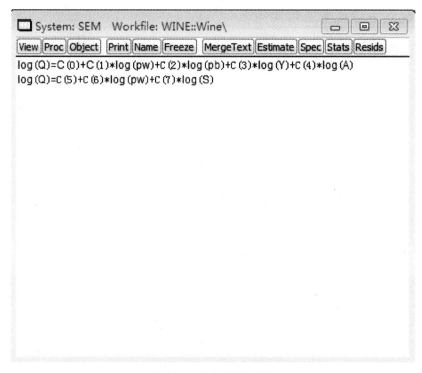

图 16-5 输入 SEM 方程

我们首先在方程系统中应用普通最小二乘回归,在 System 中选择"Etimate"→"Ordinary Least Squares",得到的估计结果如表 16-3 所示。

表 16-3 OLS 回归结果

	Coefficient	Std. Error	t-Statistic	Prob.
C(1)	−23.65122	3.912782	−6.044605	0.0000
C(2)	1.158258	0.289826	3.996394	0.0004
C(3)	−0.274827	0.607658	−0.452273	0.6541
C(4)	3.212056	0.714004	4.498652	0.0001
C(5)	−0.602985	0.449740	−1.340742	0.1894
C(6)	−15.56708	0.848016	−18.35706	0.0000
C(7)	2.144954	0.238546	8.991798	0.0000
C(8)	1.382551	0.154509	8.948012	0.0000
Determinant residual covariance		8.29E-05		
Equation:LOG(Q)=C(1)+C(2)*LOG(PW)+C(3)*LOG(PB)+C(4)*LOG(Y)+C(5)*LOG(A)				
Observations:20				
R-squared	0.977197	Mean dependent var		0.872710
Adjusted R-squared	0.971116	S. D. dependent var		0.645041
S. E. of regression	0.109626	Sum squared resid		0.180269
Prob(F-statistic)	1.300768			

(续表)

Equation：LOG(Q)＝C(6)＋C(7)＊LOG(PW)＋C(8)＊LOG(S)
Observations：20

R-squared	0.963248	Mean dependent var	0.872710
Adjusted R-squared	0.958925	S. D. dependent var	0.645041
S. E. of regression	0.130731	Sum squared resid	0.290539
Prob(F-statistic)	1.517260		

接下来，我们可以采用两阶段最小二乘法进行模型的估计。在此过程中必须指定模型的工具变量。我们用 INST 语句来列出回归方程系统中的所有外生工具变量，如图 16-6 所示：

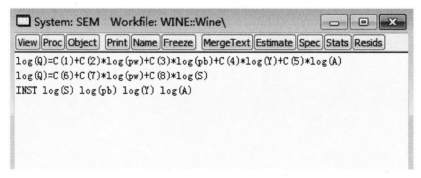

图 16-6　列出工具变量

然后选择"Estimate"→"Two Stage Least Squares"，结果如表 16-4 所示：

表 16-4　两阶段最小二乘回归结果

	Coefficient	Std. Error	t-Statistic	Prob.
C(1)	−26.19497	5.147200	−5.089170	0.0000
C(2)	0.643359	0.654149	0.983505	0.3327
C(3)	−0.139661	0.685147	−0.203842	0.8398
C(4)	4.082104	1.244412	3.280348	0.0025
C(5)	−0.985076	0.651517	−1.511972	0.1404
C(6)	−16.81973	1.079895	−15.57533	0.0000
C(7)	2.616158	0.331461	7.892811	0.0000
C(8)	1.187573	0.190222	6.243082	0.0000
Determinant residual covariance		0.000182		

Equation：LOG(Q)＝C(1)＋C(2)＊LOG(PW)＋C(3)＊LOG(PB)+C(4)＊LOG(Y)＋C(5)＊LOG(A)
Instruments：LOG(S) LOG(PB) LOG(Y) LOG(A) C
Observations：20

R-squared	0.972399	Mean dependent var	0.872710
Adjusted R-squared	0.965038	S. D. dependent var	0.645041
S. E. of regression	0.120610	Sum squared resid	0.218201
Prob(F-statistic)	1.251782		

(续表)

Equation：LOG(Q)=C(6)+C(7)*LOG(PW)+C(8)*LOG(S)
Instruments：LOG(S) LOG(PB) LOG(Y) LOG(A) C
Observations：20

R-squared	0.954813	Mean dependent var	0.872710
Adjusted R-squared	0.949497	S. D. dependent var	0.645041
S. E. of regression	0.144959	Sum squared resid	0.357225
Prob(F-statistic)	1.527694		

三阶段最小二乘法的操作与两阶段最小二乘法非常类似，只是在估计时选择"Estimate"→"Three Stage Least Squares"。结果如表 16-5 所示：

表 16-5　三阶段最小二乘回归结果

	Coefficient	Std. Error	t-Statistic	Prob.
C(1)	−26.08617	4.313754	−6.047209	0.0000
C(2)	0.628369	0.558836	1.124425	0.2692
C(3)	−0.196230	0.572926	−0.342505	0.7342
C(4)	4.136673	1.048556	3.945112	0.0004
C(5)	−1.033664	0.545918	−1.893440	0.0674
C(6)	−16.81973	0.995614	−16.89382	0.0000
C(7)	2.616158	0.305592	8.560956	0.0000
C(8)	1.187573	0.175376	6.771573	0.0000

Determinant residual covariance		0.000184	

Equation：LOG(Q)=C(1)+C(2)*LOG(PW)+C(3)*LOG(PB)+C(4)*LOG(Y)+C(5)*LOG(A)
Instruments：LOG(S) LOG(PB) LOG(Y) LOG(A) C
Observations：20

R-squared	0.972089	Mean dependent var	0.872710
Adjusted R-squared	0.964646	S. D. dependent var	0.645041
S. E. of regression	0.121284	Sum squared resid	0.220649
Prob(F-statistic)	1.274842		

Equation：LOG(Q)=C(6)+C(7)*LOG(PW)+C(8)*LOG(S)
Instruments：LOG(S) LOG(PB) LOG(Y) LOG(A) C
Observations：20

R-squared	0.954813	Mean dependent var	0.872710
Adjusted R-squared	0.949497	S. D. dependent var	0.645041
S. E. of regression	0.144959	Sum squared resid	0.357225
Prob(F-statistic)	1.527694		

当采用有限信息极大似然估计(FIML)对该方程系统进行估计时，由于 EViews 不能自动识别内生变量，因此我们需要改写 Equation Specification，如图 16-7 所示：

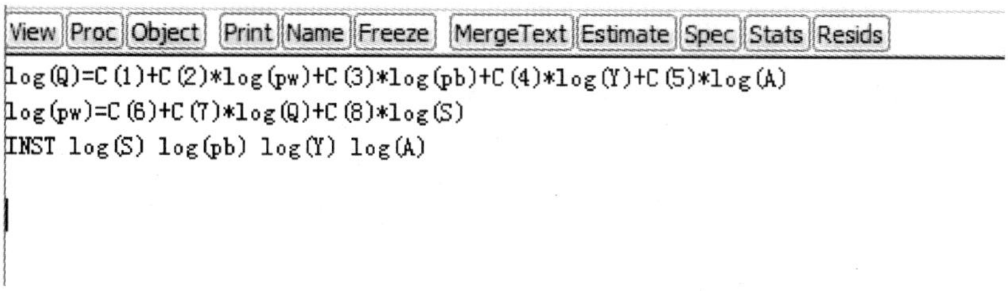

```
log(Q)=C(1)+C(2)*log(pw)+C(3)*log(pb)+C(4)*log(Y)+C(5)*log(A)
log(pw)=C(6)+C(7)*log(Q)+C(8)*log(S)
INST log(S) log(pb) log(Y) log(A)
```

图 16-7　FIML 方法下输入方程

结果如表 16-6 所示：

表 16-6　FIML 回归结果

	Coefficient	Std. Error	z-Statistic	Prob.
C(1)	−25.69219	NA	NA	NA
C(2)	4.742665	NA	NA	NA
C(3)	0.453091	NA	NA	NA
C(4)	0.274612	NA	NA	NA
C(5)	0.232109	NA	NA	NA
C(6)	1 490.122	NA	NA	NA
C(7)	150.7962	NA	NA	NA
C(8)	−341.8813	NA	NA	NA
Log likelihood	−82.05401	Schwarz criterion		9.403694
Avg. log likelihood	−2.051350	Hannan-Quinn criter.		9.083152
Akaike info criterion	9.005401			
Determinant residual covariance		109.4262		

Equation：LOG(Q)=C(1)+C(2)*LOG(PW)+C(3)*LOG(PB)+C(4)*LOG(Y)+C(5)*LOG(A)
Observations：20

R-squared	0.682219	Mean dependent var	0.872710
Adjusted R-squared	0.597478	S.D. dependent var	0.645041
S.E. of regression	0.409244	Sum squared resid	2.512204
Prob(F-statistic)	0.704955		

Equation：LOG(PW)=C(6)+C(7)*LOG(Q)+C(8)*LOG(S)
Observations：20

R-squared	−74 559.304294	Mean dependent var	4.615617
Adjusted R-squared	−83 331.104799	S.D. dependent var	0.163423
S.E. of regression	47.17577	Sum squared resid	37 834.41
Prob(F-statistic)	0.381133		

下面采用 SAS 方法实现相同的操作。我们首先对变量取对数，用得到的数据分别作上面两个方程单独的 OLS 估计，得到的结果是：

The REG Procedure

Model: demand

Dependent Variable: l_q

Analysis of Variance

Source	DF	Sum of Squares	Mean Square	F Value	Pr > F
Model	4	7.72520	1.93130	160.70	<.0001
Error	15	0.18027	0.01202		
Corrected Total	19	7.90547			

Root MSE	0.10963	R-Square	0.9772	
Dependent Mean	0.87271	Adj R-Sq	0.9711	
CoeffVar	12.56161			

Parameter Estimates

Variable	DF	Parameter Estimate	Standard Error	t Value	Pr > |t|
Intercept	1	−23.65122	3.91278	−6.04	<.0001
l_pw	1	1.15826	0.28983	4.00	0.0012
l_pb	1	−0.27483	0.60766	−0.45	0.6575
l_y	1	3.21206	0.71400	4.50	0.0004
l_a	1	−0.60299	0.44974	−1.34	0.2000

The REG Procedure

Model: supply

Dependent Variable: l_q

Analysis of Variance

Source	DF	Sum of Squares	Mean Square	F Value	Pr > F
Model	2	7.61493	3.80746	222.78	<.0001
Error	17	0.29054	0.01709		
Corrected Total	19	7.90547			

Root MSE	0.13073	R-Square	0.9632	
Dependent Mean	0.87271	Adj R-Sq	0.9589	
CoeffVar	14.97986			

Parameter Estimates

Variable	DF	Parameter Estimate	Standard Error	t Value	Pr > |t|
Intercept	1	−15.56708	0.84802	−18.36	<.0001
l_pw	1	2.14495	0.23855	8.99	<.0001
l_s	1	1.38255	0.15451	8.95	<.0001

接下来，我们使用两阶段最小二乘法进行估计，提交如下程序：

proc syslin data = wine 2sls first;
    endogenous l_q l_pw;
    instruments l_s l_pb l_a l_y;
    demand:model l_q = l_pw l_pb l_y l_a;
    supply:model l_q = l_pw l_s / overid;
run;

在"syslin"过程中，我们用 2SLS 表示两阶段最小二乘估计法，"first"提示要求 SAS 输出一阶段回归结果。在 endogenous 和 instruments 语句中，我们分别定义回归方程系统的内生变量和外生变量。然后，我们用 model 语句定义需求方程和供给方程的变量设定。最后的"overid"选项表明我们需要进行萨根-巴斯曼检验来判断供给模型的过度识别限制。我们得到的结果是：

The SYSLIN Procedure

Two-Stage Least Squares Estimation

Model   DEMAND

Dependent Variable   l_q

Analysis of Variance

Source	DF	Sum of Squares	Mean Square	F Value	Pr>F
Model	4	7.547329	1.886832	129.71	<.0001
Error	15	0.218201	0.014547		
Corrected Total	19	7.905468			

Root MSE	0.12061	R-Square	0.97190	
Dependent Mean	0.87271	Adj R-Sq	0.96441	
CoeffVar	13.82014			

Parameter Estimates

Variable	DF	Parameter Estimate	Standard Error	t Value	Pr>|t|
Intercept	1	−26.1950	5.147200	−5.09	0.0001
l_pw	1	0.643359	0.654149	0.98	0.3410
l_pb	1	−0.13966	0.685147	−0.20	0.8412
l_y	1	4.082104	1.244412	3.28	0.0051
l_a	1	−0.98508	0.651517	−1.51	0.1513

Model   SUPPLY

Dependent Variable   l_q

Analysis of Variance

Source	DF	Sum of Squares	Mean Square	F Value	Pr>F
Model	2	7.542166	3.771083	179.46	<.0001
Error	17	0.357225	0.021013		
Corrected Total	19	7.905468			

Root MSE	0.14496	R-Square	0.95478
Dependent Mean	0.87271	Adj R-Sq	0.94946
CoeffVar	16.61024		

Parameter Estimates

Variable	DF	Parameter Estimate	Standard Error	t Value	Pr>|t|
Intercept	1	−16.8197	1.079895	−15.58	<.0001
l_pw	1	2.616158	0.331461	7.89	<.0001
l_s	1	1.187573	0.190222	6.24	<.0001

Test for Overidentifying Restrictions

Num DF	Den DF	F Value	Pr>F
2	15	0.11	0.8966

下面我们使用有限信息极大似然法(LIML)进行估计。程序如下：

proc syslin data = wine liml;
    endogenous l_q l_pw;
    instruments l_s l_pb l_a l_y;
    demand:model l_q = l_pw l_pb l_y l_a;
    supply:model l_q = l_pw l_s;
run;

这里同样是使用"syslin"过程，在过程行最后指明使用"liml"。内生变量和工具变量的指定与两阶段最小二乘法中一样。估计得到的结果是：

The SYSLIN Procedure
Limited-Information Maximum Likelihood Estimation

Model	DEMAND
Dependent Variable	l_q

Analysis of Variance

Source	DF	Sum of Squares	Mean Square	F Value	Pr>F
Model	4	7.547329	1.886832	129.71	<.0001
Error	15	0.218201	0.014547		
Corrected Total	19	7.905468			

Root MSE	0.12061	R-Square	0.97190	
Dependent Mean	0.87271	Adj R-Sq	0.96441	
CoeffVar	13.82014			

Parameter Estimates

Variable	DF	Parameter Estimate	Standard Error	t Value	Pr>|t|
Intercept	1	−26.1950	5.147200	−5.09	0.0001
l_pw	1	0.643359	0.654149	0.98	0.3410
l_pb	1	−0.13966	0.685147	−0.20	0.8412
l_y	1	4.082104	1.244412	3.28	0.0051
l_a	1	−0.98508	0.651517	−1.51	0.1513

Model	SUPPLY
Dependent Variable	l_q

Analysis of Variance

Source	DF	Sum of Squares	Mean Square	F Value	Pr>F
Model	2	7.542100	3.771050	177.91	<.0001
Error	17	0.360344	0.021197		
Corrected Total	19	7.905468			

Root MSE	0.14559	R-Square	0.95440	
Dependent Mean	0.87271	Adj R-Sq	0.94904	
CoeffVar	16.68260			

Parameter Estimates

Variable	DF	Parameter Estimate	Standard Error	t Value	Pr>|t|
Intercept	1	−16.8487	1.087627	−15.49	<.0001
l_pw	1	2.627052	0.334300	7.86	<.0001
l_s	1	1.183065	0.191467	6.18	<.0001

接下来,我们使用三阶段最小二乘法。我们前面提到过三阶段最小二乘法是两阶段最小二乘法和似不相关回归的一个结合。其在 SAS 中的实现方法比较直观,程序如下:

```
proc syslin data = wine 3SLS reduced;
    endogenous l_q l_pw;
    instruments l_s l_pb l_a l_y;
    demand:model l_q = l_pw l_pb l_y l_a;
    supply:model l_q = l_pw l_s;
    equal_elast:stest demand.l_pw = supply.l_pw;
run;
```

这里同样使用"syslin"过程,并用"3SLS"提示估计方法为三阶段最小二乘法。后面的"reduced"让程序给出诱导方程的估计,类似于 2SLS 过程中的"first"命令。除了估计方程系统之外,我们还可以在这里检验葡萄酒的需求弹性和供给弹性(相对于价格而言)是否相等。由于方程中的价格和供给(需求)量均进行了对数转换,因此 l_pw 的系数即表示价格弹性。同时,由于这两个系数出现在不同的回归方程中,因此只有系统估计方法(即将方程系统作为整体的回归方法)才能够实现此"跨方程参数检验"。这里,我们用"stest"命令来调用"系统检验"(system test),并且用"demand.l_pw"表示 demand 方程中的 l_pw 变量,用"supply.l_pw"表示 supply 方程中的 l_pw 变量。

程序提交后,SAS 首先会给出两阶段最小二乘法估计的结果(这里省略)。紧接着,程序会给出结构方程回归残差之间的相关性信息以及三阶段最小二乘法的估计结果。

Cross Model Correlation

	DEMAND	SUPPLY
DEMAND	1.00000	0.26100
SUPPLY	0.26100	1.00000

The SYSLIN Procedure

Three-Stage Least Squares Estimation

Parameter Estimates

Variable	DF	Parameter Estimate	Standard Error	t Value	Pr>|t|
Intercept	1	-26.0791	4.981094	-5.24	0.0001
l_pw	1	0.627401	0.645288	0.97	0.3463
l_pb	1	-0.19988	0.661557	-0.30	0.7667
l_y	1	4.140197	1.210769	3.42	0.0038
l_a	1	-1.03680	0.630372	-1.64	0.1208

Model   SUPPLY
Dependent Variable   l_q

Parameter Estimates

Variable	DF	Parameter Estimate	Standard Error	t Value	Pr>|t|
Intercept	1	-16.8197	1.079895	-15.58	<.0001
l_pw	1	2.616158	0.331461	7.89	<.0001
l_s	1	1.187573	0.190222	6.24	<.0001

Test Results for Variable EQUAL_EL

Num DF	Den DF	F Value	Pr>F
1	32	8.50	0.0064

Reduced Form

	Intercept	l_pb	l_y	l_a	l_s
l_q	−29.0003	−0.26294	5.44632	−1.36389	−0.37465
l_pw	−4.65588	−0.10051	2.081801	−0.52133	−0.59714

从以上回归结果可以看出，方程残差间的同期相关系数为0.26，说明利用3SLS回归将会比2SLS得到更为有效的统计量。在三阶段最小二乘估计结果中，需求方程的结果显示在考虑市场均衡机制的作用下，人均收入对葡萄酒的需求量具有显著的正向影响，但是广告费用、葡萄酒及啤酒的价格等因素对需求量的影响不显著。在供给方程中，葡萄酒价格及储藏成本因素均对葡萄酒的供给量产生显著的正向影响。在跨方程系统检验中，由 p 值(0.0064)可知我们应该拒绝原假设，即认为需求和供给对于价格的弹性是不同的。最后，诱导方程的估计结果显示了各个外生变量对两国内生变量(l_q、l_pw)的影响。

最后，作为比较，我们使用全信息极大似然法(FIML)进行估计，程序如下：

proc syslin data = wine fiml reduced;
    endogenous l_q l_pw;
    instruments l_s l_pb l_a l_y;
    demand:model l_q = l_pw l_pb l_y l_a;
    supply:model l_q = l_pw l_s;
    equal_elast:stest demand.l_pw = supply.l_pw;
run;

相关的设置与三阶段最小二乘法类似。我们得到的估计结果为

The SYSLIN Procedure

Full-Information Maximum Likelihood Estimation

NOTE: Convergence criterion met at iteration 3.

Model	DEMAND
Dependent Variable	l_q

Parameter Estimates

Variable	DF	Parameter Estimate	Standard Error	t Value	Pr>|t|
Intercept	1	−26.0882	4.413887	−5.91	<.0001
l_pw	1	0.632474	0.549753	1.15	0.2680
l_pb	1	−0.19441	0.594062	−0.33	0.7480
l_y	1	4.131938	1.006207	4.11	0.0009
l_a	1	−1.03144	0.512367	−2.01	0.0624

Model   SUPPLY
Dependent Variable   l_q

Parameter Estimates

Variable	DF	Parameter Estimate	Standard Error	t Value	Pr>|t|
Intercept	1	−16.8487	1.001414	−16.82	<.0001
l_pw	1	2.627052	0.307597	8.54	<.0001
l_s	1	1.183065	0.176341	6.71	<.0001

我们这里只给出了 FIML 对结构方程的系数估计值，其他细节没有详细列出。有兴趣的读者可以比较四种方法（2SLS、3SLS、LIML、FIML）得到的估计结果，从而体会系统估计方法与单方程估计方法的区别。

本章总结

本章介绍了两种常见的回归方程系统模型：似不相关回归模型和联立方程模型。在似不相关回归模型中，方程之间的相关性来源于误差项。此时，由于单个方程仍然满足高斯-马尔可夫假定，因此使用最小二乘估计仍然可以得到无偏估计量。然而，似不相关回归可以有效控制误差项之间的同期相关性，因此可以提供更为有效的估计值。在联立方程模型中，方程之间的相关性来自变量之间的多向因果关系。此时，直接使用最小二乘估计将产生联立性偏误。为了正确估计联立方程模型，我们首先需要判断方程的可识别性。常用的两种识别条件是阶条件和秩条件，前者是方程识别的必要条件，而后者是充要条件。在确定方程可以识别后，我们可以用两阶段最小二乘法、三阶段最小二乘法、有限信息极大似然法、完全信息极大似然法等方法得到模型参数的估计值。

思考与练习

1. 回归方程系统中，方程之间产生相关性的主要原因有哪些？
2. 在联立方程模型中，结构方程和诱导方程之间有什么区别与联系？
3. 在联立方程模型中，如何利用阶条件和秩条件判断方程的可识别性？
4. 简述使用两阶段最小二乘法估计联立方程模型的基本步骤。
5. 三阶段最小二乘法比两阶段最小二乘法有何优势？它的估计步骤是什么？

参考书目

1. D. N. 古扎拉蒂,D. C. 波特. 经济计量学精要(第四版). 张涛,译. 北京:机械工业出版社,2010.
2. 李宝仁主编,王琴英,乔云霞编著. 计量经济学. 北京:机械工业出版社,2010.
3. 李子奈,潘文卿编著. 计量经济学(第三版). 北京:高等教育出版社,2010.
4. 林清泉主编. 计量经济学(第三版). 北京:中国人民大学出版社,2012.
5. 刘巍,陈昭. 计量经济学软件:EViews 操作简明教程. 广州:暨南大学出版社,2009.
6. 潘省初. 计量经济学(第三版). 北京:中国人民大学出版社,2009.
7. J. M. 斯托克,M. W. 沃特森. 经济计量学精要. 王庆石,李玉杰,译. 大连:东北财经大学出版社,2008.
8. A. H. 施图德蒙德. 应用计量经济学(第五版). 王少平,杨继生,刘汉中等,译. 北京:机械工业出版社,2007.
9. 王维国主编. 计量经济学实验. 大连:东北财经大学出版社,2008.
10. J. M. 伍德里奇. 计量经济学导论(第四版). 费建平,译. 北京:中国人民大学出版社,2010.
11. R. C. 希尔,W. E. 格里菲斯,G. G. 贾奇. 初级计量经济学 EViews 的应用(第二版). 张成思,译注. 大连:东北财经大学出版社,2006.
12. 张大维,刘博,刘琪. EViews 数据统计与分析教程. 北京:清华大学出版社,2010.
13. 赵卫亚,彭寿康,朱晋编著. 计量经济学. 北京:机械工业出版社,2008.
14. Ajmani, V. B. *Applied Econometrics Using the SAS System*. Hoboken, N. J.:John Wiley, 2009.
15. Asteriou, D., Hall, S. G. *Applied Econometrics: A Modern Approach Using Eviews and Microfit* (revised edition). New York:Palgrave Macmillan, 2007.
16. Delwiche, L. D., Slaughter, S. J. *The Little SAS Book: A Primer* (5th edition). Cary, NC: SAS Institute Inc., 2012.
17. Vogelvang, B. *Econometrics: Theory and Applications with EViews*. Harlow, England:Pearson Education Ltd., 2005.
18. Wooldridge, J. M. *Introductory Econometrics: A Modern Approach* (5th edition). Mason, OH: South-Western, Cengage Learning, 2013.

教师反馈及教辅申请表

北京大学出版社本着"教材优先、学术为本"的出版宗旨,竭诚为广大高等院校师生服务。为更有针对性地提供服务,请您认真填写以下表格并经系主任签字盖章后寄回,我们将按照您填写的联系方式免费向您提供相应教辅资料,以及在本书内容更新后及时与您联系邮寄样书等事宜。

书名		书号	978-7-301-	作者	
您的姓名				职称职务	
校/院/系					
您所讲授的课程名称					
每学期学生人数	＿＿＿＿人＿＿＿年级			学时	
您准备何时用此书授课					
您的联系地址					
邮政编码		联系电话(必填)			
E-mail（必填）		QQ			
您对本书的建议：				系主任签字 盖章	

我们的联系方式：

北京大学出版社经济与管理图书事业部
北京市海淀区成府路 205 号，100871
联 系 人：徐冰
电　　话：010-62767312 / 62757146
传　　真：010-62556201
电子邮件：em_pup@126.com　　em@pup.cn
Ｑ　　Ｑ：5520 63295
新浪微博：@北京大学出版社经管图书
网　　址：http://www.pup.cn